滋润生命 惠泽民族

李锦鸣 著

光明日报出版社

图书在版编目（CIP）数据

滋润生命　惠泽民族 / 李锦鸣著 . -- 北京：光明
日报出版社，2018.12
ISBN 978 - 7 - 5194 - 4811 - 0

Ⅰ.①滋… Ⅱ.①李… Ⅲ.①初中—中学教学—文集
Ⅳ.①G630 - 53

中国版本图书馆 CIP 数据核字（2018）第 281788 号

滋润生命　惠泽民族
ZIRUN SHENGMING　HUIZE MINZU

著　　者：李锦鸣

责任编辑：宋　悦　　　　　　　责任校对：赵鸣鸣
封面设计：中联学林　　　　　　责任印制：曹　诤

出版发行：光明日报出版社
地　　址：北京市西城区永安路 106 号，100050
电　　话：010 - 63131930（邮购）
传　　真：010 - 67078227，67078255
网　　址：http://book. gmw. cn
E - mail：songyue@ gmw. cn
法律顾问：北京德恒律师事务所龚柳方律师

印　　刷：三河市华东印刷有限公司
装　　订：三河市华东印刷有限公司

开　　本：170mm×240mm
字　　数：426 千字　　　　　　印　　张：24.5
版　　次：2019 年 5 月第 1 版　　印　　次：2019 年 5 月第 1 次印刷
书　　号：ISBN 978 - 7 - 5194 - 4811 - 0
定　　价：78.00 元

序

李锦鸣

贵州省初中名校长李锦鸣工作室主持人

安顺市实验学校校长

《滋润生命　惠泽民族》一书是贵州省初中名校长李锦鸣工作室成员（学员）在教育教学方面的实践探索和理论思索。书中收录了工作室主持人在教育教学实践中的诸多理论成果，体现了根植于安顺这片教育热土上的教育情怀、特色经验和理论成果。同时还展示了工作室成员（学员）两年多来的学习心得以及在新课程背景下的学校管理和发展规律、模式的微观探索及实践总结。

党的十九大报告明确指出，中国特色社会主义进入了新时代，我国社会主要矛盾已经转化为人民日益增长的美好生活需要和不平衡不充分的发展之间的矛盾。这个主要矛盾反映在教育领域，就是人民群众对公平而有质量的教育的需求与教育发展不均衡、不充分之间的矛盾。

在这样的时代背景下我们提出了"润泽生命，惠泽民族"的教育思想。润泽教育是一种为学生一生奠基的教育，是素质教育下的学校内涵式发展的延伸，是着眼于心灵改造和品格建塑的教育，是教育者针对学生素质现状，有目的、有计划地运用感化、体验、浸润、熏陶、唤醒等方式方法，对成长中的每一位学生的心理结构进行改造、重组、升华，促使学生在知、情、意、行等方面健康、和谐发展的教育。

苏霍姆林斯基说过：学校的领导首先是教育思想的领导，其次才是行政上的领导。校长是教育思想的践行者，其思想观念在办学理念的形成中起到关键性作用。加强名校长工作室建设，培养一批有思想内涵的高素质的校长是加快教育发展的需要，是推动城乡教育均衡和谐发展的需要，是"人民群众期盼美好教育"的迫切需要。

工作室自授牌以来，认真落实贵州省教育厅名师名校长工作室有关文件要求，围绕建成"交流学习的平台，经验分享的展台，智诚共建的舞台，合作共赢的跳台"的目标和定位,确立了"合作、创新、特色、发展"的工作理念,以工作室活动为载体,充分发挥工作室成员间的团队合作精神,通过理论探讨和实践研究,凝练办学思想,丰富自身素养,逐步形成具有先进办学理念、较强研究和管理能力、鲜明办学风格的校长团队,使名校长工作室真正成为未来学校教育领军人才的摇篮。

工作室活动开展两年多来,以"五新"促"五新"(即理论新体系凝练思想新高度、名导新理念点拨教学新思路、论坛新视角拓展工作新途径、课题新探究打造特色新成果、帮扶新点子铺就发展新路子),工作室成员学习热情高,活动效果好,真正起到了工作室"示范引领"和"辐射带动"的积极作用,积累了一批富有成效的理论成果,最终汇编成《滋润生命　惠泽民族》一书。

《滋润生命　惠泽民族》付梓之际,我们期望并期待在工作室的引领和带动下,能涌现出一批热爱教育、理解教育、研究教育、创新教育的高水平的校长团队,形成一支胸怀教育理想,具有先进的办学理念、较强的研究和管理能力、鲜明办学风格的优秀校长,为安顺教育注入新生力量,为民族教育大业做出卓越贡献!唯此才不负校长使命,才能肩负起"百年大计"的历史重任。

是为序。

2018 年 10 月

以教育的名义守望幸福

安顺市实验学校　李锦鸣

时光流转，三十六年教育情怀不改；

砥砺前行，八年亲历教育初心不忘。

以教育的名义守望幸福是一生所求，亦是幸福所在。

不忘来路，不忘初心：做一个有情怀的校长

我出生于一个教育世家。我的曾祖父是当时的私塾教师，我的母亲从1957 年就开始从事教育工作，可以说，每一代至少有一人从事教育工作。正是在这种教育环境的熏陶和影响下，我对教育也萌生了一种特殊的感情。高中毕业时，我放弃了其他意向，毅然选择了师范院校。因为我的家庭是教育世家，我的血液中有教育的基因，我对教育有着割舍不去的情怀。

一路走来，我始终在做一件事，那就是做教育。从师范教师到地区教育局的科员、局办公室主任到副局长，36 年的教育工作经历，让我有机会能"跳"出教师看学校，跳出学校看教育。特别是对经济、文化、教育相对落后的西部地区要办大教育的必要性和困难性有更深的体会。要拔掉穷根，要和全国同步跨入"小康"的行列，就要办好教育，要以"教育"这根杠杆撬动人的思想力和行动力，以教育的大发展推动社会经济的大发展。

运筹帷幄，决胜千里：做一个有思想的校长

一个有思想的校长，能调动教师的激情，挖掘教师的潜能，扬起教师理

想的风帆,会携手全校师生构筑"共同愿景",就会融汇成一种力量和信念,推动教育不断向前。2010年6月,带着一份沉甸甸的责任,我从安顺市教育局调任安顺市实验学校任职,开始了我职业生涯的又一次"亮剑"。在实验八年的亲历,我对校长的认识有了新的理解,我在这所以"实验"为特色的学校开始全方位、大目标、整体性地推开各项改革。2017年5月,我参加了省教育厅在上海华东师范大学组织的首届贵州省初中名校长研修班。专家的解读叩开了我心底的困惑,我开始系统地思考属于我自己的教育思想。由于我校是一所根植于红色沃土的学校,是在抗日战争中兴办的学校,是由"庚子赔款"创办成立的学校,独有的红色基因和家国情怀给予了这所学校更厚重的文化底蕴。首任校长曹刍亲笔手书"一切为民族"五个大字作为学校校训,勉励全校教师为此而教,全校学生为此而学。在学习与实践的过程中,学校的昨天和今天也在融汇,那些在教育实践中产生的零散的思想碎片开始凝聚起来,"润泽教育"的思想框架也在脑海中越发清晰可见:滋润生命,润泽民族。这就是我要寻找的安顺市实验学校办学思想的根系所在。为什么教? 怎么教? 教什么? 我找到了答案,在这一框架基础上,一个涉及德育润泽、课程润泽、文化润泽、活动润泽完整的润泽教育体系应运而生,并在教育教学实践中发挥着重要作用。

躬行实践,深思悟道:做一个有作为的校长

教育的艺术在于善于拨开学生眼前的迷雾,点燃学生心中希望之火,帮助学生体验到取得进步时的欢乐,激发学生的责任心和荣誉感。在教学实践中,我把润泽教育的思想转化为具体的教学实践,用"润泽教育"的思想策略让每一个孩子都有出彩的机会,这一做法取得了很好的办学效应。

(1)"润泽教育"之文化体系建设:让学生爱上实验这个"家"

学校通过实施一系列环境美化工程,逐步打造出"吉祥三宝立池石","五一、五润"主题园,"一亭二廊运动场,塑像浮雕文化墙,奇石书雕动感带,十八园苑小花圃,四树两花一竹林,红色基地代代传"的校园特色。校园的每一块墙面和每一个角落的充分利用,赋予了校园一花一草,一砖一瓦丰富

的文化内涵,使之成为传播教育思想的得力助手,成为润物无声的有效载体。

作为校长,切不能忽视学校精神文化的渗透与引领,因为精神文化是能融入到师生的骨髓和灵魂深处,激励和影响师生的潜在力量。随着历史的沿革,安顺市实验学校也历经了不同的改革时期,其办学理念虽然在文字上作了调整,从当初的"一切为民族"到今天的"为学生一生着想,为祖国明天奠基",其精神实质都体现了一种家国情怀,始终坚持"立德树人"的根本任务,凝练出"不止领先、追求卓越"的学校精神;提出了"做更好的自己"的育人目标;重新修改和完善"一训三风",形成"明德、笃学、崇实"的校训;"求真、求实、求新"的校风;"爱生、爱岗、爱校"的教风和"勤学、善学、乐学"的学风。实验文化体系的制定既沿袭了学校原有的精神文化,又体现了培养全面发展的接班人的根本要求,体现了"个人成长、民族复兴、报效祖国"的具体要求。在学校精神文化的引领和影响下,一届又一届不同时代、不同经历、不同个性的学生,都能从学校的学校精神、校风教风中受到陶冶和启迪,甚至终身受益,铭志不忘。

(2)"润泽教育"之德育体系建设:让学生扣好人生的第一粒扣子

安顺市实验学校创建于1939年秋,是一所由幼儿园、小学和初中三部分组成的省级大型重点学校。从学前教育到九年义务教育十二年的教育路程中,实验时刻谨记习近平总书记提出的"扣好人生的第一粒扣子",把功夫下在"培养什么样的人""怎样培养人""为谁培养人"上面。

在"立德树人"中,学校以"五一个"工程(即:一个支部一个堡垒;一个党员一个模范;一个干部一个表率;一个教师一个榜样;一个学生一个希望)为统领,创建了"五个融入""四个落实"的特色,即:融入校园文化,让学生感知和谐感知美;融入特色课程,让学生不忘乡音不忘根;融入家风建设,让学生懂得感恩懂得爱;融入团队活动,让学生知道合作知道拼;融入学生成长,让学生拥有美德拥有梦。"四个落实",即:落实"文化育人",实现处处都是德育宣传地;落实"管理育人",实现人人都是德育工作者;落实"课程育人",实现课课都是德育精品课;落实"活动育人",实现事事都是德育活教材,真正把"立德树人"的内涵渗透到教学环节的方方面面。

(3)"润泽教育"之课程体系建设:让学生的潜能得到激活

课程建设是校长核心领导力的体现。我校在课程建设上注重"三类课程"(国家课程、地方课程、校本课程)协调推进,在课程的开发和实施过程中坚持"润泽心灵,做更好的自己"的育人目标,落实三个同步,即课程开发与课程实施同步,课程实施与课堂教学改革同步,课程开发与构建多元评价体系同步,依托三大支撑——目标引领,整体构建,专题辐射,贯彻国家课程"有灵有魂";推进地方课程"有血有肉";研发校本课程"有滋有味";完善园本课程"有动有静"的基本原则,初步构建出一体多选的润泽教育体系。为广泛激发学生兴趣,培养学生多方面的特长,发挥每一个学生的个性特长,学校青少年体育俱乐部开设了科技、艺术、文化、体育、教育五个大类、24个项目、43个组别的学校综合实践活动特色教育。润泽课程的开设为每一个学生搭台,让每一个学生出彩,成就每一个学生成为更好的自己。

(4)"润泽教育"之活动体系建设:让学生都有出彩的机会

课程的载体除了课堂教学外,还需其他丰富多彩的活动来实施。我校以各种仪式、纪念日、活动周等为抓手对学生进行爱国主义、集体主义、社会主义及理想、信念、价值观教育;以养成教育、礼仪教育为抓手,对学生的文明道德修养、人文素质修养、社会公德、社交礼仪等进行全方位教育,培养他们的良好行为习惯,养成正确的审美观念;以社会实践活动为抓手,让学生在实践中自我体验、自我教育;以"评先创优"为抓手,多角度、多层面、多覆盖的鼓励学生,激励全校师生向身边的榜样学习,不止领先,勤奋好学,弘扬美德,全面发展;以"三节一会"品牌活动(即体育节、科技艺术节、读书节和实验新春音乐会)为抓手,提升学生核心素养,助力学子放飞青春梦想。与此同时,学校还在学生中开设"品德讲堂""红领巾讲堂"和"家庭美德讲堂",坚持"身边人讲身边事、身边人讲自己事、身边事教身边人",把"讲堂"建设为培育和践行社会主义核心价值观的重要阵地。

在精彩纷呈的实验舞台,每一项活动都体现一种文化,传递一种能量,陶冶一种情操,培养一种能力。实验正按教育部提出的注重对学生"人文底蕴、科学精神、学会学习、健康生活、责任担当、实践创新"六大核心素养的培养,以润物无声的方式让学生做更好的自己。

在实验厚重的荣誉史册中,记载的全国、省、市的荣誉多达数百项,"全国教育系统先进集体""全国第一批文明校园""全国第五届未成年人思想道德工作先进单位"等等……当所有荣誉积淀成一种正能量,也就创造了1993年至今连续保持全市义务教育阶段学校中考升学榜首的骄人成绩。

世上万物离不开水和阳光。我深思润泽教育就是水和阳光。它如水滋润心灵、润物无声;它似阳光,明亮了双眸,点燃了梦想。作为教育工作者,我将"上下求索,不畏其难,春风化雨润芳华,化作春泥更护花"。

七十九载风雨兼程求索路,二十六年上下同心绘蓝图。让我们一同以教育的名义守望幸福。

目 录

CONTENTS

滋润生命,惠泽民族

——李锦鸣"润泽教育"思想

教育如水,润物无声,随器成形;
教育似阳,照亮黑暗,光泽天下。

一、润泽教育概述

润泽教育是一种为学生一生奠基的教育,是素质教育下的学校内涵式发展延伸,是着眼于心灵改造和品格建塑的教育,是教育者针对学生素质现状,有目的、有计划地运用感化、体验、浸润、熏陶、唤醒等方式方法,对成长中的每一位学生的心理结构进行改造、重组、升华,促使学生在知、情、意、行诸要素健康、和谐发展的教育活动。

(一)润泽教育提出背景

1. 现实背景

党的十九大报告明确指出,中国特色社会主义进入了新时代,深刻揭示了新时代社会主要矛盾是人民群众对美好生活的向往与发展不协调、不充分之间的矛盾。这个主要矛盾反映在教育领域,就是人民群众对公平而有质量的教育的需求与教育发展不均衡、不充分之间的矛盾。教育还存在诸多问题,比如:重智轻德、重应试轻素养、重外延轻内涵、尊重教育教学规律不够;尊重学生成长、身心发展规律不够;填鸭式、灌输式的教育教学形式还大量存在等等。十九大召开后,习近平新时代中国特色社会主义新思想成为中国共产党新的指导思想。其教育思想是教育必须的遵循。我个人认为,在新的时代,习近平的教育思想可归纳为以下几点:一是"培养德智体美全面发展的中国特色社会主义建设者和接班人","勇于担当民族复兴的时代新人"是其教育观;二是"扣好人生第一粒扣子"是其育人观;三是"让每个学生都有出彩的人生"是其质量观;四是做"四有"好老师是其教师观。为此,我校在这样的时代背景下提出了"润泽生命,惠泽民族"的教育思想。

2. 历史背景

这是一所根植于红色沃土之上的学校。

安顺市实验学校是安顺市唯一一所直属义务教育阶段的学校。地处安顺市市中心。安顺市位于贵州省中西部,素有黔之腹,滇之喉,粤蜀之唇齿的称誉。安顺历史悠久,自然资源丰富,文化底蕴深厚,是"中国瀑乡"、"屯堡文化之乡"、"蜡染之乡"、"西部之秀"。同时,安顺市还是贵州省历史文化名城,是中国共产党老一辈无产阶级革命家王若飞的故乡。王若飞以自己的生命实践了他"一切要为人民打算"的诺言。如今,这一思想理念已经成为安顺宝贵的精神财富,引领和指导着安顺人民在新的长征路上不忘初心,牢记使命,砥砺前行。

这是一所在抗日战争中兴办的学校。

贵州省安顺市实验学校创建于 1939 年秋,是一所在抗日战争中兴办起来的学校。1900 年(农历庚子年)八国联军大举侵略中国,同年攻占北京,强迫清政府签订了丧权辱国的《辛丑条约》,这就是有名的"庚子赔款"。1937 年,美国指定将"中美庚款"作为筹办"清华大学"之用。"七七事变"爆发后,英国也效仿美国,指定"中英庚款"作为创办四所中等学校之用。时任国民政府教育部中等教育司司长的安顺籍人士张廷休先生力挺将"黔江中学"办到安顺。1398 年(民国 27 年),经国民政府教育部和"管理中英庚款董事会"批准,校名定为"管理中英庚款董事会国立黔江师范学校"(安顺市实验学校前身),并开始在安顺筹建。1939 秋,"管理中英庚款董事会国立黔江师范学校"正式开办。学校建校之时,正值抗日战争时期,首任校长曹刍亲笔手书"一切为民族"五个大字作为学校校训。勉励全校教师为此而教,全校学生为此而学。历经了近 80 年的风雨兼程,数代实验人始终秉承这一校训,不忘历史,牢记使命,传承和沿袭了建校初期的办学思想和文化内涵。

这是一所以"实验"为特色的学校。

学校自创办以来,始终以"实验"的品格和"整体改革"的特色,全方位、大目标、整体性地推广各项改革,成为安顺市义务教育阶段唯一一所承担着教研教改任务的重点学校。五十年代实施"五年一贯制"实验;六十年代实施"集中识字"的实验;七十年代实施"三算教育"实验;八十年代初期,承担中央教科所组织的幼儿园、小学、中学"一条龙"整体改革实验;1987 年参加"全国普通教育整体改革'一条龙'实验学校协作组",重点实施"幼小""中小""初高中"衔接实验;小学开展了联合国教科文组织在不发达地区实施"JIP"计划的实验,中学开展人民防空"三防"教育实验;九十年代为"全国现代教育技术实验学校"。如今,实验又将在新的教育改革征程中继续探索学区制、集团化和多元化混合体制的办学模式，引领和带动更多的兄弟学校向优质高效的方向发展，为安顺教育的崛起兴盛贡献力量。

这是一所全省唯一，全国不多的十二年一贯制的学校。

学校自1939年创办后，历经数次结构性调整、教育改革和校名更换，于2000年正式命名为安顺市实验学校。每次易名都标志着学校又迈上了一个新的台阶。学校占地面积4万余平方米，建筑面积2万余平方米。现有71个教学班，学生4786余名，教职工200余名；具有正高级教师2名，省级特级教师6名，全国优秀教师6名，全国英语教学能手3名，国家级、省级骨干教师27人，市级骨干教师40名，省级、市级教学名师9人，省级名校长工作室主持人1名，省、市级名师工作室主持人9名。学校由幼儿园、小学部、中学部三部组成，各部互相衔接，实行"统一领导、分部管理、团结协作、全面推进"的管理体制。这也是贵州省唯一一所，全国为数不多的继续保留的十二年一贯制学校。针对学校年级跨度较大，涵盖了从3岁到15岁之间的学龄段儿童少年，从幼儿段的知识启蒙到小学段的习惯性养成到中学段思维习惯的养成、基础知识的储备、"三观"的形成等，是基础教育核心素养养成最重要、也是最关键的环节。针对每一个学段的心理特征、教育特点和教育规律的不同，在教学过程中，如何实施"润泽"教育，把"润泽"的思想渗透到教育教学的每一个环节，教师"教什么、怎样教、教到什么程度"，学生"学什么、怎么学、学到什么程度"都有明确的目标和要求。在教育教学过程中，学校已经明确了各学段的教育教学目标，即：学前教育阶段抓启蒙教育，形成了以艺术教育、美德教育、区域游戏、思维游戏和五大领域教育目标为一体的符合幼儿身心发展为特色的办学风格，以"尊重孩子、了解孩子、聆听孩子"为本，促进孩子健康、快乐地发展。小学低段抓行为习惯教育，让学生养成良好的学习习惯和生活习惯；小学中段抓转变，开始强化学习方法和思维方式的转变；小学高段抓衔接，加强与初中教学的衔接；七年级突出"形成"抓小初衔接；八年级突出"巩固"，抓课堂教学促巩固；九年级突出"提高"，抓信息研讨促效率提高。在教学过程中要求教师要着眼于"诱导"，变"苦学"为"乐学"；着力于引导变"死学"为"活学"；着重于疏导变"难学"为"易学"；着手于指导变"学会"为"会学"促进学生知识和能力的全面提高。所有这些教育目标和教育规律都体现了"润泽"的真谛，循序渐进，润物无声。而学校特有的教育背景（贵州省唯一一家十二年一贯制的基础教育阶段的公办学校，这一特性在全国也不多见）也为润泽教育的生成、凝练、实施、反馈提供了实践的土壤和环境。

（二）我的教育情怀

我出生于一个教育世家。我的曾祖父是当时的私塾教师,我的母亲从1957年就开始从事教育工作,可以说,每一代至少有1人从事教育工作。正是在这种教育环境的熏陶和影响下,我对教育也萌生了一种特殊的感情。高中毕业时,通过高考我可以进入军事院校,但我最后毅然选择了师范院校。因为我的家族是教育世家,我的血液中有教育的基因,我个人对教育则有割舍不去的情怀。

1982年大学毕业后,我被分配到安顺师范学校任教。在师范任教的经历加深了我对教师职业和教育事业的认识与理解。1984年,调任安顺地区教育局(现安顺市教育局)工作。从科员、局办公室主任到副局长,每一个岗位的锻炼让我对教育有了更深的认识与体会。26年的教育行政工作经历,让我有机会能"跳"出教师看学校,跳出学校看教育。特别是对经济、文化、教育相对落后的西部地区要办大教育的必要性和困难性有更深的体会。我到过美国、加拿大、澳大利亚等国外发达地区的学校走访过,到省外先进教育地区的学校学习过,也走过安顺大大小小数百所中小学校,从城区到乡镇,再到偏远的村小,随着走过学校数量的不断增加,我办好教育的信念和决心也不断增强。

2010年6月,带着一份沉甸甸的责任,我从安顺市教育局调任安顺市实验学校任职,开始了我职业生涯的又一次"亮剑"。从市教育局到学校,我首先完成的是职业定位上的一次"微"调。从全市的教育发展到一所学校的发展,从宏观管理到事无巨细,我对校长的认识也有了新的理解,对经济欠发达地区的学校要真正办人民满意的教育的现实困难有了更深的体会。我们的教育不仅仅是缺人、缺钱、缺政策支撑,更缺校长自己的教育思想,先进的办学理念,科学的管理方式。

（三）润泽教育的目的

润泽教育是以学生德、智、体、美全面发展为总目标,从学生"个人成长、民族复兴和报效祖国"三个方面淬砺品德、精修学问、净化心灵、提升境界,以有形的教育载体渗透无形的教育内涵,以精神浸润精神、人格引领人格、文化提升文化,最终把学生培养成"全面发展的人"。

（四）润泽教育的内涵

1. 润泽教育是以生为本的教育。润泽教育关注学生的生活经历、情感体验、身心健康、能力提升以及终身发展,它是价值引导和自主建构的和谐统一。在以生为本思想指导下,追求以人的发展为本的一种教育理念,是以学生为主体,学校为阵地,开展人与人之间的一种充满生命活力的思想、文化、情感交流活动。

2. 润泽教育是唤醒心灵的教育。德国著名哲学家雅斯贝尔斯说:"真正的教育是用一棵树去摇动另一棵树,用一朵云去推动另一朵云,用一个灵魂去唤醒另一个灵魂。"在这种教育中,教师将自己与学生的命运相连,在彼此的心灵构建了一种命运共同体,师生之间通过情感交流,心灵对话达成教学相长。教师的关注、关爱可以转化成一股暖流流入学生的心田,让他们在师爱中得到滋润,继而生成向上的能量。

3. 润泽教育是教育无痕的体现。教育无痕是指把教育意图和目的隐蔽起来,通过间接或迂回的方式(不知不觉、潜移默化、不留痕迹),给学生以教育的教育方式。它既是一种教育方式,更是一种育人技巧,是一种教育的美学哲学的境界。教育是心灵与心灵的融合,是灵魂与灵魂的对话,是智慧与智慧的碰撞,生命与生命的互动。润泽教育正如大音稀声,大象无形,在融洽的氛围中,通过一个简单的爱抚,一个深情的眼神,一句真心的鼓励,将爱与理融入其中,给学生留下刻骨铭心的记忆,产生极大的影响。

(五)润泽教育的理论支撑

润泽教育关注学生人格的生成与发展,它是价值引导和自主建构的和谐统一。从学生的成长过程来说,是精神的唤醒、潜能的开发、内心的敞亮、主体性的弘扬与独特性的彰显。润泽教育关注学生的内在价值,强调学生的主体存在,从而在此基础上建构学生的完满人格。以人性、人本身的发展作为教育的价值追求与目标导向,强调教育首先是成"怎样做人"的教育,然后才可能全力实现或提高人的潜在素质,它侧重于培养学生的自我调节与控制能力,坚持启发诱导,让学生独立思考,自主判断,从而引发学生明理、觉悟和警醒,使学生的人格构成不断趋于完善、和谐。

基于此,"润泽"教育的提出有以下理论支撑:

1. 马克思主义关于人的全面发展学说

马克思关于人的全面发展主要是指人的各种需要、素质、能力、活动和关系的整体发展,包括物质和精神方面的全面性,核心是人的能力的全面发展。人的全面发展是自由个性实现的基本前提与核心内容。他强调人的自由发展,把人作为目的的发展,主要指个人的独创性和自由的发展;强调人的充分发展、谐发展和人的全面发展,并指出人的全面发展要通过一定的教育或训练才能实现。教育是传递知识和经验的一种手段,是培养人的一种途径。"它不仅是提高社会生产的一种方法,而且是造就全面发展的人的唯一方法"。中国学生发展核心素养的提出正是体现了人的全面发展,将知识结构从书本知识、课堂教学迁移到能力发展和社会实践,从文化基础、自主精神、社会参与三个方面提出了新的要求。

B. 教育人本论

孔子看到了人的价值,不仅认为人类有价值,而且肯定个人也有价值,要求尊重人,爱护人:"仁者,爱人",提出"性相近,习相远"的命题。认为人生来就具有差不多的潜能(生性),而这种潜能在后天各种因素的影响下,会日益显示出很大的新差别来。要求发展学生的个性,主张按照学生智力与性格的个别差异,循循善诱,因材施教。我国教育人本论的内涵可以概括为"一基"与"三发"。所谓"一基"就是强调尊重、关心、理解与信任每一个人。这是它的基本思想。尊重就是要尊重每一个人的人格,针对学校教育来说,不仅要尊重优秀生,同时也要保护所谓"差生"的自尊心,一视同仁地爱护他们。在学校中,我们必须实施"爱"的教育,让每一个学生都浸润在"师爱"的阳光中。"三发",一是发现人的价值,要通过教育,引导学生充分认识自己的价值,从而尽可能把各自的主动性、积极性和创造性激发起来;二是发现人的潜能,具有可能性的潜能必须通过教育的发挥,才能实现其向现实性的转化;三是发现人的个性,个性是人们的世界观,现实态度,心理特征,行为方式等的集合体现,它具有共同性的一面,也具有差别性的一面。每个人在共同心理的背景上,显示出五彩缤纷的目的和内容,以便有计划有步骤地加以培养。

3. 建构主义学习理论

建构主义认为,学习是学习者在原有知识经验的基础上,在一定的社会文化环境中,主动对新信息进行加工处理,建构知识的意义(或知识表征)的过程。建构主义关于教学的基本观点是润泽教育实施过程中的主要理论基础。该教学观点注重以学生为中心进行教学。学生是信息加工的主体,是意义的主动建构者,而不是外界刺激的被动接受者和被灌输的对象。教师是学生意义建构的帮助者、促进者,而不是知识的传授者与灌输者。二是注重在实际情境中进行教学。开发围绕现实问题的学习活动,注重让学生解决现实问题,尽量创设能够表征知识的结构,与学习有关的真实世界的情境,尽可能将学习者嵌入到和现实相关的情境中,作为学习整体的一部分,有利于促进学生积极主动地建构关于知识的社会的、自然的意义。三是注重协作学习。建构主义认为,学习者以自己的方式建构对于事物的理解,从而不同人看到的是事物的不同方面,不存在唯一的标准的理解。四是注重提供充分的资源。建构主义强调要设计好教学环境,为学生自主建构知识的意义提供各种信息条件。建构主义学习理论为学校探索新课程改革背景下实施润泽教育提供了适合的理论支撑。

二、润泽教育实施的原则

(一)循序渐进原则:教育从来无捷径,循序渐进登高峰。这是润泽教育首先要遵循的原则。捷克教育家夸美纽斯强调:"秩序是把一切事物交给一切人们的教学艺术的主导原则。"人们对客观事物的认识,都是由一个从简到繁,由低级到高级,由直观到抽象的循"序"过程。只有"循序"才能"渐进"。学校教育同样如此,要按照学科的逻辑系统和学生认识发展的顺序进行,使学生在潜移默化中系统地掌握基础知识、基本技能,形成严密的逻辑思维能力和系统周密的行动能力。

(二)个性化教育原则:17世纪,德国著名哲学家莱布尼茨曾经说过这样一句意味深长的话:"世界上没有两片完全相同的树叶。""每一个学生都是与众不同的生命个体,都有自己独有的个性和品格。"针对我校学生年龄跨度大,学段区间分布多的特殊情况,要实施润泽教育,让每一个孩子都有出彩的机会就必须要遵循个性化教育的原则,实施个性化教育。这里的个性化教育不仅强调纵向类比——即根据学生年龄特征,学段特点实施个性化教育;同时还强调横向类比,即尊重每一位学生的个体差异性、独特性、自主性和创造性,依据学生的志趣、才能、资质、特长和爱好,加以引导,促使其个体和谐完美发展,不断培养个性健全,人格独立,富有创造性与开拓性的人才来满足社会对美好教育的愿望。

(三)实践性原则:体验性原则是指学习者要想完成对所学知识的意义建构,即达到对该知识所反映事物的性质、规律以及该事物与其他事物之间联系的深刻理解,最好的办法是让学习者到现实世界的真实环境中去感受、去体验,而不仅仅是聆听别人关于这种经验的介绍和讲解。因此教育要关注学生在学习过程中所获得的体验和感受,要让学生在"操作""实践""考察""调查"等活动中去亲身感受和直接体验,尊重学生的个人感受和独特见解,从而使学生在解决问题的过程中更好地理解知识和自主地学习。

(四)开放性原则:

开放性原则要求学科教学走出封闭的模式,向形式更为多样的大千世界开放,鼓励学生走出狭隘的空间和时间,在生活里学习科学知识,由实践中锻炼科学思维。同时,开放性原则也要求给学生更大更广的活动和思考空间,允许学生从不同角度提出问题,不强求解决方法和途径的唯一性,保持学生的思维呈开放和多维的活化状态。开放性原则的有效度和可控度是润泽教育过程中对师生提出的新要求,师生只有在遵循教学规律和成长规律的前提下,有效实施开放式教学,才能真正实现润物无声的教学效果。

三、润泽教育的实施过程

"润泽教育"强调通过教学、课程、教师、学生等诸多方面产生整体的影响与感召。主要以"德、智、体、美"教育为主题,以"润德、润智、润体、润美"的"润泽教育"为核心,用"润"滋养学生的根,以"泽"惠及美丽的梦,让学生在润泽教育体系下收获知识、收获习惯以及认识世界、改造世界的思维导向和能力基础,让每一个美好梦想汇聚起实现中华民族伟大复兴的中国梦。润泽教育主要分为以下几个体系:德育润泽、课程润泽、文化润泽、活动润泽。

(一)德育润泽,润之树人

德国哲学家亚斯贝尔斯在《什么是教育》一书中指出:"教育必须有信仰,没有信仰就不成其为教育,而只是教学技术而已。"为此学校德育润泽是以实现"五个一特色工程",即:"一个支部一个堡垒,夯实新时代德育工作主阵地;一个党员一个模范,引领新时代德育工作新风尚;一个干部一个表率",唱响新时代德育工作主旋律;一个教师一个榜样,弘扬新时代德育工作正能量;一个学生一个希望,共创新时代德育工作新辉煌。德育渗透注重"五个融入",即:融入校园文化,让学生感知和谐感知美;融入特色课程,让学生不忘乡音不忘根;融入家风建设,让学生懂得感恩懂得爱;融入团队活动,让学生知道合作知道拼;融入学生成长,让学生拥有美德拥有梦。

1. 一个支部一个堡垒,夯实新时代德育工作主阵地。习近平指出:我们的学校是党领导下的学校,是中国特色社会主义学校。办好学校,必须坚持以马克思主义为指导,全面贯彻党的教育方针。一所学校一旦在办学方向上走错了,在培养人问题上走偏了,那就像一株歪脖子树,无论如何也长不成参天大树。

因此,学校把德育工作的首要任务确定为党的建设,目的就是要坚持社会主义办学方向,以德育德,厚德载物,发挥党总支的战斗堡垒作用和核心领导作用,全力打造中华民族"梦之队",实现中华民族的伟大复兴中国梦。为此学校通过开展"五讲五比一满意"(即"讲学习、比创新,讲激情、比创业,讲执行、比落实,讲责任、比担当,讲奉献、比精神;让人民群众满意"),充分发挥党总支的引领、促进、组织作用,让中国特色社会主义新思想、新理念在学校落地生根,有了好的根基和土壤,有了正确的办学方向和办学理念,才能不断夯实新时代德育工作主阵地,努力确保学校这片"社会净土"始终保持纯净,为办好中国特色社会主义事业打造一个"山清水秀"的政治社会生态,为建设教育强国提供坚强的政治保证。

2. 一个党员一个模范,引领新时代德育工作新风尚。教书育人,德育为先。

青少年是学校的主体,深处教学一线的党员和党员教师在学生管理中是连接班主任和学生的纽带。这个纽带作用发挥得好,无疑是在师生之间架起了一座"连心桥",通过这座连心桥,可以增进师生间的了解和沟通,及时掌握和调整教学方法和管理方法,促进学校良好校风、教风、学风的形成和优化,促进德育工作的有序、有效开展。为充分发挥党员教师的先锋模范作用,学校开展了以争做"五个模范"优秀共产党员为主要内容的"创模"工作。即:争做自觉学习的模范;爱岗敬业的模范;服务群众的模范;遵纪守法的模范;弘扬正气的模范。通过"创模"工作的开展,充分发挥了党员教师服务教学、服务学生的主动性和创造性,引领全体教师在教学管理和德育管理中比成绩、比奉献、比创新,党员教师把工作岗位当作做奉献的舞台,炼作风的平台,强素质的擂台,形成了有岗位才有干事创业、服务学生、服务社会的条件,才能实现自身的价值的共识。

3. "一个干部一个表率",唱响新时代德育工作主旋律。学校干部队伍是学校教育教学和德育管理的中坚力量。干部队伍素质的高低,直接关系到学校德育管理的成败,关系到办学水平的高低。因此,加强干部队伍建设也是学校德育工作的重点之一。学校按照习近平总书记提出的"四有"干部(心中有党、心中有民、心中有责、心中有戒)和"四有好老师"(有理想信念、有道德情操、有扎实学识、有仁爱之心)的要求,不断加强干部队伍建设,使干部队伍讲正气、有才气、成大器,使其成为行业表率、教坛先锋、德育标兵和创新能手。为加强德育工作的领导,学校完善了德育工作管理机制,由校长负总责,政教处具体抓,实行党总支—政教处—年级组—班主任四级德育常规管理机制,增强了"教书育人、服务育人、管理育人"的意识,形成了各科室密切配合,班主任和各科任老师共同承担的纵向链接的德育工作体系,逐步构建出"人人都是德育工作者、事事都是德育活教材、课课都是德育精品课、处处都是德育宣传地"的德育新格局。

4. 一个教师一个榜样,弘扬新时代德育工作正能量。"一个人遇到好老师是人生的幸运,一个学校拥有好老师是学校的光荣,一个民族源源不断涌现出一批又一批好老师是民族的希望"。"润泽生命,惠泽民族"的关键也在教师。教师是品行之师,立德树人,教书育人是教师的神圣使命。一个教师如果在是非、曲直、善恶、义利、得失等方面不能正确坚定立场,怎么能担起立德树人的责任? 因此,教师的德育观直接影响到是否能帮助和引导学生把握好人生方向,帮助他们扣好人生的第一粒扣子。在实验,"老带新"师徒结对活动,让师德、师能和师艺无缝对接,"百名教师大家访",老师用步伐丈量城市的距离,用爱心搭建心灵的桥梁。通过一系列活动开展,逐步形成了"师德是从教之基,师能是立教之本,师艺是强校之魂"的共识,树立了讲正气、讲学习、讲团结、讲奉献的育人楷模和师德风范,用教育的方式在三尺讲台履行立德树人的使命,成为续写实验辉煌的不竭动力。

5."一个学生一个希望",构筑新时代德育工作新高地。中小学生是可塑性最强的群体,对他们进行润泽教育体系下的德育工作,无疑是一项最基础的奠基工程。安顺市实验学校注重学生的身心发展规律,突出针对性和实效性,遵循"三个规律"(即:教育规律、认知规律、成长规律),牢固树立"健康第一"的理念,按照"三性"(即:尊重天性、培育德行、发展个性)原则,使优秀学生走向卓越,一般学生走向成功,学困生不掉队,使全体学生勤学、善学、乐学。

"三个计划"让每一个孩子都有出彩的机会。为了全面实施素质教育,让每个学生都学有所成,成为社会的有用之才,为教育的公平和社会的和谐发展做出教育层面上的努力,学校提出了"三个计划",即:实施"学困帮扶计划、巩固提高计划、培优拔尖计划"系统工程,关注每一个学生的身心健康、人格健全和幸福快乐;既尊重天性,因材施教,为他们提供适合的教育;又培育德行,立德树人,先成人、后成才、再成功;更关注个性,注重学生的个体差异,使每一个学生的特长、特点、潜力、潜质得到充分的挖掘和发展。通过三个计划的实施,关注不同层次,不同水平的学生,各安其位,各有所得,各自发展。尤其是通过学困生帮扶,逐步树立起他们学习的信心和勇气,克服自卑的心理,形成良好的行为和学习习惯,最大限度地提高了整个学生队伍的知识素养和高尚的思想品德,使每一个学生在学习、生活、品德、身心等方面都能得到良好的发展。学生在学校得到了公平的待遇,提振了学习的士气,感受到团队的温暖,如此,学生良好品德的塑造和形成自是桃李不言,下自成蹊。

"德育五进"让每一个学生都成为明礼善行的传播者和践行者。德育教育需要学校、家庭、社会等多领域的合作共育,实现多领域的协同创新。实验在汲取以往经验的基础上又注入了新内容,开启了德育"五进"模式,让学生知书达理,明礼善行。模式一:道德进讲堂,全员颂美德。实验"道德讲堂"开设以来,始终坚持"贴近实际、贴近生活、贴近师生、贴近教学"的基本原则,以"身边人讲身边事、身边人讲自己事、身边事教身边人"为基本形式,注重特色化道路,普及性和创新性并重。继续发挥学校"道德讲堂"之学生"品德讲堂"、教师"师德讲堂"和家长"家庭美德讲堂"的辐射和引领作用,将道德讲堂与课堂教学相结合,与德育实践、校园活动,与社会主义核心价值观相结合,重点打造学生"品德讲堂",针对不同学龄段学生思想道德建设的问题和困惑,符合学生生理和心理发展的需求。把"道德讲堂"建设为未成年人思想道德建设的重要阵地、学校全员育人的重要平台。模式二:教师进家庭,共筑家校情。"百名教师大家访"活动在学校实施以来,每年都有数百名教师利用休息时间走下讲坛,走到家里,与家长面对面的沟通,和学生心与心交流,让更多的学生感受到老师的关爱,集体的温暖,学校班子成员也分组参与到各年级组的家访活动中,老师们围绕"送温暖、传爱心、访民情"的活动主题,重点对农村留守儿童、城市贫困家庭、城乡交叉地带学生、进城务工子女、单亲学生以及学习困难生、心理行为偏常生等进行家访,用步伐丈量城市的距离,用沟通传递爱的能量,得到了家长和社会的普遍赞誉。模式三:法律进校园,规则记心中。课堂是学校开展"普法"教育的主阵地,为此,实验打造了"四个课堂",培养学生的法律意识、公民意识、公共意识。第一个课堂是打造了由专家担任主讲的校园法制大讲堂。第二个课堂是打造了由学科老师主讲的学科渗透普法小课堂。第三个课堂是打造了生动有趣的模拟法律课堂——模拟法庭。第四个课堂是打造了以家长为主讲的"家长法律课堂"。模式四:德育进课程,立德树人不仅仅是道德教育,它需要道德教育、政治教育、法制教育、心理教育、艺术教育、传统文化教育等多学科的协同创新。实验学校以校园为主阵地,以课堂教学为主渠道,注重学科渗透社会主义核心价值观,通过国旗下讲话、宣传栏、黑板报等途径,把常规教育与德育教育结合起来,帮助学生树立正确的世界观、人生观、价值观。模式五:守则进心中。安顺市实验学校中小学两部根据《守则》中每一条准则的内容,结合学生不同年龄段行为习惯养成教育特点,分别制定了《安顺市实验学校小学部学习中小学生守则,"争做'习德致美'好儿童"活动方案》和《安顺市实验学校中学部〈学生守则〉记心中,做"求真 向善 尚美"青少年活动方案》,将学习《守则》和践行《守则》紧密结合起来,以学习评比活动为平台,形成长效机制,狠抓学生行为规范、文明礼仪教育。

(二)文化润泽,润之化人

文化是民族的血脉,是人民的精神家园。文化滋养心灵,文化培育德行,文化引领风尚。学校的文化润泽是以革命文化为"魂",民族文化为"魄";传统文化为"骨";科学文化为"干"的形态,实现习近平总书记提出的"以文化人、以文育人"的根本要求。

1. 以精神文化引领生态人文建设:精神是一种持续的教育力量,是学校科学发展的内在动力,是学校人文环境不可缺少,也是最灵魂的部分。安顺市实验学校根植于学校特有的历史背景、地域文化和发展目标之上提出了适合学校自身发展一系列精神文化。

学校建校之时,正值抗日战争时期。第一任校长曹刍亲笔手书"一切为民族"

五个大字作为校训勉励全校教师为此而教,全校学生为此而学。同时,曹刍校长还为"管理中英庚款董事会黔江师范学校"写了庄严优美、内涵深广、气魄宏大、激奋人心的校歌。雄壮激昂的校歌响彻黔中学校,响彻金钟山,振奋了不少青少年学子"一切为民族"的拳拳报国之心。

随着历史的沿革,安顺市实验学校历经了不同的改革时期,其办学理念虽然在文字上做了调整,从当初的"一切为民族"到今天的"为学生一生着想,为祖国明天奠基"办学理念的提出,但其精神实质都体现了一种家国情怀,始终坚持"立德树人"的根本任务,凝练出"不止领先、追求卓越"的学校精神;提出了"做更好的自己"的育人目标;重新修改和完善"一训三风",形成"明德、笃学、崇实"的校训(明德:明晰品德、注重道德、弘扬师德;笃学:专心好学、笃信好学、学而不厌;崇实:崇尚实际、崇尚实效、崇尚文化);"求真、求实、求新"的校风(求真:追求真理的热情、探索真理的才能、捍卫真理的勇气;求实:实验精神、实践能力、实事求是;求新:创新精神、创新意识、创新能力);"爱生、爱岗、爱校"的教风(爱生:热爱学生、关心学生、爱护学生;爱岗:热爱教育事业、挚爱工作岗位、拥有奉献精神;爱校:热爱学校、关心学校、维护学校)和"勤学、善学、乐学"的学风(勤学:勤于学习、好学不倦、学以致用;善学:善于学习、善于思考、主动探究;乐学:乐于学习、愉悦学习、轻负高效学习)。提出"管理强校、质量立校、人才兴校、文化铸校、安全稳校、和谐荣校"的工作思路和"办学理念高层次、学校管理高水平、学校队伍高素质、学校文化高品位、学校成绩高质量"的具体要求,达到"全市示范引领,贵州一流,全国知名,走向世界"的办学目标。

实验文化体系的制定即沿袭了学校原有的精神文化,又体现了培养全面发展的接班人的根本要求,体现了"个人成长、民族复兴、报效祖国"的具体要求。在学校精神文化的引领和影响下,一届又一届不同时代、不同经历、不同个性的学生,都能从学校的学校精神、校风教风中受到陶冶和启迪,甚至终身受益,铭志不忘。精神文化的渗透与引领是深远的、深刻的,是能融入师生的骨子和灵魂深处,激励和影响几代人的潜在力量。

2. 以物质文化夯实静态人文校园:美国学者坎宁安和格莱瑟曾指出:成功的学校都有浓郁的校园文化,这种文化与追求卓越的愿景一致,给人指明了共同的方向,提供了成功的模式,并成为教师、学生、管理者等人员学习、工作的意义所在。注重文化渗透的原则,将"理"(礼)融入其中。安顺市实验学校通过实施一系列环境美化和改造工程,逐步把校园真正打造成学生求知的花园和学园,成为学生梦想的乐园和家园。

走进实验校园,处处昭示着生命的绿色,闪耀着活力的光芒,散发着青春的气息。校内古木奇花,亭台楼阁,精致秀美,景色宜人。春有迎春如瀑,桃红梨白;夏有翠竹挺立,蔷薇争艳;秋有丹桂飘香,芳菊烂漫;冬有青松傲雪、腊梅迎春,正可谓校在画中,人在景中。整个校园幽雅、古朴、自然,虽由天作,宛自天开。近年来,学校坚持"打造园林式书香校园"的原则,通过实施一系列环境美化工程,逐步打造出"吉祥三宝"立池石,"五一·五润"主题园,一亭二廊运动场,塑像浮雕文化墙,奇石书雕动感带,十八园苑小花圃,四树两花一竹林,红色代代传等校园特色,使校园成为传播教育思想的得力助手,成为润物无声的有效载体。

3. 以导向文化构建和谐人文环境。育人目标是学校教育的目标导向,是教育活动的指南。学校提出的育人目标是:润泽心灵,做更好的自己。它既是学校精神"不止领先,追求卓越"的体现,也是提升学生核心素养,培养全面发展的人的有效载体。《礼记·大学》中记载:苟日新,日日新,又日新。意指今天要比昨天好,明天要比今天新,每天都要做更好的自己。每一个学生都有自己理想的人生画卷,体现他们的人生追求和价值取向,是精神的凝聚和传递。学校围绕"三全"(即:全面育人、全员育人、全程育人),"四育"("课程育人""管理育人""活动育人"和"文化育人")和"四化"(即:常规教育系列化、信念教育梯次化、心理教育课程化、实践教育多样化)的育人途径,以学生喜闻乐见的活动为载体,对学生实施有序、有机、有效的教育。以育人目标为导向建构润泽教育的理想就是使学生在追求个人成长的同时,争做担当民族复兴的时代新人。

(三)课程润泽,润之育人

北魏贾思勰《齐民要术》中谈及栽树,曾讲要"时时灌溉,常令润泽"。润泽教育的课程体系强调的是知识和技能的有机整合与综合应用,形成以学为中心的教学思路,在此基础上构建宽松和谐,丰富多彩的润泽课程体系,从而调动学生内在的积极性。

1. 因材施教,构建"激趣适宜"的课程设置体系

在构建适合学生发展的润泽课程体系过程中,学校牢牢抓住"课程构建"核心内涵的引领作用。在课程的开发和实施过程中坚持"润泽心灵,做更好的自己"的育人目标,落实三个同步,即课程开发与课程实施同步,课程实施与课堂教学改革同步,课程开发与构建多元评价体系同步,依托三大支撑——目标引领,整体构建,专题辐射,贯彻国家课程"有灵有魂";推进地方课程"有血有肉";研发校本课程"有滋有味";完善园本课程"有动有静"的基本原则,初步构建出一体多选的润泽教育体系。

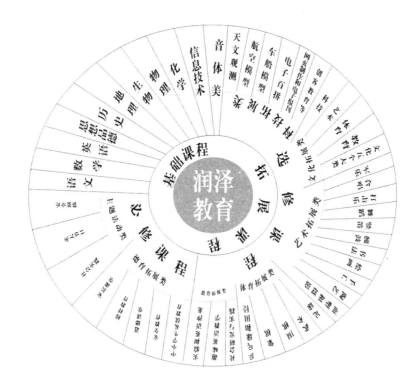

　　贯彻国家课程——有灵有魂。一是全面贯彻党的教育方针,培养学生德、智、体、美全面发展;二是全面实施素质教育,以学生为本,培养学生创新精神和实践能力,提升学生核心素养和学业水平;三是融入社会主义核心价值观,坚持立德树人、育人为本;四是全面贯彻落实国家课程计划,开齐课程、开足课时,树立"健康第一"的理念,确保学生身心健康。

　　推进地方课程——有血有肉。地方课程是国家基础教育课程体系的重要组成部分,对丰富和充实课程体系具有重要的现实意义,有效推进地方课程是深化课程改革的重要部分,学校推进地方课程要做到有血有肉。一是坚持中华民族优秀传统文化进校园;二是坚持国情、省情、市情教育进校园;三是坚持民族民间地方优秀文化进校园;四是坚持法制、环保、安全教育及综合实践活动进校园。

　　研发校本课程——有滋有味。校本课程是学校自主开发,接受上级业务部门指导的课程。校本课程对于学校争办特色学校,丰富校园文化,实现资源的整合具有指导意义。学校研发校本课程要做到有滋有味。一是内容上贴近学生、贴近生活、贴近社会;二是形式上灵活多样、丰富多彩;三是特色鲜明、效果显著。

　　完善园本课程——有动有静。"十三五"期间,幼儿园将紧扣五大发展领域课程,注重幼儿天性、个性、德性的"三性"发展。运用在"十二五"期间已积累的主题活动、区域活动、阅读课程资源，依靠全体教师，共同开展课程园本建设，最终形成有自己特色的绿色园本课程。

2. 因地制宜，推进"课程改革"的有序实施

课程改革的主要方式：学校课程改革将采取整合为主，增删、调适、构建为辅的方式开展。

在整合上有突破：加强对不同学科的整合，学科与活动的整合，同一学科内部不同教学内容的整合，同一学科不同单元内容的整合，大单元内容的整合。

在增删上有特色：一是按照课程标准，增删整合不同版本的相同教学内容，鼓励教师大胆处理教材内容，提高教学有效性，体现学科价值。二是搭建教育信息化平台，转移课堂阵地，对现有的地方课程进行增删，精选地方课程教材，在不同学段科学开设校本课程，学生通过网络平台进行远程学习教师制作的微课视频，自行完成选学内容。

在调适上有层次：对国家规定的核心课程进行多种形式的改造，以适应学校的教学情境适当调整课的比例、内容编排顺序以及教材内容的难度和进度。一是将根据教材内容的难度和进度进行"微课时"（10 分钟或 15 分钟）、"加长课时"（90 分钟）等模式探索，加强课程调整，以提高质量和效率；二是调整教学内容顺序，注重教学内容的合理性，以适应相互教学需要；三是调整课程内容，设立以体育、科技、艺术、教育和文化为内容的综合实践活动课，坚持开设学生喜爱的足球、乒乓球、围棋、象棋项目，在继续传承屯堡地戏、布依山歌、西路花灯等具有地方和民族民间特色的活动项目的基础上，调整课程内容将培养学生兴趣爱好，与传承中华民族优秀传统文化有机地结合起来，依托综合实践活动课，通过丰富的教学内容，灵活的教学形式，进行乡情教育、美德教育、民族民间文化、安全教育等教育教学实验，丰富我校的课程内容。

在构建上有创新：学校努力构建校本课程，扩展校本课程开发的范畴，开发丰富多彩的学科性校本选修课程，充分发展学生的学科兴趣。在现有的《安顺·可爱家乡》《牵手好习惯》《安全第一课》《集美崇德》《社会主义核心价值观读本》和《蒙童雅正》校本教材的基础上，努力探索有学校特色的校本课程，提升教师校本教材的开发、研究和应用能力。

3. 注重特色，打造"兴趣 + 课堂"的特色课程新模式

学校以优质课程创建学校特色，以特色课程促进学生个性发展是学校开设特色课程的前提。学校在特色课程设置上注重在基础上抓"实"，在范围上做"宽"，"三类课程"协调推进。基础型课程聚焦教学基本环节，提高课堂教学的实效。学校严

格按照国家、省、市《课程设置方案》规定开齐学科课程,开足学科课时,完善网络和课堂的教学改进,提升了学生学习的兴趣和主动性,提高了课堂教学的实效。

为广泛激发学生兴趣,培养学生多方面的特长,学校以青少年体育俱乐部为基地,结合时代特点和学生兴趣及年龄特征,广泛开展学生综合实践活动及社团活动,还有非物质文化遗传传承项目——屯堡地戏、布依山歌、西路花灯等具有地方和民族民间特色的活动项目。通过丰富的综合实践活动课进行乡情教育、美德教育、民族民间文化、安全教育等教育教学实验,逐步丰富学校的课程内容和教学方式。

学校将进一步深化"美德教育"工作,继续开设"动静相宜、雅趣相彰"的活动课程、组建"学校交响乐团"和"学校青少年足球队",充分发挥"学校少儿艺术团"和"学校体育俱乐部"的功能;启动以"环保"为主题的"中美千校携手项目"工作,切实开展对外交流活动。要通过特色课程的深入开展,切实推进内涵特色发展,不断提高学生审美情趣和人文素养,使学校在教育教学质量位列前茅的基础上更具人文内涵,更加充满活力和竞争力,打造成具有开放性、民主性、创新性的活力课堂。并通过改变教学模式,丰富课程内容,打造有梯度、有层次、有内涵的师生交流空间,强调在这种开放式的课堂中,师生以及生生得以展现"灵动"之美,体验着智慧的交锋、情感的碰撞、价值的共享。

4. 强化管理,构建"分层管理"的课程管理体系

《中共中央国务院关于深化教育改革全面推进素质教育的决定》指出,要"试行国家课程,地方课程和学校课程"三级管理的课程改革,这是我国基础教育课程政策和管理体制的重大变革,是现代课程理论与我国现实国情相结合的合乎逻辑的发展方向和必然选择,也是润泽教育课堂体系生成发展的基本保障。"三级管理的课程政策"反映了一种顺应时代要求的改革理念,即教育必须主动适应当代社会进步对培养高素质的各级各类人才的紧迫需求,尊重个体差异和发展特点,真正使受教育者得到自主的、全面的、持续的发展。

一是树立正确的课程意识,制定落实国家课程、地方课程、校本课程的实施计划。保证三级课程的执行、研究和开发,其主要方式包括对课程设置、课程安排和课时规定等方面的决策和统筹安排等。

二是对国家课程、地方课程、校本课程标准及质量要求的管理。主要包括对国家课程、地方课程标准的解读和研究,制定本校的培养目标和学生素质发展目标体系,制定校本课程的开发项目及标准,规定具体的教学目标,课程实施的要求与评价建议等。

三是课程编制的管理。主要包括对学校实施的所有课程的学年编制,依据国

家规定的课程标准制定各门课程的教学计划并确定相应的学分、学时,编制教学日历和课时安排表等。

四是课程实施的组织、安排和控制的管理。对国家课程与地方课程的管理是教学全部过程的管理。学校将从对教科书、教学参考资料的选择、编写及使用情况的管理,各门课程教师的配备,教学活动的组织和安排,教学工作常规的制定和检查,教学基本环节的常规管理,以及课外、校外活动的安排、组织和指导等方面进行科学合理的管理。

五是课程实施中的教学设施的管理。主要包括对教学仪器、设备及图书资料的配备、保管、维修和更新,以及设施管理制度的建立、健全和执行、检查等。

5. 教法“四透”,打造教学合一的润泽课堂

课程设置好了,关键在课堂。如何提高课堂效果,让课程设置和课堂教学无缝对接,有效实施,学校提出了“四透”原则,即:“学透课标、研透教材、思透学情、悟透教法”,在教育教学中游刃有余方能达到“道法自然”到“教学合一”,实现润泽的课堂、无痕的教育。

一是“学透教材”,活化资源服务教学。学透教材,创造性地使用教学资源,形成成熟的教策,把握教学重点、难点、盲点设计教学环节,掌握教学进度、尺度,明确传授的宽度、厚度、梯度,确定教学的方式、方法及策略。

二是“研透课标”,树立正确的课程观。学科课程标准是学科教学的“指南针”和“度量器”。明确课程目标,掌握课程内容,理解学科文化特征及运用价值,树立正确的课程观,关注学生知识、技能、情感态度价值观三维一体的统一发展,学科教学实现有内涵、有外延、有拓展。

三是“思透学情”,创造适合学生的教育。在教学活动中教师是组织者、引导者,学生是行动者,立足学生生活经验,认知水平,身心发展规律,研究学生共性特征及个性特点,分析班级整体优势及个体差异,因材施教,创造适合学生的教育。

四是“悟透教法”,让不同学生得到不同发展。悟透教法,以学评教,遵循教育教学规律、学生成长规律、发展规律,处理好预设与生成、过程与目标、培优与巩固之间的关系,找准学生知识“生长点”、技能“发展点”、情感“关注点”,重视过程性目标的落实,做到教学方法课前有渗透、课中有突破、课后有发展。

6.“八·五”法则,形成师生和谐共进的高效课堂

教育是科学,其意义在于求真;教育是艺术,其意义在于创新,教育是生命,其意义在于奉献。在课程教学过程中,我们注重结果,更注重过程;注重当前,更注重未来;注重分数,更注重能力;注重个体,更注重全体。因此,学校建立了一系列

常规管理的制度措施。

在课堂教学层面上，注重从备学生、备教材做起，逐步构建润泽教育的课堂教学氛围，要求全体教师谨记"八·五"法则。即教学"八环节"和"五个度"，"八环节"是：分析到位；明确目标；导学精讲；合作探究；检测达标；总结拓展；分层作业；特色评价。"五个度"是：复习导入要有强力度；传授新课要有高效度；合作探究要有参与度；练习检测要有多角度；总结评价要有高度。

学校提倡和鼓励教师探索多种课程模式、培养方式，构建素质教育的课堂教学氛围，在师生平等的基础上强调教学互动，鼓励学生大胆创新，培养学生大胆提问，勇于探索，学会合作，在课堂教学中，逐步探索鼓励合作学习、探究学习、小组合作学习等方式，让学生在课堂教学中学会知识的迁移，得到创新的启迪，体验成功的喜悦，获得新的知识。

7. 健全制度，构建"多位一体"的课程评价体系

课堂教学中的学生评价是课堂教学的重要组成部分，它不仅与课堂教学质量与效果有着密切的联系，而且很大程度上影响着学生的个性发展和长远发展，也是润泽教育一个重要的评价指标。

一是注重把握评价的功能和目的。学生的发展是建立在兴趣、潜力、探索基础之上的发展，是综合性、全方位的发展。教师在实施评价时发挥"改进、激励和促进"功能，对学生实施耐心的引导、客观的评价、及时的鼓励，帮助学生走出数学恐惧的心理阴影。

二是注重全方位、多角度评价学生。《课程标准》提出：学习评价的重要目的是为了全面了解学生学习的过程和结果，激励学生学习和改进教师的教学，建立评价目标多元化，评价方式多样化的评价体系。

三是注重对学生的分层评价。新课程倡导建立促进学生、教师不断发展的评价体系，既要关注过程评价，又要关注结果评价，并以此来实现评价的最大效益。分层课堂教学评价不仅可以关注学生的学业成绩，而且可以使学生在学习中体验到愉悦和成功，进一步帮助学习认识自我，建立自信，发展潜能。

四是注重发挥社会、家庭以及学生互动评价功能。课堂教学是教师与学生、学生与学生相互交流、相互促进、共同提高的过程。因此，建立创新、绿色、开放、共享、和谐的评价氛围，鼓励学生、同伴、家长、教师、管理者共同参与评价，实现评价主体的多元化，帮助学生在自评和他评中不断反思，认识自我，从而实现自主学习和创新发展是现代课堂教学的迫切需要。

五是注重评价形式的艺术性和时效性。教育是一门艺术，不仅是教学的艺

术、更是语言的艺术、沟通的艺术。有效的评价需要教师有敏锐的观察力、渊博的知识、随机应变的语言的机智和语言艺术。课堂教学评价体系的建立和实施,可以充分发挥评价的双边导向作用,既可以促进教师尽快转变教育观念,也可以促进学生对知识技能的掌握和思想感情的发展。

(四)活动润泽,润之达人

在舞台上,每一项活动都体现一种文化,传递一种能量,陶冶一种情操,培养一种精彩纷呈的实验能力。学校带给学生的不仅仅是活动,更重要的是一种理念、一种素养、一份性情,一种生活的品质,延伸生命的内涵。

1.“综合性学习活动”,润泽心灵

综合性学习活动中学生是学习的主体,更是发挥积极性和创造性的主体。综合性学习的教学不再是老师讲,学生听,教师表演,学生看,而是老师和学生一起协作、一起成长、一起实现的过程。学生从与教师合作之中体验平等、自由、民主,其主体性得到显现,个性得到张扬。老师作为活动的参与者、指导者、协作者和监督者和学生一起活动学习,构建了师生之间“平等互学”的关系。综合性学习活动也是润泽教育体系的一项重要活动。

通过综合性学习实践活动课的开展,变“说教”教育为“内化”教育,学生在活动中明白了更多为人处事的道理,也收到了意想不到的教育效果。

2.“韵动类体艺活动”,激活生命

好风凭借力,送我上青云。学生的全面发展需要借力多方力量,而文化活动的有效开展是衡量学校整体水平和办学实力的一个重要标志,也是提升学校品位、塑造学校形象、寻求特色发展的一个有效途径。安顺市实验学校坚持每学期开展大型主题活动,定期举办的体育节、科技艺术节、读书节和实验春晚等品牌活动成为实验学子放飞青春梦想的舞台。

校园科技艺术节是校园文化的缩影,也是学校办学特色的彰显,更是全体师生魅力展现的一个平台。学校开展科技艺术节以社会主义核心价值观为导向,坚持“立德树人”的育人宗旨,面向全体学生,坚持以普及促提高、以提高带普及,培养学生健康的审美情趣和良好的艺术修养,展示向真、向善、向美、向上的校园文化,促进学校科技美育改革发展。

为培养学生热爱读书、博览群书的习惯,让学生与经典同行,着好人生底色,创建具有浓郁文化气息的“书香校园”品牌特色,把读书活动作为我校师生成长成才,不断提高修养和素质的有效载体,让师生养成多读书、乐读书、读好书的文化生活习惯。读书节期间,各班将会开展主题阅读、亲子阅读、沙龙争鸣、经典诵读等寓教于乐的读书活动。读书节活动集广泛性、知识性、趣味性、娱乐性、竞赛性为一体，以诵读经典、诗文、名著，演唱歌曲，编排情景剧，讲故事，征文、摄影、手抄报比赛，知识竞赛，阅读之星评比等活动为主要形式。

为鼓励学生在享受运动的快乐中展现特长，培养他们的坚韧意志和团队精神，用体育运动诠释奋勇拼搏、不断超越的体育精神和爱集体、爱学校的责任意识，学校会组织一年一度的体育节。体育精神随着一项项活动的开展成为一种团队文化、校园文化，成为续写实验精神"不止领先，追求卓越"的青春力量

为给学生搭建更加广阔的舞台，让学生的音乐天赋、才艺得到充分展示，学校从2011年起，都会在春节前夕举办新春音乐会。音乐会上，学校合唱团、管弦乐团、家长管弦乐团同台表演，师生们在亲身参与的各项活动中，感受着音乐的滋养，让教育的暖流在音乐中缓缓流淌，优美的歌声在耳边回荡，在心中升华。音乐会的举办不仅为学生不可复制的童年和少年留下宝贵、难忘的记忆，也让他们在音乐的殿堂感受一种文化和力量。

教育的发展，学校的进步，离不开先进文化的熏陶，离不开创新精神的支撑，用教育的方式吹响文明的号角，用活动的方式传递文化的正能量，是学校开展文化活动的初衷，更是润泽教育的初衷。

3."社会性实践活动"，根植习性

如果说管理育人、课堂育人是属于被教育的形式，那么活动育人则是以学生主动参与、乐于接受的方式呈现的一种育人模式。学校以学生思想道德建设为圆心，结合学校实际及学生的身心特点，巧借"六个抓手"，开展了形式多样、寓教于乐的德育主题实践活动，让学生从中感悟素质教育的真谛，展示出学生的阳光与活力。以各种仪式、纪念日、活动周等为抓手对学生进行爱国主义、集体主义、社会主义及理想、信念、价值观教育；以养成教育、礼仪教育为抓手，对学生的文明道德修养、人文素质修养、社会公德、社交礼仪等进行全方位教育，培养他们的良好行为习惯，养成正确的审美观念；以社会实践为抓手，让学生在实践中自我体验、自我教育；以"评先创优"为抓手，多维度、多层面、多覆盖的鼓励学生，激励全校师生向身边的榜样学习，不止领先，勤奋好学，弘扬美德，全面发展；以"三节一会"品牌活动（即体育节、科技艺术节、读书节和实验新春音乐会）为抓手，提升学生核心素养，助力学子放飞青春梦想。

与此同时，我校还在学生中开设"品德讲堂""红领巾讲堂"和"家庭美德讲堂"，坚持"身边人讲身边事、身边人讲自己事、身边事教身边人"，把"讲堂"建设为培育和践行社会主义核心价值观的重要阵地。

每一项活动都是爱与责任、奋斗与梦想的融合，都是润泽教育的有形载体，每一个学生在校园幸福成长的过程也是老师陪伴成长的过程。我们提出学校的育人目标是：做更好的自己。做更好的自己不仅仅是学生个体层面上做更好的自己，老师也同样要做更好的自己，学校同样确立了"全市引领、全省一流、全国知名、走向世界"的大目标。全体师生的小目标在学校统一大目标的前提下形成了一股势不可挡的合力，一种昂扬向上的精神。这就是润泽教育的效果，是做更好的自己的真实体现。老师们在一次次学习和反思中提升和完善自己，同学们在一次次的学习、活动过程中拼搏、历练、成长，同时也孕育、点燃了属于他们自己的梦想，这些小小的梦想汇聚起来就会成为实现实验梦、教育梦，最终成为实现伟大中国梦的新生力量和不竭动力。

正是这样一种风气、正气，这种凝聚在师生身上的一种精神魅力，一种澎湃着的、具有生命力的、令人感动的精气神感动了许多到学校调研和指导工作的专家和领导。《光明日报》、新华网、人民网、贵州新闻联播等多家媒体相继对学校开展的"五一个"特色工程取得的显著成效进行了连续深入报道。

四、润泽教育反思

学校实施"润泽教育"以来，始终坚持立德树人的德育根本，以学生核心素养提升为重点，沿着内涵发展、质量为先的发展之路持续发展，也取得了一定成效，先后荣获"全国教育系统先进集体""全国特色学校""全国现代教育技术实验学校""全国中小学中华优秀文化艺术传承学校""国家级语言文字规范化示范校""全国消防安全教育示范学校"等全国奖项40余项；荣获"省文明单位""省实施素质教育先进学校""省'五好'基层党组织""省校园文化建设先进学校""省安全文明校园"等省级奖项60余项；荣获市级奖项200余项；2017年，又荣获全国首届文明校园称号和全国未成年人思想道德建设先进单位称号，保持了1993年至今25年中考成绩全市领跑的骄人成绩！

但由于人生命的独特、丰富、多样，才使得教育实践富有魅力，教育探索永无止境。因此，所有的教育行为都需要反躬自问，进行价值审视。润泽教育的价值意义，就是学生、教师、学校三者的深度融合。而润泽教育的实质在于过程，重点在"润"，强调教育的无痕与感悟，注重学生的启迪与激励，是公平教育、质量教育、快乐教育、幸福的教育的拓展和延伸。而特点在"泽"，注重的是指引和惠泽，强调的是形成与目标。

党的十九大的胜利召开已经标志着中国特色社会主义进入了新时代。新时代教育就要肩负新使命:新时代教育要增进全体人民更多获得感,让每个孩子享受公平而有质量的教育;新时代教育就要增进人民更多幸福感,为人民群众提供可选择的多样化优质教育,是学有所得、学有所成的教育,是奠定学习者事业成功走向人生幸福的重要基石,是美好生活的重要内容;新时代教育就要增进人民更多的安全感,要继续维护正常的教学和生活秩序,保障学生人身和财务的安全,促进身心健康发展。归纳起来,要打造人民满意的教育就要让人民有更多的获得感、幸福感和安全感。鉴于此,我结合学校实际情况思考了下一步学校工作的重点,要在"四个教育"和教育改革上下功夫,即:实现"公平的、有质量的、快乐的、幸福的"教育小康之梦。

要在公平教育上下功夫。关注教育公平,关注每一位学生无论从国家层面、学校层面还是教师层面都有不同的理解。从国家层面上理解,要均衡配置教育资源,让每个适龄儿童少年都能享受良好的教育;从学校层面上理解,要为学生搭建更多层面的才艺舞台,关注每一个学生的个性特长和学业成长;从教师层面来理解,要求教师在教育思想上真正理解教育公平,在教学实践中逐步建立民主和谐的师生关系。

要在质量教育上下功夫。要做好教学常规管理工作,抓好"备课、上课、作业批改、考试、辅导、研究"为核心的教学常规的工作,做到"把常规抓好,把细节抓严,把过程抓实"。要做好学校精细化管理。管好教学:校级领导班子、年级组长和教研组长要经常深入课堂听课,积极参与教研活动,掌握教学常规和师生动态;管好队伍:要树立以人为本的理念,关注教师发展,搭建教研平台,引领教师专业成长,重视骨干教师的培养和使用,发挥其榜样示范作用;要管好学生:下移管理重心,突出班级管理,建立学校、年级组、班主任(辅导员)三级管理制度。要统筹兼顾,合力并举,促进各部教育协调发展。

要在快乐教育上下功夫。快乐教育的实质是面向全体学生,着眼于人的全面发展,真正体现教师主导,学生主体的"双边作用"。实施快乐教育的重点在课堂教学,而搞好课堂教学的关键是师生双方各自对教学活动的情感、态度,师生双方的人际关系和相互作用以及教学的方法。教师的"善教"是学生乐学的前提,学生"乐学"是教师"善教"的结果。善教的前提又在于教师自身要善于学习、善于专研、善于总结、善于反思。近年来,学校为广大教师提供了广阔的平台,购置了大量书籍供教师借鉴学习,拓展培训平台让老师开阔视野,我们希望通过学习转变教育方式,精心设计每一堂课,让学生在教学双边活动中充分参与、体验、合作,感受全新的教学模式,在轻松快乐的氛围中获得知识,快乐成长。

　　要在幸福教育上下功夫。幸福是所有人生活和工作的最终追求,教育追求的也是幸福教育,是需要教育者教会学生感知幸福、理解幸福、珍惜幸福、创造幸福。幸福既是教育的目标,又贯穿于教育整个过程,它的外延是由幸福的学校、幸福的教师和幸福的学生构成,这就需要我们共同努力,以幸福的教育培养幸福的人。

　　要在教育改革上下功夫。随着经济体制改革和政治体制改革的不断深入,市场经济大潮的冲击,传统的教学理念、管理模式、用人制度和分配机制已无法适应新的形势、任务的需要。学校要持续跨越发展,必须要改革,要借鉴新的模式,又要保持好的传统,要谋求更大的发展,就要在改革中求真、求新、求变。习近平总书记在吉林调研时曾指出:要坚持变中求新、变中求进、变中突破,走出一条质量更高、效益更好、结构更优、优势充分释放的发展新路。这些重要论述深刻揭示了变与新、变与进、变与突破的辩证关系。而在经济政治改革风云变幻的今天,教育被推上了改革求新求变求发展的快车道。从技术手段来看,在线学习、慕课、教师ICT能力建设、翻转课堂、未来学校、云技术、大数据……越来越多的信息化教学方式冲击着教育领域。"互联网+"教育加速了教育理念的转变,教育正进入一场基于信息技术的深刻变革中。从教育模式来看,以"政府主导、教育主管、部门协作、学校参与"为原则的多元化集团化办学、学区制办学、合作办学等办学方式的兴起,改变着固有的办学模式和教育观念。如何在教育改革中占有一席之地,就要求管理者要善于分析,善于学习,善于总结,善于创新,用科学的教育理念拓展办学内涵,用先进的教学手段做好自己的教育品牌,稳中求变,变中求新,新中求进,循序渐进形成教育特色,打造教育品牌,发挥名校效应。

　　为此,学校结合特有的十二年一贯制特殊校情和新时代教育改革发展的需要,将对学校教育管理体制进行全方位的改革:打破原来"分部管理"(幼儿园、小学部、中学部)的模式为"板块管理"模式,打造"一园两室六中心"(即:教师发展中心、学生发展中心、教育管理中心、信息管理中心、后勤保障中心、安全维稳中心),真正实现"大教务、大政教、大总务、大教研、大安全"的格局,力争到2020年实现"两基本、一进入",实现更高水平的普及教育、形成惠及全民的公平教育、提供更加丰富的优质教育、构建体系完备的终身教育、健全充满活力的教育体制。

　　陶行知先生曾说:"生活即教育。"杜威先生也道:"教育即成长。"我以为生活和成长都离不开水和阳光。而润泽教育就是水和阳光。它如水滋润心灵、润物无声;它似阳光,明亮了双眸,点燃了梦想。"教育决定着人类的今天,也决定着人类的未来。"教育兴则国兴,教育强则国强。作为教育工作者,我将"上下求索,不畏其难,春风化雨润芳华,化作春泥更护花"。

01

| 明德篇 |

文章发表在《安顺教育》2017.04 期

创一流工作业绩 致敬党的十九大

安顺市实验学校 李锦鸣

2017 年是深入贯彻十三五规划的关键之年,是喜迎中国共产党第十九次全国代表大会胜利召开之年,是党和国家事业发展中具有重大意义的一年。我校将在2017 年上半年取得的优异成绩基础上,不忘初心,继续前行,以更加团结向上的凝聚力,奋力拼搏的战斗力,勇于尝试的创新力,阔步迈进2018!

一、指导思想

高举中国特色社会主义伟大旗帜,全面贯彻党的十八大历次全会精神,以马克思列宁主义、毛泽东思想、邓小平理论、"三个代表"重要思想、科学发展观为指导,深入贯彻习近平总书记系列重要讲话精神,坚持依法治校、从严治党,坚持发展是第一要务,牢固树立和贯彻落实创新、协调、绿色、开放、共享的发展理念,以提高教育质量为中心,以"不止领先,追求卓越"的实验精神为引领,以"全市示范引领,全省一流,全国知名,走向世界,做更好的自己"为奋斗目标,创一流工作业绩,致敬党的十九大!

二、取得的成绩和存在问题

(一)取得的成绩

在 2017 的上半年里,学校党总支明晰抓党建促发展的工作方向,坚持党建工作与教育教学业务工作紧密结合的原则,重点依托"五个一"特色工程(一个支部一个堡垒,一个党员一个模范,一个干部一个表率,一个教师一个榜样,一个学生一个希望),带领全校教职工,圆满地完成了一项项教育教学任务,取得了许多可喜的优异成绩。

1. 党建工作重特色,喜迎党的十九大。

(1)学做并举,着力推进"两学一做"学习教育常态化制度化长效化。学校党总支牢牢抓住"重心下沉,狠抓基层"的党建工作思路,坚持结合学校实际,将夯实支部堡垒、发挥干部表率、树立党员模范三个环节紧密衔接,全力推进"两学一做"学习教育常态化制度化长效化。

(2)争创"五好"支部,筑牢支部堡垒。学校党总支深入开展以创建"五好"(领导班子好、党员队伍好、工作机制好、工作业绩好、群众反映好)先进党支部活动,要求各支部结合自身工作实际,确立工作目标,带领支部党员立足岗位,打造支部特色,落实让每一个实验人都成为"更好的自己",以实干实绩喜迎党的十九大。

(3)加强党风廉政建设,进一步提高党员干部职工拒腐防变能力。学校党总支通过组织中层干部、党员代表和入党积极分子到市纪委廉政教育基地参观学习等活动,进一步强化了全校党员领导干部的廉政意识,以更加务实的作风和扎实的工作为学校的发展做出新的更大贡献。

2. 队伍建设重师德,争当躬行新"标尺"。

学校注重强化师德师风教育、培养大局观念,不断提升爱生、爱岗、爱校的教风,树立忠诚敬业的榜样。遵循"躬行实践,深思悟道"的工作原则和"师德高、师风正、师能强、师技好"的工作要求,紧紧围绕"学透教材,研透课标,思透学情,悟透教法"的工作内容,继续深入开展了"四个培训工程"。即:青年教师岗前培训工程、中青年教师素质提升工程、老年教师示范引领工程、骨干教师名师名家工程。以"五优教师""五星教师""五维教师"评价指标体系为主线,打造出一支师德高尚、专业过硬,成绩卓越的师资队伍,用高超的职业技能,高尚的师德情怀诠释着"爱岗敬业,诚信友善"的价值理念,使社会主义核心价值观真正成为教师专业成长的"标尺"。

3. 立德树人重融入,培养践行价值观。

学校将社会主义核心价值观细化为贴近学生的具体要求,转化为实实在在的行动。"党旗飘扬,团旗引领、队旗跟上"。学校团委组织开展了"一学一做"(学习总书记讲话,做合格共青团员)专题组织生活会。少先队开展了"喜迎十九大——我向习爷爷说句心里话"主题活动。引导教育青少年学生树立了正确的人生观、世界观、价值观,培养了孩子们懂得感恩,与人为善的好品质,使党的关怀和领袖形象在少年儿童心中扎根。

4. 强化"核心素养",突出"学业水平"。

学校以"立德树人"为重点,以提高教育教学质量为根本,全面提升学生综合素养。2017年中考我校723名学生参加中考,总分平均分为496.93分。我校潘思同学以总分628分荣获2017年安顺市中考第一名!全市中考前10名,我校3人(第一、第四、第五),占前10名的30%。全市中考前20名,我校8人,占前20名的40%(第一、第四、第五、第十六3名、第十九名2名)。全市总分600分以上人数148人,我校50人,占600以上总人数的33.8%。全市中考前50名,我校16人,占前50名的32%;全市中考前100名,我校36人,占前100名的36%。我校共有111人获得全市中考学科单科成绩第一名。自1993年以来,我校连续25年保持中考成绩全市领跑!

5. 安全后勤有保障,促进学校安全稳定。

学校安全工作,实现了"组织机构有保证,经费物资有保障,工作实施有计划,制度措施有落实,宣传检查有安排,隐患排查有整改,工作开展有成效",确保了我校教育教学工作的安全稳定。学校后勤工作紧紧围绕学校中心工作,以"管理育人,服务育人,环境育人"为宗旨,结合绩效考核,强化后勤管理,进一步使后勤工作精细化,为学校教育、教学各项工作的顺利开展,充分发挥了总务后勤的保障作用。

6. 教育科技搭平台,助推师生共成长。

学校在"互联网＋教育"的大背景下,坚持"教育现代化必须依靠教育信息化"的理念,充分利用校园网络、各类云平台、精品录播室、多媒体录课室,借助"一师一优课"和网络校本课程等活动,为学校教师的专业成长、提高和学生的辅助学习、自我完善,搭建起更为方便、快捷的平台。

以上的这些成绩是我们全体实验人团结奋进,不懈努力的成果,是"办人民满意学校"的最好印证,是"不止领先,追求卓越"实验精神的最好诠释!我们的踏实干劲、辛勤付出得到了中央、省市各级领导的充分肯定。

2017年6月21日,全省"基层工作加强年"现场推进会走进我校,省委常委、省委宣传部部长慕德贵同志对我校"五个一"特色工程和"五个融入"实践活动也给予了充分肯定和高度评价:安顺市实验学校把社会主义核心价值观进校园做到了极致,把打牢基层工作基础的重要任务从小孩在学校念书的过程中就潜移默化,循循善诱,自然而然融入了学生的心里,非常好,基层基础工作很扎实。学校以"四个融入""五个一"凝魂聚神,积极推动屯堡地戏进校园,以老师带队伍,学生自愿报名,长期坚持,推陈出新,而且跟地域历史文化传承紧紧地结合在一起,口口相传,手手相传,一代一代相传,是一种很好的传承方式。开展"迎接党的十九大,我要给习爷爷说句心里话"活动,用学生自己的字、画做了一个主题,有个小孩说:"要造大飞机,拉着习爷爷到处去旅游",还有一个小孩说:"经过这段时间学习,我才知道我们国家发生了翻天覆地的变化,都是习爷爷亲自领导,发生的变化干出来的"。这些题材非常朴素生动,这就避免了空洞的说教。

市委书记曾永涛同志在第十二次市委常委会上对我校基层工作加强年工作也给予了充分的肯定:全省"基层工作加强年"现场推进会在安顺召开,效果很不错,在安顺看的点和总结出来的经验,各兄弟市(州)和省直宣传思想文化部门给予了充分的肯定。实验学校,效果真的不错,而且是很实在、很感人的,不是做出来的,不是表演出来的。大家都知道,有些观摩带有表演性、展示性,但有些就是潜移默化、发自内心、自然流露的。比如,"塘约经验"就不是我们包装的,不是我们打造的,塘约是因灾而变发展起来的。包装的、打造的,毕竟还会有些痕迹。我们实验学校核心价值观进校园,"四个融入""五个一",真是体现在老师、学生的思想深处和内心。我们有的同志去过,有的同志没有去过,有的同志接触过,有的同志没有接触过。对实验学校,外面来观摩的同志给予了充分的肯定和评价。那天下午,训华同志也去参加了观摩。德贵同志更清楚,他太了解实验学校是什么学校、是怎么来的。校长、老师他都认识,年轻时的他认识,现在的他也认识。实验学校的变化,取得的成效,他都清楚。一个教师一个榜样,一个学生一个希望,容易记住,自然融入。实验学校的学生,讲得很实在、很好。实验学校的专题报道,贵州电视台已经播了。"喜迎十九大,我给习爷爷说句心里话",生动、具体,形式很好。媒体上报道的打快板,用快板来宣传社会主义核心价值观,形式也很好。

各级领导的关心和鼓励是对我们过去工作的肯定,更是对我们下一步的鞭策,赋予了我们更强的动力,使我们对党和人民交给的教育事业更加充满了信心。

(二)存在的问题

1. 工作作风亟待改进。

目前,我校绝大部分教职员工在工作中确实充满了热情、激情,勇于承担,甘于奉献。但仍有少数人存在慵懒散漫等消极思想,工作中出现执行率不高,落实力不强,创新力不够,缺乏担当等现象。

2. 师德师风亟待强化。

师德师风建设是教育前行道路上永恒的话题,是党和人民教育事业顺利推进的首要思想保障。当前,我校师德师风建设中仍存在少数教师法治意识淡薄,纪律意识涣散,缺乏严于律己精神等问题。

3. 教育观念亟待更新。

时代的发展,对我们教育教学工作提出了不断创新,不止进步的要求。我校实现大教务、大政教、大教研、大总务、大安全是学校自身特色和发展的需要。目前,我校从办学思想到学校管理再到教育教学工作的推进,要实现全校步调一致,和谐发展,就需要学校各个层面人员观念的不断更新,真正站在幼儿园、小学、中学三部统一管理、分部实施的角度思考问题、开展工作。

4. 教育质量亟待提升。

办党和人民满意的学校,首要条件就是要不断提升学校的教育教学质量。在全面推进素质教育的今天,提升"学生发展核心素养"给我们提出了更新更高的要求。我校不仅要确保中考教育质量第一的地位不变,更须立足九年制教育义务加学前教育的学校结构特点,关注学生应具备的、能够适应终身发展和社会发展需要的必备品格和关键能力,培养德智体美全面发展的有个性、有特长的社会主义事业接班人为目标,不断提升学校教育教学质量。

面对以上问题,我们有信心、有能力在下一步的工作中去整改,以更好地状态投入到教育教学工作中去,逐步缩小与教育发达省市现代化、精细化、科学化教育管理模式的差距;缩小与教育发达地区的教育观念、教育模式、教育水平的差距,加快步伐争取早日实现"全市示范引领,全省一流,全国知名,走向世界,做更好的自己"的办学目标。

三、新学期工作要求及目标任务

2017年上半年,对于实验学校来说可谓是喜事连连,捷报频传。很多都创造了实验历史,实验传奇,实验记录。这些看似偶然的机会实则隐含着必然的因素:实验丰富厚重的历史底蕴;数代实验人的艰辛付出;全校教职工的团结拼搏;各级领导和社会各界的大力支持等等,所有因素慢慢积淀、生成,最终凝练成实验的特色、品牌、名气和效应。

博观而约取,厚积而薄发。这是实验人文精神的集中体现,是学校精神的行为内化,是办学理念的持续渗透,是办学成果的不断丰富。省委宣传部"七一"前夕集中宣传报道我们学校基层组织加强年和融入社会主义核心价值观的典型经验做法,并且专程前往中宣部汇报学校的"五一个"和"五个融入"的做法。省委、市委宣传部推荐我校参加首批"全国文明校园"的评选,如此等等都在告诉我们:实验的全市引领、全省一流、全国知名即将提前实现,我们将迎接更多、更新、更高的挑战,我们要更加团结一心,将实验办成一流的学校!

那么,什么是"一流学校"?"一流学校"似乎没有清晰的概念界定,实验是否达到"一流"的标准呢?一流学校的标准,包括:具有远大的发展愿景、特立独行的学校精神、矢志不渝的教育信念,志同道合的学校精神、科学精细的管理制度、人才辈出的教育成效、和坚强有力的社会支持等。也就是说要建设"一流学校"就要有一流的思想、一流的队伍、一流的管理、一流的质量。这也是下一学期的工作目标。我们要靠"实干、巧干"把实验学校打造成名副其实的"一流学校",以自信者的姿态昂首进入全国知名的行列。

(一)思想一流——从严治党,统一思想。

"理想信念动摇是最危险的动摇,理想信念滑坡是最危险的滑坡。"当前,面对"四大考验""四种危险",确有一些党员、干部,思想滑坡、精神颓废、理想失落、信仰虚无。习总书记在中央纪委六次全会上再次告诫全党,"全面从严治党永远在路上"。我校全力推进从严治党要进一步深化"五个一"工程,做到加强党风建设,加强师风建设,加强学风建设,使"一个支部一个堡垒,一个党员一个模范,一个干部一个表率,一个教师一个榜样,一个学生一个希望"在学习、工作实际中得以升华。

1. 加强党风建设——深化支部党员堡垒模范作用。

加强党风廉政建设,是构建社会主义和谐社会的重要举措,是推进社会主义建设的有力保证。我校深入推进"五个一"工程,夯实支部战斗堡垒作用,发挥党员先锋模范作用,坚持把思想政治建设放在党的建设的首位,注重于党员的思想道德建设,发扬和发挥我们党的优良传统和政治优势,使我校每一个支部、每一名党员真正从思想上、行动上践行从严治党。

2. 加强师风建设——深化教师为人师表榜样作用。

强化师风建设,大力倡导勤奋好学、严谨治学、爱岗敬业、教书育人等良好风气,以增强履职尽责能力、提高教育教学质量为中心,以争创优良的校风、教风、学风为重点;以中小学教师师德师风建设若干准则和社会主义核心价值观为着力点,以解决师生反映的突出问题为突破口;以教师文化的凝练和教师活动的开展为抓手。把各部教师的思想凝聚到学校发展的主线上,做到勤于学、敏于思、笃于行,以作风转变和观念转变的互动,强化工作意识、责任意识,提升教师道德品质和职业道德修养。全校教职员工要坚决做到"五抵制五提倡"。要坚决抵制敷衍了事、消极懈怠的歪风邪气,提倡积极主动,履职尽职的正气;抵制欺上瞒下、互相扯皮的歪风邪气,提倡敢于负责、勇于担当的正气;抵制夸夸其谈、工作浮漂的歪风邪气,提倡爱岗敬业、追求卓越的正气;抵制阳奉阴违、拉帮结派的歪风邪气,提倡精诚团结、互帮互助的正气。努力造就一支"理念新、勤学习、讲奉献、善合作、争一流"的教师队伍群体。

3. 加强学风建设——深化学习助推理想实现作用。

树立良好学习风气。全校上下无论是老师还是学生，都要做到：一是要向书本学习，通过理论素养的提升和拓展巩固自身专业知识的学习，不断提高工作的能力。其次要向实践学习。实践出新知，要善于发现问题、敢于正视问题，用学到的新思想、新知识、新经验解决实际问题，在解决实际问题的过程中不断学习新思想、新知识、新经验。第三，要向身边的榜样学习。"三人行必有我师"，要谦虚谨慎、踏踏实实地向身边的同事同学学习、向先进典型、榜样学习，学以致用，最终达到学以增智、学以养廉、学出风气。使实验校园静谧在浓浓的学习氛围之中。最后，要加强习总书记治国理政系列重要讲话精神的学习，要深入学习7月26日习总书记在省部级主要领导干部"迎接党的十九大"专题研讨班开班仪式上的重要讲话精神，积极开展党的十九大精神的学习宣传贯彻。

（二）队伍一流——提升素质，共同进步。

学校是一个教育整体，是一个多结构、多层次的系统，必须建立一支理想坚定、步调一致，目标明确师生队伍，才能在教育教学工作的征程中始终坚持"不止领先，追求卓越"。

1. 加强干部队伍建设——争做"三用"好干部（用力干事，发扬钉钉子精神；用心想事，发扬开拓创新精神；用情做事，发扬实验主人翁精神。）。

加强干部队伍建设是学校管理工作有序推进的首要前提，学校教育教学管理工作以各职能科室业务工作高质量为切入点，要求中层干部要以"躬身实践，深思悟道"为原则，加强自我修养，切实提升和增强学校管理工作水平和能力。同时，完善学校管理网络，做到分工明确，工作到人，责任到点，认真履行工作职责，尽心尽职做好每一项工作；加强团结协作，倡导奉献精神、创新精神，讲究工作方法，注重工作实效，创造性地开展各项工作，争做"三用"好干部。

2. 加强教师队伍建设——争当"四有"好老师（有理想信念、有道德情操、有扎实知识、有仁爱之心。）

在教师队伍建设上，要继续强化"三个工程"（教师专业成长工程、名师名家工程、教师幸福工程），用新视角看待老问题，用新标准拓展新路子。

（1）强化教师专业成长工程。现代教育的飞速发展对广大教师提出了越来越高的要求，新课程的实施需要教师专业化成长，因此，在促进教师专业化成长过程中要发挥教师专业成长中读书学习的自主性，自我反思的有效性；要关注教师专业成长中的精神发展,同时,还要重视专家在教师专业成长中的引领作用;要在已经开展的"青蓝工程、新教师岗前培训工程、中青年教师素质提升工程、老教师示范引领工程、传帮带工程"等成功经验基础上尝试新的方法促进教师的专业成长,用理性思考的深度,用情感激励的广度引领教师专业化成长的高度。

(2)强化名师名家工程。名师名家工程是实现质量立校的重要保证,是成为现代化名校的基本条件,也是学校的宝贵财富。在学校队伍建设中,要特别重视名师名家的培养、锻炼,充分发挥学校"名校长"工作室主持人、名师工作室主持人、特级教师、学科带头人、教学能手、教坛新秀等在教育教学中的示范引领和辐射指导作用。要为名师名家的培养搭台,要经常性地开展青年教师大比武、名师名家讲堂、外出参赛、培训等方式让更多的教师能施展他们的才华,展示自己的特色。要鼓励和倡导名师名家勇挑重担,大胆创新,自我加压,通过集体研讨、师徒结对等方式带动和培养更多的青年教师成名成家。

(3)强化教师幸福工程。教师的幸福感,不仅关系到教师本人职业生活的幸福,也关系到学生的人格成长和学业发展。要强化教师幸福感,从外部条件而言,要为教师营造一个严谨不失活力,宽松不失规矩的人文环境,帮助教师实现职业理想,使其在自身成长、学生进步、家长认可的优化环境中获得幸福,在人性化的管理环境中发挥最大潜能,获得成功。从内部环境而言,要多关注教师的专业成长、事业发展和家庭幸福,帮助教师进行自我调适,以积极的心态面对自己的工作,做一个积极向上、充满激情和活力的阳光教师。

3. 加强学生队伍建设——争当天天进步的好学生。

学校教育的服务对象是学生,学校教育的成功与否取决于培养出学生是否身心健康成长,在前进的道路上是否在不断进步,向着自己的梦想迈进。我校学生队伍建设将向着"做更好的自己"的育人目标继续迈进。

(1)注重学生干部队伍建设,实现学生自主管理。加大对班干部、团干部、少先队队干的培养力度,发挥学生组织在学校、班级、团支部、少先队管理中的小主人公作用,在培养学生干部组织、管理能力的同时,使其成为学校管理队伍中的一支重要力量。

(2)注重学生理想信念教育,助推学生健康成长。"做更好的自己"的育人目标使我们更加明晰了在教育教学实践过程中如何去实现"因材施教"。学校五个一工作中"一个学生一个希望",他们承载的是自己的希望、家庭的希望、学校的希望、更是国家的、民族的乃至世界的希望。我们肩负的责任不仅仅是帮助他们学会学习,更重要的是帮助孩子们养成良好的道德情操,树立远大的理想,在每一天的成长过程中都有所收获,有所进步,成为一个不断发展中的身心健康的人。

(三)管理一流——目标明确,步调一致。

1. 建构大德育体系——实现人人都是德育工作者。

学校德育工作坚持以德为先、立德树人的理念,以培育和践行社会主义核心价值观为主线,将社会主义核心价值观进校园活动推向深入,以养成教育为核心,以推进学校"美德教育"为特色,提升我校学生思想道德修养和学生文明素养为目标,重点依托学校"五个一活动"之"一个学生一个希望——构筑社会主义核心价值观新高地",积极构建各年级进行社会主义核心价值教育的目标与内容,关注每一个学生的健康成长,为学生全面发展和终身发展奠定良好的思想道德基础,形成教育与实际相结合的社会主义核心价值观教育工作新格局。

一是转变育人观念,促进学校德育工作改革创新。进一步解放思想,转变观念,"育人为本、德育为先""人人都是德育工作者"。牢固树立"德育就是质量,学生的思想品德就是素质,没有德育的教育是失败的教育"的教育质量观,牢固树立"为学生的一生着想,为祖国明天奠基"教育价值观。以"贴近实际、贴近生活、贴近学生"为原则,按照以人为本的要求,丰富德育工作内容,拓展德育工作途径。积极探索新形势下学校德育工作的新特点和新规律,探求新办法,总结新经验,全面开创学校德育工作改革与发展的新局面。

二是关注学生成长,让学生拥有美德拥有梦。分段实施品德养成教育,形成德育长效机制,以《中小学生守则》(2015年修订)为指导,根据中小学不同年龄段的特点制定不同年级、不同学段的德育具体要求和活动常规,按梯次递进结构形成规范化和序列化的德育内容及实施要求。

2. 建构大教务体系——实现常规管理精细化。

教学工作着眼于"强化教学管理,深化教学研究,优化教学服务"的工作思路,以实施素质教育为主题,以教学常规管理为重点,以有效教学、高效课堂为抓手,以提高教育教学质量为根本,树立教学是中心,质量是生命的理念,全面细化教学工作的过程管理,提高学校教育教学质量,继续推进学校的特色发展。

一是抓实教学常规,促进有效课堂。要求教师做到有计划、有落实、有总结、有反馈,科室做到有督查、有指导、有讨论、有评价,做好经常性的巡课工作,做到"三查":查教师、查学生、查安全;"三看":看课堂、看课间、看活动,做到:①备课要"深",活动要"勤";②上课要"实",方法要"活";③作业要"精",负担要"轻";④辅导要"细",手段要"新";⑤进一步规范小学生的晨诵、午读活动;⑥注重学生良好学习习惯的培养和核心素养的提升。切实保证教育教学常规的落实,扎实地推动我校教学常规工作的开展。

3. 建构大教研体系——实现以研促教提质量。

我校教研工作以加强课堂教学改革为抓手,以实现"有质量的教育、快乐的教育、幸福的教育、公平的教育"为目标,围绕提高课堂教学效率和促进教师专业发展两大主题,总结教学经验,探索课改新路,创新工作机制,力求实现突破,扎实推进基础教育课程改革,促进我校教育教学工作的科学和谐发展。

一是强化教师教研队伍建设。在工作中以"躬行实践,深思悟道"为原则,以"学透课标、研透教材、思透学情、悟透教法"为要求来促进教师专业成长,实现学校教研、科研、培训一体化。

二是加强校际交流,促进学校跨越式发展。在课程改革不断深入的形势下,开展校际交流是推动教育改革和学校发展的需要,使教师更新了教育观念,得到自我完善,不断发展。

三是教研创新,打造高效实效研修队伍。方法创新,夯实教学常规。我校充分发挥备课组作用,促进"大集备"活动常态化。以集体备课为主要内容与形式的备课研究活动,充分发挥了集体智慧的力量和骨干教师在备课中的辐射引领作用,提升了备课质量。

四是躬行实践,落实研修成效。以教研组为单位,自主构建学校不同学科、不同学段辅导练习题库系统和阶段考检测题库系统。形成有实验特色、地方特色的适合于我校学生使用的不断更新的教研资料体系。

4. 建构大总务体系——实现后勤保障优服务。

学校后勤工作紧紧围绕学校中心工作,以"管理育人,服务育人,环境育人"为宗旨,结合绩效考核,强化后勤管理,进一步使后勤工作精细化,为学校教育、教学各项工作的顺利开展,充分发挥了总务后勤的保障作用。

一是尽职尽责,落实常规保障工作。为确保学校教育教学工作的顺利实施,学校后勤实现及时保障物资到位。

二是严谨有序,规范学校收费工作。规范做好"一公开、二标准、三规范"。"一公开"即学校收费公开。"二标准"即学校收费严格按文件规定标准执行。"三规范"即收费工作管理规范。避免乱收费和违规收费的情况发生。

三是严守纪律,强化财产财物管理。进一步规范相关经费的管理;定期定时进行固定资产的核对工作,做到账、物相符,严防学校财产的流失;进一步完善购物、保管、使用等财产管理制度,做到制度健全,职责明确,账物相符,账账相符;完备购物申请、进出库手续,继续完善校产管理程序,做到数量、价格准确,保管责任到人;加强开源节流工作,管好用好学校资产。

四是美化环境,提升优质资源办学品牌。坚持"文化育人"的育人导向,以建设浓郁的书香气息、优美的校园环境、深厚的文化底蕴为目标,逐步打造有实验特色、体现文化韵味的校园文化建设,彰显向真、向善、向上的良好的教学氛围。

5. 建构大安全体系——实现安全护航全方位。

学校安全工作切实按照"党政同责、一岗双责、失职追责"的总要求,牢固树立"人命关天、责任如山,事故可防、事在人为,有责必尽、执法必严"安全理念,明确并强化安全职责,健全并落实安全制度,努力加强学生安全教育,切实将安全教育和管理融入到学校日常工作的各个环节,做到:一是提升师生安全防范意识,构建校园安全防控体系;二是加强制度建设,夯实安全工作基础;三是加强常规管理,形成安全工作的长效机制;四是加强应急管理,构建严密的应急体系。从而实现人人具备安全防范意识,学校、教职员工、学生和家长携手共建学生安全防护网络,建立完善的校园安全综合防控体系,健全学校突发事件应急管理机制,创新校园安全管理,深化平安校园建设,依法保障校园和谐稳定。

(四)质量一流——立足根本,全面发展。

教育教学质量是学校发展的生命线。时代的发展对学生的培养目标提出了更新的要求。培养学生发展核心素养成为学校教育质量的衡量指数。学生发展核心素养以培养"全面发展的人"为核心,主要指学生应具备的,能够适应终身发展和社会发展需要的必备品格和关键能力,综合表现为人文底蕴、科学精神、学会学习、健康生活、责任担当、实践创新六大素养。

在下一步的工作中,我校将根据培养学生发展核心素养的总体框架,针对学生年龄特点进一步提出各学段学生的具体表现要求,主要落实在三个方面的途径:

一是通过课程改革落实核心素养。基于学生发展核心素养的顶层设计,指导课程改革,把学生发展核心素养作为课程设计的依据和出发点,进一步明确各学段、各学科具体的育人目标和任务,加强各学段、各学科课程的纵向衔接与横向配合。

二是通过教学实践落实核心素养。学生发展核心素养明确了"21世纪应该培养学生什么样的品格与能力",可以通过引领和促进教师的专业发展,指导教师在日常教学中更好地贯彻落实党的教育方针,改变当前存在的"学科本位"和"知识本位"现象。此外,通过学生发展核心素养的引领,可以帮助学生明确未来的发展方向,激励学生朝着这一目标不断努力。

　　三是通过教育评价落实核心素养。学生发展核心素养是检验和评价教育质量的重要依据。建立基于核心素养的学业质量标准，明确学生完成不同学段、不同年级、不同学科学习内容后应该达到的程度要求，把学习的内容要求和质量要求结合起来，可以有力推动核心素养的落实。

　　我们只有深刻领悟并落实"培养什么人、怎样培养人"这一关键问题，强化"核心素养"在学生素质教育中的重点地位，才能很好地根据各学段学生的成长规律和社会对人才的需求，把对学生德智体美全面发展总体要求和社会主义核心价值观的有关内容具体化、细化进学校教育教学工作的每一个环节。突出强调个人修养、社会关爱、家国情怀，注重自主发展、合作参与、创新实践，努力培养学生的终身发展和社会发展需要的必备品格和关键能力，有效地全面提升适应社会发展的现代育人质量。

　　"做更好的自己"是学校特色创建的核心要求。实验特色的创建，需紧紧围绕"做更好的自己"这一核心理念来推进。从学校集体层面，到教职工个人层面，再到学生层面，都需要牢牢地拧成一股绳，向着"做更好的自己"这一目标进发。在"不止领先，追求卓越"的实验精神引领下，我校要不断地向着更高的目标迈进。在逐梦"一流学校"的征途中，我们要转变观念，用"一流"的标准要求自己，以阅读的方式丰富自己的灵魂，以实践的方式检验自己的能力，让我们自己也成为全面发展的人，具有理性的思维、具有文学的情怀，具有宽阔的眼界，更具有做"一流教师"的品质和格局，成就一个更好的自己，培养一个更好的学子，建设一个"一流"的学校，以优异的成绩，向党的十九大致敬。

文章发表在《安顺社科论坛》2012.41 期

学习贯彻党的十八大精神
走中国特色社会主义教育发展道路

安顺市实验学校　李锦鸣

一、以十八大精神为引领,走中国特色社会主义教育发展道路

党的十八大明确提出:"加强社会建设,必须以保障和改善民生为重点","要多谋民生之利,多解民生之忧,解决好人民最关心、最直接、最现实的利益问题,在学有所教、劳有所得、病有所医、老有所养、住有所居上持续取得新进展,努力让人民过上更好生活"。并强调"教育是民族振兴和社会进步之基石","努力办好人民满意的教育"。"要坚持教育优先发展,全面贯彻党的教育方针,坚持教育为社会主义现代化建设服务,为人民服务,把立德树人作为教育的根本任务,培养德智体美全面发展的社会主义建设者和接班人。""要全面实施素质教育,培养具有社会责任感,创新精神,实践能力的学生","要大力促进教育公平,让每个孩子都成为有用之才","要提高质量,要加强教师队伍建设,提高师德水平和业务能力,增强教师教书育人的荣誉感和责任感"十八大报告对教育的论述为中国特色社会主义教育发展道路指明了方向。作为"全国特色学校",安顺市实验学校将坚定不移走中国特色社会主义教育发展道路。

首先,必须确立教育优先发展的地位。当今世界人力资源已成为经济社会发展的战略性资源,人才成为国家竞争力的关键,因此,必须确定教育优先发展,才能充分发挥教育在党和国家事业中基础性、先导性、全局性地位^和作用,才能落实教育兴国战略,人才强国战略。

其次,必须把"立德树人,育人为本"作为教育的根本任务。培养什么人? 怎样培养人? 是学校教育的关键,事关学校的生存与发展,是学校和教师的安身立命之本。为此我们必须把立德树人、育人为本放在整个学校教育教学工作之首位,作为学校所有工作的出发点和落脚点,只有培养德、智、体、美全面发展的建设者和接班人,全面建成小康社会才有人才支撑,才能实现中华民族的伟大复兴。

再次,必须把解放思想、改革创新作为推动教育和学校跨越发展的有力武器。没有解放思想就会故步自封,因循守旧,没有改革创新就不会有发展进步。为此必须对学校的办学体制、机制进行改革,必须以体制机制创新为重点。深化学校的办学体制、管理机制等各方面进行改革。树立新的办学思想,理念观念,制定相应的办法、措施,以改革推动发展,以改革提高质量,以改革增强动力、活力。

第四,必须确立教育公平在学校工作中的重要地位。

教育公平是社会公平的基石,教育改变命运,知识昭示未来,在普及九年义务教育解决"有学上"的基础上,怎样解决好人民群众"上好学,读好书"的愿望,学校怎样均衡发展、和谐发展、跨越发展,怎样扩大优质教育资源,不断满足人民群众对优质教育资源的需求,来促进教育公平,需要我们从办人民满意的学校的高度去认识,去着力促进制度规则的公平。推进依法治教,以法执教,用制度和规范的管理来促进教育公平。

最后,必须加强管理,把切实提高教育教学质量作为学校工作的核心任务。

没有质量无以立校,没有特色无以名校,质量是办学之本,名校之基。我们必须建立以全面提高质量为导向的管理制度和工作机制,必须全面提升教师的道德品格、知识素养、教育智慧、教学水平、教学能力,造就一支师德高尚,业务精湛,敬岗爱业的高素质专业化的教师队伍,按照"管理强校、质量立校、人才兴校、文化铸校、安全稳校、和谐荣校"的工作思路全面提升教育教学质量。

二、在中国特色社会主义教育发展道路上唱响主旋律,把握主方向,抓好主任务,将学习宣传贯彻党的十八大精神,落实到学校各项工作中

(一)唱响素质教育主旋律。在中国特色社会主义教育发展道路上唱响素质教育主旋律,必须坚定"为学生一生着想,为祖国明天奠基"的办学思想。为学生着想,就应从学生一生的发展处着眼,确定"立德树人,育人为本"为学校办学的使命和目的,统一"全员育人,全程教育、全面育人"的育人思想,在教育教学工作进程中,践行科学发展观,遵循教育规律、学生成长规律,帮助每一个学生提高综合素质实现科学发展。在"管理育人","活动育人","文化育人"育人体系中,真正实现"常规教育系列化,信念教育梯次化,心理教育理论化,实践教育多样化"。

(二)把握内涵发展、特色发展的主方向。作为"全国特色学校",安顺市实验学校将在过去特色教育工作开展的基础上,以全面推进素质教育为引领,坚定把握内涵发展、特色发展的主方向。学校的可持续发展必须注重学校内涵的提升,学校内涵的提升必须加强学校文化的建设。所以,在中国特色社会主义教育发展道路上牢牢把握内涵发展、特色发展的主方向,就必须以"强化校园精神文化建设,强化校园物质文化建设,强化校园活动文化建设"三大特色为突破口,提炼学校内在精神,提升学校文化品质,整体提升全校师生的情操素养,从教育教学工作的方方面面切实现内涵发展、特色发展,从而推动学校跨越发展。

(三)抓好提高教学质量的主任务

质量是学校各项教育教学工作的根本,抓有内涵、有特色的素质教育质量是学校不懈追求的奋斗目标。学校不仅要抓质量而且要抓出高质量;不仅要培养中国特色社会主义事业的建设者和接班人,而且还要这些未来的建设者和接班人们快乐学习,健康成长。为此,学校在教育教学工作中注重培育德行,立德树人,始终坚持奉行先成人、后成才、再成功的育人思想。学校根据本校幼儿园、小学、初中三个不同学段为一体的特色教学结构,充分整合资源,努力探索幼小衔接、小初衔接的科学化、循序渐进式教学模式,建立幼儿园、小学、初中呈螺旋式上升的教学体系,帮助学生在有前瞻性、规划性的教学模式引领下快乐学习,健康成长。

(四)学习宣传党的十八大精神,在学校各项工作的点滴中融会贯通

学习宣传党的十八大精神方面,学校将切实做到"三全":全面安排,全员学习,全面落实。"三进":进头脑,进课堂,进活动;进头脑:通过认真学习,使党的十八大精神入心入脑入耳,使我们每个教师、每个党员学习精神、知晓精神,并以精神来激励自己,真正做到赵克志书记所说的"以十八大精神点燃我们每一个人的激情和自信";进课堂:我们要在思品课、班、团队活动中将十八大精神的学习主题融入课程计划,并作为教学工作中的一项重要事项来抓好抓实;进活动:学校从现在起在开展教育教学活动、社会实践活动,团队活动等方面,必须将党的十八大精神学习宣传贯彻带入活动中。每一位教职工做到"三有":有学习计划方案,有笔记心得体会,有总结整改提高。"三度":学习有广度,思考有深度,改进有硬度。做党的十八大和省委十一届二次全会精神的"三员":学习的宣传员,贯彻的运动员,落实的督导员。我们将按中央、省委、市委和学校的安排,在工作中、督查中抓落实,在引导疏导中抓落实,充分做宣传员,我们要求每个教职员工特别是党员教职员工在抓好自己学习的基础上要积极地自觉地主动地将十八大精神给自己的亲朋好友进行宣传;要在学生中组织一批十八大精神小宣传员,通过"小手牵大手"将十八大精神宣传到学生的每个家庭。

总之,在党的十八大精神引领下,安顺市实验学校将更加坚定信念,坚定不移

走中国特色社会主义教育发展道路,即:走教育优先发展之路,走育人为本之路,走改革创新之路,走教育公平之路,走提高质量之路。具体来说,就是必须结合实际,真抓实干,实现跨越,牢牢唱响素质教育主旋律,牢牢把握内涵发展、特色发展主方向,牢牢抓好提高质量的主任务,在"夯实基础"上,夯实管理基础,夯实学校标准化建设基础,夯实质量基础;在"突破瓶颈"上,在规模、数量上做文章;在"提升质量"上在质量、效率、特色上下功夫;在"加速发展"上,处理好"快"与"好"的关系,真正做到"又好又快、更好更快";在"促进公平"上,树立以学生为本,"为学生一生着想、为祖国明天奠基"的思想。学校将按"管理强校、质量立校、人才兴校、文化铸校、安全稳校、和谐荣校"的工作思路,办让人民满意的学校,为安顺经济社会提速发展,跨越赶超做出应有的贡献。

文章发表在《安顺市实验学校"十一·五"教育教学科研与管理成果集》

抢抓机遇促发展　改革创新铸辉煌

——贯彻国发〔2〕号文件精神学校工作思考

李锦鸣

党中央、国务院十分关心重视支持我省的建设与发展,于今年颁发了《国务院关于进一步促进贵州经济社会又好又快发展的若干意见》(国发〔2012〕2 号),文件从促进贵州发展的重要意义、指导思想、基本原则、战略定位、发展目标、空间布局、重要任务、政策措施、组织领导等方面进行阐述,是从国家层面系统支持贵州加快发展的综合性、纲领性文件,是党中央、国务院从贵州、全国发展的大局出发做出的重大战略决策。同时在文件中特别明确了优先发展教育事业的战略地位,并从学前教育、义务教育、高中阶段教育、高等教育、师资队伍建设、经费保障等方面给予了极大的政策支持和经费支持,使我们倍受鼓舞。作为我校怎样"抢抓机遇促发展"有以下思考。

安顺市实验学校创建于 1939 年秋,是一所由幼儿园、小学和初中三部分组成的省级大型重点学校,学校占地面积 4000m²,建筑面积 28000m²,现有 60 余个教学班,近 4000 名学生,近 200 名教职工,其中特级教师 2 名,全国优秀教师 6 名,省级优秀教师 10 名,国家级骨干教师 3 名,省级骨干教师 21 名,中小学高级教师70 名。

学校办学历史长,文化底蕴深,管理规范,校风教风学风端正,秉承"为学生一生着想,为祖国明天奠基"的办学理念,办学特色鲜明,长期承担教育教学改革实验,成为全市新课程改革实验的"样本校";学校积极探索实施素质教育的途径和方法,努力培养学生的创新精神和实践能力,教育教学质量不断提高,1993 年至今保持全市义务教育阶段学校中考升学的榜首。

一、取得的成绩

在上级部门的领导下,在学校党总支的带领下,全校师生共同努力,圆满地完成了教育教学任务,树立了"管理强校、质量立校、人才兴校、文化铸校、安全稳校、和谐荣校"的工作思路。学校在管理强校上实现了定岗定员定责和健全管理制度,加强了常规管理;在质量兴校上树立了科学的质量观,把促进学生全面发展,适应社会需要作为了衡量我校教育教学质量的根本标准;在人才兴校上加大了对新教师、青年教师的培训力度,加强名、特教师队伍建设,强化班主任队伍建设,大力加强师德师风建设;在文化铸校上注重学校文化的积淀,在物质文化、管理文化、精神文化建设上加大了力度。在安全稳校上按照"一个加强,两项排查,三个防控,四个结合,五个必有"的工作原则,将学校安全工作抓实抓细,形成了学校安全工作年年讲、月月讲、天天讲、时时讲、事事讲、人人讲的局面;在和谐荣校上使全校师生树立了"校荣我荣,校耻我耻"和"和谐凝聚力量、和谐造就伟业"的思想。通过不懈努力,我校精神文明建设展现了新容貌,常规工作取得了新进展,学校改革取得了新成就,学校文化取得了新突破,教育质量取得了新成绩。

学校近年来取得诸多荣誉:"全国教育系统先进集体""全国艺术教育先进集体""全国三八红旗集体""国家级语言文字规范化示范校""北京2008奥林匹克教育示范学校""全国现代教育技术实验学校""全国英特尔未来教育技术核心课程先进学校""全国青少年科技教育先进集体""全国消防安全教育示范学校"全国"十一五"教育科研先进集体、"光辉的旗帜"庆祝中国共产党成立90周年校园综艺盛典"金奖""贵州省实施素质教育先进学校""贵州省校园文化建设先进学校""贵州省精神文明建设工作先进单位""贵州省绿化模范单位""贵州省绿色示范学校""贵州省绿化工作先进集体""贵州省体育传统项目学校""贵州省青少年科技教育特色学校""贵州省'五·四'红旗团委创建学校"、省"少先队大队优秀集体""贵州省'五·一'劳动先进单位""贵州省未成年人保护工作先进集体"、全省中小学"祖国好·家乡美"主题系列活动优秀组织奖、全省中小学"祖国好·家乡美"主题系列活动"传统经典红色经典"通读大赛团体三等奖、全省中小学"祖国好·家乡美"主题系列活动"红歌唱响校园"歌唱大赛(中学组)二等奖、"贵州省教育系统纪念中国共产党成立90周年'唱红歌'大赛优秀奖"、市级"先进基层党组织"、市级"五好基层党组织"等荣誉。

诸多的荣誉是对我校前一阶段全校师生努力工作的充分肯定,同时,也是对我校下一步工作更快、更好地推进提出了更高、更为严格的要求。全校师生团结奋进、开拓创新、追求卓越、不止领先的团队精神，为把我校建设成为全市引领、全省品味一流的九年制义务教育学校打下了坚实的基础。面对荣誉我们不能骄傲，不能懈怠，我们应本着"不止领先，追求卓越"的实验精神，在今后的工作中不断反省，不断改进，不断创新，为实验铸就更加辉煌灿烂的明天。

二、存在的问题

1. 学校管理亟待加强。在过去的工作中，我校在具体的管理工作未形成规范化、制度化，更未达到精细化。这样一来，有些工作就会出现落实不到位或督检力度不够的现象，严重影响了学校教育教学工作的全面推进。

2. 队伍素质亟待提高。师资队伍是学校各项工作有序开展的主力军，我校不但存在师资队伍数量上未能满足实际需要的客观问题，同时，师资队伍的整体素质有待提高是我们不可忽视的问题，这就需要我们狠抓内涵式发展，在提升教师内在素养上下功夫。

3. 文化建设亟待推进。在过去工作中，学校加大力度，增加投入，重视学校文化建设。从校园环境到班级文化的绿化美化，从教职工文化生活到学生课余生活的精彩纷呈，无不体现了我校文化建设在各个方面取得的成绩。但是这些仅仅是我校文化建设的雏形，它与真正实现内涵式发展的文化建设差距仍然很大。我们的环境建设还有待加强，与此同时更需加强的是师生内在的文化素养建设，我们的目标是建设一所文化底蕴深厚，文化品位高雅，人文与自然和谐统一，处处散发着文化气息的魅力校园。

4. 改革步伐亟待加快。在国发2012〔2〕号文件精神的指引下，为了推进我校现代化办学进程，使我校成为一所为祖国培育适应新时期发展需要的现代化人才雏形的摇篮，我们从办学理念到各项工作的具体实施方法上都需要紧跟时代步伐，抢抓机遇、改革创新。在改革中稳步提高教育教学质量，在创新中增强德育实效性，在改革创新中全面推进学校现代化发展。

下一步工作思考

一、指导思想

作为安顺市市直唯一一所义务教育阶段学校，我们有责任、有义务办好让党和国家放心,让人民满意的教育。在学校发展前进的道路上,我们要高举中国特色社会主义伟大旗帜,坚持马列主义、毛泽东思想、邓小平理论、"三个代表"重要思想。以2010—2020年国家、省、市《中长期教育改革发展纲要》为未来十年工作指南。坚持"不止领先、追求卓越"的实验精神、"为学生一生着想,为祖国明天奠基"的办学理念和"明德、笃学、崇实"的校训,按照"管理强校、质量立校、人才兴校、文化铸校、安全稳校、和谐荣校"的工作思路,以"抢抓机遇、真抓实干,改革创新"为核心,努力实现以"爱生、爱岗、爱校"的教风,带动"勤学、善学、乐学"的学风,形成"求真、求实、求新"的校风,为达到"办校理念高层次、学校管理高水平、学校队伍高素质、学校文化高品位、学校成绩高质量"的办学目标不懈努力。

二、目标任务

(一)德育工作:融入核心价值体系,有机渗透思想教育。

学习贯彻党的十七届六中全会精神,贯彻实施《社会主义核心价值体系建设实施纲要》,抓住"融入"这一关键,突出"全过程"的要求,有效融入社会主义核心价值观教育,坚持融合性、主体性、实效性原则,以文化育人、课程育人、实践育人为重点,以夯实德育工作基础、把社会主义核心价值体系切实融入课堂教学、德育实践、班级文化、班主任工作的各个环节和各个方面。

1. 充实德育载体,创新德育模式

(1)落实"课程育人"工程:充分落实各学科教学的德育渗透功能,每位教师都应当树立"教书育人"的理念,在学科教学中自觉落实"情感、态度、价值观"目标,对学生进行有机的思想道德教育。

(2)落实"管理育人"工程

①完善"日常行为规范"的检查评比机制,培养中小学生良好的行为习惯;要本着"全员育人,全程育人,全方位育人"的原则,把德育目标渗透到学校管理的每个岗位、每个时段、每个环节,让学生时时、事事、处处处在良好的教育引领之中。

②班主任是班级教育工作的组织者和领导者,进一步提高班主任道德修养、做学生人生导师,认真履行教育职责和常规管理职责。把班级建设成有共同目标、有领导核心、有积极舆论的生动活泼、积极向上的集体,为学生的健康成长打下基础。

③切实加强对团、队组织的领导,要充分发挥学校少先队、共青团组织的自身优势,引导学生自我管理、自我服务、自我教育,开展健康有益、生动活泼的活动,培养少先队员、共青团员对党、国家和社会主义的情感,树立正确的理想信念,在

学习、生活中发挥表率作用。

（3）落实"活动育人"工程

①结合学校实际，结合学生的身心特点，开展形式多样的活动，促进学生身心和谐、健康发展。

②围绕《中小学文明礼仪教育指导纲要》，以养成教育为基础，注重仪表礼节，加强良好行为习惯的养成和文明礼仪教育，提高学生的文明道德修养、人文素质修养，优化育人环境。

③切实开展社会实践活动，建立健全学校开放制度，努力实现校内实践体验、校外社会实践活动和家庭实践活动的有机结合。

（4）落实"文化育人"工程

充分发挥校园广播、校园网、橱窗、板报和文化长廊等阵地的宣传作用，利用具有深刻内涵的人文景观，使学生受到健康文化氛围的熏陶。积极深化各种富有趣味性的课外文化体育活动、怡情益智的课外兴趣小组活动，提高学生整体素质和创新意识，丰富课外生活。实施"校园净化工程"，开展"远离文化糟粕"教育活动，自觉抵制不良文化的影响。努力创建"人文校园、书香校园、平安校园、和谐校园"，全面提升学校的文化品位。

2. 加强学校心理健康教育

开展中小学生心理健康教育现状专题调研，努力规范和加强中小学心理健康教育。规范学校心理咨询室建设。以"和谐阳光，快乐成长"为主题，广泛开展班级心理辅导活动，积极引导学生健康成长。

3. 增强学校德育工作合力

开展"百名家长进学校"教育开放活动和"百名教师大家访"活动，建立健全家长委员会和家长学校，充分发挥社会教育资源的作用，提高家庭教育水平。改进家长会内容和形式，加强家校沟通和协作。建立健全以学校为主导，以家庭为基础，以社会教育为支撑"三结合"协作教育机制。

4. 强化德育科研，不断完善工作机制

积极引导广大教师参与德育课题研究，探索学校德育新规律。重视德育经验的梳理总结以及宣传报道工作。以"社会主义核心价值观教育"为主题，以思想品德教育、心理健康教育、行为习惯养成教育等为重点，开展德育专题调研和优秀调查报告评选活动，初步形成一批课题研究成果，提高学校德育管理和决策水平。

5. 切实提高德育管理质量

定期召开全校德育工作会，认真总结经验和成果，部署德育工作。开展学校德育工作自查活动,促进德育工作规范化、科学化运行。加强德育专项工作检查和调研,增强德育工作执行力和实效性。开展评优评先活动,不断提高学校德育科学化水平。

(二)教学工作:积极推进素质教育,扎实提高教学质量。

积极推进素质教育,我校教学工作将进一步增强学校依法治校,教师依法执教意识,尊重教育规律和学生身心发展规律,以真抓实干为着力点,创新教学规范管理,切实做到关心每个学生,促进每个学生主动地、生动活泼地发展。

1. 以质量为中心,以课改为抓手,以课题研究为载体,努力提高教学水平。

贯彻执行《教育部关于当前加强中小学管理规范办学行为的指导意见》和省市《关于坚决规范中小学办学行为切实减轻学生过重课业负担全面提高教育教学质量的意见》,坚持贯彻落实科学发展观,端正办学思想,规范办学行为,规范教育教学管理,全面实施素质教育,促进学生全面发展和健康成长。

(1)实施规范化、精细化管理,提高教学质量。

①执行《安顺市实验学校关于深化课程改革进一步推进素质教育的措施》和《安顺市实验学校教学常规管理细则(试行)》,加强教学常规检查、督导和落实,继续加强"课堂教学专项视导评价"和"教学教研视导评价";严格执行《安顺市中小学教学常规管理暂行规定(试行)》,减轻学生过重课业负担。

②落实规范办学、减负、增效、提质要求。开齐课程,开足课时,整合教学资源,进行学法指导,追求高效课堂,提高教学质量。

③聚焦课程,聚焦教学,将焦点对准各学科课程,引领教师做到"功在课前,效在课中,能在课后",教学中充分尊重学生个性发展,为学生开辟一方展示生命活力的学习舞台。

④推进教育信息化,提升学校教育现代化水平。

⑤开展"幼小和小初教育教学衔接研究""纵横数字化学习促进学生智力因素和非智力因素发展的研究""中小学生心理健康问题研究"等课题研究。科研进课堂,引领广大教师朝着"专家型教师"的方向不断奋进。

⑥开展《儿童美德发展工程》课题实验,将"美德在我心"品德教育课程纳入教育教学环节,努力促进儿童良好道德品质的形成。

(2)认真抓好综合实践课、研究性学习,培养学生创新精神和实践能力

①充分发挥学校体育俱乐部和少儿艺术团的积极作用,积极组织学生参加社会实践活动,研究性学习活动,不断提高学生的实践活动和创新能力。

②重视校本课程开发和特色教育建设,让学生在多彩的校园快乐健康成长。

2. 加强体育、艺术、卫生工作。认真贯彻落实《贵州省学校体育工作规定》《学校艺术教育工作规程》《贵州省学校卫生工作管理办法》，建立健全学校的各项体育、卫生、艺术工作制度，落实相关人员的责任。切实增强学校体育、艺术、卫生工作的实效性。

（1）体育方面

认真贯彻落实中共中央《关于加强青少年体育增强青少年体质的意见》文件精神，全面实施素质教育，增强学生体质，提升学生运动潜能，推动我校体育工作扎实、有效、长期地开展。

①认真落实《体育法》和《学校体育工作条例》，制定了《体育教师职责》《课间操管理办法》等制度。推进了我校体育教育的科学化、制度化和规范化管理。

②贯彻落实全国及省市体育工作会议精神，制定《安顺市实验学校学生阳光体育运动实施方案》，促进学生健康成长，形成健康意识和终身体育观，树立"每天锻炼一小时，健康工作五十年，幸福生活一辈子"的运动理念。引导学生积极参与、学习、享受体育，激发学生的运动兴趣和运动潜能，促进师生间、生生间的和谐关系，提高学生的合作意识和交往能力，丰富校园文化生活，营造积极向上的校园氛围。

③以青少年体育俱乐部为载体，整合资源，创新特色教育，形成以体育为龙头，涵盖科技、艺术和教育几个大类的学校综合实践活动特色教育。

④以体育俱乐部和体育节为龙头，充分发挥"北京 2008 奥林匹克教育示范学校"的作用，与课外体育活动相结合，配合体育课教学，积极创建中小学快乐体育园地，增强学生相互了解、增进友谊和团结，培养积极参与、公平竞争的意识，激发学生勇于挑战、超越自我的精神。既培养学生顽强拼搏的体育精神，增强体质，又陶冶情操，发展个性，促进学生的全面发展。

（2）艺术方面

①艺术教育课程化，以美育智

开齐开足艺术课程，引导学生发现美、欣赏美、树立正确的艺术价值观。我校围绕《学校艺术教育工作规程》目标要求，把艺术教育有机地融入到学科教学中。

让优秀民族民间文化艺术走进课堂。在综合实践活动课程中设置了面塑、苗族板凳舞、竹竿舞等项目，聘请民间艺人传授学生技艺和培养学生兴趣爱好。

设置学校课程，探索乡情教育途径。完成《安顺，可爱的家乡》和《古韵民风》校本教材的修改任务。

②艺术教育日常化，以美育德

艺术教育的核心是审美,一个人对美的认识同他的人生观、价值观密切相连,因此,学校在环境布置、环境育人氛围当中都充分渗透着艺术教育。

展现学校特有的文化艺术氛围。我校充分利用校园的每一块墙面和每一个角落,赋予文化的内涵,传播教育的思想,为学生营造良好的校园文化艺术环境。

打造班级名片,展现精神风貌。

③艺术教育活动化,以美健体

我校以少儿艺术团为平台,以示范引领活动开展,以特色激扬活动魅力,让学生在丰富多彩的活动中受到熏陶,快乐健康成长。

④艺术教育特色化,以美益心

以全国语言文字示范性学校为基础,展示"翰墨飘香 立字立人"的我校艺术教育特色。

艺术节恢宏大气、多元,是学校艺术教育的普及体现。让学生的综合素质在活动中得到切实有效地发展,进一步深化我校的素质教育,提升办学质量。

读书节,用舞台艺术形式展演荟萃读书成果。

走廊、班刊文化,学校独特的风景线,展示学生创作的成果,展现学生向真、向善、向上的精神风貌。

(3)卫生方面

进一步加强和改进我校卫生工作,根据《中华人民共和国传染病防治法》《学校卫生工作条例》《贵州省学校卫生工作管理办法》等法律法规要求,对学生进行健康教育,培养良好的卫生习惯,提高学生的身体素质,保障学校教育教学顺利进行。

①加强组织领导,明确目标任务,建立健全制度,注重管理效果。建立健全学校卫生管理制度;加强学校卫生日常管理;培养学生良好的卫生习惯和文明生活方式;依法加强学校医务室建设和人员配备、培训;预防控制学校传染病和其他疾病流行;提高师生卫生意识和健康水平。

②明确责任与分工,落实措施与保障。严格按课程计划开设卫生课程,开设健康教育课、心理健康教育课。结合实际教会学生有关健康行为与生活方式、疾病预防、心理健康、生长发育与青春期保障、安全应急与避险等方面知识。结合"三创"工作加强对学生文明卫生习惯的养成教育。

3. 加强课程文化建设

(1)课程是学校文化建设的载体之一。我校将进一步创新构建学生全面发展与个性发展的课程体系,体现校本课程的多样化。完成"乡情教育"课程建设、校本教材《安顺,可爱的家乡》修订、配套教参修改和配套资源库整理。

(2)课堂教学改革是学校文化建设的主阵地之一。以工作的个性化创造与分享为目标,广大教师做实常规听课,走进彼此的课堂,互相欣赏;教师借助代表参加全国、省、市级各类优质课、教学案例、教学论文评选活动,研究学生、研究课堂、研究教材、不断更新教学理念,创新教学策略,做好经验总结以及推广;引导教师积极申报参与课题实验的研究,努力探索自己"高效课堂"教学风格。

(3)教育教学中注重环境熏陶在教育过程中潜移默化的作用。校园环境的绿化、美化、生态化是校园极其亮丽的一道风景线,构成了学校优美、宁静、雅致的校园文化氛围,各学科教师在教学中有机地将这种氛围与学生良好的行为习惯、博爱、博学结合起来,体现实验学校的大教育观。

(三)教研工作:切实推进教研工作,增强教研工作实效。

学校教研工作围绕"切实推进学校教研工作,增强教研工作实效"的工作思路,以教育科研为主要途径、以强化常规教研工作和教研组常规活动开展为手段,通过真抓实干,深化校本教研工作,提高课堂教学质量,进一步促进学生全面发展。

1. 常规教研工作

(1)健全教研队伍,明确工作职责。

在强化教研组工作的前提下,以备课组为基础,构建教研一体化团队。避免有些大教研组活动空泛的现象,依托备课组对教育教学实践中的问题和障碍开展有针对性的研讨。

(2)夯实教研内容,提升教研实效。

学校将以聚焦"常态课"为教研工作重点,坚持"提质减负、高效课堂",提高校本研修和课堂教学质量的原则,结合中小学教师继续教育工程"一德四新"的要求,从培养和提升教师"新理念、新知识、新方法、新技能"入手,开展"常态课"评课活动。通过活动的开展,帮助全校教师树立先进的教育思想和教育理念,树立正确的教育观、人才观、质量观和学生观;树立终生学习的理念。帮助全校教师掌握在新的教育教学理念指导下,努力探索、创新课堂教育教学的模式和方法;强化和创新备课、说客、上课、观课、议课、课后反思、学情分析、考核评价及课题研究等基本技能;提高教师指导学生有效学习的技能,以促进教育教学综合能力的提高,提高课堂教学的有效性。

(3)加强检查考核,促进常规管理。

强化教研组长职责与考核,充分发挥组长的带头和管理作用,增强教研活动质量。教研室和教务科将继续加强对各教研组校本教研常规活动的检查督促,促进教研组常规活动有序开展。

2. 搞好教科研

(1)落实《安顺市实验学校校本教研制度》,按要求开展好校本教研活动,各级各层都按职责完成自己的任务,课题研究工作的开展,课题研究成果的推广应用,加强同上级教研部门的联系,寻求各教研部门对学校工作的支持。

(2)将修订后的各学科课程标准的学习作为今年各教研组组织认真学习的重要内容,教师吃透课标,在教学中落实课标要求,才能把减负提质,增强效果落到实处。

(3)继续开展各学科各年级之间的好课评选,各种类型的比赛课活动,让老师在竞赛课中交流学习,提高自己。

(4)完成教师教育教学成果论文编撰工作,为教师评优评特做好准备。

(5)抓好课题组的自主研究,发挥课题组成员的积极性,在课题研究中要努力做到:课题研究与课改相结合,课题研究与教学研究相结合,课题研究与教师专业成长相结合。开展"幼小和小初教育教学衔接研究""纵横数字化学习促进学生智力因素和非智力因素发展的研究""中小学生心理健康问题研究"等。科研进课堂,带领广大教师朝着"专家型教师"的方向不断奋进。

(四)队伍建设:全面推进队伍建设,建构教师成长平台

1. 夯实师德教育,实现教师爱岗敬业、教书育人、为人师表。

(1)加强政治思想教育,努力提高教师实施素质教育的自觉性。

(2)全面提升教师职业道德水平,积极开展"做人民满意的教师"师德主题教育活动,厉行师德规范,弘扬高尚师德,增强教师立德树人的自觉性和坚定性。

(3)学习理解践行"贵州教育精神"以及"教师誓词"。将贵州教师誓词以及"不止领先、追求卓越"的实验精神铭记于心,落实于行,使我校广大教师成为教学的能手,师德的标兵,社会的楷模。

2. 通过"四新"培训,促进教师不断学习和专业发展。

按照《安顺市实验学校"十二五"(2011—2015 年)中小学教师继续教育工程实施方案》,采取集体面授和个人自学相结合,网上课堂与集中研讨相结合,开展"四新"(即新理念、新知识、新方法、新技能)的学科培训。让教师牢固树立先进的教育思想和教育理念,树立正确的教育观、质量观和学生观;学习借鉴国内外教育教学实践成果,深化学科专业知识;探索创新课堂教学模式和教学方法,提高教学质量;强化教师"备上说听议"课能力及课后反思、学情分析、考核评价、课题研

究等基本技能,提高教师应用现代教育技术的能力和水平。

3. 通过制定个人发展规划,明确教师奋斗目标和成长需求,更好地帮助教师实现目标的有效达成,完成对专业发展的规划。

(五)文化建设:加强校园文化建设,推动学校内涵发展

"校园文化"既是一种文化现象,又是一种学校"管理模式"。这种模式的基调是"人";内容是"文化";核心是"价值观";法则是"软性管理";目标是"校园人的发展"。"优化育人环境,创设优美、高雅、向上的校园文化"是学校领导和老师们追求的理想境界和工作目标。我校以科学发展观为指导,以全面贯彻教育方针,全面提高教育质量为宗旨,以全面实施素质教育、培养学生创新精神和实践能力为目标,突出"为学生一生着想,为祖国明天奠基"的办学理念,凸显"不止领先,追求卓越"的实验精神和"明德、笃学、崇实"的校训,强化"三风"建设,为学生、教师和学校的发展创造良好的人文环境,形成能够充分展示学校个性魅力和办学特色的校园文化。

1. 校园精神文化建设

(1)总结办学指导思想,理清办学目标,理顺工作思路,修改完善校训、校风、教风、学风,提炼学校精神。即:办学指导思想"为学生一生着想,为祖国明天奠基";办学目标:"办校理念高层次、学校管理高水平、学校队伍高素质、学校文化高品位、学校成绩高质量";工作思路:"管理强校、质量立校、人才兴校、文化铸校、安全稳校、和谐荣校";校训:"明德、笃学、崇实";校风:"求真、求实、求新";教风:"爱生、爱岗、爱校";学风:"勤学、善学、乐学";实验精神:"不止领先,追求卓越"。

(2)创建温馨和谐的环境,营造奋发向上的班风,让学生感受扑面而来的励志文化和进取意识,受到班级文化的熏陶和激励,焕发出蓬勃向上的朝气和团结互助的友谊。

(3)宣传推广教育教学成果,分享教师课改经验。

(4)阅读经典书籍,丰富教育人生。鼓励教师博览群书,把书中弘扬和推崇的道德境界作为自己追求的目标,从而陶冶情操,砥砺品行,培养良好气质;储备知识,拓展见闻,提升素质,做学者型教师。

(5)规范制定学校文化标识:校旗、校徽、校歌;节旗、节徽、节歌;校服、校牌、校刊、网站、广播等。

2. 校园物质文化建设

(1)坚持"品位高、创意新、时代性强"的原则,重视校园人文景观建设,形成"十园一苑一花圃、一亭一廊一池石、四树两花一竹林、奇石浮雕动感地"的校园特

色。即"松柏园、竹园、梅园、杜鹃园、月季园、芭蕉园、棕榈园、曲柳园、银杏园、小花园、棋苑、花卉圃";"求真亭、艺术廊、立池石";"桃树、李树、桂花树、国槐树、樱花、迎春花、小竹林";"奇石、浮雕文化墙和动感地带"。

(2)增设具有现代学校的硬件设施。

(3)开发环境课程,展示育德、启智、示美魅力。

3. 校园活动文化建设

(1)开展各类培训和竞赛活动,促进教师专业成长。

(2)开展班团队主题教育活动,在活动中增长知识、培养良好习惯和综合能力。

(3)充分利用青少年体育俱乐部和少儿艺术团的平台,组织综合实践活动和艺术创作交流展演,形成完整的"计划、实施、评价、反馈、提高"活动体系,提升学生综合素质。

(4)继承与创新开展学校体育节、科技艺术节、读书节,举办学校春晚等活动,注重学生兴趣发展,培养学生艺术修养、科技创新意识和健康体质。

(5)延伸班级文化活动内涵,让健康的歌声、甜美的笑声、朗朗的读书声和文明的谈话声充满校园,确保班级文化沿着积极健康的轨道发展。

4. 校园制度文化建设

(1)建立健全各项规章制度,使学校各项工作有章可循,体现依法治教、依法治校精神。

(2)不断改进管理方法,逐步从静态管理走向动态管理,从随意管理走向系统管理,精细化管理;提倡民主管理、自主管理、体现以人为本的精神。

(3)学校重大事项的决策和实施,要按章办事,不徇私情,体现公平、公正、公开的原则。

(4)形成既有统一意志,又有个人心情舒畅的生动活泼的制度环境,促进广大师生形成良好的行为习惯,健康文明的生活方式,高尚的道德情操和积极向上的精神风貌。

学校将致力于追求并培育一种蓬勃进取、意蕴深厚的校园文化,把校园文化建设置于体现学校理念、学校精神、学校品味的高度来积极构建,使其在倡导素质教育,培养学生良好素质的过程中,较好地发挥育人功能,成为全面实施素质教育的有力支撑。

(六)安全工作:增强师生安全意识,强化学校安全体系。

学生安全事关社会和谐安宁、家庭幸福,是办人民满意教育的基本前提。为进一步加强学校安全工作,维护学校正常的教育教学秩序,保障全校师生的生命安全和身体健康。

1. 充分认识学校安全工作的重要性,进一步增强紧迫感和责任感。

牢固树立"安全就是生命、责任重于泰山"的思想,增强忧患意识。站在构建和谐社会、落实科学发展观的高度,坚持以人为本,按照"安全第一、预防为主"的方针,切实抓好学校安全管理工作,切实维护校园及周边安全稳定,维护师生的身体健康和生命安全,为广大师生提供平安和谐的工作、学习和成长环境。

2. 切实加强领导,强化安全责任。

加强学校安全工作的领导,真正形成"一把手"亲自抓,分管领导具体抓,相关科室各司其职、各负其责的工作机制。做到层层把关,责任到人,做到"谁主管、谁负责"。严格责任追究,对安全工作实行"一票否决"制。积极争取有关部门、社会各界对学校安全工作的支持与帮助。

3. 创建校园平安建设,进一步加强师生安全、法制、心理健康教育。

4. 完善学校应急体系建设。建立健全各项安全管理制度,并将制度落实到具体工作中,为我校平安、和谐校园的创建打下坚实的基础。

(七)后勤工作:规范后勤工作管理,提升后勤服务质量。

后勤管理是学校教育教学工作得以顺利推进的基础,是保证学校安全与稳定的重要环节。加强后勤管理是维护正常教育教学秩序、提高教育质量的重要保障,是构建和谐校园的重要途径,是办人民满意教育的内在要求。

1. 进一步加强后勤工作中的内涵发展和特色创建工作,加强对后勤管理人员的学习教育与培训,不断提升后勤管理人员的思想政治素质和业务素质,按制度办事,用制度管人,使后勤管理不断走向制度化、规范化、科学化,更好地为教育教学服务,建立"勤奋、务实、优质、高效"的后勤服务体系。进一步树立"服务育人"的理念,积极、主动、有效地为一线师生服务。

2. 切实抓好环境建设,大力美化校园、亮丽校园,营造良好的育人环境、工作环境、生活环境。

3. 加强预算管理,规范学校收费,强化经费和资产管理,开源节流,勤俭节约。

(八)幼儿园工作:立足幼儿工作特色,致力追求内涵发展

以《幼儿园工作规程》和《幼儿园教育指导纲要》、《省级示范评估标准》为指针,按照上级教育主管部门的工作精神,团结全园教职工,立足幼儿园可持续发展,聚焦幼儿园特色发展,致力追求内涵发展。围绕学校工作,突出重点、狠抓规范、推动发展、力求创新,促进每一位幼儿健康、快乐地成长,促进办园质量再上新

台阶。

1. 规范管理。增强教职工对幼儿园发展前景的信心。优化完善幼儿园管理机制和激励机制。强化岗位意识,严格责任落实,细抓幼儿园各项工作质量。

2. 强化队伍。完善师资队伍培养机制,开展多样化的教科研师培工作。加强骨干教师队伍与新教师的管理与培养,全体教师积极参与园本教研与课题研究。

3. 彰显特色。以保教并重为前提,在丰富幼儿一日活动内容,强化幼儿日常行为规范上下功夫,在幼小衔接、艺术教育等特色教育上凸显成绩。

4. 优质服务。加强后勤队伍的规范管理、服务举措,加强保教人员为幼儿、家长服务的意识和行为,进一步提高全园各部门的服务质量。

(九)党建工作:加强基层组织建设,发挥先锋模范作用

1. 以加强学习型党组织建设为目标,加强思想建设,坚持用中国特色社会主义理论体系武装党员干部、教育党员干部和教职工;开展社会主义核心价值体系学习教育;结合实际开展宣传学习党的十八大,省第十一次党代会、市第三次党代会、全国全省全市教育工作会议精神,深入学习国发(2012)2号,黔府发(2012)3号文件精神,大力学习宣传新时期"开放自信,乐于奉献;攻坚克难、勇于率先;人一分我十分,咬定青山不放松,不达目的不罢休"的贵州教育精神,将学习内容转化为推动学校发展的思想动力,调动广大党员干部、教职工积极投入学习教育教学工作的积极性。

2. 以提高干部队伍素质为目标,加强队伍建设。以丰富多彩的学习内容和形式,以不同的层次和途径加强领导班子、中层干部、党员及教职工的学习培训,从政治思想素质和业务能力等方面培训提高,以适应教育发展的需要,特别是结合教师继续教育工程的实施,加强师德师风教育,掀起"教师誓词"的学习高潮,进一步强化教师爱岗敬业、教书育人,为人师表的行为规范教育,加强师德师风考核,促进师德师风建设健康发展。

3. 以强化基层党组织工作职能为目标,加强基层组织建设。各党支部在党总支的统一领导下,认真扎实开展的支部工作,认真贯彻落实总支的意见和决议,做好党员的教育管理工作,做好积极分子的培养教育工作,加快组织发展,及时将业务骨干、工作积极分子吸收到党内来,充分发挥党支部的战斗堡垒作用和党员的先锋模范作用,使各党支部成为各部推动工作的坚强政治堡垒,使广大党员成为带动教职工积极工作的中坚力量。

4. 进一步推进党风廉政建设工作。深入开展政治纪律教育,加强学校班子党性建设,能力建设和作风建设,教育引导广大党员干部、教师坚定政治立场,认真

落实党风廉政建设责任制,加强惩治和预防腐败体系建设,把加强监督检查与推进落实工作结合起来,坚决杜绝教育乱收费,规范学校管理,做好党务公开、校务公开工作。

5. 继续创新,扎实开展"创先争优""三个建设年""四帮四促"活动和党建"结对帮扶"活动。

6. 完善党建工作制度,强化制度管理;探索创新党建工作的内容及形式。

三、改革创新:统一思想规范管理,改革创新促进发展

1. 体制改革:

学校管理体制树立统一性,按照"统一领导、分步实施、团结协作、全面推进"的原则全面推进,建立"大德育、大教务、大总务、大教研、大安全"的管理体制。

2. 机制改革

学校管理要建立"目标计划系统、督导检查系统、考核评价系统",并使之在教育教学过程中,形成一条强而有力的纽带,推动学校规范化管理发展的进程,强化学校的管理改革与创新力度。

3. 制度改革

立足学校实际,建立完善《安顺市实验学校管理手册》等制度,使我校管理制度化、精细化、科学化。

总之,国发2012〔2〕号文件为我省、我市经济社会发展带来了新的历史性机遇,在今后的工作中,我校要树立"抢抓机遇、真抓实干、改革创新"的工作精神,在工作中抓落实、重创新,扎实有效推动学校工作全面、高速发展,开创实验学校更加灿烂辉煌的明天。

文章发表在《安顺社科论坛》2013.4 期

学习贯彻落实讲话精神
抓好新形势下意识形态工作

李锦鸣

党的十八大以来,习总书记发表了一系列重要讲话,深刻阐述了党和国家发展的重大理论和实践问题,提出了许多重要思想,是全党统一思想、指导实践、推进工作的科学指南。2013 年 8 月 19 日,习总书记在全国宣传思想工作会议上的讲话中指出,意识形态工作是党的一项极端重要的工作,能否做好意识形态工作,事关国家长治久安,事关民族凝聚力和向心力。他强调,宣传思想工作就是要巩固马克思主义在意识形态领域的指导地位,巩固全党全国人民团结奋斗的共同思想基础。这些重要思想,深刻阐述了事关意识形态和宣传思想工作长远发展的一系列重大理论问题,指明了意识形态和宣传思想工作引领社会、凝聚人心、推动发展的强大支撑作用。

教育是加强意识形态工作的主阵地,学校是培育、传播社会主义核心价值观的主渠道。安顺市实验学校作为一所由幼儿园、小学、初中三部分组成的省级大型重点学校,在当前社会经济快速发展,社会结构发生变革,思想意识深刻变化的形势下,教育工作一定要深入贯彻落实习总书记讲话精神,牢牢掌握思想领域的主导权,为培育可靠接班人、引领社会思潮、凝聚社会共识、坚持和发展中国特色社会主义做出更大贡献。为此,学校将以"处理三个关系"和实施"五个一"工程为突破口,把意识形态工作做实、做好。

一、正确处理好"三个关系",确保教育教学工作和意识形态工作相互促进、共同发展

1. 正确处理好学校以教学工作为中心和意识形态工作的极端重要性的关系。教育教学工作是学校工作的根本任务,抓有内涵、有特色的素质教育是我校不懈追求的奋斗目标。而意识形态工作又是学校教育工作极其重要的组成部分,是决定学校办学方向和办学方针的关键问题。我们将一手抓教育教学工作，一手抓意识形态工作，切实做到"两手抓，两手都要硬"。只有把意识形态教育同教师理论和业务学习结合起来，同教师专业成长结合起来，同中小学的思想品德课、政治、语文、历史、艺术等课程结合起来，创新思想教育的方式方法，发挥课堂教学主渠道作用，让意识形态的正确思想进校园、进教材、进课堂，才能让学校真正成为宣传科学理论、传播先进文化、塑造美好心灵的坚强阵地。

2. 正确处理好教育教学工作与加强社会主义核心价值体系的关系。课堂教学是社会主义核心价值体系教育的主渠道，我们将把各门课程蕴含的社会主义核心价值体系教育资源充分开发出来，把各门课程中社会主义核心价值体系的育人功能充分展示出来，使学生在课堂学习的过程中受到教育。要做好意识形态工作，还要坚持用发展着的马克思主义武装广大教师的头脑，使之始终保持教育教学的正确方向；要坚持理论联系实际，树立教育服务意识，始终树立"立德树人、育人为本"的理念，不断更新知识结构、提升思想境界，改进教学方法，将社会主义核心价值体系融入一言一行中，以身示范，润物无声。在教育教学实践中，还要以学生喜闻乐见的活动为载体，对学生实施有序、有机、有效的思想教育，坚定广大师生的道路自信、理论自信和制度自信，用优秀的品格感染人，用先进的事迹教育人，用正确的方法引导人，用社会主义核心价值体系夯实学生健康成长的根基。

3. 正确处理好教育教学工作与弘扬主旋律、传播正能量，讲好中国故事、传播中国声音的关系。学校是学习研究宣传马克思主义的重要阵地，课堂是传播弘扬马克思主义的重要渠道，我们要充分发挥好学校的宣传阵地，讲好实验好故事，传播实验好声音，宣传实验好形象，凝聚实验正能量。要利用校报、校园广播、宣传栏和校园网等平台，传播积极向上的信息、正确的舆论导向和正面的师生形象；要走到师生中去，体验和感受他们的学习、工作和生活，发现典型、及时宣传涌现出来的好人好事，激励更多的师生创作出更加优秀的作品，宣传学习更有感召力和影响力的先进事迹，高唱正气歌、弘扬主旋律、传递正能量。

二、大力实施"五个一"工程，夯实意识形态成果

一所学校的精神文化是所有师生的精神家园。在意识形态工作中，我们将围绕精神文化深入开展"五个一"工程（即：坚持一个指导、围绕一个中心、创新一套机制、占领一个阵地、突出一个抓手），始终坚持和巩固马克思主义在意识形态领域中的指导地位，大力推进社会主义核心价值体系建设；不断创新宣传工作机制，充分挖掘和发挥校园宣传载体的作用，大力宣传高尚的校园文化；继续占领教学课堂这个阵地,坚持用集体主义、爱国主义和改革创新的强大精神力量鼓舞斗志,用真实的历史故事帮助学生理解党的丰功伟绩,引导学生始终保持蓬勃朝气、昂扬锐气和浩然正气;突出"中国梦"这个抓手,用梦想承载希望,点燃激情,让梦想成为每一位实验学子扬帆远航的方向。

坚持一个指导:在社会思潮相对复杂的当今社会,我们要时刻保持清醒的政治头脑,明确正确的办学方向,就要毫不动摇地弘扬主旋律,旗帜鲜明地坚持马克思主义在意识形态领域中的指导地位,加强社会主义核心价值体系建设。我们要坚持以发展着的马克思主义为指导,不断增强社会主义意识形态的吸引力和凝聚力,奋发向上的精神力量和团结和睦的精神纽带,培养出德智体美全面发展的社会主义建设者和接班人。

围绕一个中心:党的十八大以来,习总书记发表了一系列重要讲话,对实现中华民族伟大复兴中国梦、坚持和发展中国特色社会主义、推动科学发展、深化改革开放、建设社会主义法治国家、改进工作作风切联系群众、加强党的建设等做了重要论述,提出了许多新思想、新观点、新论断,是我们今后开展教育工作的行动纲领和前进方向。在下一步的教育教学中,我们将以系列讲话精神为中心,继续开展贵州教育精神、贵州教育誓词、教师职业道德的思想理念教育和相关主题教育活动,逐步形成"师德是从教之基、师能是立教之本、师艺是强校之魂"的共识,树立讲正气、讲团结、讲奉献的育人楷模和师德风范。继续实践实验学校"七个一"(围绕一个中心:学习贯彻习近平总书记一系列重要讲话精神;完善一套体制:学校管理体制;凸显一个网络:学校德育工作;坚持一个中心:学校教学工作;夯实一支队伍:学校教师队伍;构建一种文化:学校校园文化;确保一个前提:学校安全工作)教育活动,以崭新的姿态和面貌去迎接新的挑战。

创新一套机制:要不断创新学校宣传工作机制,切实加强学校党组织对宣传思想工作的领导,牢牢把握意识形态工作的主动权。要在思想观念上有创新,有突破,要把学校的宣传思想工作延伸到教学科研第一线,延伸到班级、课堂和各项教学活动中去,让广大师生都参与进来,实现宣传思想工作的全覆盖;要在宣传工作机制上有创新,建立一套科学合理的组织运行体系,形成宣传工作的合力,发挥集体智慧找出结合点、创出新路子;要在队伍建设上有创新,要建立起一支数量足、素质高的教师宣传队伍和学生通讯员队伍,并发挥他们的作用,让宣传工作真正能凝聚发展的正能量,提升文化的竞争力,不断构建大宣传格局。

占领一个阵地:要把课堂作为意识形态工作的主阵地牢牢占领。一是要加强教师的思想教育和理论学习,筑牢教育的第一道思想防线,使社会主义核心价值体系融入到每一个教师思想意识里,融入到每一学科的课堂教学中。二是要继续开展主题鲜明,内容丰富的班队活动,让学生成为课堂的主人,成为意识形态工作的参与者、倡导者、组织者和受益者。三是要开展丰富多彩的校园活动,充分利用校报、校训、校歌和开学、毕业典礼等载体,坚持创新与继承相结合,弘扬办学理念,传承实验精神。四是要开展寓教于乐的社会实践活动,形成知荣辱、重品行、讲正气、树新风、促和谐的良好校园氛围。

突出一个抓手:要突出"中国梦"这个抓手,广泛开展学习教育活动,组织中小学生参加各种主题教育实践活动,引导他们继承光荣传统,树立远大理想,激发爱国情感,从小立志投身实现"中国梦"的伟大实践。计划通过学习宣传、主题实践、总结提升 3 个阶段,不断提高师生的理论水平和思想境界,促进师生的共同进步,以期达到"统一思想、凝聚力量、促进发展"共性目标,实现做大教育的宏伟蓝图,激发做真教育的无限热情,坚定做新教育的执着信念,真正把教育当作一种信仰,用教育梦助推中国梦。

不驰空想　不骛虚声
奋力走好新时代的教育新征程

——学习李克强总理政府工作报告的感受

安顺市实验学校　李锦鸣

2018 年 3 月 5 日,第十三届全国人民代表大会第一次会议在人民大会堂开幕,李克强总理代表国务院向大会报告政府工作。报告回顾了过去五年工作,明确了 2018 年经济社会发展总体要求和政策取向,对 2018 年政府工作提出了建议。

李克强总理的政府工作报告振奋人心,是党的十九大报告后又一份引领性的文件,为全国各行各业的发展指明了方向,注入了新的思想,新的活力,明确了新的奋斗目标。

在提高保障和改善民生水平方面。报告中明确指出:要在发展基础上多办利民实事、多解民生难事,兜牢民生底线,不断提升人民群众的获得感、幸福感、安全感。优先发展教育事业,要发展公平而有质量的教育。推动城乡义务教育一体化发展,抓紧消除城镇"大班额",着力解决中小学生课外负担重问题。儿童是民族的未来、家庭的希望。要多渠道增加学前教育资源供给,运用互联网等信息化手段,加强对儿童托育全过程监管,一定要让家长放心安心。加强师资队伍和师德师风建设。要办好人民满意的教育,让每个人都有平等机会通过教育改变自身命运、成就人生梦想。

作为教育人,在习近平总书记党的十九大报告和李克强总理政府工作报告的指引下,我对 2018 年学校教育教学工作有了如下思考:

2018 年是贯彻党的十九大精神的开局之年,是改革开放 40 周年,是决胜全面建成小康社会、实施'十三五'规划承上启下的关键一年,是教育系统实施'奋进之笔'的进取之年。习近平总书记党的十九大报告和李克强总理政府工作报告中均强调:必须把教育事业放在优先发展的地位,加快教育现代化,办好人民满意的教育。

2018年,我校将全面学习、宣传、贯彻党的十九大精神,学习习近平总书记系列重要讲话精神,牢记"四个意识",坚持"四个自信",以习近平新时代中国特色社会主义思想为指导,以"五新"(新时代、新思想、新目标、新征程、新成就)为统领,紧紧围绕统筹推进"五位一体"总体布局和协调推进"四个全面"战略布局,坚持稳中求进总基调,按照高质量发展根本要求,贯彻党的教育方针,推进教育优先发展,落实立德树人根本任务,深化教育改革,推进教育公平,发展素质教育,加快教育现代化,努力培养德智体美全面发展的社会主义建设者和接班人,培养担当民族复兴大任的时代新人。

一、以"五新"为统领,续写实验新华章

中国特色社会主义进入了新时代。面对新时代新征程,我们要清醒地认识到,与世界先进水平相比,与中央要求、社会需求和百姓期待的更好的教育相比,与全面建成小康社会和实现"两个一百年"奋斗目标的要求相比,我国教育改革发展还存在一定差距。面对新使命新任务,我们的教育还不能完全适应人的全面发展和经济社会发展的需要,现代教育公共服务体系、现代教育治理体系、现代教育保障体系还不够健全,一些深层次体制机制障碍需要重点破解,一些人民群众关心的热点难点问题还需要加快解决。

下一步,我校须扎根教育一线,瞄准十九大为教育提出的新目标、新任务、新部署。一是立足解放思想,破解发展瓶颈;二是立足科学发展,破解发展难题;三是立足综合治理,破解发展困局。全面深化教育领域综合改革,全面实施素质教育,全面落实立德树人根本任务,为决胜全面建成小康社会、夺取新时代中国特色社会主义伟大胜利,实现中华民族伟大复兴的中国梦奠定坚实基础。

二、以立德树人为核心,写好教育大文章

立德树人永远都是教育工作的首要任务和中心工作,我们要立足为谁培养人、培养什么样的人、怎样培养人这个根本问题。新时代需要新思想,新思想才能生成新策略,新时代背景下的"立德树人"就应赋予它不同的定义和地位。

现阶段的社会矛盾已经发生了转变,仔细思量教育矛盾的新变化,不难发现:从总体上看,我国已基本解决了"有学上"的问题,正朝着"上好学"的新的历史目标迈进;已经实现了"大起来"的目标,正朝着"强起来"的目标努力;已经实现了"学生学业水平"的整体提升,正朝着"学生发展核心素养",尤其是身心健康、实践创新和社会参与能力等方面能力的全面发展。而所有发展都离不开德育的

基础。

下一步,我校德育工作将继续深入推进实施"五个一工程",即:一个支部一个堡垒,夯实新时代德育工作主阵地;一个党员一个模范,引领新时代德育工作新风尚;一个干部一个表率,唱响新时代德育工作主旋律;一个教师一个榜样,弘扬新时代德育工作正能量;一个学生一个希望,共创新时代德育工作新辉煌。同时,加强德育过程督查,提升立德树人实效;加强家校团结协作,提升家庭教育功效;加强学生心理引导,提升心理健康教育功效。

作为学校教育,在教育教学实践中,始终坚定社会主义办学方向,旗帜鲜明地加强思想政治教育和社会主义核心价值观教育。必须根植于德育基础,切实将人的品德形成、抗挫能力、身心健康、文明习惯等全方位融入到教育教学全过程。

三、以促进教育公平为重点,构建教育大和谐

教育公平是社会公平在教育领域的延伸和体现。好的教育,公平的教育,是以人为本的教育,是为多数人提供平等机会、优质服务的教育。根据《安顺市城市总体规划修编(2015—2030)》规划,到2030年,城市中心城区人口将达150万,其中主城区(西秀区和开发区)人口将达100万。这就意味着0—6岁儿童占比将增加到10万左右。而安顺市现有的教育资源是无法满足市民对优质资源在质和量的需求。

在促进教育公平发展上,我们不仅要依托上级教育主管部门对教育资源的均衡配置,更需要学校齐头并进拓展教育外延,激活教育空间,做大做强实验的教育品牌,让更多的人能享受到更加优质的教育资源。一是要聚焦全体学生,让每一个孩子都有出彩的机会;二是要聚焦全面发展,让每一个学生都有展现的舞台;三是要聚焦"三个计划",让每一个学生都有提升的空间。我校要在教育内涵发展上做文章,盘活现有的教育资源。要关注特殊群体(单亲家庭、进城务工子女、留守儿童少年)的学习生活;关注学困生、德困生的心理健康;关注更大范围内学生的幸福成长,要为师生架设更为通畅的沟通渠道,为学生搭建更多层面才艺舞台,要通过我们的努力,让每个适龄儿童少年都能享受良好的教育,都有人生出彩的机会,都能实现个人的梦想和追求。

四、以提高质量为主线,捍卫教育生命线

在全面提升教育质量的过程中,我们要坚持以方向领质量、借标准定质量、靠课改提质量、以师资保质量、用评价促质量,围绕创新育人方式,制定质量标准,推

进课程改革,发展教师队伍,完善评价体系等方面采取创新举措,坚持走以提高质量为核心的内涵式发展道路。一是全面贯彻党的教育方针,强化思想认识。二是全面推进素质教育进程,强化常规管理。三是全面实施润泽教育体系,强化质量意识。

五、以深化改革为动力,探索发展新思路

面对新的挑战,我们必须率先改革、大胆改革,才能赢得发展的先机。办好人民满意的教育就要树立"改革创新"的质量观,从创新驱动发展战略出发,把创新人才培养作为教育的主目标,把创新人才培养方式作为教育改革的攻坚战,把创新体制机制作为教育发展的新动能。一是深化课程体制改革,探索个性化、多样化的新体系。二是深化办学体制改革,探索多元化、混合制的新模式。三是深化管理体制改革,探索精细化、科学化的新制度。

六、以抓牢"安全工作"为保障,筑牢安全防护网

安全感的需要是实现人类更高层次需求的基础,安全感是走向幸福生活的支撑。没有安全,谈何教育,更没有质量。所以,上好安全教育第一课,维护正常的教育和生活秩序,保障学生人身和财产安全,让他们健康安全成长,是每一所学校的重要课程,是每一位校长的重要使命。我校安全工作一是强化安全工作体系建设,提升安全管理水平。二是强化"15511"工程实施,确保师生生命财产安全。切实做到把安全教育纳入教育教学内容,引导学生树立安全意识、掌握安全常识、开展安全演练,真正做到"人人懂安全,人人讲安全",最大限度地提高全体师生的安全素养。

当下,人民对教育有着更好的期待,办优质和公平的教育是我们重要的时代命题,我们将以更宽的时代视野和格局,找准基础教育时代坐标新定位,以办优质和公平的教育为使命,不驰空想,不骛虚声,在办好人民满意的教育征程中牢记使命,砥砺前行。

文章发表在《安顺教育》2016.03 期

贯彻总书记讲话精神　实现实验学校新跨越

安顺市实验学校　李锦鸣

习近平总书记在 2015 年视察贵州时做出了"守底线　走新路　奔小康"的重要指示,并且提出了贵州要走出一条不同于东部,有别于西部其他省区的发展道路。我们安顺市实验学校怎样结合学校的实际贯彻落实习总书记的讲话精神,结合学校"十三·五"规划的制定,守什么底线、走什么新路,奔什么小康,实现实验学校新的跨越,这些都需要我们来抓好落实,不辜负习近平总书记对贵州的殷切希望。

2016 年是全面实施"十三五"发展蓝图的开局之年,是实现"第一个百年奋斗目标"的关键一年,也是实现全面建成小康、全面脱贫攻坚的重要一年。

未来五年,我们的工作思路是:以"统筹规划,分步实施,内涵发展,打造特色,追求卓越",在提高教育质量上下功夫,在义务教育均衡发展上想办法,在普及高中阶段教育上做贡献,在内涵和外延发展上谋出路,做大、做强实验学校的教育品牌,达到"2018 年全省一流,2020 年全国知名"的总目标。主要任务是:守底线(守住党风廉政、师德师风、教育质量和安全保卫四条底线),走新路(走出"理念新、目标新、方法新、成果新"的教育新路),奔小康(实现"快乐的教育,幸福的教育、公平的教育"的教育小康之梦)。

(1)守发展底线,筑牢作风、师德、质量和安全四条生命线

1. 加强作风建设,守住党风廉政底线。党要管党,从严治党,要强化作风建设,学校的领导干部队伍要加强理想信念教育,坚持"理论自信、道路自信、制度自信",增强政治警觉性和政治鉴别力,做政治上的明白人。要强化党的组织建设,牢固树立"抓好党建是最大政绩"的理念,落实"三会一课"制度,今年党建工作以"两学一做"活动为重点("学党章党规、学习近平总书记重要讲话精神,做一名合格党员"),要制定"两学一做"活动实施方案,学深学透党章和系列重要讲话精

神,积极开展"五个一"活动,即"一个支部一个堡垒、一个党员一个模范、一个干部一个表率、一个教师一个榜样、一个学生一个希望",做遵守党章党纪党规的合格党员。要不断强化学校党风廉政建设和反腐败工作,认真贯彻十八届中央纪委第六次全会精神,严格遵守《中国共产党廉洁自律条例》、深入学习《中国共产党纪律处分条例》,全面落实党风廉政建设主体责任和监督责任,大力加强党员干部和教职员工廉政警示教育,切实履行个人廉洁从政承诺和师德师风承诺,追求道德高线,守住纪律底线。

2. 加强师德建设,守住师德师风底线。一是学校将按照习近平总书记对教师提出的"四有"要求加强学校教师师德师风建设,全校教师要守住师德底线,教书育人,以高尚的品德和渊博的学识感染人、激励人、教育人,做学生健康成长的领路人。学校将按照"安顺市实验学校发展性教师五维评价方案"在小学每学年开展"师德师表星、教学业务星、班级管理星、教育科研星、活动辅导星";在中学开展"师德师风奖、教育教学奖、教育科研奖、班级管理奖、特色创新奖";在幼儿园开展"师德师风优、班级管理优、教育教学优、岗位创新优、教育科研优"评选活动。二是严格执行教育部制定的《中小学教师职业道德规范》,强化《安顺市实验学校教职工八要八不准》的执行检查力度,规范教师的从教行为,严禁利用手中的教育权利谋取个人私利,进行有偿家教、开办小饭桌,接受家长的宴请或礼物等有悖于教师职业道德的行为。三是按照《安顺市实验学校教师培训方案》不断强化理论学习和专业修养,使教师的道德情操和专业技能得到提高。

3. 落实立德树人,守住教育质量底线。提高教育质量首先就是要全面落实立德树人根本任务。我们要加强社会主义核心价值观教育,把增强学生社会责任感、创新精神、实践能力作为重点任务贯彻到教育全过程。要全面贯彻党的教育方针,培养德智体美全面发展的接班人。要全面实施素质教育树立"健康第一"的思想。要遵循教育教学规律,学生身心发展规律,提高学生核心素质和学业水平。其次,要以深化学校改革来提高教育质量,一是要深化学校办学体制改革,探索集团化、多元化混合制的改革,以改革要质量;二是要深化学校管理体制改革,按照"统一领导,分部管理,团结协作,全面推进"的管理原则,加强对幼儿园、小学、中学的管理,以管理要质量;三是要深化课程改革,出台《安顺市实验学校课程改革实施方案》,从"为什么要教""教什么"和"怎样教"三个方面构建实验学校的课程体系,以课程改革要质量;第三要丰富学校德育活动,以丰富多彩的主题校园活动为载体,深入开展"祖国好·家乡美""学生守则记心中"、做'求真向善尚美'好少年和"争做习德致美好儿童"活动,以"五·四""六·一""一二·九"等纪念日和

"清明节""中秋节"等中华民族传统节日为抓手组织开展征文、演讲、手抄报等活动,让学生在活动中锻炼成长。

4. 牢记安全使命,守住安全保卫底线。安全不保,何谈教育?学校安全工作要严格落实安全工作"一岗双责"责任制,把安全工作落实到学校工作的全过程、全方位,牢固树立"责任重于泰山"的意识,按照《安顺市实验学校安全维稳工作实施方案》,做好"六个坚持"即:坚持以人为本,预防为主;坚持一岗双责,人人参与;坚持每日一查,排隐除患;坚持每月一练,促进自救;坚持多方联动,护校安园;坚持立足宣传,重在教育。守住安全底线,创建安全、文明、和谐的育人环境。

(2)走教育新路,以"五大发展理念"打造"理念新、目标新、方法新、成果新"的实验新格局

1. 实施创新发展,助推内涵提升。创新是教育发展的不竭动力,我们要创新教育观念,倡导因材施教、终身学习、有教无类、人人成才新理念,促进学生文化知识学习与思想品德修养相统一、理论学习与社会实践相统一、全面发展与个性发展相统一。创新教育体制机制,修订完善《安顺市实验学校管理手册》,制定一系列教育改革背景下的新方案、新措施,以全新的视角、理念、方式构筑教育质量的新高地。加快学校课程改革步伐,努力做到贯彻国家课程有灵有魂、推进地方课程有血有肉、研发校本课程有滋有味、完善园本课程有动有静。以"课堂改革"推动教育创新发展,长短课、实践课、教学课有机结合;翻转课堂、数字课堂、云课堂等信息技术广泛应用。

2. 坚持协调发展,优化教育结构。学校的发展同样需要协调发展。一方面表现在学校幼儿园、小学部、中学部之间的协调发展。我校是贵州省唯一一所从学前教育到小学、初中教育一体化的大型实验性学校,这在全国也不多见。因此,协调发展好各部不仅有利于学校自身的发展,也是探索幼小衔接、小初衔接、初高衔接有效方式。其次,协调发展还表现在学校教师的年龄结构、知识结构、专业水平、师德素养之间的协调。我们要通过"四个工程"加强教师队伍建设,使学校的骨干教师、教学名师、师德标兵等优秀教师层出不穷,成为助推学校教育发展的不竭动力。学校的协调发展还表现在学校与社会关系方面的协调、领导干部和教职员工之间关系的协调以及师生关系之间的协调等等。只有各个方面协调发展了,学校才能稳步向前,获得成功。

3. 倡导绿色发展,引领教育风尚。这里讲的绿色发展有两个层面上的意义。一个层面是学校精神层面上的绿色发展,指的是要深入研究、真正尊重、切实遵循教育教学规律和学生身心发展规律,全面实施素质教育,按规律办学、按规律育

人。要树立正确的学校发展观、人才观和质量观,不能重规模而轻内涵;重形式而轻特色;重升学率而轻核心素养;重个体而轻全体。其次是培养师生绿色观念,反对奢侈浪费,崇尚勤俭节约,养成绿色的生活方式和行为规范。第二个层面是指物质层面上的绿色发展,学校要围绕打造"园林式"校园的目标,积淀深厚的文化底蕴,营造浓郁的人文环境,提升办学的品位和品质,建设绿色文明校园。

4. 注重开放发展,拓展教育资源。未来的教育是开放的教育,实验学校要以实施四项工程(新教师岗前培训工程,中青年教师素质提升工程,老教师示范引领工程,名师名家工程)为抓手,与兰州实验幼儿园、兰州小学、西北师范大学第二附中、青岛三十七中及北京、上海、广东等地学校结成对子,加大开放力度,共同发展。要以家长学校为抓手,以"教学开放周""教苑月"等为载体,以"三节一会"(读书节、科技艺术节、体育节、迎春晚会)为平台加强对社会、对家长的开放。形成家校共育、学校社会协同的良好教育生态。

5. 追求共享发展,促进教育公平。一是遵循教育规律,学生身心发展,有教无类,因材施教,树立"为学生一生着想,为祖国明天奠基"的办学理念和"爱生、爱岗、爱校"的校风,"勤学、善学、乐学"的学风,"求真、求实、求新"的校风;二是要以立德树人为根本,强化理想信念教育,小学以做"习德致美"好儿童,中学做"求真、向善、尚美"好少年活动为载体,把践行社会主义核心价值观落细、落小。要关爱弱势群体,关注身处不同环境中的学生,千方百计为家庭经济困难学生、进城务工人员随迁子女、留守儿童、残疾儿童少年以及身心受到伤害的学生提供更多的关爱和帮助,充分发挥好"何正扬优秀学生奖励贫困学生支助金"的积极作用,以德育人,以心育心,实现全体学生的个性发展、健康发展、和谐发展和全面发展。

(三)奔教育小康,实现"快乐的教育,幸福的教育、公平的教育"的教育小康之梦

1. 学生快乐才有幸福。要努力形成学校"勤学、善学、乐学"的学风,营造学习快乐的风尚。快乐教育是现代教育面临的一个新课题。它的实质是面向全体学生,着眼于人的全面发展,真正体现教师主导,学生主体的"双边作用",是教师"善教"和学生"乐学"的互动效应。要使学生快乐学习,首先要求教师要有积极健康的快乐情绪,要学会赏识学生,引导学生学会感恩,学会担当;学会倾听,学会帮助,要转换角色走进学生的世界,以快乐的情绪感染人,快乐的氛围熏陶人,快乐的理念开导人,快乐的方法培养人,使学生乐而有度,乐中受益。

2. 教育幸福才有质量。幸福教育,既是为创造未来幸福奠基的教育活动,又是师生在教育活动中感受幸福的现实体验。从教师层面讲,只有在工作中有幸福

感,心情愉悦,情绪高涨,才能保证教育教学有良好的效果。从学生层面方面讲,只有感受到学校生活的欢悦,感到学习的幸福,才会产生浓厚的兴趣,才能取得更好的成绩。在实施幸福教育的过程中,关键是要引导学生确立幸福的人生价值观,培养他们志存高远,奋发有为,诚实守信,追求真理,团结合作等美好的道德品质。其次要培养学生的创新精神和实践能力,学用结合,积极开展创新竞赛、才艺竞赛等活动,为学生搭建更多的学习生活与展示自我的幸福舞台。要创新思路,拓展渠道,不断提升教师从教的幸福感。要改善办学条件,美化校园环境,分享教育福利,搭建教师成长阶梯,积极开展各种文体活动,让广大教师参与学校管理和监督,提高教职工的主人翁意识,进而形成以校为家,携手共建的幸福感,永葆工作的热情,体验成功的快乐。

3. 教育公平才会和谐。教育公平是社会公平的基石。好的教育,公平的教育,是以人为本的教育,是为多数人提供平等机会、优质服务的教育。根据《安顺市城市总体规划修编(2015—2030)》规划,到2030年,城市中心城区人口将达150万,其中主城区(西秀区和开发区)人口将达100万。这就意味着0~6岁儿童占比将增加到10万左右。而安顺市现有的教育资源是无法满足市民对优质资源在质和量的需求。在促进教育公平发展上,我们不仅要依托上级教育主管部门对教育资源的均衡配置,更需要学校拓展教育外延,激活教育空间,做大做强实验的教育品牌,让更多的人能享受到更加优质的教育资源。同时,要在教育内涵发展上做文章,盘活现有的教育资源。要关注特殊群体(单亲家庭、进城务工子女、留守儿童少年)的学习生活;关注学困生、德困生的心理健康;关注更大范围内学生的幸福成长,要为师生开拓更为通畅的沟通渠道,为学生搭建更多层面才艺舞台,要通过我们的努力,让每个适龄儿童少年都能享受良好的教育,都有人生出彩的机会,都能实现个人的梦想和追求。

总之,在奋力开启"十三五"开局的今天,我们要认真学习贯彻落实习近平总书记重要讲话精神,紧紧围绕"十八届五中全会"对教育提出的要求,全面加强党对学校工作的领导,全面贯彻党的教育方针,全面落实"五大"发展理念,全面实施素质教育,凝心聚力、求真务实,坚定信念,扎实工作,努力实现实验学校新跨越!

2016 年 3 月 28 日

中共安顺市实验学校总支委员会党课讲稿

深挖"五个一"特色工程　践行"两学一做"常态化制度化

安顺市实验学校　李锦鸣

（2017 年 6 月 29 日）

党员同志们:大家下午好!

今天这节党课,我们学习的主题是《深挖"五个一"特色工程　践行"两学一做"常态化制度化》。希望通过今天的学习,能使我们大家对"两学一做"学习教育常态化制度化工作有一个较为全面、深刻的认识和理解。

为全面贯彻落实党的十八大和十八届六中全会精神,推动全面从严治党向基层延伸落地,中共中央办公厅印发了《〈关于推进"两学一做"学习教育常态化制度化的意见〉的通知》(中办发〔2017〕23 号),随后,中共贵州省委办公厅印发了《〈关于推进"两学一做"学习教育常态化制度化的意见〉的通知》(黔党办发〔2017〕14 号),《中共安顺市委关于推进"两学一做"学习教育常态化制度化的实施意见》《中共安顺市委教育工委关于推进"两学一做"学习教育常态化制度化的实施方案》也相继出台,分别从各级党委的角度对推进"两学一做"学习教育常态化制度化提出了明确的要求。

作为基层党组织,为扎实深入推进"两学一做"学习教育常态化、制度化,我校将立足实际,深入开展党建"五个一"特色工程,促进各党支部、全体党员干部在思想上有触动、工作上有改进、业绩上有突破,真正实现各级党委的要求,做到学有成效、做有成果。

第一篇章　深思悟道

要使我校"两学一做"学习教育常态化制度化工作深入开展,取得实效,提高思想认识、明确工作方向是关键。因此,在理论认知篇,我将与大家一起学习推进"两学一做"学习教育常态化制度化的内涵、目的意义、指导思想、基本原则和工作目标。

一、内涵——体现"三度"

中共中央办公厅印发的《关于推进"两学一做"学习教育常态化制度化的意见》,赋予"两学一做"新的内涵。向党内外发出坚定而清晰的信号,让广大党员看到中国思想建党、组织建党、制度治党的施政风格与不懈动力。

(一)"两学一做"新内涵体现在讲政治的高度上。《意见》明确指出,要从讲政治的高度充分认识推进"两学一做"学习教育常态化制度化的重大意义。党章是管党治党的总章程,党规是党员思想和行为的具体遵循,习近平总书记系列重要讲话是"最新成果""最新发展""思想武器"与"行动指南"。可见,虔心诵读总章程、学思践悟"大讲话"、推进"两学一做"常态化制度化,对进一步强化和规范党内政治生活,保持党的先进性和纯洁性,增强党的生机活力,具有重大而深远的意义。

(二)"两学一做"新内涵体现在新常态的广度上。《意见》从明确基本目标要求到精心安排时间内容,从引导党员做合格党员到经常查找解决问题,从党员干部率先垂范到"三会一课"如何纳入等方面,把"两学一做"从向前走引至向前跑、从机械化推向常态化,将融入日常、抓在经常置身各级党组织、党员干部之中。

(三)"两学一做"新内涵体现在讲规矩的尺度上。"两学一做"不是活动,更不是空口号,它需要不折不扣地落实在讲规矩的尺度上,实现有制可遵、有章可行。《意见》把"两学一做"纳入了"三会一课"等制度,清晰地告诉党员领导干部做到坚持讲党课,各级党委(党组)书记每年至少为基层党员讲一次党课,党课内容要贴近党员、贴近实际,不搞照本宣科;规定党支部要组织党员按期参加党员大会、党小组会和上党课,定期召开支部委员会会议。这尺度的制度化与精细化,犹如自行车上的齿轮,一齿起到一齿的动力。

二、目的意义——深化拓展,走向日常

"两学一做"学习教育有助于进一步巩固拓展党的群众路线教育实践活动和"三严三实"专题教育成果。从 2013 年上半年到 2014 年 10 月结束的以为民、务实、清廉为主要内容的党的群众路线教育实践活动,成果丰硕,活动有力地整治了形式主义、官僚主义、享乐主义和奢靡之风,群众反映强烈的突出问题得到有效解决。但正如习近平总书记所言:"有些问题的整改还没有完全到位,一些深层次问题还没有从根本上破解,上下联动解决问题还没有真正形成合力。"为防止问题反弹、雨过地皮湿、活动一阵风,2015 年 4 月中共中央办公厅印发《关于在县处级以上领导干部中开展"三严三实"专题教育方案》。通过近一年的专题教育,解决了县处级以上领导干部存在的党的思想政治建设和作风建设方面的突出问题,严肃了党内政治生活、严明党的政治纪律和政治规矩,专题教育活动成效明显。

在这一基础上,2016 年开展了"两学一做"学习教育,不仅进一步转化了党的群众路线教育实践活动和"三严三实"专题教育取得的成果,而且极大地推动了党内教育从"关键少数"向广大党员拓展、从集中性教育向经常性教育延伸、从上级机关向基层党组织深化。现在,我们将继续深入推进"两学一做"学习教育常态化制度化,在更进一步巩固前期系列学习教育活动成果的同时,使"两学一做"学习教育走向常态、形成制度,使我党的政治生态更加美好。

三、指导思想——注重深学实做

全面贯彻党的十八大和十八届三中、四中、五中、六中全会精神,深入学习贯彻习近平总书记系列重要讲话精神和治国理政新理念新思想新战略,以迎接党的十九大召开和学习贯彻中央、省市党代会精神为主线,以继续落实专题学习讨论、专题党课、专题组织生活会、专项问题整改等内容为主要方式,坚持全覆盖、常态化、重创新、求实效,注重深学、实做、真改、抓常、强责,从基础工作抓起、从基本制度严起、从日常实际做起,把全面从严治党落实到每个支部、每名党员,确保党组织充分履行职责、发挥核心作用,确保全体党员增强党性观念,发挥先锋模范作用,为努力办好更高水平的人民满意教育,统筹推进"五位一体"总体布局和协调推进"四个全面"战略布局,凝心聚力抓发展、建设富美新安顺,走好新的长征路,决胜脱贫攻坚、同步全面小康提供坚强保证。

四、基本原则——融入日常、抓在经常、建章立制

推进"两学一做"学习教育常态化制度化,必须坚持融入日常、抓在经常、建章立制。学校党总支和各支部要以理论学习、中心组学习、民主生活会、专题组织生活会等制度为主要抓手,组织党员领导干部定期开展集体学习;要以"三会一课"为基本制度,以党支部为基本单位,把"两学一做"作为党员教育的基本内容,长期坚持、形成常态。

——突出问题导向,坚持学做结合,突出针对性,认真查找分析、着力解决自身存在的突出问题,推动学校各级党组织和党员依靠自身力量修正错误、改进提高。

——注重以上率下,学校党总支和领导干部带头学习、严格落实党内政治生活制度、加强思想作风建设,为学校各级党组织和广大党员作示范。

——强化分类指导,注重具体化、精准化、差异化,针对不同层级实际,确定学习重点,明确努力方向,确保工作实效。

——激发基层活力,以落实"三会一课"等基本制度为抓手,充分调动党支部积极性、主动性、创造性,最大限度地激发基层党组织和党员的内生动力。

——选树先进典型,注重在脱贫攻坚主战场、改革发展第一线、服务群众最前沿等方面,选树一批身边先进典型,让广大党员学有标杆、做有榜样,比学赶超。

——坚持常抓不懈,综合运用督导考核、典型带动和信息化等手段,持续推进"两学一做"学习教育,防止和克服紧一阵松一阵、表面化形式化、学做"两张皮"等不良倾向。

——强化制度保障,坚持用制度管人管事,健全完善基本制度,强化制度执行,加大督查和问责力度,维护制度的严肃性和权威性。

五、工作目标——不断提高、不止领先

推进"两学一做"学习教育常态化制度化,必须紧密联系实际,基层党组织、广大党员特别是各级领导干部不断改造自己,提高思想政治觉悟。

——不断增强党组织和党员政治意识、大局意识、核心意识、看齐意识,坚决维护以习近平同志为核心的党中央权威和统一领导,做到思想上充分信赖、政治上坚决维护、组织上自觉服从、感情上深刻认同、行动上始终紧跟。

——不断增强党内政治生活的政治性、时代性、原则性、战斗性,坚持民主集中制原则,坚持党的思想原则、政治原则、组织原则、工作原则,多用常用批评和自

我批评利器。

——不断增强自我净化、自我完善、自我革新、自我提高能力,经常进行"党性体检",筑牢信仰之基、补足精神之钙、把稳思想之舵,真正按本色做人、按角色办事,永葆共产党人政治本色。

——确保党的组织充分履行职能、发挥核心作用,不断提高观大势、定大局、谋大事的能力,涵养党内政治文化,大力营造良好政治生态,大力营造团结和谐环境,推动中央、省委和市委各项决策部署落地见效。

——确保党员领导干部忠诚干净担当、发挥表率作用,在战略部署上"扣扣子"、责任履行上"担担子"、任务落实上"钉钉子"、工作方法上"转盘子",靠作风吃饭、拿实绩说话,挑好重担,树好标杆。

——确保广大党员党性坚强、发挥先锋模范作用,保持开局就是决战、起步就要冲刺的劲头,撸起袖子加油干、迈开步子加快赶,创造性地做好教育改革发展稳定各项工作。

第二篇章　躬行实践

我校推进"两学一做"学习教育常态化制度化,必须深入开展党建"五个一"特色工程,结合实际,立足岗位,做到思路明细,学做结合,扎实有效。坚持把学习教育同学校中心工作和教育教学改革发展大局结合起来,全面提升新形势下学校党组织工作水平,全面提升教育教学质量。为全市经济社会的发展、全面建成小康社会做出积极贡献。

一、"两学一做"学习教育常态化制度化要做到"明确四本"和"三个突出"

(一)"明确四本"

推进"两学一做"学习教育常态化制度化是进一步扩大"战果",消化"精华"的现实要求,也是进一步筑牢共产党员作风堡垒的正确方向。要推进"两学一做"学习教育常态化制度化,就要明确"四本"。

1. 明确本心,强化理论武装。"两学一做"学习教育,基础在学。学习是党员干部提升自我修养、强化为民信念、端正为官理念的有效途径。学习不能"死学""乱学",不能按图索骥、死记硬背,更不能在网络上随意搜索资料就将其奉为"宝物",而是要多学党报党刊,多读经典之作,坚持读原著、学原文、悟原理,联系实际学、带着问题学、不断跟进学，领会掌握基本精神、基本内容、基本要求，做到学而信、学而思。在学习中不断提升、在提升中不断凝练、在凝练中不断升华，用活学真知夯实思想信念之基，强化理论武装，筑牢抵御诱惑的精神堡垒。

2. 明确本意，不忘知行合一。"两学一做"学习教育，关键在做，就是要"知行合一"。学习是一件快乐的事，这种快乐体现在自己了解了新的知识、明白了新的道理，掌握了新的技术，但要使快乐真实地展现在现实生活中就只能依靠实践。学习和实践是两件相辅相成的事，丢掉了实践，所学的知识就有"纸上谈兵"的危险，丢掉了学习，实践便没有了指明方向的"航标"。

3. 明确本源，弘扬合格党员真谛。作为一名合格党员，就是要按照"四讲四有"标准，做到政治合格、执行纪律合格、品德合格，自觉拥护党的领导、执行党的纪律、发扬党的优良传统，始终把人民群众放在心中，始终把共产主义放在心中，始终把"中国梦"放在心中。要牢记革命先辈们的嘱托，传承和弘扬"长征"精神，用不屈的信念来走好全面从严治党的"新长征"。

4. 明确本位，坚持以上率下。要坚持领导机关、领导干部率先垂范，充分发挥民主生活会的作用，通过领导干部率先学、带头做，来为广大党员提供示范。"千里之堤毁于蚁穴，上梁不正下梁歪"告诉我们：须充分认识到党员干部"整体"的本位，不论是哪个环节、哪个人出了问题，都是给共产党员这个队伍抹了黑。对于全体党员干部，都要坚持严要求、高标准，锻造出一只将士同心、能打胜仗、作风优良的队伍。

(二)"三个突出"

政贵有恒，治须有常。"两学一做"学习教育不是一次简单的党内活动，而是永不停歇的学习教育，是规范党内政治生活的常规性和制度化举措。要使"两学一做"学习教育真正常态化制度化，就要做到"三个突出"。

1. 立根铸魂，突出思想教育。习近平总书记曾指出："不懂马克思主义基本原理，不学习党的创新理论，不信奉党的政治主张，不是一个合格的共产党员。"实践表明，开展"两学一做"学习教育，是坚持思想建党、组织建党、制度治党紧密结合的有力抓手，是不断加强党的思想政治建设的有效途径。推进"两学一做"学习教育常态化制度化，关键是要立根铸魂，把思想教育作为第一位的任务，教育引导广大党员特别是各级领导干部不断改造自己，提高思想政治觉悟。

2. 当好表率，突出关键少数。"火车跑得快全靠车头带"，身体力行最当先，打铁还需自身硬，党员领导干部以身作则、率先垂范，是十八大以来全面从严治党的一条基本经验。"两学一做"学习教育虽然是面向全体党员深化党内教育的重要实践,是从"关键少数"向广大党员的拓展,但不是说与"关键少数"无关,"关键少数"的作用仍然至关重要。"教者,效也,上为之,下效之",党员领导干部走在前头、干在前头、做好表率,体现的是一种政治态度,展示的是一种进取精神,树立的是一种标杆旗帜。

3. 注重日常,突出主体责任。习总书记强调:"各级党组织履行抓好'两学一做'学习教育的主体责任,既是确保学习教育取得扎实成效的客观要求,也是各级党组织义不容辞的责任所在。"只有抓实主体责任,才能促使各级党组织把学习教育责任扛在肩上、记在心里、抓在手中,才能将学习教育压力层层贯导,延伸至基层党组织细枝末节,转化为各级党员特别是党员干部开展学习教育的思想自觉和行动自觉。

二、"两学一做"学习教育常态化制度化之支部堡垒夯实主阵地

学校党总支着眼于党支部建设,坚持重心下移、力量下沉,坚持"五个基本",努力提升党支部的战斗堡垒作用,以标准化引领规范化,把党支部建成坚强前沿部,我们的党才更加的坚韧,成为党员群众的坚强后盾。确保了各支部在贯彻执行党的决策和"两学一做"学习教育常态化制度化工作中不跑偏、不走样。

(一)基本队伍标准化。配齐配强党支部班子特别是党支部书记;注重党员发展,在源头上保证党员质量;强化党员党性教育和日常管理,结合"两学一做"学习,不断提升党员队伍综合素质。

(二)基本活动标准化。坚持"三会一课""党员活动日"、民主评议党员、党员党性分析等党内组织生活。通过参加党的组织生活,增强党员主体意识,明确参加党的组织生活的重要性,另一方面增强党员的组织归属感。并将党的组织生活制度化、常态化、规范化、民主化,为党内政治生活正常开展的重要制度保障。

(三)基本阵地标准化。党员活动室是党员过组织生活,集中学习的阵地,是党员间沟通思想增进团结的纽带和桥梁,规范和丰富"先锋讲堂"活动,健全完善管理制度,有效增强党组织的凝聚力和战斗力。

(四)基本制度标准化。以推动党组织工作规范化为着力点,明确班子队伍职责、工作流程规范、为民服务载体,推进两学一做学习教育常态化制度化,切实构建靠制度办事、按制度运行、用制度管理的良好工作格局。

(五)基本保障标准化。不能只把制度挂在墙上,要真正把经费保障、政策保障、组织保障等项机制落到实处,实现工作力量的充分保障,确保各支部正常运转,确保党的工作顺利开展。

我校结合工作实际,要求各支部坚持按照"三全""三入""三有""三度""三员"的原则,真正把学习落实到人、落实到事、落实到位。二是开展以创建"五好"(领导班子好、党员队伍好、工作机制好、工作业绩好、群众反映好)先进党支部活动。落实让每一个实验人都成为"更好的自己"。三是在做上下功夫,把践行和弘扬社会主义核心价值观融入服务学生、服务家长、服务社会的"三服务"活动,深入开展"学困帮扶工程、巩固提高工程、培优拔尖工程";开展"百名教师大家访"活动;落实"万名干部连心帮促",积极做好"驻村帮扶"工作,发挥了党支部攻坚克难、勇于担当的示范引领作用。

三、"两学一做"学习教育常态化制度化之干部表率唱响主旋律

在"两学一做"学习教育常态化制度化工作中,学校党总支要求党员干部当自觉对照党章党规党纪和系列讲话之要求,树牢争做"六种人"之理念,把"四讲四有"合格党员标尺立起来,把"忠诚干净担当"的好干部形象树起来。

(一)争做政治清醒的"明白人"。坚守党性原则、坚定政治信念、增强政治意识、站稳政治立场、严守政治纪律,做政治上的明白人,是党员干部的立身之本。坚持"四个自信",树牢"四个意识"特别是核心意识和看齐意识,要在思想上深刻认同核心,政治上坚决拥护核心,组织上自觉服从核心,行动上坚定跟随核心,切实做到在党言党、在党忧党、在党爱党、在党为党。

(二)争做廉洁奉公的"干净人"。在廉洁上做到自身正、自身净、自身硬。秉持思想道德"高线"。模范遵守社会公德、职业道德、家庭美德,严格修炼个人品德,按照忠诚干净担当的要求,始终绷紧自身建设这根弦,养成严谨的生活态度,自觉遵守社会公序良俗,追求健康向上的生活情趣,保持清廉高尚的精神追求,严守纪律规矩"底线"。始终做到心中有戒,保持对党纪国法的敬畏心,做党纪国法的忠实捍卫者。

(三)争做履职尽责的"担当人"。作为党员干部,在敢担当上,要有"等不起"的紧迫感、"慢不得"的危机感和"干成事"的责任感。始终保持开拓进取、奋发向上、创先争优、永不懈怠的精气神,既有狠劲,抓铁有痕、踏石留印;又有韧劲,不急功近利,发扬钉钉子的精神,在坚持中深化、在深化中坚持,用实际行动推动党的路线方针政策和各项决策部署落地生根见成效。

(四)争做言行一致的"老实人"。对组织忠诚一心,思想上与组织同心,行动上与组织同行,在组织面前不隐瞒自己,不信口雌黄,不阳奉阴违,不当"两面派",不做"两面人"。坚持把说真话作为一条组织原则,对组织讲真话、讲实话、讲心里

话,做到言行一致、知行合一。

（五）争做热爱群众的"贴心人"。党员干部要牢记我们党全心全意为人民服务的根本宗旨,把人民群众拥护不拥护、赞成不赞成、高兴不高兴、答应不答应、满意不满意作为衡量一切工作得失的根本标准。想问题、办事情、做决策,始终坚持人民立场这个根本立场,把人民群众的利益放在首位。心系群众,做到权为民所用、情为民所系、利为民所谋,扎扎实实为群众办好事实事,让群众有更多的"获得感"。

（六）争做热爱生活的"高尚人"。把塑造高尚人格、正派品行当成锤炼党性的题中应有之义。传承党的优良传统和作风,做社会主义核心价值观的模范践行者,做良好社会风气的引领者,为营造风清气正的社会环境做出应有贡献。

干部队伍建设进程中,我校始终坚持干部队伍要"讲正气、有才气、成大器"。正气是灵魂,正己鉴人;才气是基础,艺高服人;大器是方向,修身得道。以实际行动影响和带动全员全校,做倡导和践行社会主义核心价值观的楷模和表率。

四、"两学一做"学习教育常态化制度化之党员模范引领新风尚。

党的十八大指出:"以增强党性、提高素质为重点,加强和改进党员队伍教育管理,推动广大党员发挥先锋模范作用。"只有抓好党员队伍建设,才能更好地提升部队的凝聚力、战斗力。

当前党员队伍中存在的问题主要表现在"三个弱化":一是理想信念弱化。个别党员对自己标准不高,要求不严,人生观和价值观发生位移,艰苦奋斗、无私奉献的意识淡薄,甚至把个人利益放在首位,丧失了党员的光荣感和责任感。二是争先创优精神弱化。个别党员表现在工作得过且过,质效不高,不能时时处处发挥先锋模范作用,把自己混同于普通群众。个别党员脱离群众,在工作和生活中不能主动维护群众的利益,不能及时向党组织反映群众的意见和要求,主动为驻地群众服务的意识不强。三是组织纪律观念弱化。个别党员因循守旧,安于现状,不思进取,参加党内生活不积极、不主动,个别年轻党员甚至对于缴纳党费都产生了当党员吃亏的想法。

面对这些问题,我们共产党员首先要以"三个坚守"牢牢守住共产党人的政治灵魂。

（一）坚守共产党人的政治灵魂必须坚定理想信念。习近平总书记指出,"理想信念动摇是最危险的动摇,理想信念滑坡是最危险的滑坡"。一代又一代共产党人用历史充分证明,有了坚定的理想信念,站位就高、眼界就宽、心胸就开阔,就能坚持正确的政治方向。在新的历史条件下,我们共产党人决不能忘记"我们从哪里来,还要走到哪里去",必须始终不忘初心,坚定共产主义理想和中国特色社会主义信念,不断培植共产主义精神家园,对共产主义和社会主义做到虔诚而执着,至信而深厚,让远大理想的明灯在心中永远闪亮。

(二)坚守共产党人的政治灵魂必须坚持用习近平总书记系列重要讲话精神和治国理政新理念新思想新战略武装头脑。更加坚定自觉地在思想上政治上行动上同以习近平同志为核心的党中央保持高度一致,更加坚定自觉地与党中央对"表",以全心全意为人民服务的实际行动诠释共产党人的政治灵魂。

(三)坚守共产党人的政治灵魂必须增强"四个自信"。当今世界,中国共产党、中华人民共和国、中华民族是最有理由自信的政党、国家和民族。坚守共产党人的政治灵魂,在道路自信上,我们要坚信中国特色社会主义道路是实现社会主义现代化的必由之路,是创造人民美好生活的必由之路。在理论自信上,我们要坚信中国特色社会主义理论体系是指导党和人民沿着中国特色社会主义道路实现中华民族伟大复兴的正确理论,是立于时代前沿、与时俱进的科学理论,永远用不断丰富和发展的当代中国的马克思主义指导我们不断前行。在制度自信上,我们要坚信中国特色社会主义制度是当代中国发展进步的根本制度保障,是具有鲜明中国特色、明显制度优势、强大自我完善能力的先进制度,始终坚持把党的基本路线作为国家的生命线、人民的幸福线,奋力实现"两个一百年"奋斗目标。在文化自信上,我们要坚信当代中国文化是积淀着中华民族最深层的精神追求,代表着中华民族独特的精神标识,大力弘扬社会主义核心价值观,弘扬以爱国主义为核心的民族精神和以改革创新为核心的时代精神,不断凝聚实现中华民族伟大复兴的磅礴力量。

第三篇章　阔步前行

同志们,"两学一做"学习教育常态化制度化工作基础在学,关键在做。我们要按照上级党委党组的要求,深刻领会精髓,切实落实行动,真正做到学做结合,以学促做,有力助推学校党建工作迈上新台阶,做出更好更具特色的成果! 近年来,学校党总支带领全校教职员工,重点依托"五个一"特色工程,深入开展社会主义核心价值观"五融入"实践活动,走出了"基层工作加强年"新途径,得到了国家、省市各级领导的充分肯定。

2017年4月16日,中宣部副部长鲁炜同志率调研组一行5人赴安顺市调研"基层工作加强年"和社会主义核心价值观建设等工作。鲁炜副部长指出,安顺市实验学校有悠久的历史,把社会主义核心价值观融入了幼儿园、小学、中学的教育教学全过程、学生成长全过程、师德师风建设全过程,非常有特色,是一所好学校,体现了贵州特色;给学生传授中华优秀传统文化的老师是"最美安顺人",这本身就是一个活生生的核心价值观典型引领,本身就很有感染力,非常好;学校对民族文化的传承很重视,孩子非常热爱布依、屯堡等本地民族文化,这就是践行核心价值观的很好体现。

2017年6月21日至6月22日,全省"基层工作加强年"现场推进会在安顺市召开。省委常委、省委宣传部部长慕德贵在讲话中指出,安顺市实验学校把社会主义核心价值观进校园做到了极致,把打牢基层工作基础的重要任务从小孩在学校念书的过程中就潜移默化,循循善诱,自然而然融入了学生的心里,非常好,基层基础工作很扎实。学校以"四个融入""五个一"凝魂聚神,积极推动屯堡地戏进校园,以老师带队伍,学生自愿报名,长期坚持,推陈出新,而且跟地域历史文化传承紧密地结合在一起,口口相传,手手相传,一代一代相传,是一种很好的传承方式。

同志们,领导们的点赞是对我们的鼓励,更是对我们下一步工作的鞭策。党的建设永远在路上,"两学一做"学习教育常态化制度化没有休止符。正如鲁炜副部长所说:我们要坐得住凳子,守得住寂寞,滴水穿石,久久为功。我们要牢记共产党员的初心,就是党旗下的铮铮誓言,就是融入血脉的全心全意为人民服务的不变宗旨。在革命、建设和改革等各个时期,正是一批批共产党员恪守初心、接续奋斗,我们才迎来今天国家和民族伟大复兴的光明前景,这一接力棒,也将在我们手中传承传递下去,我们将不忘初心,继续前行,以优异的成绩,迎接党的十九大胜利召开。

文章发表在《安顺社科论坛》2005.01 期

落实科学发展观、实施教育均衡发展战略

安顺市教育局副局长　李锦鸣

　　党的十六大把"社会更加和谐"作为全面建设小康社会的目标之一提出来。党的十六届四中全会提出了构建社会主义和谐社会,使我国的社会主义现代化建设的总体布局由发展社会主义市场经济、社会主义民主政治和社会主义先进文化三位一体,扩展为包括社会主义和谐社会的内容,实现了四位一体的飞跃。这在我们党的历史上还是第一次,这一重要论断是对马克思主义理论的重要丰富和发展。

　　中央经济工作会议明确提出要以科学发展观统领经济社会发展全局。科学的发展观是全面建设小康社会和推进社会主义现代化建设始终要坚持的指导思想,构建和谐社会是全面建设小康社会的重要内容,在构建社会主义和谐社会的进程中必须认真贯彻全面落实科学发展观。因为,加快经济发展是科学发展观的重要内容,也是构建社会主义和谐社会的物质基础;以人为本是科学发展观的本质规定,也是构建社会主义和谐社会的内在要求;全面协调、可持续发展是科学发展观的基本主线,也是构建社会主义和谐社会的核心内涵。

　　当前,我国的改革与发展处于关键时期。改革在广度上已涉及经济、政治、文化等所有领域,在深度上已触及人们具体的经济利益。发展方面已由单纯追求GDP 上升到人文 GDP、绿色 GDP、环保 GDP,实现人口、资源、环境统筹协调发展。经验表明,当一个国家的 GDP 进入 1000 美元到 3000 美元的时候,就会进入矛盾凸显期,必须化解各类矛盾,构建社会主义和谐社会,形成合力,实现我国经济与社会的全面协调、可持续发展。

　　我市的教育在各级党政的领导、广大教职工的积极努力,全社会的重视下取得了丰硕的成果,小学入学率已达 98.7%,初中入学率已达 90.25%。全市共有 5个县(区)通过省政府"两基"评估验收,"普九"人口覆盖率已由 2003 年的

60.03%上升到86.87%。各级各类增长率都获得了较大的发展。由于历史的经济和社会发展的不平衡性因素,我市不同的地区农村群众与城市居民之间,学校与学校之间,群体与群体之间,在基础教育资源的配置上存在失衡现象。教育均衡发展引起社会的高度重视,广泛关注,教育均衡发展既是目前我市教育现实问题的反映,也是人们对教育未来发展美好远景,如何合理配置教育资源,实现我市基础教育均衡发展面临的重大现实问题。

教育是基础性工程。要建立和谐富裕、文明秀美的新安顺,改变贫困落后的面貌,必须落实科学的发展观,必须加快教育改革步伐,促进我市教育的均衡发展。

为此,第一,必须把牢固树立为人民服务,让人民满意的教育的宗旨作为我市教育工作落实科学发展观的本质要求。用科学的发展观统领全局,把"科教兴安"战略和"人才强市"战略摆在更加突出的地位,构建我市比较完善的现代国民教育体系和终身教育体系,坚持以人为本,促进人的全面发展。第二,必须把育人为本,作为我市教育工作贯彻科学发展观的根本任务。第三,必须把人才强教,作为我市落实科学发展观的根本要求。统筹我市各级各类教育协调发展,统筹我市教育的规模、质量、教育协调发展,统筹我市城乡教育和区域教育,统筹我市教育的改革、发展和稳定。第四,必须将"两基"作为教育工作落实科学发展观的重中之重,实施好各类教育工程。要加大经费的筹措,确保教育经费"三个增长",确保税改中央转移支付用于教育部分不低于50%和各类教育专款专用,注重解决贫困地区经费不足问题。此外,还要积极推进课程改革,更新教育观念;要积极发展民办教育,形成多元办学的格局;要加强对薄弱学校的建设,大力扶持弱势群体,高度关注农村教育、民族教育、特殊教育、女童教育;合理配置教师资源,加大教师培训力度,提高教师整体素质,促进教育资源的相对均等。

教育的均衡发展是我市教育领域科学观发展的重要内涵,是我市教育全面实施素质教育的必然要求,是我市全面建设和谐社会,惠及人民群众的一项战略任务。要满足人民群众对优质教育资源的强烈需求,真正实现"为人民服务"这一根本宗旨,将沉重的人口负担转化为丰富的人力资源优势,建设繁荣、文明、富裕的新安顺必须落实科学的发展观,实现教育均衡发展战略。

文章发表在《安顺社科论坛》2003.01 期

认真贯彻十六大精神
开创我市教育工作新局面

安顺市教育局副局长　李锦鸣

江泽民同志在十六大上所作的报告,给教育定位、定向、定责,并指明了教育改革的方向。本文结合安顺实际,对如何贯彻十六大精神,开创我市教育工作新局面试作探讨。

一、十六大报告给教育的定位、定向、定责,并指明了教育改革的方向

第一,给教育"定位"

报告明确地提出"教育是发展科学技术和培养人才的基础,在现代化建设中具有先导性、全局性作用,必须摆在优先发展的战略地位",充分说明了教育在全面建设小康社会中的地位,必须摆在重要的战略地位,优先发展。

第二,给教育"定向"

报告明确提出了"全面贯彻党的教育方针,坚持为社会主义现代化建设服务,为人民服务","形成比较完善的现代国民教育体系,人民享有接受良好的教育机会,基本普及高中阶段教育,消除文盲,形成全民学习,终身学习的学习型社会"、指明了教育的性质和办学的方向。

第三,给教育"定责"

报告明确提出了"培养德、智、体、美全面发展的社会主义建设者和接班人","造就数以亿计的高素质的劳动者,数以千万计的专门人才和一大批拔尖创新人才",指明了教育为全面建设小康社会、实现第三步走战略目标和中华民族的伟大复兴,提供有力的人才支持和智力贡献的历史重任。

第四,指明了教育改革的方向

报告指明了教育的改革方向,即"坚持教育创新、深化教育改革,优化教育结构、合理配置教育资源,提高教育质量和管理水平,全面推进素质教育"。

二、我市教育的现状

截止 2002 年:我市幼儿教育有幼儿园 72 所,学前班 790 个,在园(班)幼儿 41093 人,入园(班)率 41.03%。特殊教育有特殊教育学校 2 所,特教班 18 个,在校生 690 人,三残儿童入学率 78%。小学教育有小学 1070 所,教学点 399 个,在校生 344895 人,7—12 周岁适龄儿童 301286 人,入学率为 99.05%,辍学率在 1.88% 以内。初中教育有独立初中 71 所,九年制学校 32 所,在校生 108444 人。13—15 周岁适龄少年儿童 137980 人,入学率为 78.58%,辍学率在 2.1%。普通高中教育有独立高中 9 所,完中 15 所,在校生 18511 人。职业教育有职高 10 所,在校生 968 人,职业初中 3 所,在校生 290 人。高等教育有师专 1 所,在校生 8000 人,高等职院 1 所,在校生 1918 人,电大分校 1 所,在校生 1900 人,职工大学 2 所,在校生 1970 人。社会力量办学其有 12 所学校,其中高级中学 5 所在校学生 1130 人,初中 6 所,在校学生 1102 人,职业中学 1 所在校学生 268 人。

全市约有教职 22000 人,专任教师 20002 人,其中幼教教师 534 人,特教专任教师 31 人,小学专任教师 12514 人,初中专任教师 5003 人,高中专任教师 1073 人,职业初中专任教师 151 人,职业高中专任教师 152 人,中师专任教师 71 人,高职专任教师 233 人,师专专任教师 240 人。小学专任教师学历合格率为 91.47%,初中专任教师学历合格率为 90.94%,高中专任教师学历合格率为 78.21%,职高专任教师学历合格率为 52.92%。

全市教师与学生比例分别为:小学 1∶27.56,初中 1∶21.6,高中 1∶17.25。全市学校校均规模为:小学 322 人,初中 1050 人,高中 771;平均班额:小学 37.48,初中 59 人,高中 35.46 人。

全市 6 个县(区)已有 73 个乡、镇通过"两基"验收占 87 个乡镇的 83%,"普九"人口覆盖率为 90%。全市非文盲率为 97.5%。由上可见,我市教育工作这些年来已取得了巨大的成绩,但是,在知识经济时代的今天,在中国已加入 WTO 后的今天,要使教育在全面建设小康社会中发挥应有的作用,必须加快我市教育事业的发展。

三、加快我市教育发展的对策思考

(一)制定科学的指导思想。我市教育发展的指导思想,即坚持邓小平同志"三个面向"和江泽民同志的"三个代表"的重要思想,贯彻党的教育方针,解放思想,实事求是,与时俱进,开拓创新,以转变观念为先导,以加快发展为主题,以结构调整为主线,以教育创新为动力,以全面推进素质教育、提高管理水平和提高教育质量、办学效益为目标,充分满足人民群众对教育的需求,实现我市教育超常规、跨越式的发展,为我市全面建设小康社会培养大批高素质的劳动者、建设人才。

(二)明确教育发展观念和思路。要"树立抓教育就是抓潜力,抓发展,抓未来;就是抓物质文明和精神文明的观念"。树立"先城市,后乡镇;先经济文化基础好的地区,后经济文化基础差的地区;先人口较多的地区,后人口较少的地区。分类指导,分区规划,按规划推进"的教育发展观念和思路。

(三)建立以政府投入为主,多渠道筹措资金的教育投入体系。1、抓住西部大开发前十年要取得突破性进展的机遇,确保中央、省的专款投入到位,加大市、县、乡三级财政的投入,确保教育经费的"三个增长"。2、调整教育结构,优化资源配置,充分挖掘幼儿教育,高中阶段教育的潜力,提高办学质量和办学效益。3、充分利用好高中贴息贷款,高中、幼儿后勤建设贷款和信息技术教育贷款。4、抓好农村税改教育资金的落实、非义务教育有关政策的落实和"民办教育促进法"的落实。5、通过捐资、集资及各类教育扶贫工程、各类教育捐资项目等筹集经费。

(四)打好"两基"攻坚战。我市必须统一思想,举全市之力打好"两基"攻坚战,要充分认识"两基"攻坚的艰巨性,消除如已验收"两基"的乡(镇)存在的迁移性的教育"退位"和经济压力大的乡(镇)出现的挤压性的教育"让位"。"两基"已验收的县和乡(镇)要认识到"两基"的结果是动态的,目标是长期的,工作是艰巨的,必须坚持"两基"的工作力度不减,资金投入不少,机构不撤,人员不散,"重中之重"的地位不动摇。全市的"两基"攻坚任务要列入各级党政的"一把手"工程和目标责任考核中,使我们各级领导言必谈"两基",行必抓"两基",看必观"两基",把"两基"工作做为乡镇的"名片"来打造,把"两基"办成各县(区)的亮丽工程。

(五)加快幼儿教育和高中教育的建设步伐。要实行"地方负责,分级管理,有关部门分工负责"的幼儿教育管理体制,逐步建立以社区为依托,政府领导统筹,教育部门主管,各有关部门协调配合,社区内各类幼儿教育机构和家长共同参与管理的机制,促进幼儿教育的发展。为此一是要积极鼓励公办幼儿园及乡镇农村中心园,要充分利用学前教育属非义务教育的机制,通过银行贷款、自筹资金、吸纳社会资金等方式改善办园条件,扩大办园规模;二是要积极鼓励社会团体和个人捐资助学及兴办幼儿园;三是要建立以政府投入为主,幼儿家长分担的学前教育投入机制,并争取财政、物价部门支持,结合当地实际,制定合理的各类幼儿园收费标准,加快幼儿园建设步伐。四是要在城市和经济发达的乡(镇),建立一批上规模上档次的幼儿园,充分发挥示范辐射作用。五是在办好示范园和、农村中心园的基础上,要充分利用社会的一切教育资源,广泛动员并组织协调社会各方面力量发展幼儿教育。

高中教育的发展要坚持"积极进取,实事求是,分区规划,分类指导"的原则,必须坚持规模扩大和质量提高并重,要通过推行课程改革,加强师资队伍建设,发挥示范性高中的示范和辐射作用,加强指导和评估等方面提高高中的办学水平和教育质量。发展高中教育要注意以下几方面:一是思路要创新,要走以扩大优质高中教育资源为主,有效整合和盘活各种教育资源的路子;二是机制要灵活,在坚持政府办学为主的前提下,积极鼓励和引导社会力量参与发展高中;三是体制要创新,把优质高中的扩建改建同深化基础教育办学体制改革和中小学布局结构调整结合起来,逐步做到高、初中分离;四是教育要创新,按照素质教育的要求,加快高中课程改革,改进教学方式,充分发挥学生的自主性、能动性和创造性,为学生全面而富有个性的发展创造有利的条件,进一步提高教学质量。

(六)加强校长队伍和教师队伍的建设,提高管理水平和教育水平。大力推行"校长负责制,教师聘任制、岗位责任制和教育教学目标管理",加强校长教师队伍的建设。加强校长队伍的培养培训工作,坚持校长持证上岗制度,提高校长队伍整体素质,使我们的校长能"跳出课堂看教学,跳出学校看教育",善于"用师德规范人,用真情感染人,用制度约束人,用文化凝聚人",用自己高尚的人格力量去影响班子、影响师生;用良好的工作作风去带动校风、教风、学风。

教育大计教师为本,必须建设一支富有创新能力的高素质教师队伍。要以事业单位人事制度改革为契机,大力推行面向社会认定教师资格制度,严把教师入口关,大力开展中小学教师继续教育工作,加强名优教师、学科带头人、教学能手、教坛新秀的培养工作。要加强教师职业道德教育工作,使我们广大教师教书育人,为人师表,成为无愧于党和人民的人类灵魂工程师。

总之,十六大的报告,为我们的教育指明了前进的方向,我们必须树立改革意识,用新的措施办法来处理教育发展中遇到的新情况、新问题,开创我市教育工作的新局面。

文章发表在《安顺社科论坛》2005.04期

全面落实科学发展观
走教育创新之路

安顺市教育局副局长　李锦鸣

江泽民说:"创新是一个民族进步的灵魂,是一个国家兴旺发达的不竭动力","一个没有创新能力的民族,难以屹立于世界民族之林"。

人类社会已进入一个新的世纪,以信息技术为标志的科技进步日新月异,综合国力和国际竞争日趋激烈,使得教育已不能适应未来经济社会飞速发展的需要,教育面临着危机与挑战,同时也面临着改革的机遇。未来学家奈斯比特在《大趋势》一书中指出:"处于伟大变革时代,我们最需要创造力和创造精神"。

提高民族素质、培养创新精神和创新能力,关键在于教育。教育是一个民族进步和发展的基础,是提高民族素质和创新能力的根本途径。

我们党实施科教兴国战略关键是转变教育思想,根本是培养全面发展的合格人才,核心是提高教师素质,着力点是不断推进教育创新。但由于教育的特殊重要性和教育成果的相对滞后性,导致教育事业本应处于战略地位,但都面临着普遍落后又相对困难的现实;由于教育极具规律性和教育评价的复杂性,导致了虽然人人都要讲遵循教育规律,但违背教育规律的现象却普遍存在;由于教育法规的严肃性和教育执法的随意性造成虽然教育法规正逐步完善,但现实中有法不依、执法不严的现象却十分严重。

我市教育事业要实现历史性的跨越式发展,要走教育创新之路,必须树立观念创新,是发展的灵魂;体制创新,是发展的根本;队伍创新,是发展的关键;教学创新,是发展的核心的观念。

一、教育观念创新——发展的灵魂

教育创新,究其根本首先是教育观念要创新,正如江泽民同志所指出的:"必须转变那种妨碍学生创新精神和创新能力发展的教育观念,教育模式,特别是由教师单向灌输知识,以考试分数作为衡量教育成果的唯一标准,以及过于呆板的教育教学制度"。

长期以来学校教育的主要特点是,重视书本知识学习,轻视实践能力培养;重视求同一致,而轻视求异创新;重视统一要求而轻视个性发展。总想用一种统一的模式去塑造千差万别的学生,所培养出来的学生,不善于独立思考,缺乏分析问题和解决问题的能力。

随着社会的发展,课改的推进、素质教育的实施,必须在教育观念上创新。必须树立科学的教育观、质量观、学生观和人才观,牢固树立教育为现代化建设服务,为人民服务的观念,确立"以人为本,以学生为本"的观念,一切为学生奠定终身发展的基础,一切为国家和民族的未来培养和发展人才。要树立今天的教育就是明天的经济的大教育观,把教育与服务经济紧密结合起来,形成"发展教育——振兴经济——促进教育发展"的良性循环,推动教育适应全市经济社会发展的需求,服务于全市经济社会发展的整体布局。

二、教育体制创新——发展的根本

教育体制创新是整个教育创新中的关键性环节。要继续深化教育体制改革,进一步转变教育的职能和模式,增强学校依法自主办学的能力。努力构建学校教育、行业(企业)教育、社会(社区)教育和网络教育相互沟通与衔接的适应终身学习需要的现代教育体系。

第一,要深化教育管理体制改革,完善农村义务教育"以县为主"的管理体制,明确各级人民政府的责任;把教育纳入各级政府经济社会发展规划,确保教育经费的"三个增长";按省政府73号令落实税费改革中央转移支付中用于农村义务教育经费不低于50%的比例的规定,逐步建立规范化的农村义务教育转移支付制度;坚持按"一保二控三监管"的要求,做好"保工资、保安全、保运转"工作,促进我市农村教育的健康发展。

第二,要深化办学体制的改革,积极宣传贯彻落实《民办教育促进法》,按照"积极鼓励、大力支持、正确引导,依法管理"的方针,积极鼓励社会团体,企事业单位,个人等兴资办学,捐资办学。要优化资源配置,吸纳社会资金、采取公办与民办结合,发展品牌效应等措施扩大优质教育资源,建立起以公办学校为主,公办学校与民办学校共同发展的办学体制。

第三,创新职业教育体制。按照《国务院关于大力推进职业教育改革与发展的决定》的要求。强化市级政府统筹,落实行业、企业发展职业教育的责任。严格执行就业资格准入制度和职业资格证书制度。适应加快我市经济结构的战略性调整和推进工业化的要求,优化学科、专业结构,创新人才培养模式,推动职业教育结构调整,加强骨干示范性学校和专业建设,面向我市经济发展培养急需建设人才。

第四,要深化教育系统人事制度改革,坚持以人为本,尊重劳动、尊重知识、尊重人才、尊重创造,全面推进以校长负责制为重点,教职工聘用(聘任)制和校内结构工资制改革为重要内容的教育系统事业单位人事制度改革,进一步完善管理体制,转换运行机制,改变长期以来中小学用人制度中存在的教师职务终身制,人员单位所有制的状况,形成优胜劣汰,鼓励优秀人才脱颖而出的激励机制,激发教职工的积极性和创造性,逐步建立起与社会主义市场经济体制相适应的用人机制,提高教育质量和管理水平。

三、教育队伍创新——发展的关键

要切实加强校长队伍的建设。我市各级各类学校的校长是学校的灵魂和旗手,是教育改革的"领头雁",是教师成长的引路人,是教育创新的探索者。校长的办学理念是管理灵魂、立校之本。为此,要努力提高我市校长队伍的素养,使他们具有独特的视角,能跳出课堂看教学,跳出学校看教育,善于用"师德规范人,用真情感染人,用制度约束人,用文化凝聚人",用自己的人格力量去影响班子成员、教职员工和学生,用良好的工作作风去带动校风、教风、学风,使他们成为师德的表率、教学的能手、育人的楷模、管理的专家。能以教育发展为第一要务,创一流学校、育合格人才,要加强教育行政干部队伍建设,使之具有正确的教育观念,较高的理论素养,不断进取的精神和科学决策、组织管理的才能,真正树立"服务育人"的思想。

要加强教师队伍建设。教师是教育创新的主力军和重要实践者,教师素质决定了教育素质。提升教育的品质关键在于提高教师素质。一是要加强师德建设,在中小学教师中广泛开展"立师德、铸师魂、树师表"活动,树立"志存高远、爱国敬业;为人师表、教书育人;严谨笃实、与时俱进"的教师形象,不断强化人格的感召力,师表的说服力和形象的吸引力。二是要加强学习,要联系教育改革和发展的实际,结合新课程改革和推进素质教育的需要,把中小学教师继续教育工作引向深入,不仅在学历上达标,更重要的是在学精吃透上下功夫,在学以致用上做文章。三是要深化课程教学改革,认真练就熟练的教学技能,娴熟的课堂驾驶能力,提高自身的综合素质,争做课程改革的先行者和学生发展的促进者,并与学生共同发展。

总之,要实现我市教育可持续发展,要努力建设一支想干事业,干成事业的"专家型"校长队伍;建设一支师德高尚、业务精良、爱岗敬业的"事业型"教师队伍;建设一支业务精、善指导、师生服的"研究型"教研队伍;建设一支懂业务、善协调、会管理的"开拓型"教育行政队伍。

四、教学内容创新——发展的核心

（一）德育创新

一是要创新德育观念。"致天下之治者在人才,成天下之才者在教化,教化之所本者在学校,学校之所本者在育人",在人的素质中,德育居于核心地位,常言道:"智育不好是次品,身体不好是废品,心理不健康是易碎品,德育不好是危险品",为此,必须创新德育观念,坚持"以德治校,育人为本;以德修身,育心为美;以德服人,育魂为先"。

二是机制创新。首先要建立健全德育工作组织机构,建立德育工作目标责任制,构建一支高素质的德育工作队伍,创建德育工作评估和激励制度。努力实现德育工作规范化,德育内容系统化,德育活动系列化,德育考评制度化,德育方法科学化,德育途径多样化。

三是内容创新。德育工作要按照邓小平的"三个面向"和培育"四有"新人的要求,紧密结合时代特征和学校、学生实际创新德育教育的内容,寓德育于各种教学活动之中,于丰富多彩的活动之中,于校园文化之中。要坚持以理想信念教育为核心,以爱国主义教育为重点,以基本道德规范为基础,从增强爱国情感,确立远大志向、规范行为习惯,提高基本素质入手、帮助学生逐步树立正确的世界观、人生观、价值观。四是载体创新。要积极营造育人的优良环境和氛围。首先要营造高品位的文化氛围,使学生在氛围中灵魂得到净化,人格得到升华,自我得到完善。其次,利用各类资源创设德育载体,要构建学校、家庭、社会三位一体的教育网络。要加强社区德育文化资源的统筹,充分利用、拓展和开发社区现有德育教育资源,积极发挥关工委在德育工作的作用。

（二）创新教学体系

第一,教育课程要创新。实施素质教育,教学是主渠道,课堂是主阵地,课程是重要载体。为此,课程的管理要从行政性管理向研究性管理转变,要重视课程资源的开发。要改革单一的基础性课程模式,建立基础性课程、拓展性课程、研究性课程并重的课程模式。

第二，教育方法要创新。要改变应试教育的课堂教学模式，课堂教学要由学科本位转向人的发展本位，课堂教学的主要内容是师生互动，学生的自主学习，学生思考的过程体验、情感体验与创新探究。要强化教育目标的全面性，教学过程的开放性，教学内容的综合性，教学手段的信息性。强化理论联系实际的教学方法，把课堂变成培养学生创新精神和实践能力的重要阵地。

第三，教育科研要创新。要树立"科研兴教"的观念。要抓好科研工作的整体规划，重点抓好课题研究规划，进一步完善全市教育科研工作发展规划，形成一批具有一定前瞻性和全局性符合实际的"拳头"课题和精品课题成果；要建立完整的课题申报、论证、评审、鉴定等科研管理制度；要加强教研机构与队伍的建设，构建市、县(区)、校三级的教研网络，大力培养学科带头人、学术带头人和教学带头人；要建立重点课题研究机制，形成教、科、研的合力，在课题管理上形成普、职、成、高等科研相互联系、相互促进、相互协调的机制，并高度重视研究成果的实际指导意义。

(三)要建立科学公正的评价体系

树立把"学生对老师的教学满不满意，家长对学校的管理满不满意、社会对学校的教育质量满不满意"作为评价标准的观念。建立多元化的发展性评估标准。在评价考核的方式上，

改变单一的定性评价的方式，评价手段多样化，评价主题要多元化。形成定量考核与定性考核相结合，平时考核与期终考核相结合，自我评价与他人评价、社会评价相结合的评价体制。

总之，创新是以蛹化蝶式的"蜕变"，是凤凰投火式的"涅磐"，只有不断的改革创新，才有新的生命，正如教育家所说："教育是事业，事业的意义在于奉献；教育是科学，科学的价值在于求真；教育是艺术，艺术的生命在于创新"。我市的教育工作要全面落实科学的发展观，实现历史性的跨越，必须走教育创新之路。

02

笃学篇

文章发表在《贵州教育》2014.05 期

教育梦，中国梦

安顺市实验学校　李锦鸣

2012 年 11 月 29 日，中共中央总书记习近平带领新一届中央领导集体参观中国国家博物馆"复兴之路"展览，回顾近代以来中国人民为实现民族复兴走过的历史进程。在讲话中，习总书记特别阐述了他对中国梦的理解。习总书记这番讲话引发各界的热评和思考。什么是中国梦？我们如何才能实现中国梦？作为教育工作者，如何为实现中国梦？

中国梦，从广义上来说，是中华民族的伟大复兴之梦。从狭义上来说，中国梦又是由千千万万个国人的梦想立体组合而成。作为一个教育工作者，要有做大教育的宏伟蓝图，有做真教育的无限热情，有做新教育的坚定信念，真正把教育当作一种信仰，用教育梦助推中国梦。

一、校园文化是学校实现中国梦的引领

校园文化是学校积淀的物质和精神财富，是显性文化，隐性文化的统一体，是学校持续发展的脉搏，是学校实现中国梦引领。校园文化不是简单地张贴几幅名言，种植几株大树，而是校园物质文化、精神文化、活动文化的集中体现。

1. 物质文化夯实静态人文校园。在校园文化建设中，物质文化是重要的基础，是精神文化的一种体现。学校可以通过实施一系列环境美化和改造工程把学校真正打造成学生求知的花园和学园，成为学生梦想的乐园和家园。在校园环境建设方面，安顺市实验学校坚持"品位高、创意新、时代性强"的原则，重视校园人文景观建设，形成"十园一苑一花圃、一亭二廊一池石、四树两花一竹林、一馆六室二站台、二屏二报三橱窗、奇石浮雕动感地"的校园特色。校园的每一块墙面和每一个角落的充分利用，赋予了校园一花一草，一砖一瓦丰富的文化内涵，使之成为传播教育思想的得力助手。在硬件建设方面，学校更加重视教育性、知识性和趣味性的有机结合,将教室、办公室、功能室、运动场等场所进行了统一规划,使其布局更加合理,布置更加温馨,特色更加鲜明,功能更加完善。实践证明,学校人文景观和自然景观的合理搭配,形成了充满生机和活力的校园环境,满足了全校师生、员工的工作、学习和生活需要,成为校园文化的一道亮丽风景。

2. 精神文化引领生态人文建设。精神文化是一种持续的教育力量,是学校科学发展的内在动力。我们要通过观察、挖掘、提炼学校的精气神,使之成为学校的一种思想自觉和行为自觉,并用以指导学校的办学行为和办学态度。实验学校在长期的教育教学实践中,总结、提炼出具有实验特色的校园精神,让师生形成良好的价值取向、行为方式和学习工作态度。确立了"为学生一生着想,为祖国明天奠基"办学理念和"不止领先,追求卓越"学校精神,重新修改和完善了"一训三风",形成了"明德、笃学、崇实"的校训(明德:明晰品德、注重道德、弘扬师德;笃学:专心好学、笃信好学、学而不厌;崇实:崇尚实际、崇尚实效、崇尚文化);形成了"求真、求实、求新"的校风(求真:追求真理的热情、探索真理的才能、捍卫真理的勇气;求实:实验精神、实践能力、实事求是;求新:创新精神、创新意识、创新能力);形成了"爱生、爱岗、爱校"的教风(爱生:热爱学生、关心学生、爱护学生;爱岗:热爱教育事业、挚爱工作岗位、拥有奉献精神;爱校:热爱学校、关心学校、维护学校)和"勤学、善学、乐学"的学风(勤学:勤于学习、好学不倦、学以致用;善学:善于学习、善于思考、主动探究;乐学:乐于学习、愉悦学习、轻负高效学习)。提出了"管理强校、质量立校、人才兴校、文化铸校、安全稳校、和谐荣校"的工作思路和"办学办校理念高层次、学校管理高水平、教师队伍高素质、学校文化高品位、学校成绩高质量"的具体要求,达到"全市示范引领,贵州一流,全国知名"的办学目标。校园文化融入在学校的一草一木、一楼一瓦中。班级名片、校园广播传递文化信息;人文精神、育人理念打造文化特色;教师面貌、学生风貌昭示文化力量;特色活动、自主活动打造动文化风景。文化成为学校发展的生命线和中轴线。因此,在下一步的工作中,我们还将要把这些精神文化用同学们喜闻乐见的形式表现出来,开发出自己的校本教材,让富有蓬勃朝气和昂扬锐气的正能量走进学校、走进课堂、走进师生的心中。

3. 廉政文化扫清行业不正之风。廉政文化是学校办学的准绳,是办大教育的前提和基础。要真正实现教育梦、中国梦,我们要就要坚定不移地按照中央八条规定和贵州省出台的十条规定,坚决制止不切实际的"浮夸风",不钻业务"空谈风";彻底改变固步自封的自满思想,消极怠工的畏难情绪,拖沓懒散的不良习惯。在教师队伍中逐步开展"三比三创"活动,掀起"比奉献、比贡献、比成绩","创先进、创业绩、创品牌"的热潮;抓文化建设,以"强化校园精神文化建设,强化校园物质文化建设,强化校园活动文化建设"为突破口,提炼学校内在精神,提升学校文化品质,整体提升全校师生的情操素养,从教育教学工作的方方面面切实实现内涵发展。特色发展要结合学校实际,注重特色理念指方向,特色育人谋发展,特色教学提质量,特色文化结硕果。形成"求实、求新、求变"的教育风尚,以改革创新的思想推动学校跨越发展,以不断超越的理念引领学校争创一流。

二、质量一流是学校实现中国梦的核心

质量是学校各项教育教学工作的根本,抓有内涵、有特色的素质教育质量是我校不懈追求的奋斗目标。学校不仅要抓质量而且要抓出高质量;不仅要培养中国特色社会主义事业的建设者和接班人,而且还要我们的学生——未来的建设者和接班人快乐学习,健康成长。我校在教育教学工作中注重培育德行,立德树人,始终坚持奉行先成人、后成才、再成功的育人思想。学校根据本校幼儿园、小学、初中三个不同学段为一体的特色教学结构,充分整合资源,努力探索幼小衔接、小初衔接的科学化、循序渐进式教学模式,建立幼儿园、小学、初中呈螺旋式上升的教学体系,帮助学生在有前瞻性、规划性的教学模式引领下快乐学习,健康成长。

1. 把提高学生的综合素质摆在教学工作的重要位置。要坚持以学生为本,解决好培养什么人这个核心问题;要坚持以教师为本,解决好怎样培养人这一重大问题。对学生,要加强理想信念教育、道德教育和法制教育,引导学生树立崇高理想和远大志向,培养良好品质,增强社会责任感,从小打牢思想道德基础;把培养学生的能力放在更加突出的位置来抓,着力提高学生的学习能力、思维能力、实践能力、创新能力;充分发挥学生的主动性,尊重教育规律和学生身心发展规律,真正使学生成为教育工作的主体,切实减轻学生过重的课业负担和学习压力,让学生有更多的时间去思考、去锻炼、去了解社会,为多样化、个性化、创新型人才的成长提供良好的环境和机制。我们要把素质教育摆在教育工作的重中之重,多思考、多实践、多学习、多总结,不断创新学前教育模式、夯实基础教育基础、提高高中阶段教育成果。要认真贯彻教育部关于素质教育的有关要求,以落实"三个全面"(即全面建设合格学校、全面落实课程标准、全面培育合格学生)和"三个还给"(把时间还给学生、把健康还给学生、把能力还给学生)为中心,加大工作力度,全面提升学生综合素质。要以规范管理为立足点,提高新课程实施水平。学校要遵循课程方案要求,严格按照国家课程方案开齐课程,开足课时;要开展形式多样的教研活动,强化教学常规的全程管理;要扎实推进课堂教学改革,提高课堂效

率,增强学生学习的积极性和主动性。

2. 大力加强师资建设,不断提升教育质量。科技的发展,社会的进步,全球一体化的进程对新世纪的教育提出了更高的要求。影响教育质量的因素有很多,在众多因素当中,教师的思想观念和专业水平至关重要,它从根本上影响着教育发展方向和教育质量,决定着教育发展的前途。因此,我们在教育发展中不能忽视对教师的继续教育,要努力造就一批教育名师和学科带头人,造就一支师德高尚、业务精湛、结构合理、充满活力的高素质专业化教师队伍;要不断完善教师激励保障机制,改善教师待遇,维护教师权益,落实和完善教师社会保障政策,为教师解决后顾之忧,充分调动和发挥教师的主动性积极性创造性;要大力宣传教育战线上的先进事迹,进一步提高教师地位,让尊师重教蔚然成风,让教师成为最受人尊敬、最值得羡慕的崇高职业。"十二五"期间,我们要继续实施中小学教师继续教育工程,通过组织中小学教师全员岗位培训和专项培训、学历提高培训等方式不断提高广大教师教育教学能力和水平。尤其是要创造条件,选派一些政治素质高、业务能力强的骨干教师参加国家级的专业培训,努力建设一支师德高尚、业务精湛、结构合理、充满活力的高素质、专业化教师队伍。

3. 大力推进改革创新,不断增强发展活力。钱学森之问的实质就是需要教育内部深化改革,不断更新、转变教育观念,创新教育模式,改进教学方法,特别是在办学体制、管理模式等方面深化改革。如果说教育的核心任务是育人,具体的两项重点工作是促进公平和提高质量,保障这一目标的实现要靠优先发展、改革创新。要培育什么样的人,具备怎样的道德风范和专业素养,这是教育工作者首先要考虑的问题。安顺市实验学校在进行教育改革的进程中实施了许多有效举措,但教育改革的力度和强度还需要不断加强。教育工作者尤其要以省委、省政府提出的"十破十立"开展思想解放大讨论活动。我们要解放思想,破除不利于教育发展的体制机制,做到只要有利于教育事业发展,有利于满足人民群众教育需求,都应该鼓励探索、鼓励试验、鼓励创新,充分激发推进教育改革发展的动力和活力。要加大教育交流和学习力度,不断拓宽学习渠道,创新学习成果,积极引进先进的教育理念、教育经验和优质教育资源,提高学校教育发展水平。

三、特色创建是学校实现中国梦的追求

《中国教育改革和发展纲要》明确指出:"中小学要由应试教育转向全面提高国民素质的轨道,各自办出特色。"而许多学校都在特色上做文章。但这里所说的特色创建不仅简单的模仿和炮制,而是结合学校实际、体现学校内涵、促进学校发

展的长效体制机制。特色创建是学校实现中国梦的追求。

开展特色教学,让教育质量成为学校的立校之本。我们要广泛深入地开展以研导教、以研促教,通过强化教学管理,深化教学研究,不断提升办学"软"实力,打造学校"硬"品牌。

开展高效课堂教学,让理想从课堂起飞。高效课堂要求教师能够依据课程标准的要求和学生的实际情况,科学合理地确定课堂的教学目标,编制科学合理的导学案,采取灵活机动的教学策略和评价方式调动和激励学生学习的积极性。以多种方式巩固学生的学习成果,使教学目标的达成度更高。

开展校本教研,促进学校内涵发展。舆论导向、理念提升,让校本教研在学校、教师中形成共识,从而转化为学校、教师的自觉行为,促进校本教研制度的常规建设。在不断地思考与调研过程中,学校以校本教研为载体,促进学校办学特色的形成。学校建立了以"自我反思、同伴互助、专业引领"为核心要素,以理论学习、案例分析、教学反思、结对帮扶、经验交流、调查研究、教学咨询等为基本形式的校本教研制度,并通过教学观摩、教学开放日等活动,为教师参与校本教研创设平台、创造条件。

开展导师制教育制度,让优质资源不断延伸。在实践教学中,教师的传帮带作用不可低估,一个良好的教育模式需要长期的教育周期,这就需要我们有源源不断的优质的教师队伍。在学校的发展中,通过开展"班主任导师制",开展"师徒结对"等活动,让优质的教师队伍不断壮大,许多年轻教师在老教师的言传身教下,很快地成长起来,成为学校教育教学的骨干力量。

开展特色评价指标体系。建立完善的评价指标体系是学校能够持续快速发展的必要环节。如何最大限度地调动教职工的主动性和积极性,使教师的自我教育和自我发展能够有章可循,有典型示范。学校小学部建立了"五星教师"评选指标体系,创建了《教师发展性"五维"评价方案》,并根据该体系标准评出了"师德师表星"、"教学业务星"、"教育科研星"、"班级管理星"、"活动辅导星"。"五星教师"的评选发挥了优秀教师的导向、激励作用,促进了教师的专业成长。

构建信息网络平台,达成资源共享。在信息技术已经提供了越来越有力的技术手段的情况下,有效的机制和业务模式已经成为推进教育信息化的瓶颈。充分利用这些信息资源,可以让教学更加有趣有效。"班班通"项目的实施让我们更好地利用省内外优质教育资源,活跃了课堂,让单一乏味的课堂变得有声有色,提高了学习兴趣,提升了教育质量。

打造特色品牌,让品牌成为一种力量。学校的办学特色表现为一所学校的风气、校园文化、校园群体价值观念和精神风貌。学校通过一系列活动的开展形成了自己的特色,也成就了实验活动品牌。以"健康第一"和"我运动我快乐"的为主理念的体育节;以"经典浸润人生、书香溢满校园"为主题的读书节,让广大师生与经典为友,同大师对话,与同伴交流,倡导学生读好书、好读书、读书好,从而达到"以书寄趣、以书培智、以书育人"的目的;以"小发明、小创造"为主题的科技活动,让学生学会劳动、学会合作、学会创造;以"艺术激扬生命活力,文化提升自己品质"为主题的艺术节达到以美育德、启智、健体、益心的目的;以"增强交流与合作,拓展视野和能力"为目的对外交流活动则让同学们近距离体验了国际文化,开阔了视野,增长了见识。

办人民满意的教育的关键在于可以让最广大的人民享受到最优质的教育。而办人民满意的教育就是每一个教育工作者的执着追求和精神向往。让我们搭乘"办人民满意的教育梦"去实现中华民族伟大复兴的"中国梦"。

文章发表在《安顺社科论坛》2015.3 期

强基固本谋发展　铸魂育人创新绩

安顺市实验学校　李锦鸣

教育是国计,也是民生;教育是今天,更是明天!"十二五"以来,全体安顺实验人凭着一股拼劲,担起一份责任,以"咬定青山不放松,不达目的不罢休"的贵州教育精神、"不止领先,追求卓越"的实验精神,在探索素质教育的进程中迈出了坚实一步。

一、"十二五"强基固本谋发展

(一)抓文化建设之实,走内涵发展之路。五年来,安顺实验学校始终将校国文化建设纳入学校发展的首要目标来抓,以物质文化为基础,以精神文化为依托,以课程文化为渠道,以活动文化为载体,不断提升学校文化品位。学校改造了校园人文景观,形成"十园一苑一花圃、一亭二廊一池石、四树两花一竹林、一馆六室二站台、二屏二报三橱窗、奇石浮雕动感地"的校园特色;修订、补充和完善了《学校管理手册》,修改和完善了"一训三风"("明德、笃学、崇实"的校训;"求真、求实、求新"的校风;"爱生、爱岗、爱校"的教风;"勤学、善学、乐学"的学风);创新并丰富了学校品牌活动,读书节、科技艺术节、体育节,实验春晚以及一系列以提升素养为目标的团队活动等等;以新课程改革为契机,逐步建立并完善以地方课程和校本课程为支柱的三位一体立体化的课程体系,进一步丰富了综合实践活动课,编辑出版了《安全教育第一课》《牵手好习惯》和《集美崇德》等校本教材。一个集学校景观、理念、精神、课程、活动、品位于一体的文化体系已在实验初步形成。文化育人,润物无声。校园文化建设已经在传道、授业、解惑的每一个环节发挥着育人功能,成为全面实施素质教育的有力支撑。

(二)抓教学管理之实,博质量取胜之法。在教学管理方面,全体教职工始终遵循教育规律、认知规律、成长规律等"三个规律",牢固树立"健康第一"的理念,按照尊重天性、培育德行、发展个性的"三性"原则,全面实施学困帮扶计划、巩固提高计划、培优拔尖计划,广泛开展"有效教学、高效课堂、减负增质",聚焦常态课、夯实优质课打造精品课,坚持做到强化计划实施、强化常规管理、强化校本教研、强化特色教学和重视个性发展、重视过程督导、重视示范引领,重视身心健康,使每一个学生的特长、特点、潜力、潜质得到充分的挖掘和发展。

(三)抓队伍建设之实,树素质教育之本。百年大计,教育为本,教育大计,教师为本。在教师队伍建设方面,注重对学校办学理念的渗透和领导干部办学信念的引导,通过一系列主题教育活动的开展,进一步促进了学校师德师风建设。与此同时,学校还通过实施"青蓝工程","师徒结队""老带新",采取请进来培训,送出去培训等方式,加快教师成长步伐。五年来,已选派教师数百人次分赴北京、上海、云南、安徽、四川、浙江以及美国、新加坡、澳大利亚等地参加各类培训、教学交流及游学活动;实施青年教师班主任"导师制"和为优秀班主任配备助手等方式促进班主任快速成长;实施"名师工程",为中青年教师成名成家创造条件,为名、特、优教师出成果出经验提供平台。目前学校已经有全国优秀教师6人,省级优秀教师先进个人14人,特级教师5人,国家级、省级骨干教师28人,市级骨干教师30人,省级名师2人,省级名师工作室主持人3人。五年来,新招调、招考50余名,教职工人数也从五年前的186人增加到现在的223名。

(四)抓安全保障之实,建平安和谐校园。在安全工作方面,学校坚持做到思想认识到位;组织领导到位;责任措施到位;督促检查到位;经费落实到位,部门协作到位,即"六个到位"。为人防、物防、技防"三防"的相关措施得以实施提供保证,将学校安全工作抓紧抓实,确保学校及师生安全。

二、新常态铸魂育人创新绩

当前,我国经济社会发展进入新常态,所谓"新",就是"有异于旧质";"常态"就是固有的状态。新常态下,教育管理必须跟进,只有在"常态"的基础上不断创"新",稳步前行,才能创造新的业绩。

(一)围绕"修身立德"新常态,夯实育人根基。立德树人是教育的根本任务,要立德树人,教师必须修身立德、为人师表、树立榜样,才能培养人才。教师要通过加强学习,不断提高思想觉悟,夯实育人之基,改进作风建设,提高执行力和服务力,坚决遏制敷衍了事、不负责任的不良作风;坚决反对管理混乱、组织不力的不良作风;坚决反对有令不行、有禁不止、滥用权力、吃拿卡要的不良作风,用浩然正气抵制歪风邪气,用满腔热情替代满腹牢骚,让校园真正成为教书育人的净土。

（二）围绕"立德树人"新常态,践行社会主义核心价值观。国无德不兴,人无德不立。当前,在信息化、网络化、多元文化碰撞交流及经济发展新常态的背景下,学校必须把立德树人作为教育的根本任务,培育和践行社会主义核心价值观,加强中华优秀传统文化教育,培养德智体美全面发展的社会主义建设者和接班人。在现代教育制度大背景、大格局下实施理想信念教育,就要找准教育的切入点和着力点,把社会主义核心价值观落细、落小、落实,通过具体的教育课程和活动形式,让24字的真正含义入脑入心。首先要开展好学生行为习惯的养成性教育,让学生学业素养的整体提升从最基本的学习和生活习惯开始。二是要创造性地开展课外活动,将社会主义核心价值观教育融入学生喜闻乐见的活动项目中,让每一个学生参与其中,通过的力量感染和激励更多的人自觉践行社会主义核心价值观。三是要加强中华优秀传统文化和传统美德教育,宣传好人的道德标准和要求,传颂"实验好故事""实验好声音",营造充满正气的文化氛围,让有形的载体发挥无限的能量,让学生的言行受到熏陶,让传统文化得到传承和发扬。四要善于思考创新德育教育方法,逐步形成学校的德育教育体系和特色。在实际工作中,我们要敢于思考,敢于创新,善于总结,善于发现,提炼我们的工作形成特色和经验,让社会主义核心价值观教育在学校的各个领域形成燎原之势,成为学校德育工作的新常态。

（三）围绕"特色内涵"新常态,构建现代学校制度。特色学校的"特色"是一种先进的、独特的、富有时代特征和相对稳定的学校文化。具体体现现在具有独特的办学思想、教师群体、校本教程、特色项目、校园文化等方面,还表现为凝聚在学校每一个成员身上的一种精神品质。因此,不断提升学校管理新高度,实现教育质量新突破,走内涵发展之路,办优质特色学校是当前学校教育的首要任务。

1. 以优化教育教学管理为保障,促进学校持续发展。我们提出的办学思路有一条就是:管理强校。再好的资源、再好的基础,没有规划的管理,一切都无从谈起。安顺实验学校初中部搬迁至二中老校区办学,对于学校发展来说既是挑战,更是机遇,学校将结合各校区各部实际,修订完善并严格执行各项管理制度和教研制度,不断追求一流的学校管理,以一流的管理为基石,向管理要质量。要以务实求实的工作作风,认真负责的工作态度,扎实有效的管理施,抓好各项管理制度的落实,形成良好的学校管理文化。要深入课堂一线,积极组织开展课堂教学研讨活动;要深化课堂教学改革,积极改善传统的接受性教学方式,增加体验性教学方式,探索探究性教学方式,促进教师工作水平和教学能力的提高,用高尚的师德师风、精湛的专业技能引导、激励和教育学生,努力打造优良的班风、学风与教风,促进学校教育教学质量的持续稳步提升。

2. 以促进教师专业发展为核心,促进学校内涵发展。在教师的专业发展上,一是要加强师德师风建设。要积极组织师德师风教育活动,充分发挥党员模范带头作用,拟订师德考核细则,组织师德师风评议考核,要以"四有好老师"为标准,制定教师专业修养提高计划;以"五星教师"评价体系为标准,促进教师在各个领域的成长成功。二是要促进教师的专业发展。要围绕自我反思、同伴互助、专家引领等教师专业发展模式,采取多种举措促进教师专业成长,逐步扩大名优教师群体。要充分发挥学校名师工作室的示范引领作用,促进教师专业发展。三是加强青年教师的帮扶力度。要继续做实"青蓝工程""师徒结对""班主任导师"等帮扶工程,通过全员参与、梯级培养、重点突破、定期考核和动态管理,整体助推师资队伍的优化,以诚治学、以诚育人,脚踏实地、勤勤恳恳地在本职岗位上建功立业。

3. 以校本研修示范校建设为抓手,促进学校特色发展。安顺实验学校2014年被省教育厅评为校本研修示范校,在下一步的工作中,学校将以"校本研修示范校"建设为契机,抓实抓好学校的校本研修工作,以多样的渠道实现课程建设,以多方的资源支持课程建设,进一步以优化校本教材、完善课程体系、彰显教育价值、实现学科整合等作为努力方向,更好呈现"精""深""新""准""特",努力提升学校特色建设和品牌建设水平。

4. 以开展丰富的校园活动为载体,促进综合素质发展。校园活动是教育的重要抓手和载体,无论是教学活动还是文体活动,都要体现"立德树人"的根本任务,将两者有机结合,逐步探索素质教育的有效途径。一是要继续推进目标管理,加强内涵发展,凝聚学校德育工作特色,强化年级德育管理制度和德育工作目标。二是以"健康第一"为首要原则,提升学生综合素养。要进一步优化学校教学秩序与校风,结合不同学部的年龄特征开展适宜的活动,让学生在学习中启迪智慧,获得知识,快乐成长。三是继续丰富载体建设,拓展课堂、团队等活动形式,使德育工作集趣味性、教育性、可操作性于一体,营造"向真、向善、向美、向上"的校园氛围,丰富学生的校园文化生活,达到立德树人目标。

(四)围绕"改革发展"新常态,开创学校新局面

1. 统一认识,乘势而上,努力开创实验新局面。认清形势,把握大局是开创学校改革发展新局面的前提。当前,教育形势发生着深刻的变化。从外部环境来说,经济发展新常态、意识形态领域新变化、教育领域综合改革新要求,都对学校改革发展提出了更高的要求,只能破冰前行,在改革中求发展,求突破。首先,从大局层面来认识,学校只能顺势而上。义务教育发展是安顺教育的重中之重,高

中教育是制约教育发展的瓶颈,初中教育又是制约教育质量的瓶颈。因此,提高初中教育的质量是我们要承担的重要责任。从学校现有的发展格局来看,必须要寻找一个突破口,才能在原有基础上有新的跨越和发展。其次,从纪律层面上来认识,学校必须要服从市委、市政府的决定和安排。随着学校结构的调整,部分老师的工作环境、工作岗位和工作对象有了变化,面对这些新问题,我们不能怨天尤人,也不能牢骚满腹,要用发展的眼光看问题,用务实的态度干工作,要尽快熟悉新环境和新岗位情况,尽快进入工作角色,不断增强履行岗位职责的能力。三是从发展层面上来看安顺实验学校中学部搬迁是学校内涵发展的延伸。我们知道,做大是做强的基础,做强是做大的保障。当然,搬迁也会带来一系列新的考验,管理模式需要调整,发展模式需要探索,我们只有按照教育规律办事,善于协调各种不同的利益关系,克服各种困难,应对各种风险,顺利实现目标任务,才能在新的发展空间延续实验新的辉煌。

2. 重安全,强保障,稳步推进各项工作。安全不保,何谈教育？近期频频发生的安全事故给校园安全工作敲响了警钟。两部分离办学无论是对小学部还是中学部都需要接受变迁带来新的问题,如何确保两部稳步过渡,需要全校干部职工明确一个思想统一一个目标。要解决的首要问题就是安全和稳定。全体教职工要牢固树立安全第一,稳点为本的思想观念,安全保卫部门要加强安全保卫措施,加强门卫安全管理,严格外来人员进出联系、登记制度,彻底消除安全隐患,确保学校人员与财产安全。实验操作教师要精心准备,按章操作,做好危险品的管理和检查,做好学生实验操作的指导和监督;班主任要做到各班级要及时开展安全教育,增强安全意识,有效杜绝安全隐患。全校上下要时刻绷紧安全这根弦,筑牢安全防护网。

安顺实验学校七十余年的辉煌历史沉淀,不仅是一份份荣誉,更是实验人攻坚克难、勇于探索、敢于创新、不断超越的实验精神,在今后的工作中学校将按照"统筹规划,分步实施,内涵发展,打造特色,追求卓越"的规划总思路,以立德树人为根本,以根本实现教育现代化为总任务,进一步加快学校改革发展步伐,为安顺经济社会加速发展、后发赶超,同步小康作出积极的贡献。

文章发表在《贵州教育》2012.22期

抢抓机遇　开拓创新　跨越发展

安顺市实验学校　李锦鸣

一、结合实际,抢抓机遇,跨越发展

我市教育中长期发展规划中明确提出"夯实基础,突破瓶颈,提升内涵,加快发展,促进公平"的指导思想。我们实验学校是市教育行政部门主管的唯一的市属特大型义务教育学校,在几十年的办学中取得了辉煌的成绩。在新的历史时期,要与时俱进,打造成全市示范引领,全省一流,全国知名的学校,按照国家、省、市的教育发展规划,抢抓国发(2号)文件带来的历史时遇,实现跨越发展。首先要针对市教育中长期发展规划中的指导思想,在"夯实基础"方面,我们要夯实管理基础,夯实学校标准化建设基础,夯实质量基础;在"突破瓶颈"方面,要在规模、数量上做文章;在"提升质量"方面,要在质量、效率、特色上下功夫;在"加速发展"方面,要处理好"快"与"好"的关系,真正做到"又好又快、更好更快";在"促进公平"方面,要树立以学生为本,"为学生一身着想、为祖国明天奠基"的思想。总之,我们要按"管理强校、质量立校、人才兴校、文化铸校、安全稳校、和谐荣校"的工作思路,办让人民满意的学校。

二、突出重点,抓好落实,跨越发展

1. 精神——办学的旗帜

我们党九十余年的历史就是中华民族精神的传承、发展、创新的历史。从战争年代的"井冈山精神""长征精神""延安精神",到建国时期的"大庆精神""两弹一星精神",再到改革开放的"特区精神""女排精神""抗震精神""载人航天精神"都展示了我们共产党人独有的精神内涵和特有的价值。在新世纪,我们贵州在省委、省政府的坚强领导下形成了"不怕困难、艰苦奋斗、攻坚克难、永不退缩"

贵州精神,我们省教育系统也总结出了"开放自信,乐于奉献;攻坚克难,勇于争先。人一之,我十之,咬定青山不放松,不达目的不罢休"的贵州教育精神,展现广大教育工作者和教师的精神风貌,职业理想与追求。我校经过一代代实验人的不懈努力奋斗,也形成了"不止领先,追求卓越"的实验精神。它似一面旗帜,指引我们的前进方向,它使我们牢记学校的使命,增强我们的责任意识和忧患意识,激励我们真抓实干、奋发进取、抢抓机遇、开拓创新的斗志,塑造了我们"一个支部一个堡垒、一个党员一个模范、一个干部一个标杆、一个教师一个榜样、一个学生一个希望"的好形象,带领着我们实验人朝着更好的目标迈进,从一个胜利走向一个胜利,从一个辉煌走向另一个辉煌。

2. 文化——办学的灵魂

校园文化是以学生、教师为主体,以校园为载体,以育人为方向,以精神文化、物质文化、行为文化和管理文化为重要内容,以学校精神、文明礼仪、价值观念、道德规范、行为准则为重要特征的文化。校园文化蕴含学校的历史和精神,彰显学校的风格和特色,凸显学校的个性和品位。学校要有文化精神,教师要有文化气质,学生要有文化个性。没有文化无以立校。为此,我校以文化铸校为学校工作的重点之一,组织修订了校训、校风、教风、学风,理顺了工作思路,理清了办学目标。

校训:明德、笃学、崇实。就是:明晰品德、注重道德、弘扬师德;专心好学、笃信好学、学而不厌;崇尚实际、崇尚实效、崇尚文化。

校风:求真、求实、求新。就是:追求真理的热情、探索真理的本能、捍卫真理的勇气;实践精神、实践能力、实事求是;创新精神、创新意识、创新能力。

教风:爱生、爱岗、爱校。就是:热爱学生、关心学生、爱护学生;热爱教育事业、挚爱工作岗位、拥有奉献精神;热爱学校、关心学校、维护学校。

学风:勤学、善学、乐学。就是:勤于学习、好学不倦、学以致用;善于学习、善于思考、主动探究;乐于学习、愉悦学习、轻负高效学习。

通过校园文化的建设,使我们办学思想上有了灵魂,校训使我们明确了办学的真正追求,校风、教风、学风,使我们的办学有了根基。校风体现在教风和学风,教风是主导,学风是主体。办学必须抓教风、促学风、树校风。为此,必须从领导作风着手,端正办学方向,更新办学理念,形成求真务实、真抓实干、开拓创新的工作作风;必须从师德师风着想,铸师魂,立师德,树师风,从而达到"育人的能手,师德的标兵,社会的楷模"的目标;必须从端正学风着眼,学以立德,学以增智,静下心来学,沉下心来思,潜下心来研;要在勤奋好学上下功夫,在学以致用上做文章,达到用以致用、用有所成的境界。

3. 育人——办学的根本

教育的使命就是育人,立德树人。学校教育的目的一是崇德,二是启智,三是健体,四是益美,使学生成人、成才、成功。

我校坚持以学生为本,德育为首,实施"三全"工程,即"全员育人,全程育人、全面育人",开展"管理育人""活动育人""文化育人"行动,形成"人人实施"养成教育计划、安全文明计划和法律教育计划,形成人人都是育人主体,处处都是育人资源,做到"常规教育系列化,信念教育梯次化,心理教育课程化,实践教育多样化"。在"常规教育系列化"中,小学开展:"行为规范,五心教育"和"告别儿童、走向少年"主题教育;初中围绕"遵纪守法,做一个好学生","心怀祖国,扬起理想风帆"开展主题教育活动;在"信念教育梯次化"中,构建"普通学生——少先队员——预备团员——团员"教育活动;在"心理教育课程化"中,在小学六年级和初中一年级开设心理健康教育课,在小学四年级和初中三年级开设专题讲座,在小学和初中其他年级开展心理健康教育活动;在"实践教育多样化"中,通过主题班队会,国旗下的讲话,校园之声,各种宣传橱窗、宣传栏、展板、文化长廊、班级名片、学习园地、校园网、电子显示屏等资源及各种节庆活动、学校少儿艺术团、学校体育俱乐部、学生社团活动等,开展各种教育活动,使学生获得知识、受到熏陶、提升能力、启迪心灵,让德育教育之花生根开花结果。

4. 质量——办学的生命

《中国教育改革发展规划纲要》中关于质量论述就有48处,特别强调"要把提高质量作为教育改革发展的核心任务"。我校随着改革不断深入,明晰素质教育是主旋律,内涵发展、特色发展是主方向,提高质量是主任务。我们深刻认识到没有质量无以立校,没有特色无以名校。学校不仅要质量而且要高质量;不仅要培养建设者和接班人,而且还要我们的学生快乐学习,健康成长。为此,我们学校坚持教学为中心,开展"有效教学,高效课堂"和"轻负高质"的教学活动,实施"学困帮扶计划、巩固提高计划、培优拔尖计划"。在教育教学工作中遵循教育规律、认知规律、成长规律,关注学生身心健康、人格健全和幸福快乐;既尊重天性,因材施教,为每一个学生提供适合的教育;又培育德性,立德树人,先成人、后成才、再成功;更关注个性,注重学生的个体差异,使学生的特长、特点、潜力、潜质得到充分的挖掘和发展。

学校在教学上以"聚焦常态课,夯实优质课,打造精品课"为重点,强化教学常规管理,做到"五个好"即"备好课(教学计划等)","上好课(课堂教学)""导好学

（辅导）""出好题（作业、试卷）""考好试（质量分析和总结等）"，并加强督促检查，从时段上采取"日抽查、周检查、月评比"；从流程上采取"四查三课—总结"即"四查"；定期检查备课，定期检查作业，定期检查学困帮扶、巩固提高、培优拔尖计划的实施，定期检查教学效果；"三课"定期开展常态课、优质课、精品课的听评活动；"一总结"每月对所有活动开展总结评比。

学校根据小学、初中教学实际，认真研究以下问题：怎样将小初衔接做实做细做出成效，怎样抓好起始年级，怎样抓好毕业班工作开展专题研讨，比如小学低年级基础知识怎样打牢，怎样形成良好的学习习惯，中段怎样顺利转接，高段怎样提高并与初中教学怎样衔接；在初中初一怎样突出"适应"（新环境、新课程、新要求等）；初二怎样突出"巩固"（基础知识、基本技能）；初三怎样突出"提高"（学习方法、学习效率、学习成绩）。

学校还应积极探索，怎样使课堂成为高效课堂，教学成为有效教学，我们的教师怎样"勤于课前""导于课中""思于课后"。"勤于课前"需要我们教师要研透教材、吃透课标、思透教法；"导于课中"要求我们教师要引导、指导，要善导、乐导；"思于课后"要求我们教师要勇于反思、敢寻不足、善于总结，特别是要开拓创新，善于构建有效教学模式，不生搬硬套，不能以"不变应万变"，更不能故步自封，死教书、教死书、书教死，让我们的高效课堂真正达到高效，有效教学成为有效。

学校强化教学质量的监控，建立学校、年级组、教研组、备课组、学科教师组成的学校质量监控网络，强化质量管理的全员意识、全程意识和全面意识，改变"两率一均分"为"四率一均分"的质量评价体系，即：及格率、红分率、巩固率、提高率和平均分来评价班级、年级，既注重横向比又注重纵向比，既看及格率、红分率，更要看巩固率、提高率，树立"没有教不好的学生和不让一个学生掉队"的理念，使学困生"不比起点比进步、不比智力比努力"；使优秀学生走向卓越，一般学生走向成功，学困生不掉队，使全体学生勤学习、善学习、乐学习。

5. 队伍——办学的保证

我校建立了"统一领导，分步实施，团结协作，全面推进"机制，实行校长负责制，全员聘制，目标管理制，责任追究制的管理体制，修订《学校管理手册》，使管理更加科学、规范、有序、高效。再好的制度必须依靠人去执行、实施。为此，必须强化队伍建设，这是办好学校的根本保证。

首先必须加强学校干部队伍建设，"讲正气、有才气、成大器"。正气是灵魂，正己鉴人；才气是基础、艺高服人；大器是修身得道。其次要加强教师队伍建设："爱学生、师德馨、教艺精"，爱生·为人，德馨·为师，艺精·为学。要强学习重培训,提升素质使教师"能教";创氛围,共发展,营造环境使教师"乐教";利用激励机制和目标管理,使教师"勤教"。学校为青年教师迅速成长搭建平台,实施"青蓝工程""师徒结队""老带新",采取请进来培训、送出去培养等方式,加快青年教师成长步伐。实行青年教师班主任"导师制"和为优秀班主任配备助手,促进班主任队伍快速成长;大力实施"名师工程"为中青年教师成名成家创造条件,为名、特、优教师出成果出经验提供平台。再次,必须加强员工队伍建设,"爱岗位、讲团结、做奉献",形成有岗位才有地位,有团结才有业绩,有奉献才有收获的氛围。

6. 特色——办学的指南针

著名教育家叶澜教授曾说:"要从生命和基础教育的整体性出发,唤醒教育活动的每个生命,让每一个生命真正活动起来。如何将学校建设成为有生命力的、可持续发展的学校,不仅仅是一味强调规模扩大和硬件建设片面追求教学质量,而是使学校有自己的特色,有自己的文化,有自己的灵魂。"学校特色建设是衡量一所学校办学水平的重要方面。

我校在特色创建中,一是注重特色文化建设,强化校园精神文化建设。总结办学指导思想,理清办学目标,理顺工作思路,修订完善校训、校风、教风、学风,提炼学校精神。二是强化校园物质文化建设,提升校园文化品质,构建了由"松柏园、竹园、梅园、杜鹃园、月季园、芭蕉园、棕榈园、曲柳园、银杏园、棋苑、花圃"构成的"十园一苑一花圃"连片植物花卉区;由"求真亭、艺术廊、立池石"组成的"一亭一廊一池石"人造景观休闲观赏区;由"桂花树、国槐树、桃树、李树、樱花、迎春花、小竹林"形成的"四树两花一竹林"特色植物景观区;由"浮雕文化墙、楼道书画廊、橱窗板报栏"等组成的主题文化墙;运动场四周由跑、跳、投、掷等运动彩色简笔画图案构成的"体育动感地带";"一馆六室二站台":丰富图书馆、温馨阅览室、现代实验室、和谐办公室、音乐欣赏室、七彩绘画室、多媒体网络教室、红领巾广播站、校园电视台;"二屏二报三橱窗":电子显示屏、黑板报(东西楼前)、宣传橱窗(东西南三面15块宣传橱窗)。如今校园如公园一般,成为师生学习、生活的乐园,成为环境教育的阵地,成为培养学生综合素质,良好行为习惯的绿色场地,实现以景育人,以文"化"人的目的。三是强化校园活动文化建设。体育节以"阳光少年迎民运,和谐实验育新苗"为主题,而向全体学生树立"健康第一"、"我运动我快乐"理念;读书节以"经典浸润人生、书香溢满校园"为主题,与经典为友,同大师对话,与同伴交流,倡导教师学生家长读好书,好读书,读书好,从而"以书寄趣,以书培智,以书育人"的目的;科技节,以"小发明、小创造"活动为抓手,使学生学会劳动,学会合作,学会创造;艺术节以"艺术激扬生命活力,文化提升自己品质"

为主题,达到以美育德、启智、健体、益心的目的,并且充分利用体育俱乐部、少儿艺术团的平台激趣培德,陶冶情操,发展个性。

总之,国发(2 号)文件和黔党发(15 号)文件为我们安顺经济社会发展带来了新的历史性机遇,为我们学校的跨越发展指明了方向。在今后的工作中,我校将树立"抢抓机遇、真抓实干、改革创新"的工作精神,统一思想,戮力同心,开拓进取,扎实工作,在工作中抓落实、重创新,扎实有效推动学校工作全面、高速发展,开创实验学校更加灿烂辉煌的明天。

在实干中创新　在创新中前进

安顺市实验学校　李锦鸣

安顺市实验学校地处黔中腹地,坐落在素有"中国瀑乡"、"屯堡文化之乡"、"蜡染之乡"、"西部之秀"美誉的安顺市中心城区。学校创建于1939年秋,有着70余年的办学历史,其前身为中英庚子赔款董事会开办"国立黔江师范学校附属小学",其间几经易名,于2000年定名为安顺市实验学校,是一所由幼儿园、小学和初中三部分组成的大型学校。

学校占地面积40000m²,建筑面积28000m²。现有65个教学班(中学34个、小学24个、幼儿园7个),学生总数4339人,教职工203人。学校历来重视打造名师队伍,有全国优秀教师6人,省级优秀教师及先进个人10人,市级"十佳教师"1人;特级教师5人,省级名师2人,省级名师工作室主持人1人,全国英语教师名师1人,全国英语教学能手2人;国家级、省级骨干教师25人,市级骨干教师30人。

学校积淀了深厚的文化底蕴,秉承"为学生一生着想,为祖国明天奠基"的办学理念,树立了"管理强校、质量立校、人才兴校、文化铸校、安全稳校、和谐荣校"的工作思路,获得了"校园美、校风正、设备新、素质强、质量高"的赞誉。

一、"十二五"以来,学校教育改革发展取得的成绩

(一)精神旗帜引领前进方向,文化筑魂奠定办学根基

1. 精神——办学的旗帜

精神是一个民族和国家的擎天柱。在"不怕困难、艰苦奋斗、攻坚克难、永不退缩"的贵州精神和"开放自信,乐于奉献;攻坚克难,勇于争先。人一之,我十之,咬定青山不放松,不达目的不罢休"的贵州教育精神的引领下,我校经过一代代实验人的不懈努力奋斗,也形成了"不止领先,追求卓越"的实验精神,它像一面旗帜,指引我们的前进方向,它使我们牢记学校的使命,增强我们的责任意识,忧患意识,激励了我们真抓实干,奋发进取,抢抓机遇,开拓创新的斗志,铸就了"一个

支部一个堡垒、一个党员一个模范、一个干部一个标杆、一个教师一个榜样、一个学生一个希望"的战斗集体。

2. 文化——办学的灵魂

校园文化蕴含学校的历史和精神,彰显学校的风格和特色,凸显学校的个性和品位。我校以文化铸校为学校工作的重点之一,在"为学生一生着想,为祖国明天奠基"办学理念和"不止领先、追求卓越"学校精神的引领下,形成了"明德、笃学、崇实"的校训,"求真、求实、求新"的校风,"爱生、爱岗、爱校"的教风,"勤学、善学、乐学"的学风。

(二)始终坚持"立德树人"为根本,努力探索"四育"、"四化"新途径

教育的使命就是育人,立德树人。学校教育的目的一是崇德,二是启智,三是健体,四是益美,使学生成人、成才、成功。学校德育工作抓住"融入"这一关键,突出"全过程"的要求,有效融入社会主义核心价值观教育,坚持融合性、主体性、实效性原则,以夯实德育工作基础、把社会主义核心价值体系切实融入课堂教学、德育实践、班级文化、班主任工作的各个环节和各个方面。学校本着"建机制、强队伍、重实效"的原则,树立"立德树人、育人为本"的思想,围绕"三全"(即:全面育人、全员育人、全程育人),"四育"("课程育人"、"管理育人"、"活动育人"和"文化育人")和"四化"(即:常规教育系列化、信念教育梯次化、心理教育课程化、实践教育多样化)的育人途径,以学生乐于参与的活动为载体,对学生实施有序、有机、有效的思想教育,培养学生爱国、诚信、奉献、尊重、合作、文明的优秀品格,不断增强德育工作的针对性和实效性。同时,进一步加强学校心理健康教育,增强学校德育工作合力,开展"百名家长进学校"教育开放活动和"百名教师大家访"活动;积极引导广大教师参与德育课题研究,探索学校德育新规律。努力实现人人都是德育工作者,课课都是德育精品课,事事都是德育活教材,处处都是德育宣传地的德育工作新局面。

(三)努力提升教师素质,打造特色教师队伍

1. 夯实师德教育,实现教师爱岗敬业、教书育人、为人师表。

为进一步加强教师政治思想教育,努力提高教师实施素质教育的积极性。积极开展"做人民满意的教师"师德主题教育活动,厉行师德规范,弘扬高尚师德,增强教师立德树人的自觉性和坚定性,全面提升教师职业道德水平。以学习理解践行"贵州教育精神"以及"教师誓词"活动为契机,将贵州教师誓词以及"不止领先、追求卓越"的实验精神铭记于心,落实于行,使我校广大教师成为教学的能手,师德的标兵,社会的楷模。

2. 通过"四新"培训,促进教师不断学习和专业发展。

按照《安顺市实验学校"十二五"(2011—2015年)中小学教师继续教育工程实施方案》,采取集体面授和个人自学相结合,网上课堂与集中研讨相结合,开展"四新"(即新理念、新知识、新方法、新技能)的学科培训。让教师牢固树立先进的教育思想和教育理念,树立正确的教育观、质量观和学生观;学习借鉴国内外教育教学实践成果,深化学科专业知识;探索创新课堂教学模式和教学方法,提高教学质量;强化教师"备上说听议"课能力及课后反思、学情分析、考核评价、课题研究等基本技能,提高教师应用现代教育技术的能力和水平。

3. 鼓励广大教师在学有余力的基础上结合自己从事的学科教学或平时的兴趣爱好,努力学习一项或多项特长,在学校的体育俱乐部活动和课外活动中发挥特长,从事特色教学活动,为学校的特色创建及长远发展奠定良好的师资基础。

(四)明晰素质教育主旋律,确定内涵发展主方向

《中国教育改革发展规划纲要》中强调"要把提高质量作为教育改革发展的核心任务",为此我校进一步明晰了素质教育是主旋律,内涵发展、特色发展是主方向,提高质量是主任务的办学思路。深刻认识到没有质量无以立校,没有特色无以名校。学校不仅要质量而且要高质量;不仅要培养建设者和接班人,而且还要我们的学生快乐学习,健康成长。

我校坚持教学为中心,开展"有效教学,高效课堂"和"轻负高质"的教学活动,实施"学困帮扶计划、巩固提高计划、培优拔尖计划"。在教育教学工作中遵循教育规律、认知规律、成长规律,关注学生身心健康、人格健全和幸福快乐;既要尊重天性,因材施教,为每一个学生提供适合的教育;又培育德行,立德树人,先成人、后成才、再成功;更关注个性,注重学生的个体差异,使学生的特长、特点、潜力、潜质得到充分的挖掘和发展。

学校在教学上以"聚焦常态课,夯实优质课,打造精品课"为重点,强化教学常规管理,并要做到"五个好"即备好课、上好课、导好学、出好题和考好试,并加强督促检查,从时段上采取"日抽查、周检查、月评比";从流程上采取"四查三课一总结":"四查"——定期检查备课,定期检查作业,定期检查学困帮扶、巩固提高、培优拔尖计划的实施,定期检查教学效果;"三课"——定期开展常态课、优质课、精品课的听评活动;"一总结"——每月对所有活动开展总结评比。

学校根据小学、初中教学实际,将"幼小衔接"和"小初衔接"做实做细做出成效,开展初中毕业班工作专题研讨。学校强化教学质量的监控,建立学校、年级

组、教研组、备课组、学科教师组成的学校质量监控网络,强化质量管理的全员意识、全程意识和全面意识,改变"两率一均分"为"四率一均分"的质量评价体系,即:及格率、红分率、巩固率、提高率和平均分来评价班级、年级,既注重横向比又注重纵向比,既看及格率、红分率,更要看巩固率、提高率,树立"没有教不好的学生和不让一个学生掉队"的理念,使学困生"不比起点比进步、不比智力比努力";使优秀学生走向卓越,一般学生走向成功,学困生不掉队。

（五）积极倡导特长培养,丰富学生课外活动

全面推进素质教育,为国家和社会培养更多综合素质高的人才是我校长期执着追求的教育目标,学校以青少年体育俱乐部为基地,结合时代特点和学生兴趣及年龄特征,广泛开展学生综合实践活动及社团活动,先后开设了体育、艺术、科技、文化和教育5个类别,30多个项目,40多个组别的综合实践活动。例如,体育类有围棋、象棋、乒乓球、足球、田径;艺术类有合唱、舞蹈、军乐、摄影、绘画、书法、面塑、雕塑、陶艺、手工;科技类有计算机与智能机器人、航空及车船模型制作、天文、电子百拼、网页制作、电子报刊等项目;教育类有趣味英语、英语沙龙和社会调查与研究。俱乐部活动始终坚持普及与提高并举,以学生自愿参加为原则,很好地调动了学生的兴趣,成为了学生们培养艺术特长的乐园。俱乐部这些活动集知识性、技能性、趣味性和娱乐性为一体,丰富了学生的课余生活,深受学生的喜爱和家长的欢迎,得到了省市教育行政部门和市政府领导的充分肯定。不少学生代表学校分别参加了市级、省级和全国的航模比赛、科技创新大赛、书画比赛等活动,取得诸多优异成绩。

我校还成立了以展现学生艺术特长为主要目的的少儿艺术团。学校少儿艺术团成立后以精湛的演艺代表贵州参加全国少儿唱红歌比赛获得金奖,参加"文化中国·澳大利亚暨中国非物质文化遗产悉尼歌剧院展演"获得最佳组织奖。学校迎春晚会,获得社会人士的普遍好评。

学校还定期举行的"科技艺术节"、"体育节"和"读书节",为师生搭建各类展示平台,点燃了师生创新的激情,学生健康快乐成长。

（六）开展特色校本教研,推动学校特色创建

1. 以质量为中心,以课改为抓手,以课题研究为载体,努力提高教学水平。

贯彻执行《教育部关于当前加强中小学管理规范办学行为的指导意见》和省市《关于坚决规范中小学办学行为切实减轻学生过重课业负担全面提高教育教学质量的意见》,坚持贯彻落实科学发展观,端正办学思想,规范办学行为,规范教育教学管理,全面实施素质教育,促进学生全面发展和健康成长。

（1）实施规范化、精细化管理，提高教学质量。严格执行《安顺市中小学教学常规管理暂行规定（试行）》，减轻学生过重课业负担，落实规范办学，减负、增效、提质要求。开齐课程，开足课时，整合教学资源，进行学法指导，追求高效课堂，提高教学质量，引领教师做到"功在课前，效在课中，能在课后"。

（2）立足本校幼儿园、小学、初中一体化特色，开展"幼小和小初教育教学衔接研究"、"纵横数字化学习促进学生智力因素和非智力因素发展的研究"、"中小学生心理健康问题研究"等课题研究，探索特色教育新途径。开展《儿童美德发展工程》课题实验，将"美德在我心"品德教育课程纳入教育教学环节，努力促进儿童良好道德品质的形成。

2. 加强特色课程文化建设

继我校校本教材《安顺，可爱的家乡》走进课堂后，2013 年我校新编的校本教材《牵手好习惯》和《安全教育第一课》走进四至八年级教学课程。

（七）注重校园环境文化建设，提升特色环境文化品质

校园环境是师生工作和学习的主要空间。为改善学校空间的文化品质，实现以景育人、以文"化"人的目的，我校先后对校园环境进行了数次大规模的绿化工程。形成"十园一苑一花圃、一亭二廊一池石、四树两花一竹林、一馆六室二站台、二屏二报三橱窗、奇石浮雕动感地"的校园特色。

在全面推进素质教育的进程中，学校紧紧围绕"培养什么样的人"这一根本，积极探索特色教育的途径和方法，以培养德、智、体、美、劳全面发展的社会主义事业接班人为目标，努力培养学生的创新精神和实践能力，以"读书节"、"科技艺术节"、"体育节"、"迎春晚会"等活动为载体，促进了学生全面发展，教育教学质量不断提高。学校先后被评为"全国群众体育先进单位"、"全国青少年科技教育先进集体"、"全国语言文字工作先进单位"、"全国军民共建社会主义精神文明先进单位"、"文化中国·澳大利亚暨中国非物质文化遗产悉尼歌剧院展演最佳组织奖"、"全国安全文明校园"、"贵州省'五好'基层党组织"等荣誉称号。与此同时，每年都有数以百计的师生在全国、省、地、市各级各类比赛中获奖。在创造了 1993 年至今连续 21 年保持全市义务教育阶段学校中考升学榜首的成绩的同时，荣获了"全国特色学校"、"第一批全国中小学中华优秀文化艺术传承学校"、"全国教育系统先进集体"等荣誉称号。

二、全面深化教育改革的思路和发展目标

贯彻党的十八大和十八届三中全会全面深化教育改革以及省市全面深化教

育改革的文件精神,贯彻落实《关于全面深化课程改革 落实立德树人根本任务的意见》,明确以下改革思路和发展目标。

(一)深化学校办学体制改革。贯彻十八届三中全会和省委十一届四中全会关于全面深化教育改革的战略部署,全面实施素质教育,根据教育部、省教育厅市委市政府和市教育局推进学区化、集团化办学的相关要求,开展多元化混合体制改革实验,探索多元化合作办学途径,以期实现优质教育资源质的提升与量的扩张,为推进义务教育均衡发展做出积极贡献,办人民满意的教育。

(二)积极推进探索法人治理结构试点工作。一是创新治理模式,在符合条件的事业单位,建立和完善以决策层及其领导下的管理层为主要构架的法人治理结构。二是完善治理规则,涉及事业单位章程、理事会的构成和产生方式、理事的权利义务、理事会议事规则、管理层的责任机制等问题。三是健全监督机制,建立和完善决策失误追究制度、年度工作报告制度、重要信息公开制度和绩效评价制度等,拓展和完善社会公众参与事业单位管理、运作和监督的渠道。

(三)全面贯彻党的教育方针,推进"一二三四五"特色思路

在深入开展党的群众路线教育实践活动过程中,学校按照中央、省、市党的群众路线教育实践活动要求,结合实际,确定了以"转作风、带师风、促学风、正校风"为活动载体,按照"一学、二全、三抓、四实、五新"的工作思路深入推进学校教育教学工作。

一学,即全面学习贯彻落实党的十八大、十八届三中全会精神、省委第十一届四次全会精神、市三届五次全会精神,推动学校科学发展、跨越发展。

二全,即全面贯彻落实党的教育方针,把"立德树人"作为学校的根本;全面实施素质教育,把提高教育质量作为学校的中心。

三抓,即全面贯彻落实中央、省、市关于全面深化教育领域改革的精神,一抓党的基层组织建设,建立"去庸求进、去懒求勤、去慢求快、去浮求实"的长效机制;二抓深化学校办学体制改革,探索学区制、集团化和多元化混合体制的办学模式;三抓深化学校管理体制改革,以《安顺市实验学校章程》为依据,建立健全学校相关制度。

四实,落实教育教学常规管理,落实教研教改工作;落实校园文化建设;落实"健康第一、安全第一"的办学思想。

五新,作风建设有新成效;队伍建设有新发展;文化建设有新内涵;教学质量有新提高;教育改革有新突破,努力办人民满意的学校。

之前学校的多项工作中,脚踏实地,开拓创新帮助我们取得今天的这些成绩,

站在这些成绩之上,我们不能骄傲地固步自封,应当总结经验继续向前。在特色教学中探索更多更新的发展途径,形成"大特色常规化,小特色创新化,大特色支撑,小特色更替"的特色学校办学模式,努力把我校办成一所"全市引领,全省一流,全国知名,特色鲜明"义务教育阶段特色学校。

2014 年 10 月

文章发表在《贵州教育》2018.02 期

新时代学校发展中名校长的使命与责任

安顺市实验学校　李锦鸣

2017 年 10 月 24 日,党的十九大在举国人民的欢庆中胜利闭幕了。

回顾十九大习近平总书记代表十八届中央委员会所作的长达三个多小时的报告,至今仍让人兴奋、激动、自豪、振奋。十九大不仅仅是过去五年的回顾和总结,更是未来五年、未来三十年中国发展的路线图、任务书和时间表。

一、关注十九大:报告热词,一词一世相

十九大报告中,许多重要关键词反复提及,成为热词,而且力度不小,热度不减。

在十九大报告中,"建设"、"社会主义"、"人民"这三个词出现 100 次以上,"中国特色社会主义"出现 70 次,成为热词。这些热词集中反映了我们党是时刻以人民为中心的政党,是以"建设有中国特色社会主义"为主要任务的党。其中,"新时代"一词也首次在报告中出现,出现频率也高达 35 次,其热度还随着盛会的闭幕不断递增。报告指出:中国社会主义进入了"新时代",这是我国发展新的历史方位。我国社会的主要矛盾已经转化为"人民日益增长的美好生活需要和不平衡不充分的发展之间的矛盾"。相比十八大报告,有些词出现频率大幅增长。"中华民族伟大复兴"由十八大报告中的 8 次递增到十九大报告中的 27 次,提出了"新时代中国特色社会主义的历史使命是实现中华民族伟大复兴的中国梦"。其中,"法治"、"依法治国"、"安全"、"现代化"等词增幅均超过 50%。报告对新时代中国特色社会主义作出了战略安排:用两个"十五年",分"两步走"擘画出全面建成富强民主文明和谐美丽的社会主义现代化强国的目标任务和宏伟蓝图。就教育而言,"公平而有质量"也成为教育领域的热词。在"提高保障和改善民生水平"方面,习近平总书记用 343 个字诠释了教育的"优先"和"突出"位置,提出了

"努力让每个孩子都能享有公平而有质量的教育"的要求。

可以说，每个热词的背后，都传递着强烈的民生诉求和意愿表达，承载着一个时代一个民族的热切期盼和宏伟目标。热词是一个时代的声音，更是一个时代的呼唤。于热词中，我们有定位、有思考，也有展望；于热词中，我们见证历史，解构现实，更懂憬未来。

二、敬仰总书记：一言一情怀

教育兴则国兴，教育强则国强。在总书记的心中，教育一直被放在优先发展的战略位置上。

（一）总书记的教育观

"十八大"以来，总书记多次讲到：教育最根本的任务就是"立德树人"的职责。

立德树人　人生的扣子从一开始就要扣好

2014年5月4日，习近平总书记走进北京大学，与广大师生们共度"五四"青年节，这也是习近平到中央工作以来第五次走进北大。他勉励青年学生，青年的价值取向决定了未来整个社会的价值取向，而青年又处在价值观形成和确立的时期，抓好这一时期的价值观养成十分重要。

在北京大学，他跟大学生们说："这就像穿衣服扣扣子一样，如果第一粒扣子扣错了，剩余的扣子都会扣错。人生的扣子从一开始就要扣好。"

均衡发展　不能让孩子输在起跑线上

2015年农历春节前夕，正在陕西考察工作的习近平总书记专程来到延安杨家岭福州希望小学，察看学校办学情况，同老师们进行交流。习近平对大家说，教育很重要。革命老区、贫困地区要脱贫致富，从根儿上还是要把教育抓好，不能让孩子输在起跑线上。国家的资金会向教育倾斜、向基础教育倾斜、向革命老区基础教育倾斜。

勾画蓝图　让每个人都有人生出彩的机会

高考，牵着千家万户；高考改革，牵一发动全身。虽然现行高考模式为我国经济与社会发展遴选输送了大批人才，但应试教育、学生负担过重、择校等问题也屡被诟病。2014年8月18日，中央全面深化改革领导小组第四次会议审议了《关于深化考试招生制度改革的实施意见》,明确了考试招生制度改革的总体要求、主要任务和措施,正式拉开了高考招生制度改革的序幕。

让全民共享改革与发展的成果,让每个公民都能够平等享有医疗、教育、就业等各领域资源,让每个人都有人生出彩的机会。

（二）总书记的教育发展观

伟大的事业必须有坚强的党来领导,办好人民满意的教育,必须全面贯彻党的教育方针,落实立德树人根本任务,需要全体教育工作者站在实现"两个一百年"奋斗目标的历史高度,加深对新时代对教育的新需求,以更好的教育服务新时代。

众望所归 "人民期盼有更好的教育"

粗略计算,十九大报告中一共提到"人民"200多次。"人民"两字,直抵人心,激发共鸣。办好人民满意的教育,彰显了人民的立场,饱含着深厚的为民情怀,充分体现了党全心全意为人民服务的根本宗旨。因此,教育取得的成就,要用'人民'的获得感来衡量;教育存在的差距,要用'人民'的幸福感来弥补;教育质量的高低,要用'人民'的满意度来评判。"人民对美好生活的向往,就是我们的奋斗目标"。

教育理想 "发展具有中国特色、世界水平的现代教育"

习近平总书记在第二十九个教师节慰问信中,希望广大教师"为发展具有中国特色、世界水平的现代教育作出贡献"。"发展具有中国特色、世界水平的现代教育"是我国教育发展的理想、方向和目标。

习近平总书记提出,基础教育是立德树人的事业,旗帜鲜明地加强思想政治教育、品德教育,让社会主义核心价值观的种子在少年儿童心中生根发芽,把国家、人民、民族装在心中,养成健康、乐观、向上的品格。总书记还强调,我国高等教育发展方向要同我国发展的现实目标和未来方向紧密联系在一起,为人民服务,为中国共产党治国理政服务,为巩固和发展中国特色社会主义制度服务,为改革开放和社会主义现代化建设服务。

（三）总书记的人才观

教育决定着人类的今天,也决定着人类的未来。在第三十二个教师节来临之际,习近平总书记来到北京市八一学校,看望慰问师生,向全国广大教师和教育工作者致以节日祝贺和诚挚问候,并向教育工作者提出殷切期望,回答了"培养什么样的人、如何培养人、为谁培养人"的问题。

以人为本　"培养德智体美全面发展的中国特色社会主义建设者和接班人"

党的十九大报告指出："全面贯彻党的教育方针,落实立德树人根本任务,发展素质教育,推进教育公平,培养德智体美全面发展的社会主义建设者和接班人。"2013年,在同全国各族少年儿童代表共庆"六一"国际儿童节时的讲话中,习近平总书记要求少年儿童从小就要立志向、有梦想、爱学习、爱劳动、爱祖国,德智体美全面发展,长大后做对祖国建设有用的人才。他在北京市八一学校考察时说,中小学生是青少年的主体,是国家的未来和希望。中小学生要立志成才,必须勤奋学习、提高综合素质,努力做到修身立德、志存高远,勤学上进、追求卓越,强健体魄、健康身心,锤炼意志、砥砺坚韧。他在2013年同各界优秀青年代表座谈时说:"青年最富朝气、最富有梦想","青年兴则国家兴,青年强则国家强"。他教导青年,第一要坚定理想信念;第二要练就过硬本领;第三要勇于创新创造;第四要矢志艰苦奋斗;第五要锤炼高尚品格。

面向未来　做"勇于担当民族复兴的时代新人"

在党的十九大上,习近平庄严宣告:中国特色社会主义进入新时代。这是一个新的伟大的时代。伟大的时代就需要进行伟大斗争、建设伟大工程、推进伟大事业、实现伟大梦想,就需要大批"担当民族复兴大任的时代新人",需要一大批永怀理想,永不懈怠的复兴者;勇于担当、勇立潮头的复兴者;初心不改,永远奋斗的复兴者。唯有这样的时代新人,方可担起汇聚起全体中华儿女的磅礴力量,实现中华民族伟大复兴的大任。

(四)总书记教师观

"一个人遇到好老师是人生的幸运,一个学校拥有好老师是学校的光荣,一个民族源源不断涌现出一批又一批好老师则是民族的希望。"

立德树人　"教师是立教之本、兴教之源"

"教师是立教之本、兴教之源,承担着让每个孩子健康成长、办好人民满意教育的重任。"2014年9月9日,习近平在北师大与师生座谈时又再次强调了教师、教育的作用。习近平说:"邓小平同志曾经指出:'一个学校能不能为社会主义建设培养合格的人才,培养德智体全面发展、有社会主义觉悟的有文化的劳动者,关键在教师。'教师重要,就在于教师的工作是塑造灵魂、塑造生命、塑造人的工作。"

不忘初心　做有"理想信念、道德情操、扎实学识、仁爱之心"的"四有"好老师

"每个人心目中都有自己好老师的形象。做好老师,是每一个老师应该认真思考和探索的问题,也是每一个老师的理想和追求。习近平提出了四点好老师的共同特质:做好老师,要有理想信念;做好老师,要有道德情操;做好老师,要有扎实学识;做好老师,要有仁爱之心。好老师应该把自己的温暖和情感倾注到每一个学生身上,用欣赏增强学生的信心,用信任树立学生的自尊,让每一个学生都健康成长,让每一个学生都享受成功的喜悦。

尊师重教　"使教师成为最受社会尊重的职业"

2013年9月9日,习近平向广大教师致慰问信时指出,各级党委和政府要把加强教师队伍建设作为教育事业发展最重要的基础工作来抓,提升教师素质,改善教师待遇,关心教师健康,维护教师权益,充分信任、紧紧依靠广大教师,支持优秀人才长期从教、终身从教。全社会要大力弘扬尊师重教的良好风尚,使教师成为最受社会尊重的职业。

三、顺应新时代:一名一责任

我国正处于全面建成小康社会的决胜阶段,教育的内外环境、供求关系、资源条件、评价标准都已发生了重要而深刻的变化,我国教育改革发展已进入中国特色社会主义新的历史阶段。面对新时代新征程,我们要清醒地认识到:与世界先进水平相比,与社会需求和百姓期待更好的教育相比,与全面建成小康社会和实现"两个一百年"奋斗目标的要求相比,我们教育改革尤其是中西部地区的教育发展还存在一定的差距。在新时代背景下,名校长更要牢记自己的特殊使命,主动顺应新时代,积极发挥名效应,全面促进区域教育均衡、科学、持续发展,实现学生、教师和学校的协调发展,培养全面发展的社会主义事业的建设者和接班人,为实现教育现代化,建设人力资源强国,实现中华民族的伟大复兴提供人才支撑和智力保障。

（一）思想引领方向,努力做一个有眼界、有思想、有格局的行业带头人

中国教育学会副会长,中国叶圣陶研究会副会长兼秘书长,新教育实验发起人朱永新在《理想的校长》一文中这样描述:理想的校长应该是一个不断追求自己人生理想和办学理念,具有独特办学风格的校长。一个充满理想的校长,会调动教师的激情,挖掘教师的潜能,扬起教师理想的风帆,会携手全校师生构筑"共同

愿景"——就是学校追求的目标,达到的境界。正所谓:"志大则才大,事业大;志久则气久,德性久"。而作为名校长,其作用又不仅限于此,因为名校长的"名下"不仅仅是一所学校,更有工作室及更广范围的诸多学校,需要引领一个校长团队,促进一方教育发展。十九大提出的宏伟蓝图落实在教育领域更需要扎根在教育一线,尤其是经济相对落后地区的教育一线的校长们群策群力,齐心协力,共同打好这场教育"脱贫"攻坚战,打好这场"后发赶超、奋起直追"的教育逆袭战。而要赢得这场战斗,需要名校长具有与众不同的政治眼光、发展眼光、长远眼光和大局眼光;还要有敢为人先、勇立潮头,摸着石头过河的探索精神和科学发展、不畏艰难,咬定青山不放松的实践精神。我们需要通过有广度的阅读,有深度的思考,有温度的教育,有力度的推进,有效度的实践来提升教育能力和教育水平。

(二)目标驱动任务,牢记"立德树人"根本任务,培养德智体美全面发展的中国特色社会主义事业建设者和接班人

作为基层教育工作者更要明确自身责任,解决好为谁培养人、培养什么样的人、怎样培养人这个根本问题。立德树人永远都是教育工作的首要任务和中心工作。最近频发的教师被学生伤害的骇人事件也给学校教育、家庭教育上了一课。社会以及学校的教育评价方式单一、激进就容易出现矛盾和问题。因此,新时代需要新思想,新思想才能生成新策略,新时代背景下的"立德树人"就应赋予它不同的定义和地位。

十九大报告指出:现阶段的社会矛盾已经发生了转变,仔细思量教育矛盾的新变化,不难发现:从总体上看,我国已基本解决了"有学上"的问题,正朝着"上好学"的新的历史目标迈进;已经实现了"大起来"的目标,正朝着"强起来"的目标努力;已经实现了"学生学业水平"的整体提升,正朝着"学生发展核心素养",尤其是身心健康、实践创新和社会参与能力等方面的全面发展。而所有发展都离不开德育的基础。因此,作为学校教育,必须根植于德育基础,将人的品德形成、抗挫能力、身心健康、文明习惯等全方位融入到教育教学全过程,在教育教学实践中,始终坚定社会主义办学方向,旗帜鲜明地加强思想政治教育和社会主义核心价值观教育,德国哲学家亚斯贝尔斯在《什么是教育》一书中指出:"教育必须有信仰,没有信仰就不成其为教育,而只是教学技术而已。"为此我校思考并提出了德育工作"五个一特色工程",即:一个支部一个堡垒,夯实新时代德育工作主阵地;一个党员一个模范,引领新时代德育工作新风尚;一个干部一个表率",唱响新时代德育工作主旋律;一个教师一个榜样,弘扬新时代德育工作正能量;一个学生一个希望,共创新时代德育工作新辉煌。

一个支部一个堡垒,夯实新时代德育工作主阵地。习近平指出:我们的学校是党领导下的学校,是中国特色社会主义学校。办好学校,必须坚持以马克思主义为指导,全面贯彻党的教育方针。一所学校一旦在办学方向上走错了,在培养人问题走偏了,那就像一株歪脖子树,无论如何也长不成参天大树。

因此,学校把德育工作的首要任务确定为党的建设,目的就是要坚持社会主义办学方向,以德育德,厚德载物,发挥党总支的战斗堡垒作用和核心领导作用,全力打造中华民族"梦之队",实现中华民族的伟大复兴中国梦。学校要充分发挥党总支的引领、促进、组织作用,让中国特色社会主义新思想、新理念在学校落地生根,有了好的根基和土壤,有了正确的办学方向和办学理念,才能不断夯实新时代德育工作主阵地,努力确保学校这片"社会净土"始终保持纯净,为办好中国特色社会主义事业打造一个"山清水秀"的政治社会生态,为建设教育强国提供坚强的教育保证。

一个党员一个模范,引领新时代德育工作新风尚。教书育人,德育为先。青少年是学校的主体,深处教学一线的党员和党员教师在学生管理中是连接班主任和学生的纽带。这个纽带作用发挥得好,无疑是在师生之间架起了一座"连心桥",通过这座连心桥,可以增进师生间的了解和沟通,及时掌握和调整教学方法和管理方法,促进学校良好校风、教风、学风的形成和优化,促进德育工作的有序、有效开展。

"一个干部一个表率",唱响新时代德育工作主旋律。学校干部队伍是学校教育教学和德育管理的中坚力量。干部队伍素质的高低,直接关系到学校德育管理的成败,关系到办学水平的高低。学校将按照习近平总书记提出的"四有"干部(心中有党、心中有民、心中有责、心中有戒)和"四有好老师"(有理想信念、有道德情操、有扎实学识、有仁爱之心)的要求,不断加强干部队伍建设,使干部队伍讲正气、有才气、成大器,使其成为行业表率、教坛先锋、德育标兵和创新能手。在德育教育实践中,不断增强"教书育人、服务育人、管理育人"的意识,形成各科室密切配合,班主任和各科任老师共同承担的纵向链接的德育工作体系,逐步构建"人人都是德育工作者、事事都是德育活教材、课课都是德育精品课、处处都是德育宣传地"的德育新格局。

一个教师一个榜样,弘扬新时代德育工作正能量。"一个人遇到好老师是人生的幸运,一个学校拥有好老师是学校的光荣,一个民族源源不断涌现出一批又一批好老师是民族的希望"。教师是品行之师,学识之师,立德树人,教书育人是教师的神圣使命。一个教师如果在是非、曲直、善恶、义利、得失等方面不能坚定正确立场,怎么能担起立德树人的责任? 因此,教师的德育观直接影响到是否能帮助和引导学生把握好人生方向,帮助他们扣好人生的第一粒扣子。实验学校将继续推进"老带新"师徒结对活动,让师德、师能和师艺无缝对接,"百名教师大家访",用步伐丈量城市的距离,用爱心搭建心灵的桥梁。通过开展一系列有效活动,逐步形成"师德是从教之基,师能是立教之本,师艺是强校之魂"的共识,树立讲正气、讲学习、讲团结、讲奉献的育人楷模和师德风范,用教育的方式在三尺讲台履行立德树人的使命,成为续写实验辉煌的不竭动力。

"一个学生一个希望",构筑新时代德育工作新高地。中小学生是可塑性最强的群体,对他们进行德育教育是一项最基础的奠基工程。在教育过程中,我校十分注重学生的身心发展规律,突出针对性和实效性,始终遵循"三个规律"(即:教育规律、认知规律、成长规律),牢固树立"健康第一"的理念,按照"三性"(即:尊重天性、培育德行、发展个性)原则,深入开展"德育五进"(道德进讲堂、教师进家庭、法律进校园、德育进课程、守则进心中),让每一个学生都成为明礼善行的传播者和践行者。全面实施"三个计划",即:实施"学困帮扶计划、巩固提高计划、培优拔尖计划"系统工程,关注不同层次,不同水平的学生,使优秀学生走向卓越,一般学生走向成功,学困生不掉队,使全体学生勤学、善学、乐学,让每一个孩子都有出彩的机会。

每一项活动都是爱与责任、奋斗与梦想的融合,都是德育教育的有形载体。我们提出学校的育人目标是:做更好的自己。做更好的自己不仅仅是学生个体层面上做更好的自己,老师也同样要做更好的自己,学校同样确立了"全市引领、全省一流、全国知名、走向世界"的大目标。全体师生的小目标在学校统一大目标的前提下形成了一股势不可挡的合力,一种昂扬向上的精神。老师们在一次次学习和反思中提升和完善自己,同学们在一次次的学习、活动过程中拼搏、历练、成长,同时也孕育、点燃了属于他们自己的梦想,这些小小的梦想汇聚起来就会成为实现实验梦、教育梦,最终成为实现伟大中国梦的新生力量和不竭动力。

正是这样一种风气、正气,这种凝聚在师生身上的一种精神魅力,一种澎湃着的、具有生命力的、令人感动的精气神感动了许多到学校调研和指导工作的国家、省市领导及教育专家。《光明日报》、新华网、人民网、贵州新闻联播等多家媒体相继对学校开展的"五个一"特色工程取得的显著成效进行了连续深入报道。新时代,我们还会继续深化"五个一"特色工程的内涵,拓展它的外延,真正让"德"成为所有师生的立身之本,立业之基,立人之气。

(三)责任承载使命,全力打造"四个教育",为创办新时代人民满意的教育而

努力

新时代教育就要肩负新使命:新时代教育要增进全体人民更多获得感,让每个孩子享受公平而有质量的教育;新时代教育就要增进人民更多幸福感,为人民群众提供可选择的多样化优质教育,是学有所得、学有所成的教育,是奠定学习者事业成功走向人生幸福的重要基石,是美好生活的重要内容;新时代教育就要增进人民更多的安全感,要继续维护正常的教学和生活秩序,保障学生人身和财务的安全,促进身心健康发展。归纳起来,要办好人民满意的教育就要让人民有更多的获得感、幸福感和安全感,就要全力打造"四个教育"(即:实现"公平的、有质量的、安全的、幸福的"教育小康之梦),为创办新时代人民满意的教育而努力。

要在公平教育上下功夫,不断拓宽优质教育的平台和渠道。教育公平是社会公平在教育领域的延伸和体现。好的教育,公平的教育,是以人为本的教育,是为多数人提供平等机会、优质服务的教育。根据《安顺市城市总体规划修编(2015 – 2030)》规划,到2030年,城市中心城区人口将达150万,其中主城区(西秀区和开发区)人口将达100万。这就意味着0—6岁儿童占比将增加到10万左右。而安顺市现有的教育资源是无法满足市民对优质资源在质和量的需求。在促进教育公平发展上,我们不仅要依托上级教育主管部门对教育资源的均衡配置,更需要学校齐头并进拓展教育外延,激活教育空间,做大做强实验的教育品牌,让更多的人能享受到更加优质的教育资源。同时,要在教育内涵发展上做文章,盘活现有的教育资源。要关注特殊群体(单亲家庭、进城务工子女、留守儿童少年)的学习生活;关注学困生、德困生的心理健康;关注更大范围内学生的幸福成长,要为师生架设更为通畅的沟通渠道,为学生搭建更多层面才艺舞台,要通过我们的努力,让每个适龄儿童少年都能享受良好的教育,都有人生出彩的机会,都能实现个人的梦想和追求。

要在质量教育上下功夫,不断增强人民对优质教育的获得感和满意度。在全面提升教育质量的过程中,要坚持以方向领质量、借标准定质量、靠课改提质量、以师资保质量、用评价促质量,围绕创新育人方式,制定质量标准,推进课程改革,发展教师队伍,完善评价体系等方面采取创新举措,坚持走以提高质量为核心的内涵式发展道路。首先,提高教育质量必须全面落实立德树人根本任务。落实立德树人根本任务,是实施素质教育的新时代要求,是教育坚持和发展中国特色社会主义的核心所在,也是"十三五"时期提高教育质量的关键。要通过加强社会主义核心价值观教育,把增强学生社会责任感、创新精神、实践能力作为重点任务贯彻到教育全过程。其次,提高教育质量必须建立现代学校制度、深化改革、依法治教"三轮驱动"。现代学校制度是一种适应时代要求的学校制度,是一种以学生发展为核心,重视教师的教和学生的学的过程,也关注学校内部的运作,重视学校与家长和社会的过程。因此建立科学和谐的师生关系、生生关系、校际关系等是建立现代学校制度的基本要求。三是要全面推进依法治校。当前,随着民主法治和政治文明建设的推进,教育改革的不断深化,学校的发展环境、发展理念、发展方式正在发生深刻变化,迫切需要全面推进依法治校,不断提高学校管理水平,维护学校、教师、学生各方面合法权益,为全面提高人才培养质量提供法制保障。

　　要在安全教育上下功夫,不断增进师生对教育的安全感和信任度。在党的十九大报告中,"安全"一词同样热度空前,出现了 50 次以上。安全感的需要是实现人类更高层次需求的基础,安全感是走向幸福生活的支撑。没有安全,谈何教育,更没有质量。所以,上好安全教育第一课,维护正常的教育和生活秩序,保障学生人身和财务安全,让他们健康安全成长,是每一所学校的重要课程,是每一位校长的重要使命。要把安全教育纳入教育教学内容,引导学生树立安全意识、掌握安全常识、开展安全演练,真正做到"人人懂安全,人人讲安全",最大限度地提高全体师生的安全素养。在校园安全教育方面,学校结合自身实际,开展了校园安全教育"15511"工程。即每天放学前最后一节课要留一分钟对学生作放学回家相关的安全教育,每周最后一节课要留五分钟对学生作放学回家相关的安全教育,每月最后一周利用五分钟国旗下讲话作安全工作通报或安排,开展每月一次应急逃生演练,每学期至少讲授一节安全教育课,并且有教案。

　　要在幸福教育上下功夫,不断提升师生对美好生活的需求和向往。幸福教育,既是为创造未来幸福奠基的教育活动,又是师生在教育活动中感受幸福的现实体验。在实施幸福教育的过程中,关键是要引导学生确立幸福的人生价值观,培养他们志存高远,奋发有为,诚实守信,追求真理,团结合作等美好的道德品质。其次要培养学生的创新精神和实践能力,学用结合,适当地开展创新竞赛、才艺竞赛等活动,为学生搭建更多的学习生活与展示自我的幸福舞台。还要创新思路,拓展渠道,不断提升教师从教的幸福感。要改善办学条件,美化校园环境,分享教育福利,搭建教师成长阶梯,积极开展各种文体活动,让广大教师参与学校管理和监督,提高教职工的主人翁意识,进而形成以校为家,携手共建的幸福感,永葆工作的热情,体验成功的快乐。幸福既是教育的目标,又贯彻于教育整个过程,它的外延是由幸福的学校、幸福的教师和幸福的学生构成,这就需要我们共同努力,以幸福的教育培养幸福的人。

　　教育要有新作为,意味着我们不仅要关注教育的未来,更要关注时代的未来。

作为名校长,不能仅仅把目标放在自己学校内部,要在专注教育内部变革的同时,还要有更宽的时代视野和格局,要找准基础教育时代坐标系的新定位。当前,人民有着更好的教育期待,优质和公平是教育重要的时代命题,一所有担当的学校,一个有担当的校长应当承担起相应的责任,为教育事业整体的均衡和充分发展竭尽全力。

未来已来,将至已至。面对席卷而来的新浪潮,我们只有以创新的姿态、奋斗的姿态、团结的姿态迎接未来,决胜未来!

文章发表在《跨越文化巅峰》——校长教坛论道 2013.09

积极倡导特色创建改革创新彰显优势

安顺市实验学校 李锦鸣

安顺市实验学校创建于 1939 年秋,是一所由幼儿园、小学和初中三部分组成的省级大型重点学校,学校占地面积 4000m²,建筑面积 28000m² 绿化面积 11402 平方米,绿化覆盖率 52.7%。我校是一所由幼儿园、小学和初中三部分组成的省级大型重点学校,现有 60 余个教学班,近 4000 名学生,近 200 名教职工,其中特级教师 2 名,全国优秀教师 6 名,省级优秀教师 10 名,国家级骨干教师 3 名,省级骨干教师 21 名,中小学高级教师 70 名。

学校有着 70 余年的办学历史,积淀了深厚的文化底蕴,曾获得"校园美、校风正、设备新、素质强、质量高"的赞誉。管理规范,校风教风学风端正,秉承"为学生一生着想,为祖国明天奠基"的办学理念,办学特色鲜明,长期坚持"幼小衔接"和"小初衔接"实验,长期承担教育教学改革实验,成为全市新课程改革实验的"样本校"。学校积极探索实施素质教育的途径和方法,积极培养学生创新精神和实践能力。教育教学质量不断提高,1993 年至今连续 18 年保持义务教育阶段学校中考升学居全市榜首的地位。在上级部门的领导和支持下,全校师生共同努力,树立了"管理强校、质量立校、人才兴校、文化铸校、安全稳校、和谐荣校"的工作思路。学校在管理强校上实现了定岗定员定责和健全管理制度,加强了常规管理;在质量兴校上树立了科学的质量观,把促进学生全面发展,适应社会需要作为了衡量我校教育教学质量的根本标准;在人才兴校上加大了对新教师、青年教师的培训力度,加强名、特教师队伍建设,强化班主任队伍建设,大力加强师德师风建设;在文化铸校上注重学校文化的积淀,在物质文化、管理文化、精神文化建设上加大了力度。在安全稳校上按照"一个加强,两项排查,三个防控,四个结合,五个必有"的工作原则,将学校安全工作抓实抓细,形成了学校安全工作年年讲、月月讲、天天讲、时时讲、事事讲、人人讲的局面;在和谐荣校上使全校师生树立了"校荣我荣,校耻我耻"和"和谐凝聚力量、和谐造就伟业"的思想。通过不懈努力,学校精神文明建设展现了新容貌,常规工作取得了新进展,改革取得了新成就,文化建设取得了新突破,教育质量取得了新成绩。

一、深入实际夯实基础,创新思维创建特色

安顺市实验学校作为市直唯一一所义务教育阶段学校,在学校发展前进的道路上,全校教职员工高举中国特色社会主义伟大旗帜,坚持马列主义、毛泽东思想、邓小平理论、三个代表重要思想,以2010—2020年国家、省、市《中长期教育改革发展纲要》为未来十年工作指南。坚持"不止领先、追求卓越"的实验精神、"为学生一生着想,为祖国明天奠基"的办学理念和"明德、笃学、崇实"的校训,按照"管理强校、质量立校、人才兴校、文化铸校、安全稳校、和谐荣校"的工作思路,以"抢抓机遇、真抓实干,改革创新"为核心,努力实现以"爱生、爱岗、爱校"的教风,带动"勤学、善学、乐学"的学风,形成"求真、求实、求新"的校风,为达到"办校理念高层次、学校管理高水平、学校队伍高素质、学校文化高品位、学校成绩高质量"的办学目标不懈努力。

为全面推进素质教育,彰显学校办学特色,学校从长远角度思考发展,在稳抓教育教学质量的同时,注重学校特色建设,在推动学校教育改革发展和促进学生个性特长的培养方面进行了积极探索和创新。

在学校特色工作创建上,学校领导班子统一思想,深入实际,创新思维,带领全校教职工从学校各个层面,全方位的探索学校特色发展新思路、新方法,为特色创建工作的稳步推进打下坚实基础。

二、努力提升教师素质,打造特色教师队伍

学校重视特色教育,把特色教育作为学校教育的一个重要组成部分,当作实施素质教育的重要内容来抓。我校拥有一支年龄、性别结构合理、敬业爱岗、有较强业务能力的教师队伍,为使这支队伍在特色教育工作中充分发挥作用,学校从师德、专业技术、个人素养等多方面多角度提升教师队伍整体水平。

(一)夯实师德教育,实现教师爱岗敬业、教书育人、为人师表

进一步加强教师政治思想教育,努力提高教师实施素质教育的积极性。积极开展"做人民满意的教师"师德主题教育活动,厉行师德规范,弘扬高尚师德,增强教师立德树人的自觉性和坚定性,全面提升教师职业道德水平。以学习理解践行"贵州教育精神"以及"教师誓词"活动为契机,将贵州教师誓词以及"不止领先、

追求卓越"的实验精神铭记于心,落实于行,使我校广大教师成为教学的能手,师德的标兵,社会的楷模。

(二)通过"四新"培训,促进教师不断学习和专业发展

按照《安顺市实验学校"十二五"(2011—2015 年)中小学教师继续教育工程实施方案》,采取集体面授和个人自学相结合,网上课堂与集中研讨相结合,开展"四新"(即新理念、新知识、新方法、新技能)的学科培训。让教师牢固树立先进的教育思想和教育理念,树立正确的教育观、质量观和学生观;学习借鉴国内外教育教学实践成果,深化学科专业知识;探索创新课堂教学模式和教学方法,提高教学质量;强化教师"备上说听议"课能力及课后反思、学情分析、考核评价、课题研究等基本技能,提高教师应用现代教育技术的能力和水平。通过制定个人发展规划,明确教师奋斗目标和成长需求,更好地帮助教师实现目标的有效达成,完成对专业发展的规划。

(三)鼓励广大教师在学有余力的基础上结合自己从事的学科教学或平时的兴趣爱好,努力学习一项或多项特长,在学校的体育俱乐部活动和课外活动中发挥特长,从事特色教学活动,为学校的特色创建及长远发展奠定良好的师资基础。

三、注重德育实效功能,培养学生综合素质

学校德育工作深入贯彻党的十七届六中全会精神和《社会主义核心价值体系建设实施纲要》,抓住"融入"这一关键,突出"全过程"的要求,有效融入社会主义核心价值观教育,坚持融合性、主体性、实效性原则,以文化育人、课程育人、实践育人为重点,以夯实德育工作基础、把社会主义核心价值体系切实融入课堂教学、德育实践、班级文化、班主任工作的各个环节和各个方面。

(一)在特色工程中充实德育载体,创新德育模式

落实"课程育人"工程:充分落实各学科教学的德育渗透功能,使每位教师都树立"教书育人"的理念,在学科教学中自觉落实"情感、态度、价值观"目标,对学生进行有机的思想道德教育。

落实"管理育人"工程:①完善"日常行为规范"的检查评比机制,培养中小学生良好的行为习惯:要本着"全员育人,全程育人,全方位育人"的原则,把德育目标渗透到学校管理的每个岗位、每个时段、每个环节,让学生时时、事事、处处在良好的教育引领之中。②进一步提高班主任道德修养、做学生人生导师,认真履行教育职责和常规管理职责。充分发挥学校少先队、共青团组织的自身优势,引导学生自我管理、自我服务、自我教育,开展健康有益、生动活泼的活动,培养少先

队员、共青团员对党、国家和社会主义的情感,树立正确的理想信念,在学习、生活中发挥表率作用。

落实"活动育人"工程:结合学校实际及学生的身心特点,开展形式多样、寓教于乐的主题实践活动,如:开展师生学礼仪活动,学习"双百人物"事迹活动,"祖国好、家乡美"系列活动,"学党史、唱红歌、诵红色经典"系列活动,"防灾减灾宣传周"宣传教育系列活动,举办学校"祖国好家乡美唱红歌颂党恩跟党走"第五届科技艺术节等。在活动中,培养了学生正确的世界观、人生观、价值观,提高了学生综合实践能力,促进学生身心和谐、健康发展。切实开展社会实践活动,建立健全学校开放制度,努力实现校内实践体验、校外社会实践活动和家庭实践活动的有机结合。

落实"文化育人"工程:让校园广播、校园网、橱窗、板报和文化长廊等宣传阵地都活跃起来,利用具有深刻内涵的人文景观,使学生受到健康文化氛围的熏陶。积极深化各种富有趣味性的课外文化体育活动、怡情益智的课外兴趣小组活动,提高学生整体素质和创新意识,丰富课外生活。实施"校园净化工程",开展"远离不良文化"教育活动,自觉抵制不良文化的影响。努力创建"人文校园、书香校园、平安校园、和谐校园",全面提升学校的文化品位。

(二)加强学校心理健康教育,开展中小学生心理健康教育现状专题调研,规范学校心理咨询室建设。以"和谐阳光,快乐成长"为主题,广泛开展班级心理辅导活动,积极引导学生健康成长。

(三)增强学校德育工作合力,开展"百名家长进学校"教育开放活动和"百名教师大家访"活动,活动中,学校领导班子成员带头走进学生家庭,切实了解学生情况,增强家校联系,增进家校情感。充分发挥家长委员会和家长学校等社会教育资源的作用,建立健全以学校为主导,以家庭为基础,以社会教育为支撑"三结合"协作教育机制。

(四)积极引导广大教师参与德育课题研究,探索学校德育新规律。重视德育经验的梳理总结以及宣传报道工作。以"社会主义核心价值观教育"为主题,以思想品德教育、心理健康教育、行为习惯养成教育等为重点,开展德育专题调研和优秀调查报告评选活动;定期召开全校德育工作会,认真总结经验和成果,部署德育工作。促进德育工作规范化、科学化运行。增强德育工作执行力和实效性,初步形成一批课题研究成果,提高学校德育管理和决策水平。

四、积极倡导特长培养，丰富学生课外活动

为广泛激发学生兴趣，培养学生多方面的特长，学校以本校2004年经国家体育总局审核批准的青少年体育俱乐部为基地，结合时代特点和学生兴趣及年龄特征，广泛开展学生综合实践活动及社团活动。先后开设了体育、艺术、科技、文化和教育5个类别，30多个项目，40多个组别的综合实践活动。例如，体育类有围棋、象棋、乒乓球、武术、足球、田径、少儿健美操，以及打陀螺、滚铁环、丢沙包等民族民间体育项目；艺术类有合唱、舞蹈、军乐、摄影、绘画、书法、面塑、雕塑、陶艺、手工，以及苗族板凳舞、地戏演阵舞和布依族竹竿舞等民族民间舞蹈项目；科技类有计算机与智能机器人、航空及车船模型制作、天文、电子百拼、网页制作、电子报刊等项目；教育类有趣味英语、英语沙龙和社会调查与研究；文化类有剧社、文苑2个项目。俱乐部活动始终坚持普及与提高并举，以学生自愿参加为原则，很好地调动了学生的兴趣，成为了学生们培养艺术特长的乐园。

为保证学校特色教育工作的正常开展。学校把近10000平方米的六角楼专门开辟为特色活动场地，建立了音乐室、舞蹈室、面塑室、绘画室、军乐队训练室、乒乓球训练室、象棋室、围棋室等。近年来，学校投资数十万元更新、添置了特色教育硬件设施。为学生进行实践性活动提供了更为优越的物质条件。学校还聘请了校内外有一技之长的教师或专业人员担任俱乐部辅导教师，为学生们提供了内容充实、理论与实践相结合的教学指导。俱乐部这些活动集知识性、技能性、趣味性和娱乐性为一体，丰富了学生的课余生活，深受学生的喜爱和家长的欢迎，得到了省市教育行政部门和市政府领导的充分肯定。如：军乐队自组建以来，先后训练和培养了四届军乐队员，军乐队队员们通过学习，获得了有关军乐演奏的知识和技能，成为他们在音乐方面的一项特长。军乐队作为学校礼仪形象的一个组成部分，为提高学校文化品位产生了积极的作用。以俱乐部学生为主体组建了学校围棋代表队，在第二届安顺天元围棋比赛中有3人进入青少年围棋比赛十强之列，以总分第一获得团体组织奖。此外，不少学生代表学校分别参加了市级、省级和全国的航模比赛、科技创新大赛、书画比赛等活动，取得诸多优异成绩。

在俱乐部艺术教育普及活动的基础上，近年我校还成立了以展现学生艺术特长为主要目的的少儿艺术团。学校少儿艺术团成立后以精湛的演艺代表贵州参加全国少儿唱红歌比赛，获得金奖。组团两年来，以少儿艺术团为主体，在我市电视台演播大厅承办了两届学校迎春晚会，获得社会人士的普遍好评。

五、开展特色校本教研,推动学校特色创建

学校尊重教育规律和学生身心发展规律,以真抓实干为着入点,创新教学规范管理,开展特色校本教研,切实做到关心每个学生,促进每个学生主动地、生动活泼地发展。

(一)以质量为中心,以课改为抓手,以课题研究为载体,努力提高教学水平

贯彻执行《教育部关于当前加强中小学管理规范办学行为的指导意见》和省市《关于坚决规范中小学办学行为切实减轻学生过重课业负担全面提高教育教学质量的意见》,坚持贯彻落实科学发展观,端正办学思想,规范办学行为,规范教育教学管理,全面实施素质教育,促进学生全面发展和健康成长。

1. 实施规范化、精细化管理,提高教学质量。执行《安顺市实验学校关于深化课程改革进一步推进素质教育的措施》和《安顺市实验学校教学常规管理细则(试行)》,加强教学常规检查、督导和落实,继续加强"课堂教学专项视导评价"和"教学教研视导评价";严格执行《安顺市中小学教学常规管理暂行规定(试行)》,减轻学生过重课业负担。落实规范办学,减负、增效、提质要求。开齐课程,开足课时,整合教学资源,进行学法指导,追求高效课堂,提高教学质量。聚焦课程,聚焦教学,将焦点对准各学科课程,引领教师做到"功在课前,效在课中,能在课后",教学中充分尊重学生个性发展,为学生开辟一方展示生命活力的学习舞台。推进教育信息化,提升学校教育现代化水平。

2. 立足本校幼儿园、小学、初中一体化特色,开展"幼小和小初教育教学衔接研究"、"纵横数字化学习促进学生智力因素和非智力因素发展的研究"、"中小学生心理健康问题研究"等课题研究,探索特色教育新途径。开展《儿童美德发展工程》课题实验,将"美德在我心"品德教育课程纳入教育教学环节,努力促进儿童良好道德品质的形成。

3. 认真抓好综合实践课、研究性学习,培养学生创新精神和实践能力。充分发挥学校体育俱乐部和少儿艺术团的积极作用,积极组织学生参加社会实践活动,研究性学习活动,不断提高学生的实践活动和创新能力。

(二)加强特色课程文化建设

1. 课程是学校文化建设的载体之一,设置学校课程,探索乡情教育途径。学校进一步创新构建学生全面发展与个性发展的课程体系,体现校本课程的多样化。编写了校本教材《安顺,可爱的家乡》。教材内容犹如一幅安顺时空变化的画卷,让人可读、可观、可感、可亲,它是安顺文化传承的载体,是爱家乡、爱国教育的

具体体现。曾有专家学者评过此教程:"当孩子们在题山卷海的重压下,抑或只在网游电玩的陶醉之间,从这本书中窥见他们每天走过的街道、日常生活地方的一些渊源,知道这一方土地有如此美丽的所在,长大了有一些情感上、文化上难以割舍的东西,有了文化上的认同和归属感,这本书就算是功莫大焉了。"目前,第二本校本教材《古韵民风》也完成修改任务。

2. 课堂教学改革是学校特色文化建设的主阵地之一。广大教师以工作的个性化创造与分享为目标,做实常规听课,走进彼此的课堂,互相欣赏;教师借助参加全国、省、市级各类优质课、教学案例、教学论文评选活动,研究学生、研究课堂、研究教材、不断更新教学理念,创新教学策略,做好经验总结以及推广;引导教师积极申报参与课题实验的研究,努力探索具有自己特色的"高效课堂"教学风格。

3. 教育教学中注重环境熏陶在教育过程中潜移默化的作用。我校充分利用校园的每一块墙面和每一个角落,赋予文化的内涵,传播教育的思想,为学生营造良好的校园文化艺术环境。学校正大门的南楼上方墙上写有"为学生一生着想,为祖国明天奠基"办学指导思想;西楼小学部教学楼门厅墙上写有"学会做人,学会求知,学会健体,学会劳动,学会审美,学会合作";东楼中学部办公室墙上有陶行知的名言:"千教万教,教人求真;千学万学,学做真人"等等,体现了学校以学生为本,以德育人,全面发展的办学理念。西操场的主题文化墙体现了从古到今中华传统文化延续和中国教育思想的传承。草坪上形态优美而又怪异的文化石,蕴含丰富的内容,给师生无限的遐想和启发:踏实的作风,求实的精神。"乐教好学"的园艺景观,随时提醒教师要以教为乐,学生以学为好。校园环境的绿化、美化、生态化是校园极其亮丽的一道风景线,构成了学校优美、宁静、雅致的校园文化氛围,各学科教师在教学中有机地将这种氛围与学生良好的行为习惯、博爱、博学结合起来,体现实验学校的大教育观。

(三)切实推进特色教研,增强教研工作实效。

学校教研工作围绕"切实推进学校特色教研,增强教研工作实效"的工作思路,以教育科研为主要途径、以强化常规教研工作和教研组特色活动开展为手段,通过真抓实干,开拓创新,深化校本教研工作,提高课堂教学质量,进一步促进学生全面发展。

1. 在强化教研组工作的前提下,以备课组为基础,构建教研一体化团队。避免有些大教研组活动空泛的现象,依托备课组对教育教学实践中的问题和障碍开展有针对性的研讨。

2. 夯实教研内容,提升教研实效。学校将以聚焦"常态课"为教研工作重点,坚持"提质减负、高效课堂",提高校本研修和课堂教学质量的原则,结合中小学教师继续教育工程"一德四新"的要求,从培养和提升教师"新理念、新知识、新方法、新技能"入手,通过各教研组特色活动的开展,帮助全校教师树立先进的教育思想和教育理念,树立正确的教育观、人才观、质量观和学生观;树立终生学习的理念。帮助全校教师掌握在新的教育教学理念指导下,努力探索、创新课堂教育教学的模式和方法;强化和创新备课、说客、上课、观课、议课、辩课、课后反思、学情分析、考核评价及课题研究等基本技能;提高教师指导学生有效学习的技能,以促进教育教学综合能力的提高,提高课堂教学的有效性。

六、培养学生个性特长,彰显办学特色优势

(一)体育工作方面,学校认真贯彻落实中共中央《关于加强青少年体育增强青少年体质的意见》文件精神,全面实施素质教育,增强学生体质,提升学生运动潜能,推动我校体育工作扎实、有效、长期地开展,切实增强学校体育实效性。

认真落实《体育法》和《学校体育工作条例》,制定了《体育教师职责》《课间操管理办法》等制度。推进了我校体育教育的科学化、制度化和规范化管理。贯彻落实全国及省市体育工作会议精神,制定《安顺市实验学校学生阳光体育运动实施方案》,促进学生健康成长,形成健康意识和终身体育观,树立"每天锻炼一小时,健康工作五十年,幸福生活一辈子"的运动理念。引导学生积极参与、学习、享受体育,激发学生的运动兴趣和运动潜能,促进师生间、生生间的和谐关系,提高学生的合作意识和交往能力,丰富校园文化生活,营造积极向上的校园氛围。

以体育俱乐部和体育节为龙头,充分发挥"北京 2008 奥林匹克教育示范学校"的作用,与课外体育活动相结合,配合体育课教学,积极创建中小学快乐体育园地,增强学生相互了解、增进友谊和团结,培养积极参与、公平竞争的意识,激发学生勇于挑战、超越自我的精神。既培养学生顽强拼搏的体育精神,增强体质,又陶冶情操,发展个性,促进学生的全面发展。

2011 年 8 月,学校田径队参加了安顺市青少年田径锦标赛,这支唯一以学校为单位组队参赛的队伍,不畏强手,勇于拼搏,最后获得全市乙组团体总分第三名。

2011 年 11 月我校举行了隆重的"阳光少年庆民运,和谐实验育新苗"体育节,全校近4000 千多名师生举行了盛大入场式,2000 多名师生表演的大型体操"激情、动感实验"、"平安、和谐校园""我的梦、中国梦",场面宏大,精彩动人。全校积极创建中小学体育特色学校,2011 年 11 月,申报了市级"全民健身先进单位"。

(二)学校历来十分重视学校艺术教育工作,把艺术教育和学校实施素质教育、优化育人环境结合起来。

1. 艺术教育课程化,以美育智

开齐开足艺术课程,引导学生发现美、欣赏美、树立正确的艺术价值观。我校围绕《学校艺术教育工作规程》目标要求,把艺术教育有机地融入到学科教学中。教师结合教材中提出的"唱家乡戏"和"聚焦民歌"等内容,简介安顺民族的山歌,以及芦笙和铜鼓等器乐的特点和演唱、演奏方法,使学生从中感受到少数民族朴实而奔放的民风和器乐独特的音色魅力。

让优秀民族民间文化艺术走进课堂。在综合实践活动课程中设置了面塑、苗族板凳舞、竹竿舞等项目,聘请民间艺人传授学生技艺和培养学生兴趣爱好。

2. 艺术教育日常化,以美育德

艺术教育的核心是审美,一个人对美的认识同他的人生观、价值观密切相连,因此,学校在环境布置、环境育人氛围当中都充分渗透着艺术教育。如今的校园错落幽雅、古朴自然,百年金桂枝繁叶茂,岁岁飘香;参天古木,郁郁葱葱;芳草铺地,百花绽放,凤蝶群舞;翠竹摇曳,"虽由人作,宛如天开"。全校师生快乐学习、快乐工作、快乐生活在这诗意般的环境中,用诗意的眼光发现美、欣赏美、创造美;以诗意的情怀处理人与自然、社会以及自我的关系,形成了健康、积极的人生态度,充分享受充实、美丽的人生。

充分利用板报和橱窗等宣传栏,传播学校有形文化。根据工作开展情况,结合时代特点,我校定期制作内容丰富,版面精美,知识性强,趣味性浓的专刊,为学生健康成长营造浓郁的校园文化氛围,让广大学生在良好的文化氛围中受到熏陶,增强学生的行为修养和文化底蕴。

开展校歌、校旗征集评选活动,提升文化内涵,创建和谐人文环境。征集评选活动中共收到师生及社会各界精心设计,倾情创作校旗设计方案 715 个,校歌稿件 96 篇,件件作品紧扣学校育人主题,体现了全校师生积极向上的精神风尚和理想追求,展示了中华文化和学校文化的精神内涵。我校校旗为红底,由校徽中翻开的书本、变形的"育"字和四只展翅飞翔的和平鸽组成。翻开的书本隐喻着广大师生用勤奋在书山中攀登,用刻苦遨游知识的海洋。奔跑的人形是汉字"育"的变形,充分体现出丰富的民族文化内涵,象征着我校以传承和弘扬灿烂的中华文化为我们的主要职责,象征我校高举育人大旗,探索素质教育,让学生活泼,健康地奔向美好未来。展翅飞翔的和平鸽象征学生的人生理想从这里放飞,向往和平、民主、团结、和谐的美好愿望。校歌"金钟把激情敲响,虹湖把爱心荡漾,我们成长在实验乐园,放歌童年织梦想……"整首歌高昂、蓬勃向上,歌中渗透了安顺的地域元素和人文元素,如金钟、虹湖、瀑布、若飞,从而激起我们热爱家乡、建设家乡的壮志豪情;渗透了学校悠久的历史、实验特色,诠释了学校的立德树人、以人为本的办学理念;渗透实验人不止领先的元素,表达了师生不懈追求,奔向美好未来的决心。

打造班级名片,展现精神风貌。我校每个教室门口都有班级名片,这些五彩缤纷的名片是各班同学为展示班级风采自行设计的。"好习惯很重要哦"是班集体行为习惯养成的目标,"我们的风采"突出了班级学生的勃发朝气,绚丽的背景和各具特色的图案展示了学生的精神风貌……班级名片让教学楼生动了起来,他们展示了师生的责任感和班级的风采,是激励和监督,让学生在艺术环境的熏陶下健康成长。

3. 艺术教育活动化,以美健体

少儿艺术团,学校艺术教育又一奇葩。为贯彻《国家中长期教育改革和发展规划纲要》精神,培养学生良好的审美情趣和人文素养,促进德育、智育、体育、美育有机融合,全面推进素质教育,我校于2011年1月组织成立了贵州省安顺市第一家少儿艺术团。我校以少儿艺术团为平台,以示范引领活动开展,以特色激扬活动魅力,让学生在丰富多彩的活动中受到熏陶,快乐健康成长。少儿艺术团的成立,为热爱艺术、有较高艺术天赋的孩子们提供了展示才华的舞台,发挥了实验校示范、辐射的作用。

4. 艺术教育特色化,以美益心

以全国语言文字示范性学校为基础,展示"翰墨飘香立字立人"的我校艺术教育特色。小学部各班在语文课中开设了每周一节硬笔书法课,让学生练字养性,在翰墨里领悟做人的道理,在学习过程中,引导学生学会了观察和专注,学会了欣赏,达到了"立方正之字,立规范之字,立艺术之字"的目的。2009年,我校组织一到九年级学生共两百余名参加了全国第一届中小学生规范汉字书写大赛,我校获得了贵州赛区的组织奖。

定期举行的艺术节恢宏大气、多元,是学校艺术教育的普及体现。让学生的综合素质在活动中得到切实有效地发展,进一步深化我校的素质教育,提升办学质量。

读书节,用舞台艺术形式展演荟萃读书成果。2009年6月,学校开展了"好书伴我行,书香满校园"读书节。在隆重的开幕仪式上,"故事大王讲故事"、"经典诗文朗诵"、校园剧、"春江花月夜"诵读及琴棋书画展示;师生的创新设计和艺术表演巧妙地将读书艺术展现在舞台上,在活动期间,还展示了22块反映读书活动的精美展板、30框十字绣和油画水粉画,几十个小巧玲珑的面塑作品。通过创新开展读书节活动,点燃了师生的读书激情,使教师在读书中不断发展,使学生在读书中健康成长。

走廊、班刊文化,学校独特的风景线。我校教学楼的每一层走廊、每个班的学习园地,都张贴悬挂学生的书画、摄影作品,有国色天香的牡丹、亭亭玉立的荷花、硕果累累的葡萄、傲霜挺立的菊花、清新俊逸的山水、伶俐可爱的小动物等等,或工笔、或写意、或装饰画,无不富含情趣,跃然纸上体现出作者对生活的热爱;书法作品包括真、草、隶、篆,这些作品都是学生创作的成果,展示了学生向真、向善、向上的精神风貌。

(三)特色文化建设:加进校园文化建设,推动学校内涵发展。

1. 校园精神文化建设

总结办学指导思想,理清办学目标,理顺工作思路,修改完善校训、校风、教风、学风,提炼学校精神。即:办学指导思想"为学生一生着想,为祖国明天奠基";办学目标:"办校理念高层次、学校管理高水平、学校队伍高素质、学校文化高品位、学校成绩高质量";工作思路:"管理强校、质量立校、人才兴校、文化铸校、安全稳校、和谐荣校";校训:"明德、笃学、崇实";校风:"求真、求实、求新";教风:"爱生、爱岗、爱校";学风:"勤学、善学、乐学";实验精神:"不止领先,追求卓越"。规范制定学校文化标识:校旗、校徽、校歌;节旗、节徽、节歌;校服、校牌、校刊、网站、广播等。

创建温馨和谐的环境,营造奋发向上的班风,让学生感受扑面而来的励志文化和进取意识,受到班级文化的熏陶和激励,焕发出蓬勃向上的朝气和团结互助的友谊。宣传推广教育教学成果,分享教师课改经验。

阅读经典书籍,丰富教育人生。鼓励教师博览群书,把书中弘扬和推崇的道德境界作为自己追求的目标,从而陶冶情操,砥砺品行,培养良好气质;储备知识,拓展见闻,提升素质,做学者型教师。

2. 校园物质文化建设

建造"三园一体"校园环境,提升师生工作学习环境的文化品质。

校园环境是师生工作和学习的主要空间。为改善学校空间的文化品质,实现以景育人、以文"化"人的目的,我校先后对校园环境进行了数次大规模的绿化工程。拆除旧教学楼,将杂草丛生的荒芜之地平整为草坪、花圃,栽种树木花草,修建花台、建造长廊和古亭等。与此同时,我校还实施了以本校教育资源为元素,以本校人力资源为主,自行设计一些或巨幅、或独立、或成组的永久、半永久各种材质和造型组成的宣传画及名言警句,对教学楼、办公楼内的厅堂、楼道和教室、办公室,以及运动场进行装饰美化工程。使校园环境形成了由"松柏园、竹园、梅园、杜鹃园、月季园、芭蕉园、棕榈园、曲柳园、银杏园、棋苑、花圃"构成的"十园一苑一花圃"连片植物花卉区;由"求真亭、艺术廊、立池石"组成的"一亭一廊一池石"人造景观休闲观赏区;由"桂花树、国槐树、桃树、李树、樱花、迎春花、小竹林"形成的"四树两花一竹林"特色植物景观区;由"浮雕文化墙、楼道书画廊、橱窗板报栏"等组成的主题文化墙;运动场四周由跑、跳、投、掷等运动彩色简笔画图案构成的"体育动感地带",充分体现了生命、阳光、快乐、健康、运动等含义,以欢快热烈的造型激发广大师生投身到体育锻炼之中。

我校还将一些大小不一、造型各异的天然奇石放置到校园各个绿化区中,将大自然鬼斧神工的奇石造化与人造景观相互呼应,形成了彼此相宜的奇石景观;我校还聘请园林企业及专职园艺工人对校园内的花草进行艺术栽培与修剪,形成了以"乐教好学"植物造型为典型代表的园艺文化景观,使校园内的花草树木在展现蓬勃生机的同时,还给人以艺术的遐想与享受。结合校园安全照明的需要,对校园景观进行亮丽化,在一些名树、奇石、花圃,亭廊以及相关校舍等建筑上进行点光、面光、轮廓光等艺术化照明。沿校园道路安装了具有现代气息造型的路灯,在一些花圃中还安装了草坪灯。让夜晚的校园也展示出她秀美的风姿,成为暮色中城市景观的组成部分。

此外,我校还以音柱和园林音箱取代高音喇叭,在草坪和道路上安放了植物和石头造型的园林音箱,让优雅的乐曲在校园中轻轻地回响。

浓荫密布的大树、葱绿的一片片草坪、五彩芬芳的花卉、让人遐思的奇石、休闲唠嗑的亭廊、曲径通幽的花园小路、静谧校园中的艺术灯光、随处耳闻的低婉乐曲,这一切,都是我校近些年来绿化、美化工程的结果,她使我校从单一的校园,变成了花园,更变成了师生流连的乐园。集校园、花园和乐园为一体的校园环境,极大地提升了我校校园的文化品位,让无处不在的校园环境成为塑造师生合格公民素养、培养高雅气质的无声教育媒体,在潜移默化中陶冶师生的情操。

3 校园活动文化建设

广泛开展各类培训和竞赛活动,促进教师专业成长。开展班团队主题教育活动,在活动中增长知识、培养良好习惯和综合能力。延伸班级文化活动内涵,让健康的歌声、甜美的笑声、朗朗的读书声和文明的谈话声充满校园,确保班级文化沿着积极健康的轨道发展。

充分利用青少年体育俱乐部和少儿艺术团的平台,组织综合实践活动和艺术创作交流展演,形成完整的"计划、实施、评价、反馈、提高"活动体系,提升学生综合素质。

继承与创新开展学校体育节、科技艺术节、读书节,举办学校春晚等活动,注重学生兴趣发展,培养学生艺术修养、科技创新意识和健康体质。

4. 校园制度文化建设

建立健全各项规章制度,使学校各项工作有章可循,体现依法治教、依法治校精神。不断改进管理方法,逐步从静态管理走向动态管理,从随意管理走向系统管理,精细化管理;提倡民主管理、自主管理、体现以人为本的精神。

学校重大事项的决策和实施,切实做到按章办事,不徇私情,体现公平、公正、公开的原则。形成既有统一意志,又有个人心情舒畅的生动活泼的制度环境,促进广大师生形成良好的行为习惯,健康文明的生活方式,高尚的道德情操和积极向上的精神风貌。

致力于追求并培育一种蓬勃进取、意蕴深厚的校园文化,把校园文化建设置于体现学校理念、学校精神、学校品味的高度来积极构建,使其在倡导素质教育,培养学生良好素质的过程中,较好地发挥了育人功能,成为全面实施素质教育的有力支撑。

七、发挥示范引领作用,收益社会一致好评

为了更进一步丰富学生的课余生活,促进学生全面发展、特长发展,学校艺术团于 2011 年、2012 年春节前夕,在安顺市电视台演播大厅进行演出,给广大师生提供了展现自己艺术特长的特色舞台,获得社会的一致好评。学校艺术团合唱队代表安顺市参加全省教育系统"唱红歌"决赛,并进京参加了"光辉的旗帜"庆祝中国共产党成立 90 周年校园综艺盛典,孩子们代表学校,代表家乡安顺,用歌声为党的生日送上了一份充满真情的礼物。此次表演,学校艺术团合唱队表演的节目《好花红》获得金奖。艺术团的成立及各类演出展示了我校艺术教育的成果,促进了我校少儿艺术教育迈向更高台阶。

我校作为市直唯一一所义务教育阶段学校,在教育教学工作中有效地发挥了示范引领作用,为了将我校在实施素质教育过程中积累的经验及特色教育方面探索出的成果在全市范围内推广,学校分别与移动公司、安顺市教育学会携手,在全市范围内开展了安顺市"移动杯"中小学生学科竞赛,2011 年安顺市中

小学生英语能力大赛等学科活动。这类活动在全市范围内的开展,使孩子们拥有了有助于他们互动与提升,学习与娱乐的成长天地,老师们拥有了促进教育教学水平快步提高的练兵场。与此同时,更为全市中小学教育教学工作更好更快更规范的推进素质教育及学校特色创建工作创设了学习、交流、借鉴的优良环境。2011 年暑假,在贵州省教育厅国际交流中心的支持下,学校开展了赴英、赴美学生游学夏令营活动,在活动中,孩子们的视野得到了开拓,英语水平也得到了大幅度的提升。学校田径队通过紧张有序的训练,参加 2011 年全市青少年田径锦标赛,取得了全市乙组团体总分第三名优异的成绩。学校三年级朗诵队代表安顺市教育局参加贵州省中小学"祖国好·家乡美"传统经典红色经典诵读大赛决赛获三等奖。

我校始终坚持社会主义办学方向,认真贯彻执行党和国家的路线、方针、政策,全面贯彻党的教育方针、全面提高教育质量、全面推进素质教育,促进学生德、智、体等方面健康成长。始终把"德育为首、教学为主、育人为本"作为学校一切工作的出发点和落脚点,培养德、智、体、美全面合格的毕业生,为上一级学校输送合格新生,为安顺市社会经济发展输送合格人才。我校连续 18 年勇夺全市中考桂冠。2011 年我校中考成绩再创辉煌,夺得安顺市中考的多项桂冠,我校初三毕业生 678 名有 676 名学生参加中考,全市前 10 名我校占 4 人(分别是第一名、第二名、第六名、第九名),全市前 20 名我校占 11 人,418 名学生达到和超过安顺市第一、二中高级中学录取线(上线率达到 62%)。

国家级课题幼儿园的《纵横信息数字学习教学研究》被评定为贵州省唯一的全国"特等优秀"奖。七年级学生邓嘉熙、赵天烁和霍小雨合作发明的"家庭利用干果壳制取活性炭的简易装置与方法",在第 26 届贵州省青少年科技创新大赛中,从全省 131 项获奖作品里以一等奖第二名的优异成绩脱颖而出,与我省另外八件一等奖作品选送全国参加同类比赛。在全国青少年科技发明活动中获得金牌,是我市自 1981 年全国举行青少年科技创新活动以来首次获此殊荣,实现了我市青少年科技创新活动在全国青少年科技创新比赛中金牌零的突破,是我市青少年年科技创新活动新的里程碑。这一奖项,也是今年我省在第 26 届青少年科技创新比赛中唯一获得发明创新一等奖的作品。该作品还入选《大众科技报》在本次参赛作品中评出的 10 个"崇尚科学奖"。

诸多的荣誉是对我校师生前一阶段努力工作的充分肯定,同时,也是对我们下一步工作更快、更好地推进提出了更高、更为严格的要求。面对荣誉不骄傲,不懈怠,本着"不止领先,追求卓越"的实验精神,我校把树立科学的质量观,促进学生全面发展,适应社会需要作为衡量学校质量的根本标准。树立以提高质量为核心的教育发展观,注重学校内涵发展,全校师生以团结奋进、开拓创新、追求卓越、不止领先的团队精神,在今后的工作中不断反省,不断改进,不断创新,努力实现学校出人才、出名师、出经验,教师有特点,学生有特长,学校有特色。为把我校建设成为全市引领、全省品味一流、全国知名的九年制义务教育学校作出不懈的努力,为实验铸就更加辉煌灿烂的明天。

文章发表在《贵州教育》2012. 13 期

规范中小学办学行为　全面提高教育教学质量

安顺市实验学校　李锦鸣

我校是一所由幼儿园、小学和初中三部分组成的省级大型重点学校,现有 64 个教学班,3900 多名学生,189 名教职工。我校认真贯彻落实贵州省教育厅《关于坚决规范中小学办学行为切实减轻学生过重课业负担全面提高教育教学质量的意见》(黔教基发【2011】85 号)文件精神,端正办学思想,规范办学行为,全面实施素质教育,促进了学生全面发展和健康成长。

一、认真学习,深刻认识规范办学、减负提质的深远意义

自我校接到贵州省教育厅《关于坚决规范中小学办学行为切实减轻学生过重课业负担全面提高教育教学质量的意见》文件后,作为学校校长,我要求班子成员阅读,由分管副校长在分部例会上学习传达;并批示"教务科、政教科针对文件精神,加强教育、教学管理的督查,规范学校办学行为、教师教学行为,特别是在'规范办学、减负提质'上结合学校实际,提出相应的办法措施。"通过学习理解思考,全校上下形成了统一认识:省教育厅提出的规范办学、减负提质的意见,是全面贯彻党的教育方针,全面推进素质教育的有效举措。"减负"就是要减去学生过重的学业负担,让学生主动地、轻松愉悦地学习,促进身心健康,全面发展。"减负"是一项从体制机制到课堂教学的系统变革,需要我们在教育观念、学校管理方式、人才培养模式、课堂教学等诸多方面同时变革。

二、创新体制机制,定位办学目标,促进学校发展

"减负"不仅仅是一场课堂革命,更是一项系统工程,需要我们进行体制机制上的创新。我校在过去实行的"统一领导、分部管理、条块结合、以块为主"管理体制上进行改革,提出学校各项工作要按照"统一领导、分步实施、团结协作、全面推

进"的管理原则全面推进,全校上下建立"大德育、大教务、大总务、大教研、大安全"的管理体制。在机制改革上,学校管理建立"目标计划系统、督导检查系统、考核评价系统",使之在教育教学过程中形成一条强而有力的纽带,推动学校规范化管理的进程,强化学校的管理改革与创新力度。制度改革,立足学校实际,建立完善《安顺市实验学校管理手册》,使我校管理制度化、精细化、科学化。

我校以2010—2020年国家、省、市《中长期教育改革发展纲要》为未来十年工作指南。坚持"不止领先、追求卓越"的实验精神和"为学生一生着想,为祖国明天奠基"的办学理念;坚持"一个主题,两个全面,三个确保",即以素质教育为主题,全面贯彻教育方针,全面提高教育质量,确保以人为本,确保依法办校,确保学校安全。按照"管理强校、质量立校、人才兴校、文化铸校、安全稳校、和谐荣校"的工作思路,以"真抓实干,改革创新"为核心,努力实现以"爱生、爱岗、爱校"的教风,带动"勤学、善学、乐学"的学风,形成"求真、求实、求新"的校风,为达到"办校理念高层次、学校管理高水平、学校队伍高素质、学校文化高品位、学校成绩高质量"的办学目标不懈努力。

三、贯彻落实"八个严控",规范中小学办学行为

认真学习,对照检查省教育厅规范办学、减负提质的"八个严控",即:严控在校时间,严控课程课时,严控家庭作业,严控集体补课,严控教辅资料,严控考试次数,严控招生秩序,严控择校择班。反思我校的办学行为,认为是规范的,是遵从教育教学规律和学生身心健康发展规律的。其亮点在:

1. 开齐课程,开足课时,促进学生全面发展。

我校中小学和幼儿园的课程设置严格按照贵州省基础教育课程改革义务教育课程计划(修订)标准,开齐课程,开足课时,学校教务科具体实施并监督教师按周课表上课。我校有着较好的办学条件和一支素质较高、责任心强、配备较合理的教师队伍,开好音乐、美术、体育与健康课程后,学校充分利用教师资源开展了体育俱乐部活动,开设了综合实践活动课,保证了学生每天至少有1小时的体育活动时间(含体育课、两操和学生集体体育活动)。广泛开展的活动拓宽了学生视野,开发了学生各方面特长和素质,充分体现了以生为本。广大教师按课程标准要求教学,没有随意降低教学难度;科学把握教学进度,没有随意提前结束课程和搞突击教学。

2. 作息制度健全,学生在校时间符合规定。

我校严格按照省教育厅下发的《关于统一全省学校开学及放假时间的通知》

制定校历,开展工作。开学前教务科发放作息时间表,全校师生严格执行。我校学生每周上课 5 天,每日在校参加教育教学活动的时间,小学生不超过 6 小时,初中生不超过 7 小时。中小学一律没有早自习。每天放学时间一到,小学各班主任组织学生排队放学;值日的行政人员督促中学生离校回家。我校还严格按照国家假日放假通知,不以任何理由占用节假日安排学生集体补课或上新课。

3. 作业形式多样,课业负担适宜,学生愿学乐做。

我校提倡教师研制"有效作业":课外作业内容根据学生实际分类,因人而异,有梯度;作业形式灵活多样,不仅布置读、写、算的作业,还布置画、唱、操作、实验、实践、调查、考察、观察等方面的作业,杜绝了惩罚性、随意性、大量机械重复的作业,学生感兴趣、轻负担。教师不加量、不超时布置作业;各学科教师布置的书面作业全批全改,同时不让家长给学生出书面作业和代替教师批改作业。

4. 规范征订教学用书,严禁购买教辅资料。

我校中小学各学科教材、教辅用书,由中小学两部教务科负责人根据省教育厅每年下发的《贵州省中小学教学用书目录》规定初选,经分管校长审批后,方可征订。对开展省级教育教学科研项目的课程,其教材由学校教务科按照省、市教育行政部门的有关要求执行,任何个人无权私自要求和组织学生购买非《中小学教学用书目录》规定的教材和教辅资料。在上级有关部门和学校组织的专题教育教学活动中,教师不组织学生统一购买各种读本。我校幼儿园按要求开设五大领域课程,不组织幼儿购买规定以外的任何教材和幼儿读物。

5. 加强教学视导,落实常规管理,严控集体补课。

优质教育的关键在课堂,课堂的关键在教师。"十一五"继教提出:决战课堂,新教材大练兵。把练兵场定位在课堂,向课堂要质量。因此,学校决定:校级领导、教务科长、教研室主任随堂听课视导,听随堂课(推门课),研究课堂教学,从教师如何备课、如何设计好教案和教学过程中的问题,一个环节一个环节地抓落实,还针对学校制定的《教学常规管理细则》抓实施;教研组有目的地集中听评课,着力在常态课上落实以学生为主体,努力让课堂走向优质高效。学校从不组织任何形式的集体补差活动,也不利用寒暑假、周末、节假日及课余时间组织中小学生补课。

6. 注重综合素质评价,严控考试次数。

我校每学期组织期中和期末考试。对学生的考试成绩不排名、不上网,不以任何形式张榜公布,由教师单独通知学生和家长。我校利用校讯通或召开家长会及时向学生家长通报学生的学习过程以及学习动态,从过去的注重看考试分数转变为注重看学习过程,看学习态度,看学习方法的掌握情况。结合课程改革,我校开展了"中小学生综合素质评价与学生综合素质培养"课题研究;制定了《安顺市实验学校基础教育课程改革中小学生综合素质评价实施方案》《安顺市实验学校学生综合素质评价标准》,对学生实行多元化评价,不以学科成绩作为唯一标准来判定学生的好差,减轻了学生过重的课业负担和心理压力。

7. 适龄儿童就近入学责无旁贷,严控招生秩序紊乱。

我校坚持义务教育阶段公办学校实行按学生户籍所在地免试招生、就近入学的招生原则,确保户籍和实际居住地在我校服务片区内的适龄儿童少年进入学校接受义务教育,不以组织考试的形式选拔新生,保障了适龄学生均等受教育的权利。

8. 科学建立平行班,严控择校择班。

我校招收片区内适龄儿童及少年就近入学后,实行电脑分班,组建平行班。多年来,从不分实验班、特色班、特长班及重点班。

为落实上述"严控",全面推进素质教育,我校将"规范办学、减负提质"工作纳入学校教育教学的常规管理之中,由学校领导、职能科室负责人采取定期和不定期的方法进行检查监督,将检查结果与教师的晋级、晋职、年度(绩效)考核和评优等挂钩,对严重违反规定的按学校有关制度处理。

四、理性认识"减负增效",进一步提高教育教学质量

"减负"即减轻学生过重课业负担。所谓"过重负担",指责任承担、身体承受、精神支撑所能承受范围之外的压力。"减负"不是简单地做"加减乘除",要减掉的应该是那些不符合教育规律的、多余的东西;要坚持的应该是符合教育本质、教育规律的东西。"减负"绝不是简单地减少学习内容或减少课时,而应让学生变被动学习为主动学习,减少教育活动中师生的无效劳动。"减负"的一个代名词就是提高课堂教学效率。如何"切实减轻学生过重课业负担,全面提高教育教学质量"? 我校有如下经验可总结:

1. 打造高效课堂,提高教学有效性。

高质量的课堂是"减负"的关键所在。让教育理念转化为课堂教学行为,才能"鱼游大海"。随着基础教育改革的不断深化,"以学生发展为本"的价值观主导下改革的聚焦落在了"课堂"。《贵州省"十二五"中小学教师继续教育工程实施意见》提出"强化能力、提升素质、决战课堂、提高质量"的总体目标。我校"十二五"继教工程启动后,学校提出"聚焦常态课,提高教学质量"的要求,还制定了

《安顺市实验学校常态课教学评价标准》及教育教学常规检查评比办法。学校倡导教师建立"高效课堂",追求"有效教学"。这是"减负提质"的治本之策。要求教师改进教学方法、提高课堂教学效率,向每节课的40分钟要质量。

教师运用现代教育思想和教学方法,激发了学生的学习兴趣,建立了民主、平等、和谐、融洽的新型师生关系。课堂教学中既重视了基础知识、基本技能的教学,也关注了学生情感、态度、价值观的培养。我校近两年扎实开展的"中小学幼儿园好课评选""同课异构"等优质课评选,提高了教师教学业务水平。持之以恒的探索,我校逐步构建起新的课堂教学模式:师生生命的对话与体验成为课堂教学的"旋律";鼓励和尊重成为课堂教学的"音符";充满人文关怀的语言成为了课堂教学的"歌词"。和谐、活泼、灵动的课堂,提高了教学有效性,减轻了学生负担,促进了学生心智的发展。

2. 研究学法指导,增强学习动力。

我们没有用简单的线性思维和"加减法"的思路去应对"减负增效"这个时代命题。我校改革的着力点放在了如何增强学生学习的内在动力上。我们认为:当一个人有了学习的兴趣、信心和责任感时,学习就会成为一件有意义的事。有成就感的学习不是负担,而是一种需要、一种乐趣。学生的自主学习应该是通过教师引导,学生掌握该学科的学习方法,学习过程中有愉悦感,有较强的对问题进一步探究的兴趣和动力,能够运用所学方法自觉进行学习,也就是我们所说的乐学、会学、学会。为此,我校一直在研究并实施教师的学法指导和学生的自主学习,从研究如何教,转向研究如何指导学;如何关注学生的积极情感需求,追求每一节课的实效。为掌握学情,明确"引"的方向和"导"的重点,因材施教,创造适合于学生发展的教学环境。2010年6月9—25日,我校开展了"中小学课改学法指导"好课评选活动,各教研组推选出的共计22节课参加了比赛,近300人次的中小学教师参加了听课活动。在这次学法指导好课评选活动中,分管业务副校长和教务科长、教研室主任结合参赛课的情况进行了有针对性的讲评,使大家对不同学科、不同内容、不同年级学科教学中实施学法指导有了一定的了解。通过校本教研,广大教师树立了正确的教育观、人才观、质量观、学生观。

3. 加强教学科研,促进"减负提质"。

学生过重课业负担是长期困扰基础教育的顽症,也是实施素质教育的障碍之一。为此,我校要求广大教师要将学校正在开展的《幼小、小初衔接实验》《中小学音乐与信息技术学科课程整合》《"中小学综合素质评价与学生综合素质培养"研究》《初中历史教学与学生个性化的培养实践研究》《运用现代远程教育资源拓宽校本教研途径提升校本教研质量的实践研究》省级课题以及《纵横数字化学习促进学生智力因素和非智力因素开发的研究》全国课题与减负提质结合起来,开展课题研究。此外,通过开展和兄弟学校的教研联席活动,"问题教学"活动;通过实施教学"七精"——目标制定精准、训练内容精简、情境创设精妙、教学语言精致、问题阐述精当、评价提升精辟、媒体使用精到,真正达到减负提质。

4. 开展综合实践活动,培养学生兴趣特长。

我校以青少年体育俱乐部为基地,整合资源,创新特色教育,形成了以体育为龙头,涵盖科技、艺术、文化、教育五个大类、22个项目、43个组别的学校综合实践活动特色教育。这些活动项目有:①体育类:围棋、象棋、乒乓球、足球、篮球、田径、武术以及部分民间体育游戏;②艺术类:军乐、合唱、古筝、口风琴、舞蹈、腰鼓、美术、书法、面塑、手工、摄影、地戏、竹竿舞;③科技类:模型制作、科技创新与实践、趣味科技活动;④文化类:诗社、剧社、文苑等学生社团;⑤教育类:快乐英语、口语秀等。

每一个项目,按照学生的年龄结构和兴趣特长设置,由学生选择参加,尊重学生志趣。我校推行实施"2+1工程",让每个学生在九年义务教育阶段能够掌握两项体育运动技能和一项艺术特长,培养学生的体艺兴趣、爱好,促进学生综合素质的提高。

"艺术教育课程化,以美育智;艺术教育日常化,以美育德;艺术教育活动化,以美健体;艺术教育特色化,以美益心"是我校艺术教育的特色亮点,是我校推进素质教育的又一奇葩。我校把艺术教育和学校实施素质教育、优化育人环境结合起来,让每一个学生都享受艺术教育,让每一个学生都得到最大发展。2010年,我校被评为"全国艺术教育先进学校"。

为贯彻《国家中长期教育改革和发展规划纲要》精神,培养学生良好的审美情趣和人文素养,促进德育、智育、体育、美育有机融合,全面推进素质教育,我校于2010年成立了安顺市实验学校艺术团。艺术团的成立为热爱艺术、有较高艺术天赋的孩子们提供了一个展示才华的舞台,同时发挥了我校艺术教育资源和地域优势。我校于2011年1月21日成功地在安顺市电视台金黄果演艺大厅举办了少儿艺术团成立暨迎春晚会,从而推动了安顺市少儿艺术教育迈向高起点,逐渐向全市辐射,直至走向全省、全国。

5. 积极推进素质教育,为学生搭建展示平台。

我校遵循教育发展规律,学生身心发展规律,探寻学生自主管理、自主教育的方式,让优秀学生当校团委、少先队的小干部。例如,各班团支部由品学兼优、乐于奉献的学生组成;少先队大队干部通过自愿报名、竞职演说、投票选举而产生。2010 年 11 月我校少先队开展了"高举星星火炬争做四好少年"少代会代表报告会,由第六次全国少代会代表王雪玉同学,贵州省第五次少代会代表金蕾同学分别向全体辅导员老师和广大少先队员传达了全国、省少代会精神。她们还将自己参加少代会的难忘经历和收获与队员们交流分享,激发了少先队员争做"四好少年"的热情和信心。同时,少先队大队部邀请安顺日报社新闻部责任编辑陈明老师对我校 150 余名小记者、通讯员就如何准确把握校园新闻的切入角度,写好校园新闻稿件进行了专题培训。这些小记者在学校开展的多项大型活动中写出了许多精彩稿件。

我校 2011 年 6 月在安顺电视台演播大厅成功举办了安顺首次中小学生英语能力大赛;在校成功举行了"祖国好家乡美唱红歌颂党恩"科技艺术节;7 月少儿合唱队带着具有浓郁民族特色的合唱曲《好花红》到北京参加"光辉的旗帜"庆祝中国共产党成立 90 周年校园综艺盛典演出,获得金奖。2011 年暑假,在贵州省教育厅国际交流中心的支持下,我校 52 名中小学生参加了赴英国、赴美国游学夏令营活动。通过出国游学活动,学生开阔了视野,提升了英语口语水平;通过交流分享,激发了与会学生学习英语的积极性。

我校 2010 年组织初中学生参加了全省数学、化学、物理、信息学学科竞赛,获省一等奖 5 人、二等奖 10 人、三等奖 13 人。同年,小学部张钰汶同学作品"趣兔迎春"参加"全国第六届生肖(辛卯年)个性化邮票青少年设计大赛",在全国 44 个城市 289 所学校 26 万余名中小学生参赛的作品中崭露头角,荣获金奖。本次比赛获金奖的 12 幅作品由邮政部在兔年到来之际印制并在全国公开发行。2011 年 8 月,七年级学生邓嘉熙、赵天烁和霍小雨合作发明的"家庭巧用干果壳制取活性炭的简易装置与方法"在全国青少年科技发明活动中获得金牌。这是我省在第 26 届青少年科技创新比赛中唯一获得发明创新一等奖的作品,也是我市自 1981 年全国举行青少年科技创新活动以来首次获得的殊荣,实现了我市青少年科技创新活动在全国青少年科技创新比赛中金牌零的突破。

我校田径代表队 2011 年 8 月参加了安顺市青少年田径锦标赛,这支唯一以学校为单位组队参赛的队伍,不畏强手,勇于拼搏,在乙组 9 个项目比赛中,获得男子 200 米、400 米 2 个第一名;男子 100 米、女子 100 米和男子 4×100 接力 3 个第二名;男子 200 米、400 米、800 米、跳远和女子 4×100 接力 5 个第三名;最后获得全市乙组团体总分第三名。我校田径代表队取得优异成绩,再次展示了我校全面实施素质教育的成果。

6. 探索多元化的评价方式,营造争先创优良好氛围。

我校 2010 年表彰了"校园十佳"10 人、"三好学生"1262 人、"优秀班干部"99 人、"先进班集体"9 个;表彰了"校园科技小博士"、"校园小小艺术家"、"校园体育健将"、"进步星"、"校园文明小标兵"、"环保小卫士"共 618 人。"五四"青年节之际,校团委表彰了"优秀共青团员"71 人、"优秀共青团干"20 人、"先进团支部"4 个;在"六一"儿童节,少先队大队表彰了"优秀少先队员"216 名、"优秀少先队干部"35 名、"少先队优秀辅导员"10 名、"少先队优秀中队"10 个。2010 年我校共有 20 名师生分别获"宋庆龄奖学金"、"市级三好学生"、"市级优秀班干"、"市级优秀共青团员"、"市级优秀共青团干"、"市级优秀少先队辅导员"、"市级优秀少先队员"荣誉称号。

多元化的评价方式让学生增加了更多的成功体验,每一个学生都在自信的阳光下成长,身心更加健康。同时,班级营造了积极向上、争先创优的良好氛围,使校园更加和谐。

7. 做好家校沟通,形成"三位一体"教育合力。

我校秉承"为家长服务,为学生的发展服务"的宗旨,坚持从学生的实际情况出发,从家长的需求入手,不断探索寻求行之有效的模式,牢固架起家校沟通桥梁,为学生全面发展形成学校、家庭、社会一体化教育合力。

我校自 2009 年暑假以来,开展了"百名教师大家访"活动,不管是学校领导还是一线教师都深入到幼儿园、中小学生家庭进行访问。两年来共走进 1000 个家庭,回收到"百名教师大家访"活动记录表 900 多份,收到教师家访心得体会 300 多篇,收取家长意见和建议 800 余条。学校开展的"百名教师大家访"活动,打破了较长时期以来老师们只把家长请到办公室来交流或电话沟通的常规定势,使教师真正走近了学生,了解到学生在家里的具体、真实的情况,有利于找到解决学生教育问题的突破口。而且,通过家访,教师与家长之间建立起沟通渠道,有利于解除家长对学校教育工作的疑惑和不解,增进了家校之间的感情交流,为学生健康成长、全面发展打下了坚实的基础。这是一项有实效、有意义、值得长期开展下去的活动。

为进一步加强与家长的沟通,2010—2011 年政教科、教务科根据学校开展的活动及时地发放《致家长的一封信》,如:"三创"小手牵大手、"文明交通进校园"、"寒暑假安全文明要求"等,使家长及时了解和配合协助学校工作。

目前"减负",需要校内校外携手共进。在现实中,"减负"会呈现出一种单项的"跷跷板"现象——校内减负、校外增负。学校鼓励学生创意学习、自主学习,重视减少重复的作业内容,而家长可能会给孩子搞题海战术和烦琐训练;学校希望学生有幸福快乐的童年,而家长可能会让孩子进社会上举办的各种兴趣班,不愿孩子"输在起跑线上"而加重学业负担。为此,我校要通过家校通或家长座谈会等形式,把减负提质意见反馈给家长,让家长参与到学校规范办学,减负提质工作管理与落实中。

五、建立健全管理制度,提升学校管理水平

学校的常规管理是学校管理的基础,没有特色的学校是学校,但没有常规的学校就不是学校,因此,我校致力于加强常规管理,以制度管人管事,使我校管理制度化、规范化、精细化、科学化。

1. 修订健全制度,用制度管人管事。

今年我校着手修订《安顺市实验学校管理手册》,目前已修订健全并严格执行以下基本制度:学习制度;党风廉政建设制度;民主生活制度;政务、校务公开制度;党、团组织生活制度;岗位责任制度;考勤制度;办公室工作职责;财务管理制度;军乐队器材管理制度;安全保卫制度、保密制度;清洁卫生制度;文书档案管理制度;教学常规管理细则、命题工作制度;学校教研工作管理办法、学校校本教研管理办法、教研组活动检查评比办法;学校发展性教师"五维"评价方案;班级工作管理制度、班主任工作管理制度、班主任传、帮、带制度、班主任培训制度、班主任考核制度;学生奖惩制度、学生评优制度、学困生、德困生帮教制度;少先队工作管理制度、少先队大队部工作职责;教学楼文明安全卫生管理制度等。

2. 强化教育教学常规,使管理落到实处。

我校一是从学校规划、工作计划、工作职责、规章制度、考核方案、师德师风、各种工作、会议、活动、后勤、档案、一日常规等方面强化教育常规管理。二是从教学计划、课程计划、教研教改、教学基本要求和环节、师资培训等方面强化教学常规管理。三是强化检查考评制度,要求:"常起来"(经常)、"规到位"(合规)、"管到底"(目标)、"理得顺"(协调)、"评得准"、"效果好"。

规范中小学办学行为,全面提高教育教学质量,任重道远。下一步,我校将按照省、市教育局文件要求,进一步做好各项工作,努力办人民满意的学校。

牢记职责使命,助力"脱贫攻坚"

安顺市实验学校 李锦鸣

脱贫攻坚是当前重大的政治任务,是最大的民生工程,面对巨大挑战,唯有千方百计才能克服千难万难。作为名校长,如何在脱贫攻坚中发挥作用,是新时代对每一位名校长提出的新课题。

教育部原副部长、总督学刘利民谈到:名校长就要真正明确名校长之"名"的深刻含义:要志存高远,具有远大理想;要丰富学养,具有教育思想;要勇于探索,具有创新实践;要情系家国,具有大爱之心。尤其是最后一点则是把名校长的格局和境界提高到了更高的一个层面。

我校第一任校长曹刍就提出学校的办学理念是"一切为民族"。如今这一理念不仅篆刻在学校的教学楼,更深深地烙进了每一个实验人的心里。

下面,我就结合自己开展驻村帮扶的切实感受谈谈名校长在脱贫攻坚中的使命与责任。

不忘初心,感恩奋进,"三大战略行动"创造"贵州样板"

2015 年 6 月 18 日,习近平在贵州召开部分省区市党委主要负责同志座谈会,听取对"十三五"时期扶贫开发工作和经济社会发展的意见和建议。总书记强调:"十三五"时期是我们确定的全面建成小康社会的时间节点,全面建成小康社会最艰巨最繁重的任务在农村,特别是在贫困地区。

总书记最操心的事是"扶贫",贵州作为脱贫攻坚的主战场,毅然签了"军令状"。立下军令状,军中无戏言。贵州作出庄重承诺:用"贵州解法"坚决打赢脱贫攻坚这场输不起的攻坚战。不忘初心,牢记嘱托,全省上下"弯下腰来拔掉穷根",实施精准扶贫"六个到村到户",探索出了"摘帽不摘政策","资源变股权、资金变股金,农民变股民"等扶贫措施,初步形成了一套可信可行、可学可用,可复制可推广的"贵州经验",创造了全国扶贫开发的"省级样板"。

以"大扶贫"补短板,以"大数据"抢先机,以"大生态"迎未来,贵州的"三大战略行动"正助力开创百姓富,生态美的多彩贵州新未来。

号令如山,凝聚磅礴力量。一场声势浩大的脱贫攻坚战全面打响。一批批志愿者、一个个帮村书记(包括我在内的许多教育一线的同志)也迅速地加入到这场等不起、慢不得,更输不起的硬仗中去。

坚决打赢脱贫攻坚战,是当前和今后一个时期最大的政治、最大的民生、最大的责任和最重大的工作,也是党和政府交给我们一项艰巨而光荣的任务,是作为名校长发挥个人特长,激活现有资源,助力同步小康义不容辞的责任和担当。我们只有认准目标不动摇,咬定青山不放松,精准发力、全力作战,以思想扶贫为首、以产业扶贫为重,以教育扶贫为根,以基础扶贫为本,举全校之力推进精准扶贫、精准脱贫,决不让一户一人掉队,决不拖全市、全省的后腿。

"思想扶贫"生成"自我脱贫"加速度

作为名校长,思想教育和思想扶贫应是扶贫攻坚的重要抓手。扶贫先扶志,扶志与扶智相结合,我们只有持续推进思想扶贫,激发内生动力,引导贫困群众树立主体意识,发扬自力更生精神,激发改变贫困面貌的干劲和决心,变"要我脱贫"为"我要脱贫",才能更好地助力脱贫攻坚。

我帮扶的和兴村过去既是贫困村又是基层组织软弱涣散的村,遇上村班子换届选举的时候,常常有拉票、贿选等不正当之风,有时还会为了利益大打出手。自从安顺市实验学校作为和兴村的帮扶单位后,我们先做的就是用思想武装头脑,用"两学一做"作为精神指南,带领和引导村干部和党员同志积极带头,按时上下班,村民们要办事,村干部随喊随到,即使是晚上也随叫随到。工作态度的转变,让村班子树立了威信,引导了和兴村的正能量。过去赌博、斗殴、偷牛、盗马等陋习不见了。为了巩固来之不易的好风气,村里成立了综治工作中心,建起了民意汇集室、民情议事协商室、调解室,化解村民之间的矛盾,让新来的移民和村里来访百姓有地方反映诉求。

由于村班子团结一心,和兴村村民们心气和顺了,在村班子抱团发展的理念下,村民正积极实施提升村级事务管理能力"七个一"工程,致力打造"幸福村"

"和谐村"。

思想是行动的指南，只有思想统一了，目标明确了，才能谈到共同发展的问题。无论是名校长亲自挂帅还是学校工作人员驻村帮扶，我们都需要用好"思想教育"和"思想扶贫"，通过实施"广播喇叭响起来、村风民纪树起来、文化活动热起来、脱贫典型立起来、脱贫势气强起来""五个起来"，营造浓厚氛围，树立新思想、新思路，激发贫困群众脱贫内生动力，提升贫困群众攻坚克难自我发展、自我脱贫的意愿和能力。

"产业扶贫"助力"联动脱贫"致富路

名校长在脱贫攻坚主战场中就要发挥名校长效应，激活现有资源，有效开展脱贫攻坚，结合村情实际找路子，分析群众致贫原因找路子，立足群众脱贫需求找路子，运用自身行业优势找路子，着眼帮扶村长效脱贫找路子，"因人施策"、"因村施策"，让贫困群众如期脱贫，全面小康不返贫。

在我校开展驻村帮扶工作的4年来，我就利用自己的人脉资源，积极协调基础建设资金、学校建设资金、产业发展资金等各类资金共计1922万元。协调4家企业进驻；帮助村民创建私营公司3个；帮助和兴村组建企业独立党组织一个。

真心扶贫就会用心做事，用心做事就会建立联动脱贫的朋友圈，就能找到脱贫致富的新路子。这不仅是我们的使命，更是作为名校长义不容辞的责任。新时代赋予了我们新使命，我们就要提高认识、统一思想，把责任扛在肩上，把工作落到实处，把纪律记在心中，以扎实的工作作风和有效的工作质量全面打赢扶贫攻坚这场硬仗，助力实现"共同富裕"。

"基础扶贫"打造"精准脱贫"资源库

基础设施建设是脱贫攻坚的基础性工程。发展产业，离不开项目支持。我们在开展驻村帮扶的前期，首先做的第一项工作就是与扶贫办主任、包村部门干部与村支两委通力合作，跑资金、跑项目，内容涉及学校幼儿园建设、村级广场建设、文化墙建设、山塘维修、机耕道建设、路灯建设、打井工程、远程教育、博爱家园、卫生室建设等。通过上下努力，共争取到项目资金450万元，其中中央专项资金280

万元,用于和兴村小学建设。与此同时,村班子还积极向开发区申报实施休闲山庄建设,拟投入资金 600 万元,目前项目正在等待批复。

产业的兴起带来了发展的商机,也带来了新的思想理念,和兴村村民的思想在一天天变化。他们不再等靠要,而是主动作为,寻求长远的发展道路。2015 年,安顺至普定的同城大道开通后,和兴村的发展有了历史转折。过去"灯下黑",如今却成了"抢手货"。就在安普同城大道旁,占地 110 亩的开发区农副产品交易市场正在建设,预定 6 月便可完成。届时,和兴村村民便可就近就业,就近经商,一项项围绕农副产品做文章的产业即将应运而生,一条条致富路、民心路已成为和兴村发展的动脉,承载着全村人的发展期望和经济腾飞的希望。

"教育扶贫"种下"学业扶贫"智慧树

"教育扶贫"是斩断贫困"代际传递"的重要方式,其根本在于"精神扶贫"。它不是简单的对扶助对象"授之以鱼",更多的则是"授之以渔",引导受助者寻找造成贫困的根源,鼓励他们树立改变落后面貌的思想,提高教育文化素养,变被动脱贫为主动致富。在这个过程中,教育的"辅助"作用大于了脱贫的"扶助"效果。

在教育扶贫工作上,我们通过"学生资助"与"优质教学"结对帮扶、新建校舍等措施为贫困学子撑起了一片蓝天。

在关注家庭贫困生和学困生方面,一是为他们建立档案卡,并让每名优秀学生结对帮扶一名建档立卡的贫困生。采取"课上多关注,课后多沟通"的方式,帮助他们养成良好的学习习惯,让他们从内心真正融入班级。二是通过开展"百名教师大家访"、"何正扬教育基金"支助贫困学生,"手拉手共建文明班"等活动形式,深入贫困生家中开展心理辅导和帮扶工作,和他们一起学习、陪伴他们一同成长,引导贫困学生培养特长,发展个性,让他们得到更多的关爱。三是加大班主任和科任老师的教育引导,大力实施"三个计划"(培优拔尖计划、巩固提高计划、学困帮扶计划)不让一个学生掉队。精神的富足才是真正的富有。人倒了可以扶起来,心倒了就不好扶了。学校很多老师以"扶心"为目标的教育扶贫,用自己的一言一行让"教育贫困生"真正走出精神阴霾,成就他们的精彩人生。

在发挥名校长效应,助力脱贫攻坚方面,我们通过校际互助的机制、模式、途径等的探究,紧紧抓住对精神文化的引领、制度文化的完善、课程文化的丰富等内容,引导成员校挖掘自身内涵,提升办学品质,形成自身办学特色。

工作室开展帮扶工作原则上从"智"帮扶到"自"帮扶,智力支招形成"多米诺效应"。每个人的发展过程中都出现高原期,遇到瓶颈期,来到工作室的校长也是如此。他们在学校管理和方向引领问题上总会遇到各方面"疑难杂症",面对这些困扰,工作室"朋友圈"的建立为校长们找到了一个平台。通过这个平台,在各个学校间互访、沟通和相互学习,跨越了地域、中小学的边界,实现了校长所在学校教师与教师之间、学生与学生之间的互动穿越。校长与校长之间也会产生"多米诺效应",组成不同层面的"联盟",实现了资源与智慧的整合和共享。与此同时,工作室还将积极发挥成员校(学员校)之间的教育优势,有针对性地开展教育扶贫和产业扶贫。将工作室中的中职学校与更多的帮扶点联系起来,即解决了学生就业问题,也助力脱贫攻坚。

在校际互助模式探究方面,我们还积极尝试采用不同的模式(中介模式、契约模式、参与模式)进行校际间的互助交流方式的探索。通过教师挂职交流、短期教学交流、管理交流、文化交流、课程开发交流、教育资源交流、学术交流、学生交流等方式逐步扩展校际互助的内容,拓展校际互助的模式,达到共同发展进步的目标。

"把蓝图变为现实,是一场新的长征。路虽然还很长,但时间不等人,容不得有半点懈怠。"习主席的谆谆告诫,让每一个人感受到了如山的使命,一种强烈的紧迫感和责任感涌上心头。牢记使命、苦干实干,后发赶超,我们将联动更多的力量,发挥更大的效应,不忘初心,努力奋斗,共同创造属于新时代的光辉业绩。

文章发表在《安顺社科论坛》2005.03 期

天水归来话远教

安顺市教育局副局长　李锦鸣

　　甘肃天水市是教育部实施农村中小学远程教育经验交流现场会的地区,为加快我省农村中小学远程教育项目的实施步伐,在省教育厅的组织下,6月22日—27日我们赴甘肃天水市参观了天水市农村中小学远程教育项目,重点考察了秦州区籍口中学、中梁中学等6所学校。归纳起来其主要经验是:一是党政重视;二是机构健全;三是培训面广;四是经费保障;五是制度完善。秦州区从区政府、教育局到各乡镇、学校都建立了远程教育领导小组,把远程教育纳入重要议事日程,在区教育局设立了编制8名的远程教育中心,各乡镇学校设立1—2名远程教育专干,从组织形式和人员上确保项目的实施。在经费保障方面,一是天水市各级政府加大投入,使硬件建设达到标准,此外在制定学校"一费制"中,明文规定小学信息技术费为27元,初中为35元,确保了学校实施远程教育的正常运转。天水市还根据自己的实际制订了从设备的接收、验收、安装、调试到使用和维修维护等较为完善的管理制度,在全市的学校开展教职工远程教育的全员培训,要求50岁以下教师2004年要掌握现代信息技术的要求。秦州区教育局还将学校的计算机教师和信息技术爱好者组成"技术服务小组"解决项目实施的技术问题和开展培训工作,值得充分学习借鉴的是甘肃省教育厅在项目招投标中,与供货商签订在每个县设一个维修站点的协议,解决了维护维修难的问题。总之,我个人认为天水市的农村中小学远程教育,由于党政的重视,教育行政部门和教职工的辛勤工作,不论是在服务教育教学方面,还是在服务农村党员群众方面都达到了"建设标准化、管理制度化、队伍专业化、培训全员化、效果最优化"的积极效果。

　　天水归来,笔者对我市农村中小学远程教育进行一定的思考。

　　我市拥有近60万大中小学在校学生和2.2万在职教职工,其中有1017所农村小学、84所农村初中,农村中小学共有451041在校学生。此外,还有1299911

农村劳动力这一农业和农村教育群体。"穷市办教育"的必由之路是发展基于信息技术的现代远程教育。

我市自 2001 年被教育部确定为"教育部李嘉诚基金会西部中小学现代远程教育"项目试点起,就已在探索如何利用现代远程教育促进实现经济与社会、城市与农村、人与自然协调发展的路子。该项目的实施,为安顺市教育实现跨越式发展提供了一次难得的机会。为了保证远程项目的顺利实施,教育部门多渠道筹措资金。投资 20 万元,购置了计算机,数字投影仪等硬件设施,建成了安顺教育信息网站,以教育网站为依托,鼓励有条件的学校上网。至目前,有 24 所中小学使用 ADSL 宽带上网。30 所中小学使用拨号上网;免费为学校提供网站空间,先后有安顺七小、镇宁江龙中学、大山中学等开通了自己的网站。现代信息技术教育基础设施建设的逐步加强和完善,为我市项目的实施注入了新的活力。通过实施"教育部李嘉诚基金会西部中小学现代远程教育"项目、"校校通"工程、"农村中小学现代远程教育试点示范"项目,4 年来,我市共建成远程教育终端接收站点 578 个,包括农村中学信息站 10 所,远程教育卫星接收站 174 所,教学光盘播放点 394 所,远程教育学校占全市中小学的 36%,全市远程教育卫星接收站和教学光盘播放点已覆盖 87 个乡镇。发放中小学教学光盘,课堂实录共计 7 万多盒;现有国家级现代信息技术实验学校 1 所,省级现代信息技术实验学校 8 所,教育部"校校通"工程学校 5 所。

远程教育项目的实施,推动了全市教育管理、教学质量的不断提高。除了教育局组织各项目学校进行培训外,各校还因地制宜开展信息技术教育培训达 3000 多人次,组织广大教师认真学习教育理论、研究课堂结构、教学理念等,使教师不断掌握技能、转变观念、提高了教学质量;同时,通过现代远程教育项目的实施,让教师们受益匪浅,那些全新的教学方法、巧妙的教学设计,极大地拓宽了教师的教学思想;通过远程接收的典型课例、谋件等在教学过程中也得到了重要的应用,教师们从开始对示范课的生硬模仿逐渐转变为对新的课程理念的自觉运用。去年在"百鸣杯"课件、论文、教案的评选活动中,从收到的作品来看,就体现了不少老师都自主、创造性地运用远程教育资源进行教学。

依托远程教育,农村党员干部和群众也从中得到了政治理论、经济管理、科技文化、法律法规和农村适用技术等教育信息资源,为当地农村的经济社会发展服务,增强了学校为"三农"服务的能力。西秀区大西桥中学、平坝天龙中学等学校积极与当地乡镇党委政府配合,严格按照培训计划规定的内容和程序开展培训,使党员干部的思想观念发生转变,极大地提高了他们发家致富奔小康的能力;普定马官村胡玉文通过马官小学从网上下载的农村适用技术进行番茄种植,增加了经济收入;此外,很多项目学校还把适宜于当地农村的种养殖知识,经济信息、疾病防治等资料下载打印成册或刻录成光盘分发到群众手中,推动了农村产业结构和经济全面发展。但是我市农村小学远程教育工作还存在不少问题。有些主要教育行政部门和学校领导认识不高;管理技术人员队伍薄弱;设备使用不充分;运行经费不落实和学科教师的应用能力有待进一步提高等等问题。

为了将工程项目抓好、抓实,笔者认为要做好以下几个方面的工作。

第一,要加强对远程教育工作的领导。各级教育行政部门要引起高度重视,精心组织,协调各方面的力量,要在组织部"远程办"的领导下,会同计划、财政齐心协力,把工程抓实抓好,制定切实可行的方案,认真落实;要切实加强对工程实施的领导,工程的主要责任在县、乡、校。各地教育行政部门要把远程教育项目建设当作一件大事来抓,要与义教工程、寄宿制工程、危改工程相衔接,与"两基"攻坚巩固提高相衔接,与农村党员干部教育相衔接。项目布点要基本覆盖农村的中小学,项目建设点必须是农村的初中、小学、教学点,城镇学校不在项目实施的范围,布局调整规划中准备拆并的学校不得列入工程项目。

第二,要切实落实工程的配套资金,对中西部地区国家采取不同比例补助的办法进行工程建设补贴。按国家财政、地方财政 2∶1 的比例投入。为此,各县(区)要确保配套资金,要配齐计算机教室的课桌椅等设施。

第三,要加强宣传,提高学校校长、教师的认识,增强工作的主动性。切实解决:舍不得用、不会用、用不起和用不好的问题。市、县教育局要具体落实项目设备的发货、安装调试和有关的培训工作,并积极开展教育教学的应用工作。要逐步建立能保证工程长期持续发展的运行机制,保证项目运行所需资金,落实工程项目管理经费和设备维护经费,各县从中央财政转移支付用于教育的资金安排 5% 用于项目的运行,要保证 90% 以上的设备正常运转,充分发挥设备效益;要真正理解教育信息化的内涵。教育信息化的落脚点应在"化"字上,硬件装备是教育信息化的基础,而充分运用是其根本,提高课堂教学效率是其关键,为教育教学服务,为农村党员干部受教育,农民得实惠服务是其宗旨。从这个意义上讲,在软件投入上产生的效率虽然不像硬件装备那样立竿见影,但其效率是隐性的、长远的、持久的,正是教育信息化的归宿。一所学校教育信息化水平的高低正是一个校长治校能力的体现。因此,在确保硬件装备达到一定标准后,学校领导班子要用大量的精力来研究教育软件的配套建设,力求与硬件建设同步进行,充分发挥出教育信息化的作用,展现出优质教育的魅力,真正为教育教学服务。要抓好为农村经济社会发展服务的工作,在抓好教育教学应用的同时,要把现代远程教育的实施与农村教育综合改革、农科教结合起来,整合各类资源为农民服务,为农村职业技术教育,成人教育、农村经济和社会发展服务,为农村党员干部现代远程教育工程服务,将农村中小学变成我们党在农村最根本的一块阵地。充分发挥其在农村政治文明、物质文明、精神文明建设的积极作用。

第四,建议省教育厅会同省物价、省财政厅行文提高"一费制"中的信息技术费,确保项目的实施;建议省教育厅与省编制部门行文明确各级教育行政部门和学校从事远程教育的机构人员编制;建议省教育厅明确供货商在每个县设立维修站点;建议省政府拨出专项经费确保远程教育设施设备维修费用和信息资源的开发。

文章发表在《安顺社科论坛》2004.01 期

对我市民办教育的认识与探讨

安顺市教育局副局长　李锦鸣

私立教育和公立教育并举,是世界各国发展教育的通例。1997 年国务院《社会力量办学条例》实施以来,我国民办教育从无到有,教育质量逐步提高,办学形式多样化发展,办学条件不断改善、积累了好的经验和做法。但民办教育在我国教育事业中的比例仍然很小,在发展中还存在许多困难。迫切需要通过立法手段来支持和规范,促进其发展。为此,九届人大常委会第 31 次会议通过了《民办教育促进法》,这是继《教育法》《教师法》之后又出台的一部教育法规。

制定《民办教育促进法》,是全面建设小康社会的需要,是教育事业改革发展的内在要求。《中国教育改革和发展纲要》提出了"改变政府包揽办学的格局,逐步建立以政府办学为主体,社会各界共同办学的体制"的改革目标。民办教育的发展对加快教育的发展,提高教育质量和办学效益是非常有利的。

我市民办教育经过 20 年的发展,有了较大的发展,到目前,全市已有社会力量办的幼儿园 48 所,占全市幼儿园总数的 64%,在园幼儿 5922 人,占在园幼儿总人数的 15.68%,有社会力量办的小学 11 所,占全市小学总数的 1.1%,在校学生 9737 人占在校生总数的 3.31%;有普通民办初中 3 所,占初中总数的 4.21%,在校生 1160 人,占初中在校生总数的 1.28%;有普通民办高中 13 所,占普通高中总数的 54.17% 在校生 6888 人,占普通高中在校生总数的 42.27%;有民办职业高中 12 所,占职高总数的 60%,在校生 734 人,占职高在校生总数的 53.38%。全市已逐步形成了国家、部门、企业、社会团体、公民个人共同兴办教育的格局。我市的民办教育虽然有所发展但还存在许多问题和困难。如一些民办学校存在着产权不清,管理不规范,办学条件差,教师队伍不稳定,教学质量有待提高等问题。同时,民办教育在我市还没有得到足够的重视,国家扶持和鼓励民办教育措施还不够有力。为此,为了加快我市民办教育的发展,必须积极鼓励,引导支持、规范管理,走规范和促进并重之路。

一、认识是发展的前提

《民办教育促进法》总则明确提出:"民办教育事业属于公益性事业,是社会主义教育事业的组成部分"。"国家对民办教育事业实行积极鼓励,大力支持,正确引导,依法管理的方针",我们各级教育行政管理部门要提高对民办教育的认识,站在实践"三个代表"、立党为公、执政为民和办人民满意的教育的高度来认识大力发展民办教育对促进我市教育健康、快速发展的重要意义。

二、规范管理是发展的基础

民办教育的发展要因地制宜,分类规划、多种形式、多元发展。根据全国第三次教育工作会议精神,民办教育的重点是非义务教育阶段,对民办教育的发展要按《促进法》和有关教育法律法规进行规范化的管理。一是要理顺管理关系,明确初中以下由各县审批和管理;二是成立社会力量办学评估专家组,完善办学审批制度,实行年检督查制度;三是加强办学常规管理,规范办学行为,贯彻教育方针。

三、支持是发展的关键

政府和全社会的支持是民办教育健康发展的关键。《民办教育促进法》中规定了民办学校与公办学校,民办学校教育工作者与公办学校教育工作者,民办学校受教育者与公办学校的受教育者具有同等的法律地位和同等的权利。同时还从九个方面对民办学校进行了有力的扶持和奖励。我们必须按照全市经济工作会提出的:"要以市场为导向对全市现有教育资源进行整合配置以改革办学和投资体制为突破口,深化教育管理体制改革,开放教育资源,积极鼓励,引导和支持社会力量办学"的要求,规范行政行为,简化办学程序提高工作效益,提供优质服务,积极鼓励、引导支持民办教育的快速发展。

四、信誉是发展的保证

民办教育健康发展,必须讲信誉,依法办学,提高教育质量。一是要坚持国家的教育方针。加强和改进德育工作,推进课程改革。把学校办出特色提高质量。二是要遵循市场规律,遵守价值规律、供求规律和竞争规律。要保证教职工工资按时足额发放,要以教学为中心,不断改善办学条件,专款专用提高效益;要依法建立财务、会计制度和校产管理制度。要有长远规划和奋斗目标,克服短期行为近视眼光,防止"三重"。

一要防止"重全"。我市有的民办学校追求的是小而全、大而全,小学、初中、高中都要尝试,到处撒"胡椒粉",没有突出主业,即办出特色。这样"求全责备",投资大、生源杂、质量差,聘任教师难,路子越走越窄。民办学校只有在"专"字上做文章,在"特"字上下功夫,才能办出自己的特色,在"夹缝"的竞争中成长起来。

二要防止"重尖"。我市有的民办学校追求的是"高、尖",认为出一、两个能考上重点大学的学生,就有名声、就有竞争力,这样是难同公办学校抗衡的。家长看中的是学校整体的水平,不是吹捧的一、两个尖子。要办"精品学校",在整体水平提高中求"尖"。

三要防止"重利"。《民办教育促进法》明确了"合理回报"的原则,"合理回报"不是"唯利是图",把"利"放在第一位。过去,有的民办学校在招生、办学中不规范,只想收钱,不想投入;只顾收钱,不顾质量;只求眼前,不求长远。最终失去信誉,流失学生,举步维艰。"生源就是财源",有了质量,有了信誉,有了生源,才会有"合理回报"。

民办学校应该以质量求生存,以经济保发展。要达到社会效益与经济效益的统一;学校规模与办学质量的统一;超常规发展与可持续发展的统一。学校校长对教职工要做到管权要管人,管人要管心,管心要知心,知心要关心,关心要真心。要让每一个教职工对学校有认同感、满足感、自豪感,要维护教师在学校的主人翁地位。尊重教师的人格和劳动,充分调动教职工对民办教育的积极性,发挥其创造力。

总之,要确立民办教育在我市社会主义教育事业中的地位和作用。要充分体现"积极鼓励,大力支持,正确引导,依法管理"的方针。规范民办学校的办学行为,规范政府的管理行为,保护民办学校出资人、学校和师生的合法权益,这样才能促进民办教育的迅速健康发展,才能促进我市教育事业的快速发展,才能办出让人民满意的教育。我市的教育要实现跨越式超常规的发展,必须在打好"两基"攻坚的基础上,大力发展民办教育。

文章发表在《贵州教育》2008.6 期

落实教育优先发展战略地位
建设繁荣文明秀美和谐安顺

安顺市实验学校　李锦鸣

党的十七大报告对我国教育的改革发展作出了全面的部署,为发展中国特色社会主义教育指明了方向,明确提出了"优先发展教育,建设人力资源强国"的战略性目标和"现代国民教育体系更加完善,终身教育体系基本形成,全民受教育程度和创新人才培养水平明显提高"的新的任务。十七大报告把教育工作作为民生问题之首,而且在经济建设、政治建设、文化建设、党的建设等其他部分也对教育相关的使命和任务进行许多阐述,形成了许多新的战略思路和方针政策。一是优先发展教育,建设人力资源强国,是全面建设小康社会。实现国家现代化的长期战略选择;二是全面贯彻党的教育方针,实施素质教育,提高教育现代化水平,是新的发展阶段教育工作始终坚持的主题;是促进教育公平,办好人民满意的教育,是着力保障和改善民生,构建社会主义和谐社会的带有全局性的任务;四是优化教育结构,在社会主义事业总体布局中实现可持续发展,做出更大贡献,是教育发展和改革的重要方向。为此,我们要认真领会党的十七大精神,要以自觉的意识、使命的意识、机遇的意识、忧患的意识和大局的意识来学习贯彻。要认真学,做到真学真信真懂;要通过学习把握十七大的精神实质,掌握基本理论;要学用结合,以科学发展观的理论来指导我市教育事业的发展,指导自己的工作。为进一步巩固"两基"成果,迎接国家督导检查,结合我市实际提出以下发展思路。

一、全面贯彻党的教育方针,坚持育人为本,德育为先,实施素质教育,提高教育现代化水平,培养德智体美全面发展的社会主义事业的建设者和接班人

具体来说就是要按"三个坚持"与"三个确保",健全"三个体系",破解"二大难题"：即坚持教育优先发展,坚持教育均衡发展,坚持教育优质发展;确保教育公平方向,确保素质教育方向,确保以人为本方向:健全教育资源充足与公平分配的保障体系,健全义务教育均衡与优先发展的保障体系,健全教育环境健康与安全管理的保障体系。通过扩大规模破解"上学难"的难题,通过减、免和资助破解"上学贵"的难题,通过创建名校破解"上好学校难"的难题,办人民满意的教育。

二、树立正确的教育观、人才观和质量观,加强素质教育和师德建设,提高教育教学质量和管理水平

要改变教师"以成绩论英雄"的现实与新的质量观的矛盾、学校"以分取人"的现实与新的人才观的矛盾和家长社会"以升学率看学校"的现实与新的教育观的矛盾。一切以学生为本,一切为了学生,为了学生的一切。要加强青少年学生的思想道德建设,加强学校德育工作,把立德树人作为教育工作的出发点和归宿点。要着力解决"六重六轻"("六轻六重":一是重"成才"轻"做人";二是重课堂教学轻亲历体验;三是重空洞说教轻实际效果:四是重"认知"轻"养成",忽视养成教育:五是重硬性灌输,轻无形渗透;六是重"大"道理轻"小"环节)的问题。以学生对教师的教学满不满意、家长对学校的管理满不满意、社会对教育的质量满不满意为标准来评价教师、评价学校、评价教育,要把教育的培养目标同安顺经济社会建设结合起来,同作为加快贵州发展的经济特区的目标结合起来,培养数以万计的高素质的劳动者和数万计专门人才和一大批拔尖创新人才。

百年大计教育为本,教育大计教师为本。高素质的教师是立校之本,是兴校之基。要营造全社会尊师重教的良好风尚。要打造一支思想道德优良、教学功底扎实、学术成就显著、教育观念新颖的教师队伍。就当前来看,我市绝大部分教师都是兢兢业业勤勤恳恳的教书育人,但也存在整体素质不高、结构不合理等问题,具体体现在教书乏招、创新乏力、育人乏术等方面。为此,我们要建立"严格的选拔机制,规范的管理机制,有效的保障机制,科学的激励机制"来"提升师能,规范师行,造就师才,铸造师魂"。通过"目标启动、骨干带动、科研推动"形成"老年教师当模范,中年教师做示范,青年教师合规范",从而打造我市师德高、素质好的师资队伍。

三、明确工作重点,推进教育协调发展

一是要确立"两基"工作重中之重的地位不动摇,全力巩固"两基"成果,做到"机构不撤,人员不减,目标不变",达到领导到位、投入到位、督查到位,确保顺利通过"国检"。

二是要大力发展职业教育,以安顺职院为龙头,各县(区)示范职教中心为基础,其他社会职业教育培养机构参与的事业教育发展模式,构建以服务我市经济建设为宗旨,与我市经济社会发展相适应,结构合理,形式多样,灵活开放,自主发展,特色鲜明的职业教育体系。

三是要加强学校管理,全面提高教育质量。要按照全面贯彻落实科学发展观的要求,坚持把全面贯彻党的教育方针,全面推进素质教育作为建设繁荣富裕、文明和谐新安顺的奠基工程。坚持育人为本,德育为先;要加强学校的常规管理,让常规"常"起来,让常规"规"到位;要进一步深化教育教学改革,加大课改力度,围绕学生的道德品质、公民素养、学习能力、交流与合作能力、运动与健康、审美与表现等内容,创新教育教学评价体系;要克服在教育教学管理思想和理念上的古板,克服在教育教学管理思路和思维上的刻板,克服在教育教学管理措施和方法上的死板;要加大改革创新力度,研究新情况,解决新问题;要以"面向学生,走近课堂,服务教学"为原则,加快教育信息化建设,改变学校的管理模式和教师的教育观念、教学手段与教学方式,使学生"同在蓝天下,共享优质教育资源"成为现实,以信息化带动教育现代化实现我市教育的跨越式发展。

四、认真落实各项教育政策措施,以规模、质量、效益为抓手,促进教育健康发展

认真贯彻教育法律法规,依法保障教育经费投入,强化政府对义务教育的保障责任,确保教育经费的"三个增长",确保农村义务教育保障机制落到实处。要进一步完善贫困家庭学生的帮扶奖励体系,着力解决农村外出打工留守儿童、进城务工子女入学问题。

结合十七大精神,修订和完善"十一五"教育发展规划及2020年全面建设小康社会教育发展规划。

一是在规模上,根据人口预测,到2010年,全市总人口达267.7万人,3—6周岁适龄儿童总人数达13.84万人,7—15周岁适龄儿童少年人口将有45万人,16—19周岁人口数为15万人。按照《贵州省教育事业发展"十一五"规划》《贵州省实施九年义务教育第一阶段必备办学条件标准(试行)要求》,2006—2010年,学前三年受教育率达到45%,学前一年受教育率达到85%。全市应有幼儿园155所,在园人数62280人,全市87个乡(镇)要有50个以上乡(镇)开办农村中心幼儿园,需建30所幼儿园;小学入学率达99%以上,在现有小学基础上,调整布局,压缩校点,提高校均规模;初中入学率达99%以上,全市应有普通初中130所2988个班(每班50人);需增加高中阶段学校10余所。高等教育在校生达2.5万人以上。15周岁以上人口平均受教育年限力争达9年,从业人员中大专及以上学历的人员比例有较大增长。

二是在质量上,重点抓好中小学素质教育。要把社会主义的核心价值体系融入教育教学工作中,把立德树人作为教育的出发点和归宿。

三是在效益上,要坚持教育的公益性,以推进学校布局结构调整,实施以中小学标准化建设和远程教育、信息化教育为突破口,优化教育资源配置,推进教育的均衡发展,促进教育公平。

四是以目标管理为抓手,认真推进"三制一管理",落实教育行政部门、各级各类学校、教职员工的目标责任。要加强督政与督学,以迎难而上、艰苦奋斗的自强精神,以坚持不懈、坚忍不拔、坚定不移的拼搏精神,以精诚合作、团结一心的协作精神,以求真务实、开拓创新的科学精神来抓好落实。

党的十七大的胜利召开,加快了中华民族伟大复兴的步伐。我们必须站在新的历史起点,在"优先发展教育,建设人力资源强国"的目标下,以坚持办人民满意的教育作为宗旨,在工作中用真心、动真情、想实招、办实事、求实效,推进我市的教育改革与发展。

03

崇实篇

文章发表在《安顺社科论坛》2014.4 期

创新发展中的安顺实验学校

安顺市实验学校　李锦鸣

安顺市实验学校地处黔中腹地,坐落在素有"中国瀑乡"、"屯堡文化之乡"、"蜡染之乡"、"西部之秀"美誉的安顺市中心城区。学校创于1939年秋,有着70余年的办学历史,其前身为中英庚子赔款董事会开办"国立黔江师范学校附属小学",其间几经易名,于2000年定名为安顺市实验学校,是一所由幼儿园、小学和初中三部分组成的大型学校。学校积淀了深厚的文化底蕴,秉承"为学生一生着想,为祖国明天奠基"的办学理念,树立了"管理强校、质量立校、人才兴校、文化铸校、安全稳校、和谐荣校"的工作思路。

一、"十二五"以来,学校教育改革发展取得的成绩

(一)精神旗帜引领前进方向,文化筑魂奠定办学根基

1. 精神——办学的旗帜

精神是一个民族和国家的擎天柱。在"开放自信,乐于奉献"贵州教育精神的引领下,经过一代代实验人的不懈努力奋斗,也形成了"不止领先,追求卓越"的实验精神,它像一面旗帜激励了我们真抓实干,奋发进取,抢抓机遇,开拓创新的斗志,铸就了"一个支部一个堡垒、一个党员一个模范、一个干部一个标杆、一个教师一个榜样、一个学生一个希望"的战斗集体。

2. 文化——办学的灵魂

用文化铸校是学校的灵魂,在"为学生一生着想,为祖国明天奠基"办学理念的引领下,形成了"明德、笃学、崇实"的校训,"求真、求实、求新"的校风,"爱生、爱岗、爱校"的教风,"勤学、善学、乐学"的学风。

(二)始终坚持"立德树人"为根本,努力探索"四育""四化"新途径

教育的使命就是育人、立德树人。学校教育的目的一是崇德,二是启智,三是

健体,四是益美,使学生成人、成才、成功。学校德育工作抓住"融入"这一关键,突出"全过程"的要求,有效融入社会主义核心价值观教育,坚持融合性、主体性、实效性原则,以夯实德育工作基础、把社会主义核心价值体系切实融入课堂教学、德育实践、班级文化、班主任工作的各个环节和各个方面。学校本着"建机制、强队伍、重实效"的原则,树立"立德树人、育人为本"的思想,围绕全面育人、全员育人、全程育人;课程育人、管理育人、活动育人、文化育人和常规教育系列化、信念教育梯次化、心理教育课程化、实践教育多样化的育人途径,以学生乐于参与的活动为载体,对学生实施有序、有机、有效的思想教育,培养学生爱国、诚信、奉献、尊重、合作、文明的优秀品格,不断增强德育工作的针对性和实效性。

(三)努力提升教师素质,打造特色教师队伍

1. 夯实师德教育,实现教师爱岗敬业、教书育人、为人师表。

积极开展"做人民满意的教师"师德主师教育活动,厉行师德规范,弘扬高尚师德,增强教师立德树人的自觉性和坚定性,全面提升教师职业道德水平。以学习理解践行"贵州教育精神"以及"教师誓词"活动为契机,将贵州教师誓词以及"不止领先、追求卓越"的实验精神铭记于心,落实于行。

2. 通过"四新"培训,促进教师不断学习和专业发展。

开展新理念、新知识、新方法、新技能的学科培训。让教师牢固树立先进的教育思想和教育理念,树立正确的教育观、质量观和学生观。

3. 鼓励广大教师在学有余力的基础上结合自己从事的学科教学或平时的兴趣爱好,努力学习一项或多项特长,在学校的体育俱乐部活动和课外活动中发挥特长,从事特色教学活动,为学校的特色创建及长远发展奠定良好的师资基础。

(四)明晰素质教育主旋律,确定内涵发展主方向

遵循素质教育是主旋律,内涵发展、特色发展是主方向,提高质量是主任务的办学思路,深刻认识到没有质量无以立校,没有特色无以名校。学校不仅要质量而且要高质量;不仅要培养建设者和接班人,而且还要我们的学生快乐学习,健康成长。

在教育教学工作中遵循教育规律、认知规律、成长规律,关注学生身心健康、人格健全和幸福快乐。既要尊重天性,因材施教,为每一个学生提供适合的教育;又要培育德性,立德树人,先成人、后成才,再成功;更要关注个性,注重学生的个体差异,使学生的特长、特点、潜力、潜质得到充分的挖掘和发展。

在教学上以"聚焦常态课,夯实优质课,打造精品课"为重点,强化教学常规管理,并要做到"五个好"即备好课、上好课、导好学、出好题和考好试,并加强督促检

查,从时段上采取"日抽查、周检查、月评比";从流程上采取"四查三课一总结":"四查"——定期检查备课,定期检查作业,定期检查学困帮扶、巩固提高、培优拔尖计划的实施,定期检查教学效果;"三课"——定期开展常态课、优质课、精品课的听评活动;"一总结"——每月对所有活动开展总结评比。

(五)积极倡导特长培养,丰富学生课外活动

全面推进素质教育,为国家和社会培养更多综合素质高的人才是我校长期执着追求的教育目标。学校以青少年体育俱乐部为基地,结合时代特点和学生兴趣及年龄特征,广泛开展学生综合实践活动及社团活动,先后开设了体育、艺术、科技、文化和教育5个类别,30多个项目,40多个组别的综合实践活动。例如,体育类有围棋、象棋、乒乓球、足球、田径;艺术类有合唱、舞蹈、军乐、摄影、绘画、书法、面塑、雕塑、陶艺、手工;科技类有计算机与智能机器人、航空及车船模型制作、天文、电子百拼、网页制作、电子报刊等项目;教育类有趣味英语、英语沙龙和社会调查与研究。俱乐部活动始终坚持普及与提高并举,以学生自愿参加为原则,很好地调动了学生的兴趣,成了学生们培养艺术特长的乐园。俱乐部这些活动集知识性、技能性、趣味性和娱乐性为一体,丰富了学生的课余生活,深受学生的喜爱和家长的欢迎,得到了省市教育行政部门和市政府领导的充分肯定。不少学生代表学校分别参加了市级和全国的航模比赛、科技创新大赛、书画比赛等,取得诸多优异成绩。

我校还成立了以展现学生艺术特长为主要的少儿艺术团。学校少儿艺术团成立后以精湛才艺代表贵州参加全国少儿唱红歌比赛获得金奖,参加"文化中国·澳大利亚中国非物质文化遗产歌剧院展演"获得最佳组织奖。学校迎春晚会,得一到社会人士的普遍好评。

学校还定期举行的"科技艺术节"、"体育节"、"读书节",为师生搭建各类展示平台,点燃了师生新的激情,学生健康快乐成长。

(六)开展特色校本教研,推动学校特色创建

1. 以质量为中心,以课改为抓手,以课题研究为载体,努力提高教学水平。

(1)实施规范化、精细化管理,提高教学质量。严格执行《安顺市中小学教学常规管理暂行规定(试行)》,减轻学生过重课业负担,落实规范办学、减负增效、提质要求,开齐课程,开足课时,整合教学资源,进行学法指导,追求高效课堂,提高教育教学质量,引领教师做到"功在课前,效在课中,能在课后"。

(2)立足本校幼儿园、小学、初中一体化特色,开展"幼小和小初教育教学衔接研究"、"纵横数字化学习促进学生智力因素和非智力因素发展的研究"、"中小学

生心理健康问题研究"等课题研究,探究特色教育新途径。开展《儿童美德发展工程》课题,实现将"美德在我心"品德教育课程纳入教育教学环境,努力促进儿童良好道德品质的形成。

2. 加强特色课程文化建设

继我校校本教材《安顺,可爱的家乡》走进课堂后,2013 年我校新编的校本教材《牵手好习惯》《安全教育第一课》走进四至八年级教学课程。

(七)注重校园环境文化建设,提升特色环境文化品质

校园环境是师生工作和学习的主要空间。为改善学校空间的文化品质,实现以景育人、以文"化人"的目的,先后对校园环境进行了数次大规模的绿化工程。形成了"十园一苑一花圃、一亭二廊一池石、四树两花一竹林、一馆六室二站台、二屏二报三橱窗、奇石浮雕动感地"的校园特色。

在全面推进素质教育的进程中,学校紧紧围绕"培养什么样的人"这一根本,积极探索特色教育的途径和方法,以培养德、智、体、美、劳全面发展的社会主义事业接班人为目标,努力培养学生的创新精神和实践能力,以"读书节"、"科技艺术节"、"体育节"、"迎春晚会"等活动为载体,促进了学生全面发展,教育教学质量不断提高。学校先后被评为"全国群众体育先进单位"、"全国青少年科技教育先进集体"、"全国语言文字工作先进单位"、"全国军民共建社会主义精神文明先进单位"、"文化中国·澳大利亚暨中国非物质文化遗产悉尼歌剧院展演最佳组织奖"、"全国安全文明校园"、"贵州省'五好'基层党组织"等荣誉称号。与此同时,每年都有数以百计的师生在全国、省地、市各级各类比赛中获奖。在创造了 1993年至今连续 21 年保持全市义务教育阶段学校中考升学榜首的成绩的同时,荣获了"全国特色学校"、"第一批全国中小学中华优秀文化艺术传承学校"、"全国教育系统先进集体"等荣誉称号。

二、全面深化教育改革的思路和发展目标

贯彻党的十八大和十八届三中全会全面深化教育改革以及省市全面深化教育改革的文件精神,贯彻落实《关于全面深化课程改革　落实立德树人根本任务的意见》,明确以下改革思路和发展目标。

(一)深化学校办学体制改革。贯彻十八届三中全会和省委十一届四中全会关于全面深化教育改革和战略部署,全面实施素质教育,根据教育部、省教育厅市委市政府和市教育局推进学区化、集团化办学的相关要求,开展多元化混合体制改革实验,探索多元化合作办学途径,以期实现优质教育资源质的提升与量的扩

张,为推进义务教育均衡发展做出积极贡献,办人民满意的教育。

(二)积极推进探索法人治理结构试点工作。一是创新治理模式,在符合条件的事业单位,建立和完善以决策层及其领导下的管理层为主要构架的法人治理结构。二是完善治理规则,涉及事业单位章程、理事会的构成和产生方式、理事的权利义务、理事会议事规则、管理层的责任机制等问题。三是健全监督机制,建立和完善决策失误追究制度、年度工作报告制度、重要信息公开制度和绩效评价制度等,拓展和完善社会公众参与事业单位管理、运作和监督的渠道。

(三)全面贯彻党的教育方针,推进"一二三四五"特色思路。在深入开展党的群众路线教育实践活动过程中,学校按照中央、省、市党的群众路线教育实践活动要求,结合实际,确定了以"转作风、带师风、促学风、正校风"为活动载体,按照"一学、二全、三抓、四实、五新"的工作思路深入推进学校教育教学工作。

一学:即全面学习贯彻落实党的十八大、十八届三中全会精神、省委第十一届四次全会糖神、市三届五次全会精神,推动学校科学发展、跨越发展。

二全:即全面贯彻落实党的教育方针,把"立德树人"作为学校的根本;全面实施素质教育,把提高教育质量作为学校的中心。

三抓:即全面贯彻落实中央、省、市关于全面深化教育领域改革的精神,一抓党的基层组织建设,建立"去庸求进、去懒求勤、去慢求快、去浮求实"的长效机制;二抓深化学校办学体制改革,探索学区制、集团化和多元化混合体制的办学模式;三抓深化学校管理体制改革,以《安顺市实验学校章程》为依据,建立健全学校相关制度。

四实:落实教育教学常规管理,落实教研教改工作;落实校园文化建设;落实"健康第一、安全第一"的办学思想。

五新:作风建设有新成效;队伍建设有新发展;文化建设有新内涵;教学质量有新提高;教育改革有新突破,努力办人民意的学校。

文章发在《贵州教育》2014.11 期

牵手美德践行社会主义核心价值观

—— 安顺市实验学校寓社会主义核心价值观于美德教育活动纪实

安顺市实验学校　李锦鸣

　　社会主义核心价值观教育是学校全面发展教育的重要组成部分,学校是培育和践行社会主义核心价值观的重要渠道,直接关系到"培养什么样的人"这个根本。我校紧紧围绕党的十八大、十八届三中全会精神,围绕中央、省、市相关会议、相关文件要求和部署,始终坚持把培育和践行社会主义核心价值观作为加强和改进学校思想道德建设的基础工程,摆在重要位置;始终坚持把立德树人作为一项积累道德正能量的未来工程来抓。长期以来,我校树立了"为学生一生着想、为祖国明天奠基"的办学理念,确立了"明德、笃学、崇实"的校训,为更好地把培育和践行社会主义核心价值观融入学校教育之中,全面实施素质教育,我校开设了"美德在我心中"专项德育校本课程,并组织学校人员为该课程编撰了《牵手好习惯》配套校本教材,将"立德树人、厚德载物"作为学校的根本,有效地提升了学校德育工作的针对性、有效性,彰显了学校德育为先的办学特色。

　　1. 学校美德教育意义及思路

　　(1)开展美德教育的意义

　　"美德在我心中"工程是由"SOHO 中国基金会"提出并实施的美德教育培训项目。它包含了整洁、礼貌、温柔、责任感、诚实、帮助、团结、耐心、服从、快乐、慷慨、善良、勇气、和平、爱心、友爱、感恩、同情和服务等 19 种美德。它致力于开发学生的潜能,着力挖掘儿童心灵深处最本真的东西,体现出人类本性所具备的所有美德。每个美德都是一朵奇葩,每个美德都能让学生的思想、道德、生理、心理达到一个质的飞跃。这项教育工程在我校于 2011 年 10 月如期启动。

　　我校全面贯彻落实"美德在我心中"工程的教育理念,将美德教育贯穿于各学科教学中,贯穿于日常教育教学管理之中,结合"美德在我心中"工程的实施,以编撰的校本教材《牵手好习惯》为载体,让孩子们在快乐学习中感受美德、体验美德、践行美德、塑造美德,力求长时间的熏陶,帮助孩子们挖掘出自身的美德,并内化为良好的文明素养,形成正确的世界观、人生观、价值观,以便更好地服务全人类。

（2）学校美德教育工作思路

我校美德教育思路是:坚持"幼小先行,全面推进"的原则,对19个美德项目,在面向全体和全面宣传的基础上,每月采取重点推出一个美德项目的办法,使得美德教育既有面上的普及,又有突出重点的措施。我校始终坚持每周一次小课,每节课20分钟,从课时上保障美德教育。通过讲授、听故事、体验、唱美德歌曲、记美德日记、展示学生作品多种形式和环节,加深学生对每种美德的深刻理解。与此同时,我校还把美德理念通过《牵手好习惯》校本教材,贯穿于各学科教学之中,使之融合在师生日常生活和教学中。经过长时间潜移默化的濡染,将中华民族的美德内化为学生良好的文明素养,从而形成正确的世界观、人生观和价值观。

2. 学校开展美德工作情况

我校自开展工作以来,通过有趣的活动、动听的音乐、励志的故事、"美德之星"的评选等活动来吸引学生,让孩子们在亲身体验中学习美德,践行美德,强化美德,取得了良好的效果,在全校掀起了学习美德的热潮。

（1）领导重视

为了保障美德教育工程的顺利开展,我校领导高度重视这项工程,工作有部署、工作有措施、工作有指导。

2011—2012学年度第一学期全校班主任会上,我校正式启动了美德工程,学校党总支书记、校长李锦鸣做了动员讲话,李校长的讲话在全校师生中掀起了一股学美德热潮,广大师生树立了美德意识,明确了教育目标,营造了美德教育的良好开端;树立了学生学好美德课程、增强美德意识、践行美德行为的信心。

在美德课程开展过程中,学校领导、相关职能科室同志经常进班听课,课后与老师们一起研讨怎样上好一堂美德课,为美德老师出谋划策;老师们也积极反思,形成了良好的教研氛围,提高了美德课的高效性。

为保证美德课的开设,我校在教学硬件设施上首先加大投入力度,2012年学校投入150多万元,为全校58个班级安装上了投影机、电子白板、一体机等教学辅助设备,实现了班班通;紧接着我校于2013年又投入30多万元建造了一间录播教室,为美德课的教育信息化提供了有效的硬件保障。

（2）创设环境

我校根据"美德在我心中"工程的教育宗旨,首先在一年级新生家长会上,对一年级的全体家长做了关于"美德工程"的全面介绍,让家长们对"美德在我心"工程有了一定的了解,以便与学校紧密地联系起来,家校共同实施儿童美德工程;接着由参加培训的教师向全校教师做培训报告会,让全体教师心中建立美德意识,进而影响、熏陶学生;最后我校还利用"红领巾广播站"、国旗下讲话等渠道播放美德歌曲、倡导美德行为、介绍丰富的美德知识,让孩子们通过学唱美德歌曲,践行美德行为,感受美德魅力。

学校领导在教育教学工作会上布置落实美德教育事宜

我校利用美德素材美化校园。校园许多地方设置了宣传橱窗、文化长廊和文化墙,明理、激情、导行的各类美德宣传栏成了学校一道独特的风景线;我校利用美德素材靓化了各教学楼道。楼道里,一幅幅关于美德的图画在记录着孩子们的美德事迹,提醒孩子们时时保持自己的美德;在班级教室内外,为增强学生的班级荣誉感,塑造班级文化特色,我校开展了从班级名片、学习园地、读书角等班级文化建设,精美的美德海报和美德展示天地赏心悦目,不同班级的"美德花园"、"美德果实园"、"美德之星"评比台记录着学生成长的足迹,为学生提供了展示个人能力、团结协作的有效平台。

这些不同层次、不同类型和不同内容的无声美德信息,成为我校培育学生美德的良好物质环境。

(3)开设课程

美德课程系统地贯穿了孩子们在学习每个美德时所需求发展的概念、技能和语言。课程有趣而又有吸引力,还包括歌曲、游戏和互动式的活动。我校的"美德在我心"工程主要开设在一、二年级,为有效的实施课程,每周上一节20分钟的美德小课,教学活动中,老师们按照"美德在我心"丛书的教育计划来教学,在教学中尽量使用美德语言来进行教学,让学生在美德语言的感染下更增添自信。

上图为班级中评选的"美德之星"光荣榜

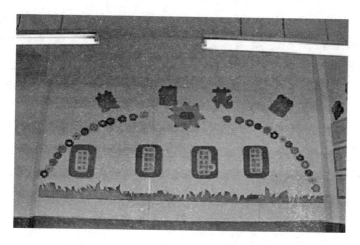

左图为班级中布置的"美德花园"宣传栏

我校编撰的《牵手好习惯》美德教育校本教材,充分体现时代特点和学生年龄特征,从学生在校学习的基础行为习惯、到家庭日常生活的细微生活行为、到学生待人接物的基本礼仪要求,涉及学生在家、在校和在社会三个人生的重要场所,从点滴细小的行为习惯塑造做起,体现了低起点、高要求的美德教育特点,收到很好的实效。

学生们正在课堂上认真阅读"美德在我心"教育读本

为提升美德教育课程教育教学效果,我校成立了美德教研组。美德任课教师定期开展美德课程教学研讨、贯彻学校美德教育计划、挖掘美德教育资源、探讨美德教育途径和方法,交流美德教育实践感受、摸索美德教育规律,提高了我校美德课教师的教学能力。我校广大教师将美德教育与学科课程进行有机整合,使美德教育无处不在、无时不在,最大限度地活化了美德教育内容,扩展了美德教育的天地,使整个学校教育成为美德教育的大课堂。

(4)践行美德

中华民族的美德内容涉及人们的方方面面,因此践行美德也要尽可能多方面、多层次、多渠道地加以实施,只有这样,才能够有利于塑造学生的人格、陶冶他们的品德,培养健康的情感,从而形成持之以恒,受用终生的美德素养。

我校根据学生的身心特点,结合时代特点、学校实际和美德教育工程的要求,开展了丰富多彩的美德教育实践活动。

在美德实践活动中,我校长期开展了"说美德话,做美德事"的实践活动。学生们通过为同学、为班级、为老师和为学校做一件体现美德行为和精神的实事,深化对美德行为的认识和理解,感受美德实践并不难、感受美德行为中的愉悦与幸福、感受美德行为给同学、班级、老师和学校带来的变化,从而激励学生持续践行美德、巩固美德。

我校利用校园"红领巾"广播站、国旗下讲话、《彩虹》校报等校园媒体宣传美德典范,表彰校园美德现象。各中队、各班充分利用主题队会、班会、晨检和午检时间组织全班同学深入学习美德行为,进一步渗透德育教育。例如各班级开展

"美德之星"评比,"我有一颗美德果实"、"美德在我心"等主题队会活动。我校陈小桐老师向全校班主任上了"美德在我心"主题队会公开课。少先队员们以各种生动活泼的形式,栩栩如生地展现了美德融入在家庭、学校和社会中的情形,体现了少先队员规范的生活和学习美德,激励他们更加热爱生活、关爱社会,学会负责、学习做人。

美德课任课教师在研讨美德课教学方法

寓教于乐——学生们在愉快的活动中感受美德

我校还通过"幼小衔接"活动,由学校少先队大队部与本校幼儿园开展美德教育"大手拉小手"活动,将美德教育扩展到我校幼儿园。幼儿园大班的幼儿们在老师的带领下,到一年级各班参加以"学习雷锋好榜样"为主题的美德班队会,感受雷锋叔叔的美德故事,激励幼儿们学习雷锋叔叔乐于助人的行为,用实际行动践行美德。

我校作为一所示范性学校,在开展美德教育的过程中,不忘将自己摸索出的美德教育经验与结对帮扶的手拉手学校进行分享。我校先后选派汪洁、陈小桐等美德教师到安顺市九小、镇宁布依族苗族自治县实验小学,把美德教育理念、教学方式、教育经验带给他们,使帮扶学校的老师们深受启发。2014年3月,在我校党总支书记、校长李锦鸣挂任"村第一书记"的开发区宋旗镇和兴村老凹小学,我校结合开展群众路线"千村宣讲"活动,本校卓莘老师为学生上了一节"让爱飞扬,美德在心中"生动的美德课,卓老师绘声绘色的讲解,将体现社会主义核心价值观的美德教育带到了老凹小学,使兄弟学校也感受到浓浓的美德氛围,让美德之花在帮扶学校绽放!

3. 成效显著

(1)美德在教师

为引领教师专业成长,我校长期以来开展了"教师发展性'五维'评价"活动,引领教师在师德师表、教学业务、教育科研、班级管理和活动辅导等五个方面通过教师的教育教学实践活动和自我修炼,促进专业成长。我校在此基础上还进行了"五星教师"评选,激励广大教师不断进步。近些年来评选了数百颗"星级教师",真可谓群星璀璨,对提升教师素养、提高学校教育教学质量起到了积极的促进作用。如今教师外形干净、整洁、大方、稳重,语言积极温和。特别是通过美德工程的实施和美德课的教学,教师德行不断得以规范和提升。美德,使教师更美、更有人格魅力。

(2)美德在学生

通过"美德在我心"课程的学习,学生们真的得到了成长。他们更加疼爱父母、关心同学、热爱班级、关爱老师、关注社区。他们从身边的小事做起,从自己过去很少关注的他人的需要做起,用自己的行动践行并传承着中华民族的美德。

校园中到处都可见"学雷锋志愿者"服务队的身影。在我校团委的组织下,我校志愿者服务队自2001年成立以来,已发展800余名青年志愿者,服务时数达10000余小时。广大志愿者以"奉献他人、提升自己",大力弘扬"奉献、有爱、互助、进步"的志愿者精神。在教室、在楼道、在校园操场或花园、甚至在幼儿园中,小小"义务保洁员"让垃圾无处藏身,给自己一份责任的同时,也给自己和广大同学创造一个干净整洁的学习环境;有的学生主动为教师到办公室或实验室取放作业本和教学仪器,有的学生们则组织起来到家属区打扫环境卫生。

有学生在美德日记中写道:放学时看见学校浇树的水管突然断开,就忙跑上前将水龙头关住,而自己却被喷了一身水。但他说:"做完这件事,我感到脚步平稳、心情舒畅,如果不做,就会觉得丢失了什么,心里很不安。"一位原来班上的"调皮鬼",当选为志愿者后,真心地说道:"我没想到能选我,我特别高兴!"这位学生因参与了服务,得到尊重的同时得到了认可,因而各方面都发生了变化,进步也很快⋯⋯这一切都证明,"美德"已内化为我校学生们的一种内在需要,逐渐成为他们的一种自觉行为。

尤其是我校的一个名叫王佳的女学生,从小学一年级到九年级毕业,用自己的爱心默默帮助一个身有残疾的同学,带动了她身边许多同学参与到爱心团队中来,解决了残疾同学每天在校期间的许多困难。她用美丽的心灵和朴实的行为感动着一届又一届的校友。学校以身边的"活雷锋"为榜样,发起了"向王佳同学学习"系列活动,通过彰显王佳的事迹,将爱的接力棒,在广大师生中传递。爱心队伍越来越壮大,使我校成为一个充满爱的大家庭,共同传承着中华民族的传统美德。《安顺日报》和《贵州日报》分别以《爱心"抱"起同学情》和《14岁王佳助残5年:我是你的"双腿"》为题刊载了我校王佳同学的事迹,安顺电视台《直播安顺》也报道王佳同学的事迹。

我校借助中央文明办、教育部、团中央联合开展的"学习雷锋、做美德少年"网上签名活动,发挥网络覆盖广、易参与的优势,推动学生广泛开展学雷锋活动,丰富"做一个有道德的人"主题活动内容,积极参与道德实践活动,身体力行心向党、爱劳动、有礼貌的价值追求,增强道德意识,养成文明习惯,争做有道德的人。

2013年我校五(4)班陈奕帆同学荣获"贵州省美德少年"称号,六(1)班金涵秋和八(11)班的魏杨孟衍被评为安顺市美德少年。

(3)美德在家庭

家庭是学生人生的第一课堂,父母是孩子的第一任教师,家庭也是学生美德教育的重要场所。自学校开展美德教育以来,一方面学校通过家校桥梁,介绍学校开展美德教育的意义,希望得到家长的通力配合;另一方面也向家长们传授了家庭中进行美德教育的措施和方法,鼓励家长结合家庭特点实施家庭美德教育,通过家校联手,增强美德教育的成效。

经过学校和家庭一段时间共同的美德教育,家长们发现孩子有了变化,如:常听到孩子用礼貌的语言很礼貌地问大人,帮着干家务活,孩子在家中经常会说:"老师说了自己的事情自己做,我要有责任感。"很多小事体现出美德教育对孩子的影响,这将使孩子受益终身。

学生们通过演讲、写信、谈心、做礼物、做家务等方式,用自己的实际行动展现美德成果——感恩。在活动中,孩子们不仅练习了感恩的美德,更与父母有了新的思维碰撞,感情得到了升华。

对于一些家庭,还通过学生的"小手"去拉家长的"大手",学生们把在校学到的美德,带到家庭,去影响父母,使之重新规范自己的言行,重塑美德习惯,为提升社会美德风尚起到积极作用。

(4)美德在校园

我校将社会主义核心价值观融入学校美德教育中,在广泛深入开展"三生四爱五心五好"主题教育活动的基础上,积极组织和参与全市"'明理知耻、崇德向善'道德大讲堂","百万市民学礼仪、行礼仪、守礼仪","爱祖国、爱家乡、爱劳动"进校园,美德少年、最美安顺人评选和"我推荐我评议身边好人"等一系列主题活动。主动融入全市"创建全国文明城市、卫生城市、环保模范城市和园林城市"等活动之中。

加强与关工委的联系,积极协调社会各方资源,充分发挥"五老"作用,促使学校德育教育与社会道德建设有机结合、形成合力、相互促进。按照安文明办(2014)14号文件"关于开展2014年'我们的节日'主题活动的通知要求",结合我校美德教育工作进程,充分挖掘中华民族传统节日、纪念日和少数民族节日中的美德教育资源,尤其要努力弘扬这些节庆中的社会主义核心价值观。以学校的特点和方式带头普及文明过节理念,倡导文明过节行为。以上述节庆活动为载体,宣传和突出上述节庆活动中的文化内涵,让学生感受节庆中的中华文化。

美德工程是一项系统性的、长期性的教育工程,美德的形成更不是一朝一夕之功。为此,我们一方面巩固已取得的教育成果,不断创新,把这项工作坚持不懈地做下去,做实、做细、做新,一方面持之以恒地给学生以美德的熏陶和训练,及时发现学生的美德,创造各种锻炼机会、展示他们的美德,挖掘学生更多的美德,让他们长出丰满的羽翼,飞向成功。

今后工作中,我校还要进一步将社会主义核心价值观教育与学校的德育工作紧密结合起来,继续牵手美德教育,践行社会主义核心价值观,为培养具有中华民族传统美德,弘扬中华文化的高素质人才而不懈努力。

文章发表在《贵州教育》2012.18 期

营造多元文化生态　引领师生健康成长

——贵州省安顺市实验学校特色创建经验概述

安顺市实验学校　李锦鸣

众所周知,丰富的物种资源是自然界生物生长繁衍离不开的良好自然生态环境。

人类社会的本质就是文化。生活在人类社会中的人,要想获得健康成长必然也离不开多元的良好文化生态环境。

学校教育作为一种文化现象出现以来,在漫长的历史时期中也一直是以文化育人的。但是,20 世纪后期,随着我国人口的暴涨,生存竞争日益加剧,导致我国的学校教育出现了异化,弱化了学校初始的育人功能,逐渐演化为单一的知识技能传授场所;有的甚至成为应试教育的速成机构,几乎丢掉了学校"育人"的根本职能和使命。

佛家也好,儒家或道家等诸子百家也罢,释迦牟尼、老子、庄子、孔子,这些大师们对弟子和民众的教化,没有哪一位对教义只是进行纯粹的说教,他们非常注重弟子和民众对教义的感悟。而感悟的过程,就是以"文""化"人的过程。

我校作为基础教育段学校,为了让学校教育摆脱应试教育倾向,让学校教育尽早回归其应有的职能,21 世纪之初,我校集本校数十年办学经验之大成,融入了以人为本的科学发展观和素质教育思想,提出了"为学生一生着想,为祖国明天奠基"的办学理念,将我校的学校教育与学生发展和国家兴亡、民族振兴牢牢地联系在一起。

为实现我校办学理念,十余年来,我校根据经济全球化必将带来人类文明大融合和文化对教育影响日益增强的趋势,着力营造学校多元的良好文化生态环境,引领师生健康成长。

经过十余年不懈努力,一个由"精神"、"制度"、"环境"和"活动"四大块面组成的"多元文化生态"良性文化环境在我校逐步形成。这个将隐性学校文化和显性学校文化有机地融合起来的"多元文化生态",已经成为我校最根本的办学特色,并在此基础上延伸出了"公民日常行为教育工程"、"学法指导课堂教学"、"专业引领群体奋进校本教研"、"引领式教师发展继续教育"、"俱乐部综合实践活动"、"地方及民族民间文化教育学校课程"、"创新与大众科普科技教育——贵州省首批科技教育特色学校"、"校园、花园、乐园为一体的校园环境"——贵州省绿色学校、"读书伴我成长书香校园"、"特长展示型社团活动"等学校教育的子特色。

在"多元文化生态"特色环境的陶冶下,我校各方面工作取得了显著成绩,为提高办学质量,促进师生全面发展起到了不可或缺的重要作用。

自1993年以来,我校已连续18年在全市中考中以遥遥领先之势,稳居省级示范性高中录取学生人数、个人总分人数、单科分数第一人数,及500分以上人数多项第一,得到社会各界的普遍赞誉。

近年来,我校先后获得人事部和教育部颁发的"全国教育系统先进集体"、北京奥组委和教育部及贵州省政府颁发的"北京2008奥林匹克教育示范学校"、教育部中国教师发展基金会颁发的"全国'十一·五'教育科研先进集体"、教育部颁发的"第一批全国中小学中华优秀文化艺术传承学校"、2011年由教育部、公安部颁发的"全国消防安全教育示范学校"、2008年贵州省委、省政府颁发的"精神文明建设工作先进单位"、2011年中国教育学会和中央电视台颁发的"全国艺术教育先进集体"、贵州省政府颁发的"贵州省绿化工作先进集体"、2009年教育厅颁发的"贵州省校园文化建设先进学校"、"贵州省实施素质教育先进学校"等数十个各级各类集体荣誉。

一、提升精神文化,促进学校持续发展

1. 升华学校精神文化,奠定学校持续发展思想基础。

人之所以区别于动物,就在于人靠精神来支配行动。因此,精神文化虽然属于隐形文化范畴,但它却是文化中对人的影响最为重要和持久的因素。构建学校文化,精神文化就是其中最为核心的内容。

我校创建于1939年秋,回顾73年走过的艰难岁月。是什么因素使我校历经了社会制度更替、时代变迁和政策演变等众多社会风云,却犹如当初的一棵小树苗,如今已经长成参天大树。其办学层次和规模从区区二、三百人的黔中师范附小,到今天拥有4000余人,涵盖幼儿园、小学和初中三个办学层次的安顺市实验学校。其办学质量稳步上升,成为义务教育段全市适龄学生和家长首选的贵州名校。

我校的发展与壮大并不是偶然的,是数十年来我校历代师生们前赴后继,共同努力的结果。而支撑着我校历代师生们不断取得辉煌成就的根本原因就在于我校有不甘落后、务实求真的精神,有一群敬业、尽职、尽智,团结奋进的群体。正是依靠这种先进的精神传统,使我校跨过了前进道路上的一个个艰难险阻,步入健康成长的辉煌大道。

总结数十年成功的核心,我校归结出了"不止领先,追求卓越"的实验精神。

实验精神的提炼,升华了我校师生的精神境界,明晰了我校师生工作和学习的方向,成为大家行为的指南,成为我校一切工作的思想基础,是我校"多元文化生态"学校总特色和学校各个子特色创建的出发点和归属所在。

2. 完善精神文化体系,统领师生思想和行为。

在"不止领先、追求卓越"学校精神确定后,我校重新修改和完善了"一训三风"。新的校训:明德、笃学、崇实;校风:求真、求实、求新;教风:爱生、爱岗、爱校;学风:勤学、善学、乐学。充分体现了社会发展对人的基本要求,反映了我校义务教育段师生和时代的特点,融入了以人为本的科学发展观和素质教育思想。

我校在明晰"为学生一生着想,为祖国明天奠基"办学理念的基础上,提出了"管理强校、质量立校、人才兴校、文化铸校、安全稳校、和谐荣校"新时期学校"工作思路"。同时还明确了"全市示范引领、贵州一流、全国知名"的办学目标及"办学理念高层次、学校管理高水平、学校队伍高素质、学校文化高品位、学校成绩高质量"的具体要求。

上述学校精神文化体系的建设和完善,对统领我校广大师生思想、协调师生行为,推进学校发展起到规范与引领的文化熏陶作用。

3. 开展文化标识建设,深化师生和社会对学校文化内涵理解。

学校精神文化的建设,不仅仅只是存在于墙面上、纸张上,要让学校的精神文化取得师生和社会的认同,并内化为师生的思想情感和行动,这样才能真正发挥学校精神文化不可取代的能动作用。

为此,我校开展了包括校徽、校旗、校歌为重点,覆盖学校"科技艺术节"、"体育节"、"读书节"等大型活动的节旗、节徽和节歌,以及相关各种宣传表册等内容和形式的学校文化标识创建活动。我校通过各种媒体和渠道,广泛征集全校师生和社会各界对学校各种文化标识的创意和设计。通过举行校徽、校旗和校歌等标识的征集与评选,不仅开阔了我校对上述学校文化标识的设计思路,而且深化了学校相关标识的文化内涵,提升其艺术感染力,形成了独具我校风格的各种特色标志,成为我校精神文化具象的图形符号。

此后我校先后开展了校歌演唱比赛、进行了校徽校旗和校歌创意解读活动,利用宣传橱窗、校报、大型活动舞台底幕及学校各种媒介,广泛介绍和应用我校文化标识。每周一升国旗后要升校旗、唱校歌。此外,在学生校服上印制校徽,制作学生手摇校旗,使每一个学生对学校文化标识做到人人皆知,对学校文化表示中所包含的精神内涵产生认同感。并由此标识所代表的学校辉煌和社会声誉产生出对学校的荣誉感,从而使让学校文化标识成为凝聚全校师生情感、统领师生行为的无声号角与召唤。

二、规范制度文化,保障学校有序发展

为保证存在于师生思想和情感中优秀的学校精神文化能够得以维系和发展,为使人类先进的思想、教育理论和规范得以在师生中推广,从而不断提升师生的精神素养和行为品质,必须有体现先进思想的制度文化来加以引领和规范。

为此,这些年来我校以党的教育方针和素质教育思想为指导,针对新时期学校教育面临的新形势、新问题,结合国家对事业单位人事制度改革的方向和要求,用以人为本的科学发展观来审视我校各级各类管理工作。从一切有利于充分调动广大师生发展的积极性,有利于推进学校发展的大局出发,对学校原有管理体系和制度进行了改革和完善。

首先,我校建立了由"目标制定、督查反馈、总结评价"三大体系构成的学校新管理系统。分清管理职能、进一步理顺管理关系,提高管理效率。

在此基础上,我校全面清理学校各项工作的管理制度和措施,并根据新时期、新形势学校管理面临的工作和问题,依据国家法律法规和上级相关文件精神,结合师生实际修改和新建了一些管理制度。涵盖了包括行政管理、教学管理、教研管理、安全管理等4个类别、涉及100多项工作内容的管理制度体系。为使广大教职工明晰学校管理制度,从而有效地知道自己的工作,学校编印了《安顺市实验学校管理手册》。

这些制度或措施的建立,为保障师生合法权益、促进师生发展、营造有条不紊的学校教育教学秩序提供了制度依据,为学校管理朝着科学化、民主化、规范化和精细化的方向迈进提供了有效的依据。

三、营造环境文化,陶冶师生人文素养

1. 构建团结和谐的人际关系,打造充满活力的师生群体。

学校作为学生成长、教师发展的重要场所,建构充满关爱、团结互助、和谐的人际关系,是学校环境文化中首要的内容。

因此,这些年来,我校通过制度建设,为广大师生的工作、学习和生活创造公平、公正和公开的竞争环境。尤其是在涉及师生切身利益的问题上,学校领导和职能科室深入师生中间倾听他们的心声,在国家政策允许的情况下,最大限度地满足师生合理的诉求,为广大师生的发展或成长提供均等的机会。在此基础上强化对教职工的职业道德教育和对学生的行为规范教育,在学校党总支和广大教师深入细致的思想工作之下,逐步形成了学校上下齐心协力,同学之间、教师之间、家校之间彼此支持的和谐局面。为广大教师营造了心情舒畅的工作环境,为广大学生创造了快乐开心的学习氛围。使大家在安顺市实验学校的大家庭中感受到集体的关怀和温暖,从而获得战胜困难的力量和信心。

2. 建造"三园一体"校园环境,提升师生工作学习环境的文化品质。

校园环境是师生工作和学习的主要空间。为改善学校空间的文化品质,实现以景育人、以文"化"人的目的,21世纪以来,随着我校新建校舍和对原教学楼、办公楼进行装修,我校先后对校园环境进行了数次大规模的绿化工程。拆除旧教学楼,将杂草丛生的荒芜之地平整为草坪、花圃,栽种树木花草,修建花台、建造长廊和古亭等。与此同时,我校还实施了以本校教育资源为元素,以本校人力资源为主,自行设计一些或巨幅、或独立、或成组的永久、半永久各种材质和造型组成的宣传画及名言警句,对教学楼、办公楼内的厅堂、楼道和教室、办公室,以及运动场进行装饰美化工程。

最终使我校校园环境中形成了由"松柏园、竹园、梅园、杜鹃园、月季园、芭蕉园、棕榈园、曲柳园、银杏园、棋苑、花圃"构成的"十园一苑一花圃"连片植物花卉区;由"求真亭、艺术廊、立池石"组成的"一亭一廊一池石"人造景观休闲观赏区;由"桂花树、国槐树、桃树、李树、樱花、迎春花、小竹林"形成的"四树两花一竹林"特色植物景观区;由"浮雕文化墙、楼道书画廊、橱窗板报栏"等组成的主题文化墙;运动场四周由跑、跳、投、掷等运动彩色简笔画图案构成的"体育动感地带",充分体现了生命、阳光、快乐、健康、运动等含义,以欢快热烈的造型激发广大师生投身到体育锻炼之中。

我校还将一些大小不一、造型各异的天然奇石放置到校园各个绿化区中,将

大自然鬼斧神工的奇石造化与人造景观相互呼应,形成了彼此相宜的奇石景观;我校还聘请园林企业及专职园艺工人对校园内的花草进行艺术栽培与修剪,形成了以"乐教好学"植物造型为典型代表的园艺文化景观,使校园内的花草树木在展现蓬勃生机的同时,还给人以艺术的遐想与享受。

我校还结合校园安全照明的需要,对校园景观进行亮丽化,在一些名树、奇石、花圃,亭廊以及相关校舍等建筑上进行点光、面光、轮廓光等艺术化照明。沿校园道路安装了具有现代气息造型的路灯,在一些花圃中还安装了草坪灯。让夜晚的校园也展示出她秀美的风姿,成为暮色中城市景观的组成部分。

此外,我校还以音柱和园林音箱取代高音喇叭,在草坪和道路上安放了植物和石头造型的园林音箱,让优雅的乐曲在校园中轻轻地回响。

浓荫密布的大树、葱绿的一片片草坪、五彩芬芳的花卉、让人遐思的奇石、休闲唠嗑的亭廊、曲径通幽的花园小路、静谧校园中的艺术灯光、随处耳闻的低婉乐曲,这一切,都是我校近些年来绿化、美化工程的结果,她使我校从单一的校园,变成了花园,更变成了师生流连的乐园。集校园、花园和乐园为一体的校园环境,极大地提升了我校校园的文化品位,让无处不在的校园环境成为塑造师生合格公民素养、培养高雅气质的无声教育媒体,在潜移默化中陶冶师生的情操。

3. 兴建信息化宣传平台,扩展学校文化宣传教育阵地。

我校作为全国 1000 所现代教育实验学校,21 世纪之初,我校就建成校园网覆盖到各个办公室和教室,并开设了学校网站,广泛宣传学校办学成果,搭建师生和家长以及社会沟通的便捷桥梁。近年来随着信息化的深入推进,我校在改建传统纸质图书室的同时,新增了电子阅览室系统,极大地扩展了师生与古今人类多元文明的接触渠道。

对学校原有红领巾广播站,我校不仅更新了播音和分区调控设备,而且使用了校园广播电子控制系统,使校园广播的内容、时段都得到扩展,音质上得到优化保障。

学校大门兴建电子显示屏,及时向师生和社会宣传学校动态,以满腔热忱欢迎教育同仁、家长或社会各方人士。

现在我校已经在筹建校园电视台,在搭建新的信息化宣传教育平台的同时,为培养学生对电视传媒宣传的特长和能力提供新的实践基地。

4. 完善传统宣传教育基地,发挥各自宣传教育功能。

我校创刊于 1994 年的《彩虹》校报,对报道学校办学情况、宣传办学成果,展示教师教育教学经验和学生学习成效,在广大师生、家长和社会上产生了不可低估的宣传和教育作用。近年来,我校《彩虹》校报在精选报纸图文的同时,活跃版面设计,并采取彩色铜版纸印刷,较大地提升了报纸的可读性和趣味性,增强了报纸的新闻价值,继续发挥出其他媒体对学校办学宣传不可取代的独特作用。

为培养学生对学校的情感,我校近期又对学校的荣誉室进行改建,增强陈列环境的艺术效果,归类陈列荣誉证牌,突出了我校近20年来各个方面取得的辉煌成就,对点燃广大师生超越学校历史、超越梦想的火花起到很好的激励作用。

此外,我校目前正在广泛征集学校校史图文资料,在充分占有资料的情况下,对校史室重新进行改建。以便真实、全面和客观地展现我校73年办学的艰难历程和辉煌成就。让广大师生从中看到历代实验前辈为学校的发展所做出的不朽功勋,从而激发起他们对学校热爱之情,并由此强化对家乡、对祖国的热爱。

5. 打造班级有形文化环境,突出班级个性特征。

我校在开展班级精神文化创建的过程中,也十分注重对班级有形文化的建设。各班主要以教室为园地,从教室门口的班级名片内容和形式,到教室后墙上宣传栏的布置,以及教室两侧图文的呈现等,都突出了班级师生的元素和个性特征,及时反映班级学生学习生活的成长,成为班级中写作、美术和组织管理等各类人才能力培养的处女地。

这些充满个性特征和稚嫩气息的班级有形文化,与学校在校园室外和楼道中构建的高雅的环境氛围,形成对比,相得益彰。学生们通过对比,不断提升自己的欣赏能力与表现能力,在年复一年的班级有形文化创建中促进相关能力的形成和提高。

四、建构活动文化,提高师生综合素质

学校教育从形式上来说,都是由一系列活动组成的。其中,最常见、最重要的活动就是课堂教学活动。

1. 以课改"学法指导"改进课堂教学,培养学生自我学习能力。

素质教育与应试教育在课堂教学中的最大区别就在于:前者以认知教学为载体,着力培养学生自我学习探究的能力;后者则一切以考试涉及的认知内容为教学的根本目的,并为如何应考进行重复性题海式的训练。2009年我校教研室倡导以"学法指导"理念改进课堂教学,转变教室课堂教学重心,运用信息技术整合各种教育资源,在学法指导理念指导下,创设教学情境,设计课堂教学环节,以学生自我探究和合作学习为途径,培养学生自我学习、自我判断、自我批判的能力。

我校以"学法指导"为特征的大量优质课,在参加市级、省级,乃至全国相关学

科的优质课比赛中取得优异成绩,近几年就先后有多节课获得全国相关学科优质课比赛一、二、三等奖,很多节课获得省级一等奖,数十节课获得市级一等奖。

我校"学法指导"经验作为课改成果在全市课改经验交流会上进行宣讲。我校以符合课改精神的示范课和切实推进课改课堂教学的学校,成为全市义务教育段唯一确认的课改"样本校"。

2. 以专业引领为主要途径,构建群体奋进的校本教研氛围。

课改作为一种先进教育理念和方法,它所要改变的就是革除过去广泛存在于广大学校和教师中一些不适应社会发展的做法。而这种新的先进的教育理念是由少数教师从上到下先驱学习与体验,在回到本校进行由点到面、由简到繁、由低到高、由少数到全体的推广。

课改理念这种由上而下传播的客观事实,必然决定了课改推进及成效在很大程度上往往取决于专业引领的高低。因此,我校教研室作为课改实施的职能部门,首先吃透课改精神,以准确的课改理念打造各种优质课、示范课,同时还借助各级骨干教师的学科带头作用,通过各个教研组在这些优质课、示范课中参与研讨,将抽象的课改理念,结合具体的教学内容,形成看得见摸得着的课堂教学示例,让广大教师真切感受课改的理念和方法。

在课题研究中,我校采取教师申报课题,教研室指导研究的专业引领方式,使我校一些教师在研究实践中学习课题研究方法、了解研究规律。最终课改以来,我校先后承担了国家级立项子课题3个、省级立项课题8个、市级立项课题3个。其中,2个国家级课题已经结题,并被全国总课题组评为优秀子课题。4个课题研究获得"十一五"贵州省教育科研成果三等奖。据不完全统计,21世纪以来我校约300余篇论文、近百个课例及课件在各级各类评比中获奖,有的还发表在相关报刊上。

与此同时,我校还制定了《教育组活动检查评比办法和标准》,并通过学校领导和职能科室的检查、教研组的自评方式,对教研组进行"常规活动、专题活动、活动资料、活动成果"等四方面的检查评比。充分调动教研组活动的积极性,保障教研组活动经常化、规范化地开展,营造求实、争鸣的学术氛围,促使教师学风的转变,提高教师常规教学研究水平,促进本学科教师的教学技能互补,挖掘和提高整个学科的教学水平和技能。

正是在专业引领的启发下,我校形成了以骨干为先锋,重学术、求实效、有追求的校本教研群体,为我校全面提升教育质量奠定了师资基础。

3. 以"公民日常行为教育工程"为核心、多角度全方位开展德育工作。

我校处于基础教育的中低段,正是人一生中基础行为习惯养成的重要时期。我校牢牢把握这一特点,结合社会发展和时代对公民素养的要求,始终以"公民日常行为教育工程"为核心,从学生的学习习惯、生活习惯、行为习惯入手,通过各种形式和内容的思想教育、检查评比、奖优罚劣等途径和方法,对学生的公民基本日常行为进行坚持不懈的教育。比如,为培养学生文明的用餐和道路交通行走习惯,自2004年起,我校每天都派出行政人员到学校附近,对学生在路途中购买路边小摊不卫生食品和边走边用早餐的不卫生、不安全、不文明习惯,以及不走人行横道随意横穿马路的不文明行为进行劝阻与批评。经过8年持续不断的努力,我校广大学生已基本形成尽可能在家吃健康早餐和走人行横道的文明行为。

在我校,不论教师还是职工,人人都是德育工作者;不论大事还是小事,事事都育人;不论何时何地,时时都有育人的契机。我校将德育工作纳入全校教职工的工作范畴,始终坚持德育为首,育人为先的德育工作指导思想,在学校各项活动中贯穿对学生爱生命、爱祖国、爱家乡、遵章守法的公民素质教育。

我校将德育工作延伸到社区和学生家庭。我校充分调动社区相关部门对学校工作支持的积极性,利用相关部门的教育资源配合学校开展诸如安全教育、禁毒教育、法制教育等德育活动。

近年来,我校在寒暑假组织全校教师开展有针对性的"百名教师大家访"活动。对一些在学期教学活动中出现问题的学生进行重点家访;对一些德育研究进行专题调研。通过"百名教师大家访"活动,拉近了教师和家长的距离,消除了横亘在师生和家长之间的误会,增强了相互间的信任与理解,创造了有利于学生健康成长的校内外环境。

4. 以"引领式教师发展继续教育"为主,促进教师专业成长。

教师是学校生存和发展的关键因素。为促教师专业快速发展,课改以来我校制定了"教师发展性'五维评价'方案和标准",从教师师德师风、教学业务、班级管理、教育科研和活动辅导五个维度,通过教师、同事、领导、学生、家长五个主体对教师教育教学备、上、批、辅、考等工作内容和环节进行全面考核。通过五个纬度的时代发展目标和要求,结合学校实际提出对应的一些发展层次,借助各种评价主体的评价过程,引导教师对自己在专业水平和技能上进行反省思考,找出不足和原因,从而明确发展方向,制定继续教育措施,促进教师自我迅速成长。在此基础上,每年我校还依据"五维评价"结果,推选出在上述五个方面成效突出的教师,分别设置了"师德师表星、教学业务星、班级管理星、教育科研星、活动辅导星"等"五星教师"荣誉给予嘉奖。几年来先后有200余人次获得奖励。

与此同时,对年轻教师,尤其是新任教师,我校都要指派经验丰富的骨干教师对其进行课堂教学和班主任管理的结对帮扶,让老教师成功的教育教学经验传递给年轻教师,使他们避免了许多摸索过程中的弯路,加速了青年教师的专业化成长。一批批年轻教师的教育教学质量得到学生、家长和社会的肯定,有的还很快走上了学校教育教学管理岗位。

5. 以学校体育俱乐部为基地,广泛开展学生综合实践及社团活动。

为广泛激发学生兴趣,培养学生多方面的特长,我校以本校2004年经国家体育总局审核批准的青少年体育俱乐部为基地,结合时代特点和学生兴趣及年龄特征,先后在其中开设了体育、艺术、科技、文化和教育5个类别,30多个项目,40多个组别的综合实践活动。例如,体育类有围棋、象棋、乒乓球、武术、足球、田径、少儿健美操,以及打陀螺、滚铁环、丢沙包等民族民间体育项目;艺术类有合唱、舞蹈、军乐、摄影、绘画、书法、面塑、雕塑、陶艺、手工,以及苗族板凳舞、地戏演阵舞和布依族竹竿舞等民族民间舞蹈项目;科技类有计算机与智能机器人、航空及车船模型制作、天文、电子百拼、网页制作、电子报刊等项目;教育类有趣味英语、英语沙龙和社会调查与研究;文化类有剧社、文苑2个项目。俱乐部活动始终坚持普及与提高并举,以学生自愿参加为原则,很好地调动了学生的兴趣。

俱乐部专用的活动室及完善的活动器材,为学生进行实践性活动提供了物质条件;学校还聘请了校内外有一技之长的教师或专业人员担任俱乐部辅导教师,为学生们提供了内容充实、理论与实践相结合的教学指导。不少参加俱乐部活动的学生代表学校分别参加了市级、省级和全国的围棋比赛、航模比赛、科技创新大赛、书画比赛等活动,取得优异成绩。

俱乐部这些活动集知识性、技能性、趣味性和娱乐性为一体,极大地丰富了学生的课余生活,深受学生的喜爱和家长的欢迎,得到了省市教育行政部门和市政府领导的充分肯定。

在俱乐部艺术教育普及活动的基础上,近年我校还建立了以展现学生艺术特长为主要目的的少儿艺术团。我校少儿艺术团建立后以精湛的演艺代表贵州参加全国少儿唱红歌比赛,获得金奖。组团两年来,以少儿艺术团为主体,在我市电视台演播大厅承办了两届学校迎春晚会,获得社会人士的普遍好评。

6. 以地方及民族民间文化为内容,开设课改学校特色课程。

根据课改关于设置学校课程的要求,我校结合地方特色和学校实际,对我校课改以来开发的学校课程及其教育教学实践,对其中基本具备课程基本要素的教学内容,经过审慎的研讨,决定将其上升为学校课程。2007年我校开设了"乡情教育"课程,并组织学校相关人员编写了与之配套的校本教材《安顺,可爱的家乡》。该教材从"走进自然、走进历史、走进文化、走向繁荣"等四个方面全面、准确和生动地介绍安顺的自然风貌、历史和文化变迁,展现安顺社会进步和经济发展状况,对安顺社会发展进程中重要的历史事件和杰出人物,以及当代安顺的地方特色和民族风情进行全景式的呈现。通过"乡情教育"课程的开设,激发我校学生了解安顺的愿望,引导学生关注安顺发展,培养学生热爱安顺的情感,并将这种热爱家乡的情感上升为对祖国、对中华民族的热爱,使学生对家乡和祖国抽象的热爱成为具体可感的真情实感。

2010年我校又以俱乐部活动中的围棋、书法、面塑等活动项目和安顺,乃至贵州的一些工艺美术为内容,开设"优秀中华民族民间文化传承"学校课程,同时,学校有关人员编写了配套校本教材《古韵民风》。我校"优秀中华文化传承"课程配套教材《古韵民风》分为"排兵布阵说围棋,运筹帷幄话人生","翰墨芬芳陶情操,丹青重彩写春秋","黔艺民风绽异彩,中华文库添华章","手搓指捻捏众生,面塑缩微铸精神"等四个篇章。本课程跳出单一的民族民间技艺传授模式,着力于文化传承。让学生透过上述内容的文化现象、人物、事件和技能,而发现中华优秀民族民间文化现象和地方优秀民族民间文化成就与特色。使学生了解这些文化现象产生的历史及其变迁,从文化视角了解中华民族繁衍生息的根本原因,窥探数千年来中国兴衰的本质所在,从而树立起正确的文化观、历史观和发展观;培养学生对相关优秀中华文化欣赏、感知和表现的能力。

7. 以科学精神和科技创新为重点,培养学生科学素养。

自1981年我校组织学生参加贵州省首届青少年科技创新大赛以来,科技创新就成了我校教育活动中一个30年不变的内容和特色。30年来,我校利用讲座、影视展播、科技夏令营、科技专题活动及培训等各种方式和媒介广泛宣传科学精神和科学方法。我校先后获得全国青少年科技创新大赛科技发明一等奖1次,二等奖2次,三等奖2次;数十人次获得全省科技创新发明一、二、三等奖。此外,据不完全统计,我校有300多人次获得省及全国青少年科幻绘画一、二、三等奖。这些获奖为学校、为安顺及贵州争得了荣誉。伴随着这些荣誉的获得,一批批学生通过参与青少年科技创新活动,更好地激发了他们对科技创新的兴趣,使他们了解了从事科技发明的一些思路、方法和规律,对他们学科学、用科学、爱科学,起到很好的推动作用。正因为我校在科技教育中取得的上述成就,2000年我校获得了由中宣部、中国科协、科技部、团中央等单位组成的全国青少年科技教育领导小组颁发的"全国青少年科技教育先进集体"表彰,我校先后被省市科协多次评为先进集体,4人次先后获得全国和省级优秀科技辅导员荣誉称号。2001年我校入选贵州省首批8所科技教育特色学校的行列。

我校的青少年科技教育不仅对提升我校学生的科技素养起到了积极的推导作用,而且还对安顺社区的青少年科技教育发挥了"科技教育特色学校"的辐射作用。

8.以读书活动营造书香校园,提升师生文化内涵和气质。

读书是我们与古今人类文化交流、感受真情、触摸思想,升华自己文化修养的重要渠道。21世纪以来,为引导广大师生不断地进行自我完善,增强文化修养,提高师生整体素质,构建学校新的精神风貌,以先进学校文化引领和促进学校可持续发展,培养广大师生"爱读书、读好书、会读书"的良好习惯,为教师专业发展、学生健康成长提供与时俱进的精神动力和智力支持,我校在全校广泛开展以读书活动为载体,建设书香校园的学校文化建设工作。

在营造书香校园的读书活动中,我校分别采取自选阅读、指定书目阅读、抄写读书笔记、撰写读书心得、评选心得、交流读书感想、汇编获奖读书心得等形式,激励师生广泛阅读名著名篇,从思想、情感和知识层面提升自己。

在读书活动中,我校注意将师生的阅读与师生思想道德建设和改变学校风貌结合起来。为师生构建精神家园、构建健全人格,提升人文气质,增强人际交往和思想沟通,搭建更加广泛的心灵桥梁。把读书活动与弘扬人类优秀文化,传承民族精神结合起来,激活无穷的智慧火花;坚持以古今优秀的文化,陶冶师生情操,为广大师生建起一座通向未来的坚实的人文基石。

为配合读书活动的开展,我校为全校教职工定期购买指定阅读的图书。结合学校各个行政管理科室的工作职能和特点,为职能科室购置业务书籍,使科室人员的知识结构得到更新和扩展,增强了科室的管理效益和质量。

综上所述,是我校"多元文化生态"的特色内容和取得的成效。为落实《国家中长期教育改革和发展规划纲要》精神,我校将继续巩固和推进"多元文化生态"学校特色的创建工作,让全校师生在"多元文化生态"的环境中快乐地健康成长。

纵深推进"五个一"文明风尚校园行

——安顺市实验学校创建文明校园经验交流材料

安顺市实验学校　李锦鸣

　　安顺市实验学校创建于 1939 年秋,是一所由幼儿园、小学和初中三部分组成的办学历史长、文化底蕴深的省级大型学校,1982 年被省人民政府批准为省级重点学校。是全省文明单位、安顺市文明校园、安顺市"十佳"家风示范基地、安顺市社会主义核心价值观建设示范点。

　　学校在创建文明校园的过程中,重点依托"五个一"特色工程(一个支部一个堡垒、一个党员一个模范、一个干部一个表率、一个教师一个榜样、一个学生一个希望)和"五个融入"特色活动(融入学校党建工作、融入校园文化、融入师德师风教育、融入学生成长、融入家庭教育),将社会主义核心价值观建设和文明校园"六好"创建要求贯穿学校教育教学工作始终,使学校成为践行社会主义核心价值观、塑造师生美好心灵的坚强阵地。

一、发挥支部堡垒阵地作用,建设开拓创新领导班子

　　学校领导班子发挥党总支核心领导作用,团结协作、开拓进取、作风扎实、勤政廉政,把培育和践行社会主义核心价值观作为创建文明校园的重点工程,依托学校"五个一"特色工程之"一个支部一个堡垒",要求各支部争创"五好"党支部,带动全校教职工勤奋敬业、团结一心,共建文明校园。形成了"一把手"亲自抓,分管领导具体抓,各科室分头抓的工作机制,使文明校园创建成为全面推进素质教育、全面推进精神文明建设的重要组成部分。学校党总支深入开展创建领导班子好、党员队伍好、工作机制好、工作业绩好、群众反映好的"五好"先进党支部活动,带领全校教职工牢固树立四个意识讲政治、讲正气,确保各支部贯彻执行党的决策不跑偏、不走样,把党支部建成坚强前沿堡垒,成为党员群众的坚强后盾。

二、扬起思想道德建设之帆,培养模范表率党员干部

在文明校园创建工作中,学校历来重视思想道德建设。要求党员干部对照"四有"(心中有党、心中有民、心中有责、心中有戒),争做有实验特色的"三用"(用力干事、用心想事、用情做事)好干部,在"创先争优"中发挥模范作用,增强爱党护党为党意识,忠诚党的教育事业。同时,抓好党员队伍建设,提升党员教职工在文明校园创建工作中的凝聚力、战斗力。一是把带头践行社会主义核心价值观作为党员教职工所肩负的重大政治责任,做到"三个坚定"(坚定理想信念、坚定理论学习、坚定"四个自信");二是以"党员班主任示范岗"和"党员教学示范岗"促进"五带头"(教书育人我带头、教研进步我带头、管理创新我带头、服务发展我带头、励志成才我带头)。推进"五先进一满意"(教学先进岗、教研先进岗、管理先进岗、服务先进岗、学习先进岗,做人民满意的党员教师)争做"五个模范"(自觉学习的模范、爱岗敬业的模范、服务群众的模范、遵纪守法的模范、弘扬正气的模范)。使爱国敬业的正能量从校园渗透到了更为广阔的家庭和社会。

三、弘扬师者情怀育人正气,打造敬业奉献教师榜样

我校注重强化教师思想认识,不断提升爱生、爱岗、爱校的教风,树忠诚敬业的榜样教师。做好"三个核心":

(一)围绕一个"核心",建立一个"标准",使社会主义核心价值观真正成为教师教书育人的根本。

学校建立和完善了"爱岗位、讲团结、做奉献"的"标准体系",带动了更多的教师形成识大势、立大志、谋大局、干大事的价值观和事业观,以更宽广的视野,更专业的规划引领学校更好更快地发展。

(二)践行一个"核心",开展一个"活动",使社会主义核心价值观真正成为教师从教立业的"正气"。学校开展了"践行社会主义核心价值观,做人民满意的教师,办人民满意的教育"实践活动。把社会主义核心价值体系融入课堂教学,德育实践、班级文化、班主任工作的各个环节和各个方面。教师在岗位实践中意会核心价值观的内涵,在"做更好的自己"育人目标大讨论活动中,感知教育的润泽过程和"培养全面发展的社会主义建设者和接班人"的教育情怀。

(三)立足一个"核心",发挥"一个效应",使社会主义核心价值观真正成为专业成长的"标尺"。我校提出了"躬行实践,深思悟道"的工作原则和"师德高、师风正、师能强、师技好"的工作要求。深入开展了青年教师岗前培训工程、中青年教师素质提升工程、老年教师示范引领工程、骨干教师名师名家工程,不断提升教师的师德水平和专业能力。以涵盖教师素质及教育教学工作的"五优教师"(幼儿园)、"五星教师"(小学部)、"五维教师"(中学部)评价指标体系为主线,打造出一支师德高尚、专业过硬、成绩卓越的榜样教师队伍,达到"教师队伍好"的目标。

四、营造立德树人教育环境,提升师生文明核心素养

我校注重把社会主义核心价值观融入校园文化、特色课程、主题活动,让有形的教育环境打造与无形的教育活动紧密结合。真正做到"校园环境好、校风校纪好、校园文化好"。

(一)丰富校园文化载体,赋予环境育人新内涵。

我校把社会主义核心价值观24字方针融入校园文化建设,逐步构建出一个集学校景观、理念、精神、活动、品位于一体的社会主义核心价值观文化体系。

在校园文化建设中,物质文化是重要的基础。我校坚持"品位高、创意新、时代性强"的原则,打造出"十园一苑一花圃,一亭一廊一池石、四树两花二竹林、浮雕画廊奇石景"的特色校园景观。使学校成为学生求知的花园、学园,学生成长的乐园、家园,成为人们称赞的"花园式学校",成为安顺学子最向往的学校。

精神文化是学校科学发展的内在动力。我校总结、提炼出具有实验特色的校园精神。确立了"为学生一生着想,为祖国明天奠基"办学理念,"不止领先,追求卓越"学校精神和"做更好的自己"的育人目标;形成了"明德、笃学、崇实"的校训,"求真、求实、求新"的校风,"爱生、爱岗、爱校"的教风和"勤学、善学、乐学"的学风;提出了"管理强校、质量立校、人才兴校、文化铸校、安全稳校、和谐荣校"的工作思路和"办学理念高层次、学校管理高水平、教师队伍高素质、学校文化高品位、学校成绩高质量"的具体要求及"全市示范引领,贵州一流,全国知名,走向世界"的办学目标。

(二)丰富学校课程设置,构建润泽教育新体系。

我校立足在传承中华优秀传统文化中去寻根,用社会主义核心价值理念润泽学生心灵。建立了以青少年体育俱乐部为基地的实践活动大本营,开展科技、艺术、体育、教育、文化五个大类、二十八个项目、四十余个组别的学生综合实践活动及社团活动,其中,包括有非物质文化遗产传承项目——屯堡地戏、布依山歌、苗族舞蹈、西路花灯等具有地方和民族民间特色的活动项目,包括京剧表演、汉礼仪表演等在内的中华优秀的传统文化项目。出版了《安顺,可爱的家乡》《集美崇德》《牵手好习惯》《安全教育第一课》《布依山歌》《社会主义核心价值观教育读

本》《童蒙雅正》等校本教材,进行乡情教育、美德教育、民族民间文化、安全教育等。在构建适合学生发展的课程体系过程中,学校还坚持"做更好的自己"的育人目标,做到贯彻国家课程"有灵有魂";推进地方课程"有血有肉";研发校本课程"有滋有味";完善园本课程"有动有静",初步构建出一体多选的润泽教育体系,以润物无声的方式根植社会主义核心价值观的核心理念和思想。

五、丰富活动主题坚实阵地,培育积极向上的祖国栋梁

"一个学生一个希望",学校把社会主义核心价值观融入主题活动,让学生爱国、爱党、爱社会主义,培育乐观向上的祖国希望与未来。我校将培养和践行社会主义核心价值观落实到形式多样、寓教于乐的主题实践活动中,实现"活动阵地好"的目标。

(一)巧借"六个抓手",提升核心素养。

以养成教育、礼仪教育为抓手,对学生的文明道德修养、人文素质修养、社会公德、社交礼仪等进行全方位教育,培养学生的良好行为习惯,养成正确的审美观念;以社会实践为抓手,让学生在实践中自我体验、自我教育;以"评先创优"为抓手,学校共设"校园十佳""优秀学生干部""学习标兵""三好学生""学雷锋标兵""体育健将""进步奖""美丽安顺文明校园环保小卫士","小小艺术家""何正扬教育基金项目"在1—6年级开展"习德致美好儿童",在7—9年级开展"求真向善尚美好少年"等评优评先项目,每年共评选2000多名优秀学生。多维度、多层面、多覆盖的鼓励学生,激励全校师生向身边的榜样学习,不止领先,勤奋好学,弘扬美德,全面发展;以"三节一会"品牌活动(即体育节、科技艺术节、读书节和实验新春音乐会)为抓手,提升学生核心素养,助力学子放飞梦想。

(二)立足学生设讲堂,树立远大理想。

我校长期以来在学生中开设"品德讲堂"、"红领巾讲堂"和"家庭美德讲堂",坚持"身边人讲身边事、身边人讲自己事、身边事教身边人",把"讲堂"建设为培育和践行社会主义核心价值观的重要阵地。引导广大少先队员践行习爷爷对少先队员提出的"记住要求、心有榜样、从小做起、接受帮助"十六字要求。深入开展各项综合实践活动。一是读一本好书:重点围绕中华优秀传统文化和红色革命文化的好书。二是看一部好片:重点围绕弘扬中华民族的优秀传统和革命传统的经典影片。三是做一件好事:重点围绕培养和践行良好的文明礼仪和行为习惯。四是做一个好儿童、好少年:重点围绕在社区、家庭乐于助人、敢于担当,感恩父母、感恩社会。五是点赞一个好风尚:重点围绕体现正能量的好人好事和良好的社会风气进行点赞、传递。同学们在一次次的学习、活动过程中拼搏、历练、成长,同时也孕育、提升学生核心素养,让学生拥有美德拥有梦。

六、总结经验牢记育人使命,创造佳绩扬帆奋勇前进

2017年,中宣部、省、市领导对我校"五个一"特色工程和"五个融入"实践活动以及文明校园的创建工作给予了充分肯定和高度评价。领导的鼓励让全校师生更加充满信心,在办党和人民满意的学校征程中,我校将坚持深入贯彻党的教育方针、全面提高教育质量、全面推进素质教育,紧紧围绕学校发展目标和教育教学中心,始终把"德育为首、教学为主、育人为本"作为学校一切工作的出发点和落脚点。在践行社会主义核心价值观过程中,学校把文明校园建设要求抓实、抓细、抓小,纵深推进"五个一"特色工程、"五个融入"特色活动,使文明道德的风尚在实验校园开花结果。

创建文明校园是一项长期的、系统的综合性工程,虽然我们取得了可喜的成绩,我们深感重任在肩,在今后的教育教学实践中巩固已有成果,树文明新风,办优质教育,不断反思,砥砺前行,不断将文明校园创建工作向纵深推进。

文章发表在《安顺教育》2017.01 期

抓特色创建　强质量提升　促内涵发展

——安顺市实验学校 2017 年工作重点

安顺市实验学校　李锦鸣

2017 年是实施"十三五"规划的重要一年,是全面建成小康社会、基本实现教育现代化的突破之年,是扎实工作以优异成绩迎接党的十九大胜利召开的关键之年,做好今年的各项教育教学工作,意义重大。

一、总体要求

新学期,学校教育教学工作要全面贯彻党的十八大、十八届三中、四中、五中、六中全会和习近平总书记系列重要讲话精神和治国理政新理念、新思想、新战略,深入贯彻省、市重要会议精神,围绕"五位一体"总体布局和"四个全面"战略布局,增强"四种意识",全面贯彻党的教育方针,按照国家、省市教育工作会议提出的工作思路,坚持稳中求进工作总基调,注重内涵发展总方针,狠抓落实总要求,坚持发展抓公平、改革抓体制、安全抓责任、整体抓质量、保证抓党建,不断提升教育质量和内涵,拓展教育外延和品牌,为建设秀美安顺提供人才保障和智力支撑。

二、工作思路

2017 年,学校教育将围绕"抓改革、强队伍、提质量、创特色、保安全、促公平"的工作思路,全面贯彻党的教育方针和治国理政新理念、新思想、新战略,和新《义务教育法》,全面推进素质教育,把立德树人作为根本任务,把教师队伍建设作为重点内容,把转变作风作为重要保证,加快教育领域综合改革,加快转变教育发展方式,加快推进教育现代化,着力促进公平公正,着力提高质量效益,着力维护和谐稳定,努力办好人民满意的教育。

三、2017 年工作要点

（一）抓改革，在"赶、转、做、管"上做文章。

1. 奋力赶，赶出加速度。

"十三五"是贵州教育赶转并举的战略机遇期。纵观贵州教育、安顺教育，由于经济和文化发展滞后带来的教育滞后成为制约我们发展的瓶颈。但从近年来的发展趋势来看，国家对贵州教育的投入力度在逐步增大，我们的经济增长速度持续走高，"十二五"期间通过实施四项教育突破工程、教育"9＋3"计划等重大项目，"大扶贫行动计划"、"大数据"和互联网"＋"、供给侧结构性改革为教育发展注入新活力，基础设施极大改善，普及程度极大提高，教育发展呈现前所未有的大好形势。但由于基础薄弱，现在我们与全国、甚至与西部地区其他省份相比仍有不少差距，"十三五"期间我们必须继续拼命赶，加快发展，弯道取直，后发赶超，才有可能达到全国平均水平。因此，我们必须要按照"科学发展、干字当头、敢想敢干、多思会干、真抓实干"的要求，坚持以育人为核心，以促进公平和提高质量为主要任务，以改革创新为动力，大胆突破传统的思维方式和工作方法，努力为实现安顺教育后发赶超，与全国同步小康作出新的贡献。

2. 大力"转"，"转"向深内涵。

一是转学风，要把心思转到学习上来，树立良好学习风气。要向书本学习，通过理论素养的提升和拓展巩固自身专业知识的学习，不断提高工作的能力。其次要向实践学习。实践出新知，要善于发现问题、敢于正视问题，用学到的新思想、新知识、新经验解决实际问题，在解决实际问题的过程中不断学习新思想、新知识、新经验。最后，要向身边的榜样学习。"三人行必有我师"，要谦虚谨慎、踏踏实实地向身边的同事、向先进典型学习，学以致用，最终达到学以增智、学以养廉、学出风气。二是转观念，就是要转变一切与教育转型发展不相符的旧观念，转变一切与办人民满意教育格格不入的旧观念，老方式，转变因循守旧、僵硬固化、关起门来办教育的旧思想，提倡解放思想、开阔教育视野、开门办大教育的新思想。三是转作风，就是要从实际出发，重实情、讲实话、出实招、办实事。要从作风建设入手，做到勤于学、敏于思、笃于行，以作风转变和观念转变的互动，强化工作意识、责任意识，提升教师道德品质和职业道德修养。在作风转变上，坚决做到"五抵制五提倡"。要坚决抵制敷衍了事、消极懈怠的歪风邪气，提倡积极主动、履职尽职的正气；抵制欺上瞒下、互相扯皮的歪风邪气，提倡敢于负责、勇于担当的正气；抵制夸夸其谈、工作浮漂的歪风邪气，提倡爱岗敬业、追求卓越的正气；抵制阳奉阴违、拉帮结派的歪风邪气,提倡精诚团结、互帮互助的正气。

3. 全力"做",做出新高地。

一是做好顶层设计。要充实完善《安顺市实验学校"十三五"规划》,做好学校教育发展的顶层设计,高标准、高起点、高质量筹划好今后学校的发展方向、发展目标,引领学校教育更好更快发展。二是抓教育质量持续提升。要持续推进教育综合改革,优化评价模式,推进素质教育导向向育人转变,以培育和践行社会主义核心价值观为导向,全面提升学生综合素养的提升;以强化体育、美育为抓手,提高学生综合素质,实现教育质量提升新突破。三是抓教师队伍建设。教育发展,校长是关键,教师是根本。要加强组织领导、健全政策措施、形成制度保障,培养造就一支"四有"高素质专业化教师队伍和忠诚、干净、担当的教育干部队伍,切实解决教师队伍师德和专业素养问题,营造风清气正,干事创业的良好氛围,凝聚教育发展正能量,努力提升学校的办学层次和办学品位。四是抓教学环境优化。要制定完善学校相关规章制度和激励机制,在内部增强奉献意识、竞争意识,比先进、比干劲、比速度、比质量,努力营造浓厚的比、学、赶、帮、超的工作氛围。五是抓课程改革的渗透。要不断完善适合学校自身发展和学生个性特长的课程体系,依据国家课程方案和课程标准组织教学,加强校本课程开发,利用互联网构建校本课程资源平台。要思考和拓展多种学习方式,强化教学过程的实践性和体验性,提高教学效能。要充分利用体育俱乐部这个载体让中华优秀传统文化、民族民间文化、安顺地方特色文化走进校园,走进课堂,融入教学;中学部的综合实践活动课要有效总结开课以来的得失,有的放矢地进行调整和指导。要思考和强化家庭教育和学校教育的合作共赢,完善家长与学校沟通机制,加强家长对教育的理解和支持,帮助家长掌握科学教育方法,主动支持、配合学校教育教学。要思考和探索建立社区教育中心或社区学生实践中心,为学生周末或寒暑假提供为社区服务的体验机会,为学生拓展接触社会的空间。

4. 科学"管",管出新路子。

学校是一个教育整体,是一个多结构、多层次的系统,必须通过加强学校科学管理,充分协调各要素之间的联系,发挥各部的优势,才能形成合力,不断发展。学校管理科学化就是要建立完善四大系统:一是建立目标计划系统:从个人到团队都要建立符合实际、有操作性和实效性的计划,要明白自己和学校在今后一段时间内要做什么事,达到什么目标。二是建立监督检查系统:要建立层次负责的学校工作监督检查机制。校长负责检查分管校长的工作,分管校长负责检查中层干部计划执行情况,中层干部负责检查教师的工作计划完成情况,要通过检查和监督发现问题,解决问题,确保学校工作的有效实施。三是建立总结反馈系统:从一节课到一次检测,从一个计划到一次活动都要进行总结和反思,要在教育教学实践中不断总结得失和成败,要完善教师总结反馈体系,让总结和反馈成为一种思想自觉和行为自觉。四是建立整改提升系统:整改提升系统是整个管理环节中最出成果、最见成效的阶段。整改提升体系的关键是要解决问题,要研究切实可行的整改方案,提出具体的整改措施,明确整改时限,要把问题当做课题进行系统归纳和分析,把问题当难题进行攻坚和化解。

(二)强队伍,在"四个工程"上有实招。

为了使学校校风、教风、学风建设工作取得新进展,营造"用心想事,用心谋事、用心干事"的浓厚氛围,在队伍建设上,要强化"四个工程"(作风建设工程、教师专业成长工程、名师名家工程、教师幸福工程),用新视角看待老问题,用新标准拓展新路子。

1. 强化作风建设工程。校风、教风、学风是学校教育的根基,决定着教育质量的高低。要强化作风建设就要大力倡导勤奋好学、严谨治学、爱岗敬业、教书育人等良好风气,以增强履职尽责能力、提高教育教学质量为中心,以争创优良的校风、教风、学风为重点;以中小学教师师德师风建设若干准则和社会主义核心价值观为着力点,以解决师生反映的突出问题为突破口;以教师文化的凝练和教师活动的开展为抓手把各部教师的思想凝聚到学校发展的主线上,把全体教职工的工作积极性和主动性充分调动起来,努力造就一支"理念新、勤学习、讲奉献、善合作、争一流"的教师队伍群体。

2. 强化教师专业成长工程。现代教育的飞速发展对广大教师提出了越来越高的要求,新课程的实施需要教师专业化成长,因此,在促进教师专业化成长过程中要发挥教师专业成长中读书学习的自主性,自我反思的有效性;要关注教师专业成长中的精神发展,同时,还要重视专家在教师专业成长中的引领作用;要在已经开展的"青蓝工程、新教师岗前培训工程、中青年教师素质提升工程、老教师示范引领工程、传帮带工程"等成功经验基础上尝试新的方法促进教师的专业成长,要牢牢把握教师专业成长基础途径——学习、思考、实践,不断激发教师专业成长的不竭动力——理想、激情和毅力,要锻炼教师基本教学技能、强化教学反思、生成教育智慧,用理性思考的深度,用情感激励的广度引领教师专业化成长的高度。

3. 强化名师名家工程。名师名家工程是实现质量立校的重要保证,是成为现代化名校的基本条件,也是学校的宝贵财富。在学校队伍建设中,要特别重视名师名家的培养、锻炼,充分发挥学校"名校长"工作室主持人、名师工作室主持人、特级教师、学科带头人、教学能手、教坛新秀等在教育教学中的示范引领和辐射指导作用。要为名师名家的培养搭台,要经常性地开展青年教师大比武、名师名家讲堂、外出参赛、培训等活动让更多的教师能施展他们的才华,展示自己的特色。要鼓励和倡导名师名家勇挑重担,大胆创新,自我加压,通过集体研讨、师徒结对等方式带动和培养更多的青年教师成名成家。

4. 强化教师幸福工程。教师的幸福感,不仅关系到教师本人职业生活的幸福,也关系到学生的人格成长和学业发展。对大多数教师而言,在物质需要达到一个基本点后,其职业幸福感,更多地来自其精神的感受。要强化教师幸福感,从外部条件而言,要为教师营造一个严谨不失活力,宽松不失规矩的人文环境,帮助教师实现职业理想,使其在自身成长、学生进步、家长认可的优化环境中获得幸福,在人性化的管理环境中发挥最大潜能,获得成功。从内部环境而言,要多关注教师的专业成长、事业发展和家庭幸福,帮助教师进行自我调适,以积极的心态面对自己的工作,做一个积极向上、充满激情和活力的阳光教师。

(三)提质量,在"素质教育"上有突破。

教育教学质量是学校发展的生命线。要引导广大教师全面贯彻党和国家的教育方针,牢固树立"以学生为本"的教育观,遵循教育规律,把握学生的身心特点,整体提升学生素养,注重德育、智育、美育、体育,全面实施素质教育,促进学生全面发展,为上一级学校输送更多优秀的社会主义事业接班人。

1. 巩固"立德树人"核心地位。立德树人是发展中国特色社会主义教育事业的核心所在,是培养德智体美全面发展的社会主义建设者和接班人的本质要求。学校德育工作要扎实推进社会主义核心价值观培育践行。贯彻落实《关于在各级各类学校推动培育和践行社会主义核心价值观长效机制建设的意见》。贴近学生身心健康发展实际,以"争做'习德致美'好儿童"活动和"守则记心中做'求真向善尚美'好少年"活动为抓手,积极开展文明校园创建活动;以"少年模拟法庭"和"遵规守法"辩论赛活动为平台,深入开展中小学生法治教育工作;开展思路,以"明礼知耻·崇德向善"、"祖国好·家乡美"系列活动为载体,进一步加强中小学生思想品德教育、行为习惯养成教育、中华优秀传统文化教育、劳动教育,把培育践行社会主义核心价值观、增强学生社会责任感、创新精神、实践能力贯彻教育全过程。以心理健康教育标准化建设为抓手,规范中小学心理咨询管理,提升青少年心理健康水平。积极指导家庭教育。努力构建"全员、全方位、全过程、全环境"的育人新格局。

2. 强化"核心素养"重点地位。深刻领悟并落实"培养什么人、怎样培养人"

这一关键问题,强化"核心素养"在学生素质教育中的重点地位。根据各学段学生的成长规律和社会对人才的需求,把对学生德智体美全面发展总体要求和社会主义核心价值观的有关内容具体化、细化进学校教育教学工作的每一个环节。贯彻落实《关于强化体育课和课外锻炼深化学校体育改革的实施意见》,严格执行学生体质健康监测,开展"阳光体育"活动,落实"每天锻炼1小时",强化中小学生体育锻炼;扎实推进国防教育,加强学生军训工作;深化学校艺术教育课程改革,继续开展学校艺术节、实验春晚等展演活动。从学生特点出发,把核心素养和学业质量要求落实到各学科教学中,突出强调个人修养、社会关爱、家国情怀,注重自主发展、合作参与、创新实践,努力培养学生的终身发展和社会发展需要的必备品格和关键能力。

3. 突出"学业水平"关键地位。学业水平监测是保障教育教学质量的一项重要制度。实施学业水平监测,有利于学校准确把握学生的学习状况,统筹兼顾改进教学管理;有利于促进学生发展学科兴趣与个性特长;有利于减轻学生过重课业负担和学习压力。学校将继续以有效教学、高效课堂为抓手,以提高教育教学质量为根本,进一步加强教学管理。严格落实国家课程方案,合理安排教学进度,开齐开足综合实践活动、技术、艺术(或音乐、美术)、体育等课程,创新思路构建有地方特色和学校特色的学生喜爱的校本课程,全面提升学生综合素养。

4. 把控"质量提升"生命地位。教育教学质量是学校发展的生命线。要牢固树立质量是生命的服务意识,牢牢把控教育教学质量关,永葆学校发展生生不息的生命源泉。一是强化教学常规"12345"的实施和督检,通过"一听"(听课)、"两会"(学生座谈会、家长座谈会)、"三分析"(成绩分析、学情分析、教学分析)、"四检查"(定期检查备课,定期检查作业,定期检查学困帮扶、巩固提高、培优拔尖计划的实施,定期检查教学效果)、"五维度"(复习导入要有强力度,传授新知要有高效度,合作探究要有参与度,练习检测要有多角度,总结评价要有高浓度)的管理,把常规抓好,把细节抓严,把过程抓实,让教学更加有序、有效,让质量提升更有保障。二是创新和拓宽教育教学科研和改革的渠道和方式,以科研课题为抓手,打破学科、学段界限,开展教研、教改活动,有效提升全校教师的教育科研能力和水平,切实提高教育科研对教学质量提升的指导性和实效性。

5. 抓好学校卫生工作,做好常见传染病防控工作。

学校是人员相对密集的场所,做好师生常见传染病防控工作是学校卫生工作的重点。2017年学校继续加强卫生工作,做到分工明确,责任落实。一是做好学校环境卫生保洁工作,教学楼楼道、教室、操场实现区域分工,包保到位;二是加强师生卫生习惯养成、卫生常识教育及常见传染病(艾滋病、结核病)防控宣传教育。充分利用专题讲座、主题班会等途径进行卫生常识宣传教育,切实做到防控第一,有力杜绝。

(四)创特色,在内涵发展上有创新。

时代的发展,对学校工作提出了不断创新,不止进步的要求。从办学思想到学校管理,特色创建,都需要学校各个层面的不断创新,才能助推学校内涵发展。

1. "做更好的自己"是学校特色创建的核心要求。实验特色的创建,需紧紧围绕"做更好的自己"这一核心理念来推进。从学校集体层面,到教职工个人层面,再到学生层面,都需要牢牢地拧成一股绳,向着"做更好的自己"这一目标进发。在"不止领先,追求卓越"的实验精神引领下,一是学校的"十三五"规划已明确在已取得的成绩鼓舞下,我校要不断地向着更高的目标迈进;二是每一名教职员工要关注自身生命质量与生命价值的提升,在不断的自我超越中体验教师这一职业收获的尊严与欢乐;三是学校的育人目标是通过教师来实现的,教师在教育教学全过程中引导学生发现自己的优点,发挥自身的特长,在快乐的学习中不断超越自我。"做更好的自己"充分体现了快乐的教育、快乐的教师、快乐的学生的教育理念,真正实现学前教育和义务教育阶段素质教育的目的意义。

2. 内涵发展是学校创建的重要载体。内涵发展是追求学校办学质量的发展,是提升学校办学质量的"软实力"。实验的发展需要我们把更多关注的目光放在内涵提升上。一是学校管理从细节处体现内涵。从学校领导对中层干部及职能科室的管理,从职能科室对教育教学管理工作的推进,从每一位教职工对自己工作岗位上教育教学工作的具体实施,都要做到凡事有计划、有布置、有落实、有督检、有反思、有整改,从而实现学校精细化管理;二是学校发展从质量处体现内涵。学校教育教学工作要敢于开拓思路,创新方法,大胆开展教研教改工作,以研促教,不断提升教育教学质量,不断实现自我超越,以高水平的办学质量为学校内涵的提升注入源源不断的活力;三是学校创建从特色处体现内涵。全校教职工要树立特色名校的办学理念,将办学特色放在学校改革与发展的突出地位,在特色的形成和品牌的打造过程中使学校内涵发展提升到更高的水平。

3. 学校文化建设是学校特色创建重要表现。校园文化潜在的育人力量,对陶冶学生情操,构建学生健康人格,全面提高学生素质有着巨大的影响。所以学校办学理念,办学特色等内在的精神文化往往通过学校文化建设得以充分体现。我校以"做更好的自己"为育人目标,坚持"文化育人"的育人导向,强化校园文化建设,以建设浓郁的书香气息,优美的校园环境、深厚的文化底蕴为目标,做到学校物质文化建设与精神文化建设并重;学生智力因素培养与非智力因素开发并重;思想认识的熏陶与道德行为的培养并重,努力实现学校人心的凝聚,学校精神的提升。逐步打造有实验特色,体现文化韵味的校园文化建设。

(五)保安全,在管理落实中出经验。

安全是学校教育教学工作顺利开展首要保障。作为全省安全文明校园,我校安全工作将一如既往地本着"安全第一,预防为主"的原则,落实"五个注重":注重预防教育,注重细节管理,注重隐患排查,注重信息报送,注重经验总结。不断提升我校安全工作质量,切实保障师生安全和财产不受损失,维护学校正常的教育教学秩序。

1. 强化机制建设,抓实安全管理。建立健全学校安全工作相关制度和各类应急预案。从基础保障到过程性管理,从安全预防到隐患的排查整改,做到分工到位,责任明确、重细节、重质量,真正实现"组织机构有保证,经费物资有保障,工作实施有计划,制度措施有落实,宣传检查有安排,隐患排查有整改,工作开展有成效",确保了我校教育教学工作的安全稳定。

2. 注重工作落实,注重经验提炼。学校安全工作关乎全校师生生命财产的保障。安全工作要抓实抓细,重落实,重督查,重整改。一是构建校园安全防控体系,实现组织机构健全,人员分工明确,制度措施完善,管理科学规范,隐患排查及时,应急处置迅敏。二是加强综合治理工作,实现多方联手,校园及周边的安全稳定,为师生营造良好的安全文明的工作和学习环境。三是注重经验总结,安全问题时时处处都有可能存在,学校安全工作要注重经验与教训的反思和总结,提炼出宝贵的经验,把好的做法在今后的安全工作中推广,在运用中不断改进、完善,使学校永保平安、和谐。

(六)促公平,在公平教育中创建幸福校园。

教育公平是和谐社会的基石,公平教育就需要我们教育者牢固树立科学发展观。必须从教育资源配置、教育过程实施、学业质量评估等方面去进行合理的规划和推进,学校才能在一个有机的系统内实现教育公平。

1. 制度公平,为幸福校园保驾护航。科学合理的管理制度,辅以公平公正制度实施是学校实现教育公平的有力保障。给学生公平的教育是我们每一个教育工作者义不容辞的责任。学校立足每一位教职员工,立足每一个学生,立足公平公正的角度,进一步健全和完善学校管理制度。同时在学校管理、制度执行中坚决做到有依有据,合理正义,不区别对待,为学校营造一个风清气正,公平和谐的育人氛围。

2. 过程公平,为幸福校园辛勤播种。公平教育的实现需要我们教育管理者和每一位教育工作的具体实施者在教育过程中去渗透、去落实。全校教职工要做公平教育的践行者,在课堂教学中,在课间交流时,在考察测评中,在评优推荐时,在陪伴学生成长每一个细节处做到公平公正,真正让学生在实验体会到享受公平教育的快乐,从内心深处把实验当做自己幸福成长的家园。

3. 关爱工程,为幸福校园添砖加瓦。学校教育是播种爱的教育。在实现公平教育的同时,我们还要继续发扬优良传统,通过百名教师大家访、驻村帮扶、何正杨助学金工程、困难教职工慰问、开展教职工健康教育及促进等方面的关爱工程,使更多的学生、家长、教职工乃至社会感受到实验大家庭爱的传递。

4. 幸福校园,让全校师生乐在实验。公平教育的践行助力了实验幸福校园的创建。我们要努力营造团结互助,和谐友爱的实验一家亲氛围,让学生在愉悦的氛围中形成优秀的品德,养成良好的习惯,学习丰富的知识,锻炼强健的体魄,实现让学生"学在学校长知识、健在学校强身心、玩在学校增见识,乐在学校感幸福"的"四在学校、幸福校园"建设。

2017 年,我校将以"十三五"规划中提出的"统筹规划,分步实施,内涵发展,打造特色,追求卓越"为总思路,以"2018 年全省一流,2020 年全国知名"为总目标,进一步加快学校改革发展步伐,抓改革、强队伍、提质量、创特色、保安全、促公平,在办党和人民满意的学校的征程中不忘初心,继续前行!

文章发表在《安顺市实验学校"十一·五"教育教学科研与管理成果集》

新时期　新目标　新气象　新成就

——安顺市实验学校改革发展思考

李锦鸣

中共中央、国务院于 2010 年 7 月在北京召开了全国教育工作会，原中央委员会总书记胡锦涛在会上发表了重要讲话，强调大力发展教育事业是全面建设小康社会、加快推进社会主义现代化、实现中华民族伟大复兴的必由之路。坚持教育优先发展，坚持育人为本，以改革创新为动力，以促进教育公平为重点，以提高质量为核心，推动教育事业在新的历史起点上科学发展，加快从教育大国向教育强国、从人力资源大国向人力资源强国迈进。

安顺市实验学校是一所由幼儿园、小学和初中三部分组成的大型重点学校，办学历史长，文化底蕴深，长期坚持"幼小衔接"和"小初衔接"实验，积极探索实施素质教育的途径和方法，积极培养学生创新精神和实践能力。在新形势下，如何进一步贯彻落实全国教育工作会议精神，深入推进素质教育，提高教育质量，促进教育公平，为经济社会发展培养和输送更多优秀人才，成为当前学校面临的最大挑战。

通过对原中央委员会总书记胡锦涛和原国务院总理温家宝重要讲话的学习，全校教职工进一步统一思想，明确了今后学校的发展思路：按照"不止领先、追求卓越"的实验精神和"为学生一生着想，为祖国明天奠基"的办学指导思想，管理强校，质量立校，人才兴校，文化铸校，安全稳校，和谐荣校。

——管理强校

实行"校长负责制、全员聘任制、岗位责任制、绩效工资制"为基本内容的学校内部管理机制，着力构建学校管理三大系统即目标计划系统、督导检查系统、反馈考核系统。

定岗定员定责。本着"以人为本"的原则,按照学校工作需要,充分考虑教职工能力、素质、家庭、身体等情况及职业发展能力和职业发展前景,做到定岗位与定任务相结合,个人职业追求与学校管理目标相结合。

健全管理制度。以制度管人管事,提升管理水平,使我校管理制度化、规范化、精细化、科学化。从办学规划、工作计划、工作职责、规章制度、考核方案、师德师风、各种工作、会议、活动、后勤管理、档案管理、一日常规等方面强化教育常规管理。从教学计划、课程计划、教研教改、教学基本要求和环节、师资培训等方面强化教学常规管理。

加强督导检查。加强常规管理检查,要"常起来"、"规到位"、"管到底"、"理得顺"。在工作中必须确保党总支的政治核心作用,党支部的战斗堡垒作用和党员的先锋模范作用,确保党的教育方针政策法规在我校的贯彻执行。充分发挥教育工会、教代会的民主监督作用,倾听教师的呼声,吸纳教师的意见,加强民主监督、民主管理。

——质量立校

树立科学的质量观,坚持"德育为先、能力为重、全面发展",以促进学生全面发展、适应社会需要作为衡量学校质量的根本标准;树立以提高质量为核心的教育发展观,注重学校内涵发展,学校要出人才、出名师、出经验,教师有特点,学生有特长,学校有特色。

向教育管理要质量。建立和完善质量保障体系,构建"学校、处室、年级、教研组、班级"五级质量监控网络,强化质量管理的全面意识、全员意识、全程意识和责任意识。建立和完善质量监测评估体系,实行"定性"与"定量"、"平时"与"期终"、"过程"与"结果"、教师自评与互评、学生家长评价、班级处室评价等相结合的考核评估方式。评估和考核要着重从发展的、多元的、科学的观点思考,对教师的考核不仅包括教育教学常规的实绩,更要包括师德、师风、师表和教研教改能力、各项常规遵守和团队精神等方面。对学生的评价考核实行"定性"与"定量"、"知识"与"能力"、"操行"与"守纪"相结合等方式开展,促进教风、学风健康发展。

向教学常规管理要质量。规范教学秩序,尊重教学规律和人才培养规律,充分发挥学生主体作用和教师的主导作用;因材施教,实施面向全体学生的"整体教育",尊重学生的个体差异、个性差异的"个体教育",突出学生主体地位,启迪学生主体意识,促进学生主动发展的"主体教育"。强化"备、上、批、辅、考、研"教学环节,备课突出重点、解决难点、不留疑点,了解学情,摸清弱点,对症下药,精心组织,举一反三、触类旁通;讲课要做到"三求","求精"点拨引路,精讲;"求新",新教材教辅,新思维新方法;"求实",基础知识基本技能扎实,实践能力创新能力牢实;批改作业,全批全改,改正纠错;辅导,热情指导,耐心讲解;考试,"吃透课标,出题科学,考试严格";研究,"统计分析,反馈反思"。

向班级管理要质量。班级是学生发展的主要阵地,班级文化的建设都是学校强化管理最重要的基础。要加强制度管理,使学生在思想意识、行为规范等方面能遵规守纪;加强对班主任队伍建设,要按照事业心强、管理水平高、师德师风好等方面来选好配好班主任;加强班级文化建设,强化养成教育、安全文明教育、法纪教育、心理健康教育、理想信念教育,形成良好的学风、班风。要关心学生、关爱学生,使学生对班级、对学校有认同感、归属感、荣誉感,有共同的奋斗目标,形成班级健康向上的舆论氛围、和谐的人际关系和奋发进取的精神面貌。

向课堂管理要质量。课堂教学是提高学校质量的根本。课堂教学质量分显性质量和隐性质量,显性质量如升学率、考试分数、竞赛成绩等;隐性质量如学习兴趣、学习方法、学习习惯、创新精神、实践能力、团队精神等。要分析学生、环境、氛围、方法,使师生形成教学共同体,实现课堂教学的四个转变:即由单一的书本知识教学转向多样化的实践性教学,由注重知识的接受性教学转向注重综合实践能力的探索性教学,注重单一的认知性教学转向多维的体检性教学,注重由机械的决定性教学转向互动的交往性教学,使教学过程生动、活泼、高效。

向教研教改要质量。健全学校教研组织机构,增加对教研和教改工作的投入,制定教研教改工作规划、课题计划及具体实施办法。加强校本教研,特别是要从学校教学工作的实际出发,使教研具有很强的针对性、操作性和实用性。充分利用公开课、观摩课、示范课、论文研讨、教师论坛、学术报告、学科竞赛等方式,加强学前教育与小学教育的衔接、小学与初中教育的衔接、德育教育与学科活动的衔接、知识传授与实践创新能力培养的衔接等方面的研究。加强学校信息化建设,以信息化推进我校教育现代化。建立教研教改的考核评估奖罚制度,鼓励广大教职工积极参与教研教改。

向强化学生自主管理要质量。遵循教育发展规律,学生身心发展规律,探寻学生自主管理、自主教育的方式。加强校团委、学生会、少先队的组织建设,选好配好干部。建立健全学生自主管理制度,制定班规班纪、班集座右铭、班级奋斗目标等。从纪律、学习、思想品德、操行评定、"校园十佳"、"学习标兵"等方面的评定强化学生自主管理,从小培养学生的组织能力、协调能力和管理能力。

——人才兴校

教育大计,教师为本。有好的教师,才有好的教育。要提高质量,就必须精心打造一支师德高尚、业务精湛、结构合理、充满活力的高素质专业化教师队伍。按照"提升师能、规范师行、造就师才、铸造师魂"的原则,围绕"外塑师表、内铸师魂、精练师能"为重点加强教职工的学习与培训,构建学习型学校。

加大对新教师、青年教师的培训力度。从教材、教法、教育法规、班主任工作、组织协作能力、师德师风师表方面,强化培训。从教学环节上开展专题讲座,跟踪指导;积极实施"青蓝工程",以"老带新"、"师徒结队"等方式开展。练内功,促青年教师入门;压担子,使青年教师成长;树典型,带动全体教师发展。

加强名、特教师队伍建设。名、特教师是教师队伍的领袖,是学校重要的资源,其数量的多少、质量的高低,决定着学校的质量和发展。学校要优化环境、创设氛围、提供条件、形成机制,为我校教师在"历练教学基本功、锤炼教学策略、提炼教学思想、形成教学风格",构建出名、特教师专业成长的学习平台、实践平台和展示平台,打造一批在市、省、全国有名的师资队伍。

强化班主任队伍建设。班主任是学校管理的基石,其工作具有繁重性、复杂性、艰难性和长期性的特点,需全身心投入,全方位付出。不是所有的教师都能当班主任,更不是所有的老师都能当好班主任,为此要营造以从事班主任工作为荣的氛围,在评优选模上向班主任倾斜;在评职、评特上向班主任倾斜;在培养培训上向班主任倾斜;在经济待遇上向班主任倾斜。打造一支会管、善管、敢管的班主任队伍。

加强师德师风建设。以关爱学生、教书育人为核心,以"学为人师,行为示范"为准则,突出"爱与责任"这个核心和灵魂,正确处理为人与为师,教书与育人,关心学生与严格要求,自律与他律,权力与责任,权益保护与乐于奉献等方面,真正树立以教师崇高形象影响学生;以教师完美的人格塑造学生;以教师敬业精神感染学生;以教师的表率作用鼓舞学生。树立我校"师表形象,师魂典范"。

——文化铸校

文化是学校的土壤、根基和源泉,没有文化就没有学校,没有优秀的学校文化就没有卓越的学校。学校文化建设包含有物质文化、管理文化和精神文化。

物质文化:从学校的规划入手,注重美化校园环境,精心打造诗情化、艺术化、人性化的校园人文空间,创造优美的校园人文学习环境,赋予校园中"一草一木、

"一山一石、一楼一堂、一场一景"寓于哲理,陶冶人之情操,赋予育人之功能。在环境建设上从绿化、美化、净化、亮化上下功夫,在规范、有序、人文、特色上做文章。

管理文化:修订和完善学校管理的各项规章制度,编撰管理手册,以此来管人、管事、管物,使学校的管理在规范化、制度化基础上向精细化、科学化迈进。学校管理要做到全方面、全方位、全过程、全人员,内容具体,任务明确,操作性强,严格要求、严格执行、严格考核。

精神文化:是我校文化建设的核心内涵和根本。明确办学指导思想、办学理念和工作思路,构建"求真、求实、求新"的校风、"爱岗、爱生、爱校"的教风和"勤学、善学、乐学"的学风。努力达到"办学理念高层次,学校管理高标准,学校队伍高素质,学校文化高品位,学校成绩高质量"的办学目标。加强学校宣传工作,形成"报纸上有图文、电视上有身影、电台中有声音、网络上有形象"的良好氛围。着手建设安顺历史文化长廊、民族风情长廊、自然风光长廊等,凸显安顺特色;修订校本教材,设置师生才艺、师生作品展示平台和校长寄语、班主任语录、教师思想火花、学生感悟、感想展示牌等;充分发挥学校体育俱乐部的积极作用,创建学校少儿艺术团。举办科技文化节、体育运动会、读书活动、学生才艺表演等活动,使学生在活动中陶冶情操,在锻炼中受到教育,在文化中得到熏陶,健康快乐地成长。

——安全稳校

牢固树立"安全第一"的思想,以创建"安全、文明、和谐"校园为目标,按照"一个加强,两项排查,三个防控,四个结合"的工作原则,将学校安全工作抓细抓实。"一个加强",就是加强对学校安全工作的领导,成立以校长为组长,学校各个科室、年级、班级为成员的学校安全工作领导小组,建立学校安全工作目标制、责任制、督查制、考评制和问责制。完善学校安全工作相关制度和应急预案,加强学生安全教育和逃生演练,形成良好的学校安全工作体制、机制。"两个排查",即按"编号登记,专人负责,限期整改,复查销号"的原则,加强对学校安全和学校矛盾纠纷的排查,重大安全隐患和矛盾纠纷的整改实行学校领导挂牌督办制。"三个防控",一是加强人防,建立和完善小学低年级、幼儿园学生上学放学家长接送制,加强学校安保队伍建设,严明工作纪律,规范队伍管理。加强与公安民警、派出所、武警、社区联防队的配合联系,在重点时段、重点区域加强巡逻防范。二是加强物防,学校的重点区域,重要部门要按公安部门的相关要求购置相关器材、设备、设施;三是加强技防,安装学校红外监控系统,以科技手段促进学校安全。"四个结合",学校安全工作与"平安安顺"创建相结合;与"三创"工作相结合,与学校安全教育相结合,与"安全文明和谐校园"创建相结合。

——和谐荣校

学校是精神文明建设的重要阵地,是构建和谐社会的重要基础,要树立"校荣我荣,校耻我耻"和"和谐凝聚力量、和谐造就伟业"的思想。落实"安全、文明、健康、和谐"的总体要求,着力抓好学校制度建设,环境建设,文化建设,师生关系和谐建设,调动广大教职工、家属、学生、家长和街道办事处、社区、居委会及相邻部门单位共创和谐的积极性、主动性和参与性,其目标任务是:和谐校园的各项规章制度、组织机构基本建立和完善;和谐校园的设施设备基本达到要求;教职工、学生的安全防范意识、法制意识和卫生保健意识、应急避险意识进一步增强;校园的安全事故、刑事案件、治安案件明显下降;教学秩序良好,校园环境优美,育人为本的校园文化成效显著,校园文明程度显著提高,人人讲和谐,事事讲和谐,处处讲谐氛围逐步形成,文明和谐之花在校园盛开绽放。

努力办人民满意的学校

安顺市实验学校　李锦鸣

一、问渠哪得清如许，为有源头活水来

文化引领　特色发展

1. 物质文化夯实人文校园基础

投资 400 余万不断完善校园人文景观建设工程营造良好的育人环境；坚持"品味高、创意新、时代性强"的原则，重视校园人文景观建设，形成"十园一苑一花圃、一亭二廊一池石、四树两花一竹林、奇石浮雕动感地带"的校园文化特色、营造良好优美的育人环境。

2. 精神文化引领人文校园建设

"没有人文精神的校园是没有灵魂的校园"学校树立"为学生一生着想、为祖国明天奠基"的办学理念和"不止领先、追求卓越"的实验精神，形成"明德、笃学、崇德"的校训和"求真、求实、求新"的校风，"爱生、爱岗、爱校"的教风及"勤学、善学、乐学"之学风，建立"目标计划系统、督导检查系统、考核评价系统"三大管理系统，提出"管理强校、质量立校、人才兴校、文化铸造校、安全稳校、和谐荣校"的工作思路及"办学理念高层次、学校管理高水平、学校队伍高素质、学校文化高品味、学校成绩高质量"全市示范引领，全省一流、全国知名的办学目标。

二、工欲善其事　必先利其器

制度建设、队伍建设、环境建设、追求卓越

1. 制定《安顺市实验学校管理手册》以制度管人管事

2. 强化学习、提升思想境界

高度重视教师队伍建设，以"爱学生、师德善、教学精"为要求，爱生·为人、德善·为师、艺精·为学，提升师德素质、教育智慧、教育素养。

高度重视干部队伍建设，以"讲正气、有才气、成大器"为要求。正灵魂、正己鉴人；才气是基础、艺高服人；大器是方向，修身得道。使学校干部队伍在工作中迈大步，走前列、做表率。

高度重视职工队伍建设，以爱岗位、讲团结、做奉献为要求，形成有岗位才有地位；营造干事创业的干事氛围。

坚持隔周一次的政治学习和业务学习、完善党内"三会一课"制度，开展"三比三创"活动，即"比奉献、比贡献、比成绩；创先进、创成绩、创品牌"，并且采取请进来、送出去的方式强化学习，创建学习形学校（师资学习培训 30 余万次）特别是在十八大的精神学习中学校提出了"三全"、"三进"、"三存"、"三度"、"三员"、"三入"达到"五个一"

"三全"即全面安排、全员学习、全面落实；

"三存"即学习计划方案有笔记、有心得、有整改总结；

"三度"即学习有尺度、思考有深度、改进有魄度；

"三员"即学习的宣传员、贯彻的运动员、落实的督导员；

"三入"即入身、入脑、入心；

"五个一"即一个支部一面镜子、一个党员一个先锋、一个干部一个标杆、一个教师一个榜样、一个学生一个希望。

强化人文环境建设

学校办学理念，学校精神、校训、"三风"建设，办公文化、教室文化、走廊文化、橱窗文化、园艺奇石文化等环境创建；教学楼、综合楼、实验楼、教学设施设备等；强化信息环境建设

建设绿色校园网、建设电子白板"班班通"优质教学资源共享，让大山深处的孩子共享优质教育资源，加强现代教育信息技术的运用及教育信息的促进学校特色发展，实现教育现代化。

三、随风潜入夜　润物细无声

"立德树人、育人为本"为祖国明天奠基

本着"建机制、强队伍、重实效"的原则，树立"立德树人、育人为本"的思想凸显，融入社会所求的价值体系，围绕"三全"、"四育"和"四化"的育人途径即"全面育人、全员育人、全程育人"和"课程育人、管理育人、活动育人、文化育人"即"常规教育系列化、信念教育梯次化、心理教育课程化、实践教育多样化"达到人人都是德育工作者、课课都是德育精品课、事事都是德育活教材、处处都是德育宣传

地,学校德育工作成效显著。

四、横看成岭侧成峰　远近高低各不同

"三规律、三性、三计划"为学生一生着想

学校遵循"三个规律"即教育规律、认知规律、成长规律;"三性"即尊重天性、培育德性、发展个性;及实施"三个计划"即学困帮扶计划、巩固提高计划、培优拔尖计划。广泛开展"有效教学、高效课堂、减负提质"活动,"聚焦"常态课,夯实优质课、打造精品课。坚持做到"四个强化":即强化计划实施、强化常规管理、强化校本教研、强化特色教学和"四个重视":即重视个性发展、重视过程督导、重视示范引领、重视身心健康。

坚定信念　开拓创新　办人民满意的学校

安顺市实验学校　李锦鸣

随着党的群众路线教育实践活动进一步深入开展,作为一名党员干部,一名九年制义务教育学校的校长,结合群众对学校工作及自身工作提出的意见和建议,根据"照镜子、正衣冠、洗洗澡、治治病"的活动总要求,我对自己过去的工作、学习、生活认认真真进行了回顾和反思,对自身存在的不足、学校发展中存在的问题以及如何整改有了深刻、全面、清醒地认识,理清了今后工作开展、推进的新思路,对学校发展更加充满了信心。

一、坚定信念,深入开展党的群众路线主题教育实践活动

习近平总书记在关于群众路线的重要论述中强调:"崇高信仰始终是我们党的强大精神支柱,人民群众始终是我们党的坚实执政基础。只要我们永不动摇信仰、永不脱离群众,我们就能无往而不胜。""我们要牢记全心全意为人民服务的根本宗旨,认真组织开展以为民务实清廉为主要内容的党的群众路线教育实践活动,始终保持同人民群众的血肉联系,牢固树立正确的政绩观,多做打基础、利长远的事。不搞脱离实际的盲目攀比,不搞劳民伤财的'形象工程'、'政绩工程',坚决反对形式主义、官僚主义。"习总书记的话让我清醒地认识到:人民群众是我们党,是我们党和人民的教育事业得以蓬勃发展的基石。作为安顺市实验学校的校长,我必须清楚地认识到学校今天所拥有的成绩,不是某一个人或少数的某一群人努力换来的,它是在广大人民群众的支持、帮助下,在党和政府的关心下,在一辈又一辈实验人的接力拼搏中积淀起来的,实验的过去和现在离不开人民群众的团结与支持,实验的未来更加离不开人民群众的信任与努力!

因此,肩负着学校党总支书记、校长这一重任的我,将更加坚定地团结和带领学校所有党员同志,更为深入地开展好党的群众路线教育实践活动,坚定地把人民群众作为我们最坚实的后盾,将"照镜子、正衣冠、洗洗澡、治治病"的总要求贯穿活动始终。通过活动达到提高认识、提升水平、走进群众、广纳建议、及时整改的效果。作为学校的领头羊，我将带头加强政治理论学习，广泛听取群众的意见和建议，做到一是结合群众提出的意见建议定期对自身的工作、学习、生活情况进行反思、整改；二是根据群众提出的意见建议及时对学校的工作进行科学有效的调整，真正使学校形成党群一体、上下一心的良好局面，整体提升学校全体党员的政治素养和理论水平，端正为民务实清廉的工作作风；有效地全面促进我校教育教学工作稳步、快速、科学发展。

二、走进群众，做教师、学生、家长真正的贴心人

党的生命线和根本工作路线是群众路线，学校的生命线和根本工作路线也是群众路线，就是办人民满意的学校。怎样办人民满意的学校？长期以来，努力打造"全市引领，全省一流，全国知名"的学校一直是我校的不懈奋斗目标，这个目标的实现不仅仅是一味地在考试成绩排名上下功夫，更关键的是在全面推进素质教育的基础上努力追求一流的教育教学质量，培养全面、健康发展的学生。通过党的群众路线教育实践活动，我想，办人民满意的学校那就是办让学生喜欢、家长满意、教师热爱、社会认可的学校。

办学生喜欢的学校——让学生在活动中认知，在体验中明理，在快乐中成长！

随着社会的发展，人们所面临的生活、工作、学习压力也越来越大。未来的主人，我们的孩子们从小就在承受着来自多方的成长压力。这些压力使不少孩子只能埋头于书本，无暇于活动，更品尝不到玩耍的快乐。作为学校，我们有责任去思考我们应当培养什么样的人才？怎样培养真正适应社会发展需要的未来型人才？全面推进素质教育实质上已经明确地告诉了我们，我们的教育不是培养只会读书的学生，而是全面提升学生整体素质，促进学生综合能力的协调发展。无论是那一个年龄段的孩子，爱玩是他们的天性。因此，在玩耍中体验，在体验中认知，在认知中明理是最受学生欢迎的学习方式。思考今后的办学方向，我想，我校将在原有的开展丰富多彩的活动这一工作经验基础上，以打造特色活动为抓手，将活动与教学有机整合，将品德教育、学科知识等融汇于活动之中，形成活动常态化与时代性的有机统一，形成学生乐于接受的活动体验教学新模式，让我们的老师引领学生在活动实践中学习知识，感受生活，明白事理，提升素养，快乐成长。

办家长满意的学校——让家长因为把孩子交付在我们而放心、开心、充满信心！

学校教育教学的对象是学生，但学校服务的对象还有家长、社会等多个层面，其中,最为直接的就是家长,最能代表广大群众检验我们工作的也是家长。在前一阶段的工作中,我校的"百名教师大家访活动"以学校领导班子带头,全校教职工齐动员的方式深入学生家庭,了解学生校外生活,与家长交流教育学生的方式方法,听取家长对学校教育教学工作的意见建议等,这一活动的开展,得到了广大家长和社会的一致好评,我们也通过这一活动听到了不少"声音",为促进我校更好更快发展发挥了极为有效的作用。党的群众路线教育实践活动深入开展以来,反思我校与家长的教育合力整合工作,我认为家长的民主参与学校管理工作力度和深度还不够。在今后的工作中,我校将坚持把"百名教师大家访活动"常态化的开展下去,并不断改进方式方法,充分发挥这一活动民意调查作用,在活动中发现我们自身工作中存在的诸多问题,在活动中探索解决问题行之有效的科学方法。同时,通过家长委员会平台,充分调动家长队伍参与学校管理的积极性、主动性,让广大家长在学校发展进程中建言献策、参与相关工作的组织管理,在参与学校教育工作中切实发挥主人公的作用。家长的参与不仅真正体现学校的群众路线落到实处,真正意义上实现了办家长满意的学校,而且更有效的通过家长这一强有力的后盾队伍,大力推动了学校各方面工作的进展。

办教师热爱的学校——　让每一位教职员工感受家的温暖,用爱浇灌共同的家园。

实验学校就像一个大家庭,团聚着每一位教职员工共同为学校的发展不懈努力,每一位教职工都希望自己的智慧与能力能为学校的发展增添一份力量。不少退休的老教师对我说,看着实验一步步发展到今天,他们为自己曾经为之奋斗一生而感到欣慰;听到实验一次次取得喜人的成绩,他们为自己是实验的一员而无比自豪。老教师们的话深深地印在我的心上,是啊,这就是群众队伍中教师们的心声。作为当下正为之奋斗的实验人,作为一校之长,深感肩上的责任重大,如何带领好全校教职员工实现实验的跨越发展是当前最应当认真思考的问题。在下一步的工作中,我要发挥带头作用,带领学校党员干部真正走进教师当中,了解职工生活、工作中的困难,解教职工的燃眉之忧,为教职工能全身心投入工作扫清障碍,营造一个轻松愉悦的工作环境。同时更好地发挥民主生活会作用,并通过各种渠道广泛听取教职工的意见建议,根据教职工们好的意见建议及时调整学校工作,更好地实现民主与集中的有机统一,使每一位教职员工成为学校发展进程中有力支撑。

当我们真正成为学生、家长、教师的贴心人,真正实现办让学生喜欢、家长满意、教师热爱的学校这一目标,加之整合社会各方面的支持,形成强而有力的教育合力,我们有信心在广大群众的全力支持下办好人民满意的学校。

三、加强学习,不断提升个人政治修养、理论高度和管理水平

赵克志书记说:"崇高的理想、坚定的信念,过去、现在、将来都是共产党人前进的精神支柱和力量源泉,也是抵御各种腐朽思想侵蚀的思想屏障。理想的滑坡是最致命的滑坡,信念的动摇的是最危险的动摇。"理想信念是一个人实现人生目标和人生价值最基本的思想基础,思想是否正确,基础是否扎实直接决定了人生目标和人生价值的走向。在日新月异的新时期,作为一名党员干部,首先要具备的就是坚定的理想信念。时刻牢记为人民服务这一宗旨,把为群众解决、分担疾苦视为己任。坚定理想信念首先要时刻加强学习,学习科学的、先进的政治理论知识,学习身边的先进人物,从而牢固树立马克思主义的世界观、人生观、价值观、事业观,坚决抵制拜金主义、享乐主义、极端个人主义的腐朽思想侵蚀。因此,加强学习就显得至关重要。

一是加强政治理论学习。坚定不移高举中国特色社会主义伟大旗帜,进一步加强马列主义、毛泽东思想、邓小平理论、"三个代表"重要思想、科学发展观学习,加强《党章》和党的相关会议、政策法规学习,在学习和实践中不断贯彻落实党的十八大和十八届三中全会、省委十一届四次全会、市委三届五次全会精神,紧紧围绕保持党的先进性和纯洁性,以为民务实清廉为主要内容,努力提升个人党性修养,在实际工作中充分体现共产党员的先进性,发挥模范带头作用。

二是加强教育法律法规和教育科研理论学习。通过对教育政策法律法规的深入学习,不断提高自身的法律知识水平,为规范办学打下坚实的理论基础。同时加强教育科研理论知识学习,不断提升自身教育科研理论水平,为指导和推进学校教育科研工作,加快学校教育科研步伐注入更多更新的能量。

三是加强管理理论知识学习。一个学校的发展需要科学、规范的管理,一个好校长,应该具有独到的创新管理能力和人格管理魅力,我将不断学习学校管理理论知识,多借鉴其他学校乃至其他行业优秀的管理方法和经验,有效提升自身的管理水平,以促进我校形成科学、规范、高效的管理模式。

四、修身立德,全面深入推进师德师风建设工程

随着社会的发展,不少利益至上的不良风气在社会上传播,这些负面影响在一定程度上对我们教师队伍起到了腐蚀作用。因此,作为被赋予"人类灵魂工程师"称号的教师,面对这些利益的诱惑,就应做到遵纪守法、令行禁止、防微杜渐,

自觉抵制各种负面影响和诱惑,守住责任,甘于清贫,永葆清廉。

师德师风建设始终是我校常抓不懈的一项工作。党的群众路线教育实践活动开展以来,切实加强我校的师德师风建设成为学校全面提升教师道德修养和综合素质的重点工作之一。近些年,通过一系列的师德师风建设专项活动,我校教师队伍素质整体有了很大提升,但仍存在一些问题,如有的老师存在自由主义倾向,工作散漫;有的教师服务意识不端正,对学生、家长态度不好等等。这些现象都严重损害了我校教师队伍的群体形象,给学校声誉造成了不同程度的负面影响。在党的群众路线教育实践活动中,我校将加大力度深入开展师德师风建设工作,由学校领导带头,党员干部身先示范,结合自身工作查找问题,正视不足,开展批评与自我批评,深刻反思,通过活动实现我校教师队伍素质的又一次整体提升。

通过活动使全校教师做到爱岗敬业:首先是热爱教育、热爱学校,树立坚定的教育事业心。只有真正做到甘愿为实现自己的社会价值而自觉投身这种平凡工作,对教育事业心存敬重,甚至可以以苦为乐,以苦为趣,才能产生巨大的拼搏奋斗的动力。其二热爱学生。教师对学生的爱,源于教师对教育事业的深刻理解和高度责任感,源于教师对教育对象的正确认识、满腔热情和无限期望。教师真挚、平等地关爱每一位学生,就能换来学生对自己的爱,良好的师生关系就能成于教育教学工作中的高效润滑剂。

通过活动使全校教师做到团结协作,树立校荣我荣,校损我损的爱校思想,舍私利顾大局,形成一支上下一心的教师队伍,为学校的发展齐思共想,并肩奋进。

通过活动使全校教师找准自己的岗位坐标,端正工作态度,和家长建立友好的合作伙伴关系,以亲切的态度对待每一位家长,学会换位思考,体谅家长,沟通协调,真正成为学校与家长之间沟通联系的无障碍绿色通道。

师德的核心内容是爱岗敬业,一所学校只有不断提升教师队伍的整体素质,才能为祖国培养出更多更好的品学兼优的社会主义事业接班人。

五、开拓创新,再谱学校教育教学工作新篇章

学校的发展需要不断注入新鲜的血液,倾注充满正能量的青春活力。作为校长,更应该在不断地学习中进取,在不止的进取中开拓创新。开拓创新始终是我校工作的指导思想之一,通过党的群众路线教育实践活动,我深刻的意识到我校工作开拓创新力度不够,在今后的工作中要从以下几方面着手:

一是始终坚持开拓创新的思想不改变。科学发展观的指导思想告诉我们,只有在发展中不断探索前进的道路,在前行的进程中不断创新,这项事业才能稳步

地向前发展。一成不变的思想和工作作风终将被社会发展的洪流淘汰。因此无论是具体到一节课的教学方法还是学校重大工作的推进，我们都应当牢固树立敢于改革勇于创新的挑战思想，在不断地革新中一次次改进，一步步走向成功。

二是找准方向，创新特色，助推发展。开拓创新不是漫无目的地去否定去改革去发明。之前学校的多项工作中，创新帮助我们取得今天的这些成绩，站在这些成绩之上，我们不能骄傲地固步自封，而是应当总结经验继续向前。结合学校现状和发展方向，我们将以抓特色发展为切入点，结合我校校园文化建设基础扎实、综合实践活动开展丰富、办学历史和文化底蕴深厚等现有优势，在特色教学中创新，在特色教学中探索更多更新的发展途径，形成"大特色常规化，小特色创新化，大特色支撑，小特色更替"的特色学校办学模式，努力把我校办成一所"全市引领，全省一流，全国知名，特色鲜明"义务教育阶段特色学校。

党的群众路线教育实践活动，要把"一切要为人民打算、一切要为小康苦干"作为总抓手贯穿始终。"办人民满意的教育"是我们坚定不移奋斗的目标，作为一名教育工作者，神圣的职责赋予我更高的要求，在今后的工作和生活中，我将更加严格要求自己，廉洁自律，发挥党员的先锋模范作用，敢于吃苦、勇于创新、甘于奉献、乐于清贫，牢记人民赋予的教育事业是己任，团结全校教职工共同努力，全面推进学校教育教学工作更快更好地发展，真正办好人民满意的学校。

2014 年 4 月

获第一届贵州省教育科学研究优秀成果三等奖

安顺市基础教育信息化任务与实施
策略研究实施方案

课题组

一、课题研究的背景

1. 信息与人类社会发展

1946 年人类诞生第一台计算机,为半个多世纪后人类信息化社会的到来奠定了不可或缺的技术基础。起步于 20 世纪 70 年代的互联网,经过 20 世纪全球的推广和运用,为人类社会建构了犹如人类大脑一样的智慧源泉,将人类社会带入了高速发展的快车道。至此,人类社会真正迎来了"第三次浪潮",进入了以信息为特征的知识经济社会——信息社会。信息社会里,信息既是人们传承人类文明、反映自然和社会的对象,同时也是人们从事生产和工作、探究自然、发展社会、娱乐生活的对象和工具。信息与人类的关系从来也没有像今天这样密切、广泛和深层。生活在当今时代的人们无时不在获取信息、利用信息、创造信息。信息已经是信息化社会人们工作和生活不可分离的重要组成部分。

信息化社会呼唤具有信息意识、具备信息获取与创造能力的庞大社会精英群体和千百万劳动大军。社会的需求给当今人类的教育提出了新的任务和挑战。信息化社会既给每个国家和民族的生存和发展提出了挑战,但同时也为一些国家和民族带来了实现历史性跨越的重大转机。因此,教育信息化不仅是教育行业的一次革命,同时也是关乎国家和民族生存与发展的重大变革,所以,实施教育信息化就是为我国信息化进行奠基。

2. 教育技术对学校教育和学生发展的影响

自 20 世纪 80 年代起,信息技术开始进入教育行业,90 年代中期在我国一些学校先期开展信息技术教学实验。

大量教育实践证明信息技术进入教育行业,不仅打破时空的局限,将古今中

228

外人类文明呈现在学生的面前,从而极大地丰富了教育教学的内容,开阔了师生的视野,为课堂教学活动获得了前所未有的生机和活力;而且更为重要的是伴随着信息技术在教育中的运用,其最大的教育价值在于让学生获得了学习的自由,为学生提供自由探索和创造的条件,让学生学会在实践、研究和创造中学习。让传统的一块黑板、一支粉笔、一本教材的劳动密集型教育活动,向着高效率、高容量、大时空的技术密集型现代化教育迈进。

正是基于教育信息化给教育带来的这种无与伦比的变革,为实现教育的跨越式发展,抢占现代教育发展的制高点,2010 年 7 月,我国颁布的《国家教育中长期改革和发展规划纲要》(以下简称《纲要》)第十九章明确提出要"加快教育信息化进程",将教育信息化纳入国家信息化发展整体战略,号召各级各类学校要从"加快教育信息基础设施建设、加强优质教育资源开发与应用、构建国家教育管理信息系统"三个方面予以实施。《纲要》的颁布,吹响了我国教育行业实施教育信息化的进军号角,将教育信息化提到了全面实施的议程。

3. 教育信息化的意义和任务

教育信息化可以说是课改后我国教育界的又一项重大变革措施。教育信息化带来的不仅仅是硬件设施和教育模式的改变,它将对教育乃至社会发展产生不可估量的能动作用。教育信息化将与课改一样,对全面实施素质教育,促进中华民族的伟大复兴具有重大的现实意义和深远的历史意义。

《纲要》提出,到 2020 年,基本建成覆盖城乡各级各类学校的教育信息化体系,促进教育内容、教学手段和方法现代化。因此,教育信息化将从原来在我国部分地区、部分学校进行的信息技术实验,扩展到全国城乡广泛推广和普及信息技术在教育领域运用的状态。

教育信息化包括网络教学和数字化实验两个方面。其中数字化实验在我国才刚开始在极少数学校进行推广实验。即便是在网络教学方面,发达地区学校的网络教学现状与《纲要》提出的教育信息化目标都尚存在一定的差距,更何况是处在经济不发达地区的我市基础教育学校。所以教育信息化作为一项全新的系统工程,涉及政府、学校、社会、家庭和企业等诸多方面,其实施目标、内容、任务和步骤都亟待明确,以便切实有效地落实《纲要》确定的教育信息化发展目标。

怎样理解教育信息化,教育信息化的本质是什么?教育信息化将对教育行业、对国家和民族生存与发展将产生怎样的影响和作用?基层学校实施教育信息化的内容、标准、途径和措施,尤其是经济欠发达和不发达地区如何在仅有的资源条件下最大限度地实施教育信息化?如何借助教育信息化实现贫困地区和弱势学校的跨越式发展等等这些与信息化相关的问题,便成为摆在教育行业,尤其是不发达地区及其学校面前十分紧迫的任务。

正是基于上述情况,为了实现《纲要》提出的教育信息化目标,本课题组将根据《纲要》确定的教育信息化目标和内容,结合安顺经济发展和全市学校的实际,提出安顺市教育信息化的模式和标准,明确安顺市基础教育段学校在实施教育信息化方面所面临的任务和困难,同时对全市基础教育段学校实施教育信息化提出切实有效的应对策略,为有关部门和学校制定相关政策和措施提供积极的帮助。

二、课题研究的现状

教育信息化的提出是在计算机及其相关数字技术,尤其是网络环境出现后的一场全新的教育革命。而计算机的普及和尤其是网络环境的建设,就全国范围来说,至今仍然存在很大的差距和不足。因此,以计算机数字技术为基础的教育信息化研究,除发达地区有一些研究而外,经济欠发达地区在教育信息化方面的研究凤毛麟角。

从全国教育科学研究规划办公布的年度课题指南来看,2009 年度在一般课题中首次出现了与教育信息化相关的研究项目:数字化教学方式变革研究、校长和教师信息化素养研究 2 个项目;2010 年在一般课题中的教育信息化研究有:"教育信息化建设与应用现状分析研究"、"学校信息技术课程教学研究"、"师生信息化素养调查研究"、"数字化教学的公共服务模式研究"、"教育信息化使用效益研究"等 5 个项目;2011 年一般课题研究中的教育信息化研究有:教育信息技术开发转化研究;电子教科书研究;师生信息素养研究;数字化资源共享及其权益保护机制研究;教育信息化使用效益研究;数字化校园网研究;学生数字化学习研究;农村智能学校研究;网络新技术对教学方式的影响研究;网络交互教学成效研究等10 个项目。

全国有关教育信息化的课题研究近三年来呈逐年增多趋势,特别是 2011 年全国教育科研规划中"教育信息技术研究"类别全部研究内容均为与教育信息化相关的课题。目前,上述内容的课题基本上仍处于研究之中,尚未公布研究成果。

2005 年安顺市教科所和安顺市教仪站为落实 2002 年教育部颁布的《教育管理信息化标准》,构建安顺市教育信息管理体系,并结合当时国外教育信息化的发展趋势,实施教育部教基[2000]33 号《关于中小学普及信息技术教育的通知》全面启动中小学"校校通"工程,贯彻教育部教基[2001]17 号《基础教育课程改革纲要(试行)》关于开设信息技术作为国家基础教育课程的要求,开展了为期 1 月的题为《全面实施安顺教育信息化》研究,并在此基础上撰写了《全面实施安顺教育信息化论证报告》。该报告从"国外教育信息化发展述评"、"我国教育信息化发展的政策措施及历程"、"安顺教育信息化现状分析"、"实施安顺教育信息化的整体构想"等四个方面(重点放在第一、二个方面)进行论证。

随着时代的进步,由于社会和信息技术的发展因素,从全球来看,教育信息化的内容、标准与学校教育的关系等等都较数年前更加清晰,要求更加具体明确。因此,无论从国家对教育信息化要求的内容和标准层面,还是从该课题研究的侧重点以及我市教育发展的形势等诸方面来看,该研究与本课题在研究的对象、内容、标准、研究的起点、我市教育发展状况和实施途径等方面均有很大的不同。

但是,该研究的一些方法和成果将对本课题的研究提供很好的借鉴。

由于本课题研究的内容是《纲要》提出后才产生的,而且本课题具有较强的地域性,所以,本课题研究的内容此前省内外均无相同研究。所以,本课题作为针对我市贯彻落实《纲要》提出的教育信息化目标的专项研究,将为我市的教育信息化工程提供思想意识、政策制定、工程管理、运用指导等方面的重要参考。

三、课题研究的理论基础和政策依据

本课题研究主要以邓小平同志提出的"教育要面向世界、面向现代化、面向未来"为总的指导思想,以《纲要》第十九章"加快教育信息化进程"为目标,以素质教育理论和当代国内外教育信息最新理论,以及课改理念为依据开展研究。

具体理论主要有中发(1999)9 号《中共中央国务院关于深化教育改革全面推进素质教育的决定》、国发(2001)21 号《国务院关于基础教育改革与发展的决定》、教基(2002)26 号《教育部关于积极推进中小学评价与考试制度改革的通知》《贵州省"十二·五"教育改革和发展规划纲要》《安顺市"十二·五"教育改革和发展规划纲要》等各级党和政府对教育的有关文件精神。教育理论有《全国中小学教师教育技术能力标准》《远程教育资源建设技术规范》,北师大何克抗教授的《我国教育信息化研究新进展》《城域教育网》《信息技术与课程整合》《建构主义的教学设计理论》;内蒙古师大李龙教授的《教学过程设计》《教育技术基础》;华南师大李克东教授的《教育传播科学研究方法》《多媒体组合教学设计》;浙江师大张剑平教授的《Internet 网络教育技术》《学校管理信息系统》《地理信息系统与MapInfo 应用》《现代教育技术教程》;江西师大何齐宗教授的《现代外国教育理论流派述评》等。

四、研究的条件

1. 已经取得的相关成果

本课题组成员主要来自安顺市实验学校,其他成员分别来自安顺市教育局、市电教馆和市教科所。其中,作为主要成员单位的安顺市实验学校曾取得了如下与教育信息化相关的研究成果:

(1)1997—2001年该校作为全国首批1000所(贵州5所)现代教育技术实验学校开展国家"九·五"重点课题的子课题《运用现代教育技术提高课堂教学质量的研究》。通过开展此项研究,初步实现课题依托单位教师从"一支粉笔、一块黑板、一本教材"的传统教育模式向"四机一幕"初级教育技术运用的转变,全校各班配备了"四机一幕"设施,创建了计算机网络教室,开设了信息技术课,初步将电脑引入学校部分办公及管理之中。

(2)2002—2005年该校又开展了"十·五"国家重点课题《信息化进程中的教育技术发展研究》的子课题《运用信息技术环境与教学设计创新整合课堂教学》研究,获得优秀子课题奖励。通过该课题研究,初步实现了多媒体教学在常规教学中的运用,通过课题组成员提出的"小区式校园网租用建设模式",有效解决了困扰处于贫困地区学校校园网建设经费投入的问题,成功建设覆盖全校各班和各个办公室的光纤干线校园网。使学校办公基本进入网络化环境。

(3)按属地管理原则该校于2003年进入国家第八次课改以来,由于在课改工作中大胆创新、勇于实践,在国家课程实施、教学模式探究、师资队伍观念转变、教育教学成效、学校课程建设等方面取得显著成绩,有效推进素质教育,使课题依托学校成为全市唯一一所课改实验"样本校",对全市课改工作起到积极的示范作用,得到安顺市民和政府的高度赞誉。

2. 课题组成员的研究能力及学术经历:

本课题组成员均为我市长期从事教育教学管理和研究的管理者或研究人员,曾多次主持或参与全国和省市各级各类教育教学及管理研究,其研究成果有专著、论文和课件等,分别在各级各类评选中获奖,或在相关报刊上发表。本课题组是一支研究能力较强的教研团队。

3. 完成课题研究的保障条件:

(1)因本课题研究本身涉及学校自身发展,从课题组成员所属的工作单位和工作内容上来说,本课题研究的内容和措施与课题组成员单位的工作内容相一致,故课题组依托单位和成员单位都将为本课题研究提供必要的人员和时间支持。

（2）教育系统基层学校出于面临实施教育信息化的任务,对本课题的研究也必将提供相应的配合和支持。

（3）我校长期从事有关信息技术的研究,对课题研究的规律和方法较为熟悉。并且办学结构上具有幼儿园、小学和初中三个基础教育的办学层次,对开展教育信息化实施研究具有较为典型的样本基础。

五、研究内容、方法和步骤

1. 本课题的研究内容:

（1）明确《纲要》制定的教育信息化具体目标和任务。

（2）根据《纲要》确定的目标和任务,结合安顺城镇和农村学校实际,分别制定安顺市城镇及农村教育信息化模式和标准,明确安顺市基础教育段学校实施教育信息化应配备的信息技术硬件设施、软件系统、数字化实验器材等物资总量和相关配套建筑的规模情况。

（3）全市实施教育信息化对教师素质的要求及应开展的相关各级培训内容、步骤和规模。

（4）教育信息化的课堂教学途径和方法。

（5）市县两级政府、基础教育段学校、家庭、社会在实施教育信息化过程中应履行的职责和任务。

（6）全市教育信息化的经费投入总量及其方式。

（7）市县和学校教育信息化建设与运用的管理制度。

（8）全市教育信息化工程的实施步骤与各阶段的任务划分。

（9）实施教育信息化将给学校管理、学校发展和学校文化等方面带来怎样的影响。

2. 课题研究的主要方法和步骤:

（1）课题研究方法主要有文献研究法、问卷调查法、统计归纳法、实地考察法、访谈法等。

（2）课题研究的途径与步骤:

①通过学习《纲要》、教育部和省市教育行政部门对基础教育段实施教育信息化的政策,准确把握安顺市实施教育信息化所面对的目标和任务。

②通过市教育局、市电教馆、市教科所等相关部门和科室提供的数据,对照国家和省市确定的教育信息化目标和任务,结合安顺实际,分别制定安顺市城镇和

农村教育信息化模式和标准,明确安顺市实施教育信息化的具体目标和任务及内容。

③根据全市实施教育信息化的目标和任务,分别从政府、学校、家庭和社会四个角度探寻各相关方面在实施教育信息化工作中应履行的职责和任务。其中,政府方面:包括政策措施、经费投入、社会环境营造、教育信息化建设与管理的制度等;基础教育段学校方面:课堂教育教学模式的改革、师资队伍在教育信息化方面应该具备的素质及其培训内容和任务、教育信息化硬件设施和软件系统内容与规模、需要新建或改建的配套建筑总量、教育信息化环境下学校的管理和文化建设等。家庭方面:教育信息化环境下,家庭教育与学校教育的衔接、家庭教育的形式与途径、家校合作沟通的新渠道等。社会方面:大众传媒对教育信息化的意义和工程实施进程的宣传报道、有关部门在社会层面举行的相关普及讲座、宣传橱窗等。

(3)课题研究的预期创新点:

本课题研究将以全方位的角度,从硬件配置、师资培训、教育教学模式研究、学校文化建设等涉及学校可持续发展的方面同步进行研究,着力通过教育信息化,使传统密集型教育向技术密集型转变;通过切实抢占影响教育发展的制高点,为实现全市基础教育的跨越式发展探寻出路。

六、课题研究的周期与阶段划分

1. 实验周期:

2011 年 5 ~ 2013 年 12 月。

2. 阶段划分:

准备阶段:2011 年 5 ~ 8 月。

实验阶段:2011 年 9 月 ~ 2013 年 7 月。

结题阶段:2013 年 8 ~ 12 月。

七、预期研究成果

主要阶段性成果(限报10项)

序号	研究阶段(起止时间)	阶段成果名称		成果形式	负责人
1	准备阶段 2011 年 5—8 月	课题研究实施方案		方　案	周晓秋
2	实验阶段 2011 年 9 月—2013 年 7 月	针对基础教育信息化实施中 各个方面的论文		论文	课题组成员
3		针对不同信息化内容的实施措施及制度		文件、制度	
4		优秀信息化教育教学	课例	录像	
5			教案	教学设计	
6			课件	课件	
7	结题阶段 2013 年 8—12 月	安顺市基础教育实施教育 信息化整体方案		方案	李锦鸣
8		针对基础教育信息化实施中 各个方面的论文		论文	课题组成员
9		结题报告		研究报告	周晓秋

最终研究成果

序号	完成时间	最终成果名称	成果形式	负责人
1	2013 年 10 月	安顺市基础教育实施教 育信息化整体方案	方案	李锦鸣
2	2013 年 12 月	结题报告	研究报告	周晓秋

八、课题组成员

姓　名	性别	出生年月	专业职务和行政职务	研究专长	学历	工作单位	课题组职责
李锦鸣	男	1962 年 11 月	安顺市教育局　副局长 安顺市实验学校　党总支书记校长	教育教学行政管理	本科	安顺市教育局 安顺市实验学校	课题组长
倪贵忠	男	1970 年 10 月	安顺市教育局副局长	教育行政管理	本科	安顺市教育局	
周晓秋	男	1959 年 09 月	中学物理高级教师 学校教研室主任	教育教学理科实验教学	专科	安顺市实验学校	
邹　黔	男	1957 年 12 月	中学物理高级教师 安顺市电教馆馆长	教育教学信息技术管理	专科	安顺市电教馆	
冉黔鸣	男	1959 年 09 月	中学物理高级教师 安顺市教科所副所长	教育教学理科实验教	本科	安顺市教科所	成员
陈　健	男	1972 年 08 月	安顺市教育局基教科科长	教育教学基础教育管理	本科	安顺市教育局	
张湖贵	男	1957 年 04 月	安顺市教育局计划统计科科长	教育教学教育财经管理	专科	安顺市教育局	
何建刚	男	1967 年 10 月	中学信息技术高级教师	教育教学信息技术管理	本科	安顺市实验学校	

九、实验专家组

姓名	性别	专业职务和行政职务	研究专长	工作单位
任平		贵州省电教馆副馆长	信息技术研究管理工作	贵州省电教馆
刘洁		贵州省电教馆教研室主任、中学物理高教教师	信息技术研究及管理工作	贵州省电教馆

十、实验任务与人员分工

姓　名	研究任务与职责
李锦鸣	负责统筹课题组研究工作,协调各相关部门和人员为课题研究提供支持。 负责《安顺市基础教育实施教育信息化整体方案》的审核。
倪贵忠	负责协调各区县和市教育局相关部门和人员为研究工作提供支持
周晓秋	负责《课题研究实施方案》的撰写。 负责起草《安顺市基础教育实施教育信息化整体方案》。 负责协调课题组成员的研究工作。 负责《结题报告》的撰写。
邹　黔	负责安顺市教育信息化模式及标准的拟定。 负责测算安顺市基础教育段学校实施教育信息化各种配置物资总量和相关配套建筑的规模。 负责拟定全市教育信息化工程的实施步骤与各阶段的任务划分。
冉黔鸣	负责拟定全市实施教育信息化教师素质的要求 负责对实施教育信息化应开展的教职工相关市县级培训内容、步骤和规模测算。 负责牵头探究教育信息化的课堂教学途径和方法,为全市拟定教育信息化模式及标准提供依据。
陈　健	负责拟定市县和学校教育信息化建设与运用的管理制度。 负责牵头研究实施教育信息化给学校管理、学校发展和学校文化等方面带来的影响。
张湖贵	负责测算全市教育信息化的经费投入总量。 负责研究政府、学校、社会和企事业单位对教育信息化经费投入的途径和方式。
何建刚	负责对市县两级政府、学校、家庭、社会在实施教育信息化过程中应履行的职责和任务研究,并提出措施。 负责对课题组成员研究内容提供相关信息支持, 负责收集整理各课题组成员的研究资料。

十一、研究经费预算

序号	支出经费项目	金额预算(元)	支出时间
1	参考资料	1500	2011—2013 年
2	外出调研交通费	2000	2011—2012 年
3	外出调研误餐费	2000	2011—2012 年
4	聘请专家费	3000	2012 年
5	中期检查及会议结题费	7000	2012—2013 年
6	培训费	2000	2012—2013 年
7	打印资料费	800	2011—2013 年
8	邮寄资料费	300	2011—2013 年
9	其他未知费用	3000	2011—2013 年
10	合计	21600	2013 年 12 月以前

十二、主要参考文献

1. 中发(1999)9 号《中共中央国务院关于深化教育改革全面推进素质教育的决定》;

2. 国发(2001)21 号《国务院关于基础教育改革与发展的决定》;

3. 2010 年《国家中长期教育改革和发展规划纲要》;

4. 教基(2002)26 号《教育部关于积极推进中小学评价与考试制度改革的通知》;

5.《贵州省"十二·五"教育改革和发展规划纲要》;

6.《安顺市"十二·五"教育改革和发展规划纲要》;

7.《全国中小学教师教育技术能力标准》;

8.《远程教育资源建设技术规范》;

9. 北师大何克抗教授的《我国教育信息化研究新进展》《城域教育网》《信息技术与课程整合》《建构主义的教学设计理论》;

10. 内蒙师大李龙教授的《教学过程设计》《教育技术基础》;

11. 华南师大李克东教授的《教育传播科学研究方法》《多媒体组合教学设计》;

12. 浙江师大张剑平教授的《Internet 网络教育技术》《学校管理信息系统》《地理信息系统与 MapInfo 应用》《现代教育技术教程》;

13. 江西师大何齐宗教授的《现代外国教育理论流派述评》。

2011 年 8 月 23 日

安顺市教育科学规划课题

实施方案

课题名称<u>七年级新生心理健康调查与探究</u>

立项编号<u> </u>

课题类别<u>　　　A|市级重点课题　　　</u>

学科分类<u>　　　B|教育心理　　　　</u>

负责人<u>　　　李锦鸣　　　　　</u>

责任单位<u>　　安顺市实验学校　　　</u>

2015 年 4 月

安顺市教育科学规划市级重点课题
《七年级新生心理健康调查与探究》实施方案

（课题立项编号：2012　Z009）

课题负责人：安顺市实验学校　李锦鸣

一、课题实施的背景及意义

（一）课题提出的背景

心理健康教育是素质教育的一个重要组成部分，它是以培养身心健康社会公民为目的，通过运用健康管理的方法，以校园环境、功能环境的改善为主，人文环境的改善相配合，以老师和学生两个主体，提供科学、健康、专业的指导。中小学心理健康教育，是提高中小学生心理素质、促进其身心健康和谐发展的教育，是进一步加强和改进中小学德育工作、全面推进素质教育的重要组成部分。中小学心理健康教育是根据中小学生生理、心理发展特点，运用有关心理教育方法和手段，培养学生良好的心理素质，促进学生身心全面和谐发展和素质全面提高的教育活动，是素质教育的重要组成部分；是落实跨世纪素质教育工程，培养跨世纪高质量人才的重要环节。

目前，中小学生心理健康已成为社会关注的焦点之一，也成为学校教育、家庭教育的重要研究方向。纵观中小学各年龄段学生心理健康状况，小学升入初中的这个过渡时期对学生的心理健康走向发挥着非常重要的作用。我校发挥小初衔接的自身资源优势，对小学高段至初中学生的心理健康状况进行了摸底，在此基础上，将课题研究的着力点确定在了初中阶段的起始年级——七年级新生的心理健康教育问题上。

（二）课题实施的意义

随着素质教育的不断推进、深化，1999 年 8 月 13 日教育部颁发了《关于加强中小学心理健康教育的若干意见》，2002 年 8 月 5 日又颁布了《中小学生心理健康教育指导纲要》,在教育部的组织领导下,全国各地都把心理健康教育看作是德育工作的重要组成部分,许多中小学校开始逐步地、系统地开展心理健康教育活动。

开展好中小学心理健康教育,促进学生身心和谐全面健康发展,对于全面贯彻党的教育方针,坚持教育为社会主义现代化服务的根本任务,培养德智体美全面发展的社会主义建设者和接班人,办好人民满意的教育,推动教育事业科学发展,具有重要的现实意义和深远的历史影响。

有数据分析结果显示,初中阶段是一个人接受心理健康教育的最佳时期,如果发生心理问题,也是最容易纠正的时期。而七年级正是小初衔接的关键时期,对于刚进入七年级的学生来说,由于自身生理、心理上的明显变化及客观环境的改变,多数同学会感到各方面的不同程度的不适应,由而存在一定的心理问题或隐患,我校多年来通过对七年级新生开展心理健康问卷调查,从学生本身的学习态度、自信心等个性品质方面、家庭基本情况、家庭教育方式及家长意见等多方位了解几届七年级大部分学生的心理健康水平,在下一步开展课题研究的过程中,我们课题组将有针对性地以七年级新生为主要研究对象,以六—九年级学生为基础,开展形式多样的心理健康教育活动,通过跟踪调查、数据对比,总结梳理出系列有效的心理健康教育方法,在今后的教学工作中,给班主任及课任老师提供了一些参考意见及建议,提高了教育教学的针对性。

二、课题研究的目标、对象及内容

（一）研究的目标

调查了解六—八年级学生的自信心、自律、冲动等个性心理品质及学生的家庭氛围、家庭教育方式、学习态度和人际交往等情况,重点掌握七年级新生的心理健康方面涉及的基本情况,以掌握的原始数据为基础,重点锁定即将进入七年级的学生,通过各种形式的心理健康教育、引导,进行定期测试,将不同年级学生、课题实验年级和非实验年级学生测试数据进行对比,分析课题实验年级和非实验年级学生心理健康状况受实验活动的影响及产生的效果,从而分析梳理出该年段学生心理健康教育的有效措施和方法。同时通过家长反馈板块了解学生受到的家庭教育方式及家长对学生教育的一些想法,促进家校合作的有效性,最终促进中小学生身心健康成长,促进中小学生心理健康教育工作的发展。

（二）研究对象

1. 重点研究对象:七年级新生

2. 基础研究对象:六年级、八年级学生

（三）研究的内容：

采用华东师大周步成教授等主持修订的"心理健康诊断测验（MHT）"量表，结合学校学生实际，从学生的自信心、家庭情况、家庭教育方式以及自律、冲动等个性品质方面编制问卷，调查了解学生的自信心、冲动等个性心理品质及学生的家庭氛围、家庭教育方式、学习态度和人际交往，从而了解七年级新生的基本情况，做好课题研究的基础数据收集、整理、分析。在分析产生的结果的基础上，有计划有针对性地在心理健康教育课程和心理健康教育活动中，设计学生们喜爱的、感兴趣的课程内容和活动，加强心理健康课程和活动的教育引导意义；班主任开展主题鲜明的心理健康教育主题班会；科任老师在教学中渗透心理健康教育理念，全方位关注学生心理健康发展，帮助他们树立正确的世界观、人生观、价值观；开展家庭教育心理健康知识专题讲座，同时附有家长反馈板块，希望了解学生受到的家庭教育方式及家长对学生教育的一些想法，促进家校合作的有效性，全方位加强提高中学生心理健康教育。

三、研究思路与研究方法

（一）研究思路

本课题在问卷调查的基础上，结合学校及学生实际，以心理健康教育课程为载体，联合主题鲜明的班团队会活动、学科渗透教学、主题宣传讲座、团体辅导等形式，加强中学生的心理健康教育，提高学生的心理健康水平，全面推进学校的素质教育。

本课题以七年级新生为重点研究对象，以六年级、八年级学生为基础研究对象，通过对各种方法开展测试、问卷调查、走访，并做好跟踪调查，将相关数据进行整理、对比、筛选、研究，从得出的结果中梳理出有效的教育引导方法，对下一步实际操作进行有目的的调整。从理论上不断深化落实研究内容，发展研究成果。最后，总结全面收集、整理、提炼研究资料，不断摸索出符合学校实际的心理健康教育范式，为心理健康校本教材的编撰提供理论及实践基础。

（二）研究方法

1. 文献资料法：检索相关理论文档，学习其他相关的中学生心理健康调查及结果，结合运用。

2. 比较研究法：一是多学科、多角度，与国内外中学生心理健康的调查研究资料进行比较研究，把握最新发展动态，借鉴已有的研究成果与经验教训；二是将实验对象七年级学生不同阶段的心理健康调查研究资料与基础研究对象六年级、八年级学生不同阶段的心理健康调查研究资料进行对比,总结提炼出实验对象与非实验对象的区别、差异,从而掌握实验各阶段实际效果,对试验方法做出正确的评价和调整;三是将实验对象七年级学生不同阶段的心理健康调查研究资料自身做纵相比较,梳理出实验前后学生的心理健康状况的改善和差异,从而检测实验的效果。通过以上比较研究,及时找到新的切入点,为课题研究深化与实践提供思路与理论支撑。

3. 问卷调查法:通过问卷形式有目的、有计划、有系统地搜集有关研究对象现实状况,并对调查搜集到的大量资料进行分析、综合、比较、归纳,从而为课题提供规律性的知识。

4. 个案研究法:针对个人、班级、家长或问题进行追踪调查,加以分析得出典型实例。

四、课题组的成员组成及分工

本课题组由学校党总支书记、校长李锦鸣担任课题负责人,参与研究的成员有学校心理健康教育专职教师王颖,学校政教科科长封葑,学校纪宣科副科长翟素琴,学校政教科副科长李天虎。

课题负责人李锦鸣负责课题总的策划指导和统筹管理;成员的具体分工为:王颖负责心理健康教育课程的具体实施,心理健康教育活动的策划组织,心理健康测试问卷的制作以及数据的分析等;封葑负责课题研究工作的组织协调,心理健康教育活动的策划组织,主题班会活动的组织安排以及数据的分析等;翟素琴负责课题研究工作的组织协调,心理健康教育活动的策划组织,课题研究中的对外联系及宣传等;李天虎负责心理健康教育活动的策划组织,心理健康测试问卷工作的组织实施,主题班会活动的组织安排以及数据的分析等;其他论文心得撰写、学生学习成果展示、阶段总结报告及课题研究结题报告由课题组所有成员共同完成。

五、研究过程设计

准备阶段(2015.1—2015.6)确立课题,成立课题组,明确分工职责,对课题进行论证,申报前调查分析,完成论证、申报工作,请求立项。

思辨阶段(2015.7—2016.3)深入学习中小学生心理健康教育相关论著,联系实际对课题具体实施的方法展开研究、分析,制定课题实施方案。

实施阶段(2016.4—2017.3)召开开题报告会。按照实施方案,有计划、有组织地开展各项研究活动。该阶段以 2016 年 9 月为界,分为研究实施的第一阶段、第二阶段,按实施方案进行研究,在 2016 年 9 月进行一次中期小结汇报,课题组成员梳理前期研究的初步成果,发现存在的不足或问题,明确下阶段的研究任务,然后调整实施方案,修订课题的推进计划,使后阶段的研究不偏离方向,为课题顺利结题奠定良好的基础。第二阶段根据修订后的方案继续推进研究工作。

总结阶段(2017.4—2017.6)资料整理与分析,撰写课题成果报告。

六、课题研究的成果形式

论文汇编、优秀教案或活动设计、学生学习成果展示、阶段总结报告、观摩课(课件、光盘)、课题研究结题报告、教师获奖情况汇总等。

七、工作要求

(一)课题组在实施课题研究工作中,要做到"两个深入":深入开展课题研讨活动,深入学生开展调查研究。做到"四个结合":课题研究与理论学习结合,课题研究与教学常规紧密结合,课题研究与德育活动紧密结合,课题研究与校本教研紧密结合。

(二)课题组必须按照计划推进课题研究工作,扎实开展课题的研究工作,研究过程要注重实效,注重积累,做好资料收集整理工作。如期完成阶段性研究报告、工作总结、论文心得的撰写。

(三)课题组成员必须勤于学习,阅读相关的教育理论资料和教科研刊物,做好关于本课题理论学习的摘记。

安顺市实验学校
"七年级新生心理健康调查与探究"课题研究组
2016 年 4 月

安顺市实验学校幼小和小初教育教学
衔接研究实施方案

课题组

一、课题研究的背景

现代社会,每个人的成长到离不开基础教育的培养。然而,在基础教育阶段,对绝大多数人来说,从幼儿园到小学、从小学到初中、从初中到高中每个学段的过渡时期,伴随着学段改变所带来的物质和人际环境、学习内容、学习方法、学校和教师的管理方式、生活节奏等一系列的变化,都会使每一届学生面临着思想、情感、心理和行为上的冲击,形成成长过程中不可回避的适应问题。

随着现代社会生活节奏日益加快、生活内容更加丰富,尤其是社会发展对受教育者的要求也在日益提升,所以人们在这些成长过程中出现的因学段变化而带来的适应问题日益突出,人们能否平稳地渡过每个学段的过渡时期,越来越在很大程度上影响到人们未来的学习、工作和生活状态,乃至对人生幸福的获得。换句话说,当代社会学生在过渡阶段的适应问题比历史上任何时候都更加突出和更及迫切。

每个学段都有其自身的教育教学目标和教育教学内容、这些目标和内容本身也在很大程度上决定了每个学段的教育教学形式和规律的不同,因此,每个学段之间存在差距是必然的,也正是这些差距的客观存在构成了人生成长的一个个阶梯,使每个跨过这些阶梯的人们获得对应的能力,使之从人生的起点不断地向成功的顶峰攀登。

每个学段都只是人生成长的一个阶段,都面临着从上一学段到下一学段的过渡问题。学段之间存在差距是客观和正常的,是社会进步和人生发展所必须的,但是,学段变化对学生带来的适应问题同样也是不可忽视的。因此,每个学段有义务针对各学段学生出现的适应性问题,采取有效的衔接措施去帮助学生降低每个学段之间过渡的坡度,使学生在学段过渡时期实现平稳的跨越,为他们在各个学段的健康成长奠定坚实的素质基础。

二、国内外研究现状

基于如何消除或降低各学段教育教学出现的学生适应问题,当代社会学校教育始终面临着学段教育的衔接问题,为此,国内外一些教育前辈和专家在这方面做了大量研究和实践。

可是教育学段过渡衔接问题不仅与上述因素有关,而且还与地域密切相关,地域问题包含了学校师资、管理和设施等状况,还包括教育对象,家庭环境,社会发展等因素,这就使得衔接问题既有共性也有特殊性。简言之,即便有了前人对衔接问题的研究成果,但是不同国家、不同区域,不同时期和不同学段的教育教学衔接也大不相同。正是衔接工作的个性化特点,使得各国、各个区域、各个时期和各个学段的衔接才具有现实和区域的需求性。

过去一些区域和学校对衔接问题的研究,由于研究对象分出在不同的学校,给衔接问题研究带来了许多无关因素的影响,使研究的深度和广度效益也受到制约。而我校办学层次同时包括幼儿园、小学和初中三个学段,长期以来我校对学段教育教学的衔接问题甚为关注,并充分发挥本校办学层次优势,对幼小和小初学段衔接也做过一些研究。但如上述,衔接问题不仅具有时代性和区域性,而且还是一个涵盖学校、家庭和社会的综合性教育系统工程。因此,为了更加全面和准确地把握具有我校特点的教育教学衔接规律,从中探寻促进我校学生平稳过渡学段的途径和方法,我校拟从多角度、多层次、多群体同时开展幼小和小初两个过渡时期的衔接实验,为广大学生扬起成功人生的风帆,奠定坚实的可持续发展基础。

三、课题研究的理论著础

本课题研究秉承《中共中央国务院关于深化教育改革全面推进素质教育的决定》《国务院关于基础教育改革与发展的决定》《国家基础教育课程改革实验区2004 年初中毕业考试与普通高中招生制度改革的指导意见》和素质教育理论思想。依据国内外一些有关教育教学衔接的成功经验,按照《教育学》《心理学》各学科知识体系、教学教法和当代学校管理,以及家庭教育等理论开展研究工作。

四、课题研究的内容和特点

本课题研究将研究学段变化在 10 个方面所面临的衔接问题,探索相关学段的不同群体应该采取的途径和措施,从而寻找出具有规律性和时代性的正确方法。

1. 思想品德教育衔接;

2. 行为习惯养成教育衔接;

3. 心理健康教育衔接;

4. 认知内容衔接;

5. 教师教法衔接;

6. 学生学法衔接;

7. 学校与家庭教育的衔接;

8. 家庭教育方法衔接;

9. 学校职能科室和部门衔接工作职责与任务;

10. 衔接工作的检查与评估制度。

为保障各研究内容均有相当的研究人员和力量,学校总课题组根据 3 个学段及课题组成员的情况,决定以上述研究内容组建子课题组,并由学校领导和各相关科室负责人担任子课题组长,负责子课题研究工作。学校总课题组拟在本课题研究中后期将研究的内容向下延伸至 0—3 岁社区早教中心,向上延伸至基础教育高中阶段,使之成为涵盖整个基础教育 4 个学段,充分掌握 5 个时期、4 个学段教育教学衔接的规律,为整个基础教育段从教育教学内容、方法、主体、渠道和措施等方面探究出符合时代特点,体现不同要求的衔接指导策略,实现人生在这几个时期的平稳过渡。

本课题以研究内容最全面、多层次,多角度、多学段的整体研究为突出特点,研究规模大、涉及面广,此外,本课题研究周期长,不仅有利于深化本课题的各个内容的研究,而且通过学校总课题组对各个研究内容的横向整合研究,对学校教育不同学段、相关衔接内容、涉及的衔接主体等全方位的把握衔接规律,探究有效衔接措施,具有十分独到的研究优势。因此,无论是学校总课题组还是子课题组都要充分发挥这一优势,以此开创深度大,广度宽、角度新的衔接研究成果。

五、实验对象及样本规模

根据我校办学层次和学段变化特点,本课题实验对象为 2011—2012 学年度到 2013—2014 学年度在校的我校幼儿园及中小学在校学生。

由于本课题研究层次多、内容广、方法杂、要求高。因此，为提高研究效率，学校总课题组针对上述研究内容中部分子课题组可能采用实验法或行动研究法等方法进行研究的情况，总课题组建议相关子课题组的实验对象样本规模应控制在 40 人为宜，最少不能低于 30 人，最多不要超过 60 人，这样既便于统计分析，又确保实验的准确性、客观性和真实性。

六、研究方法

本课题研究由于涉及内容较为广泛、且研究对象也不尽相同，因此，不同的研究内容其研究方法会有所区别，但总体来看，本课题可能涉及的实验方法有实验法、调查法、文献研究法、行动研究法、统计法、观察法、比较研究法、个案研究法等多种。各子课题将根据子课题的特点和研究阶段等实际需要，选择相应的实验方法。

七、课题实验方法

1. 开展课题培训，提升理论素养。

本课题将借助教育科研的形式，整体提升我校广大教师对教育教学衔接相关的理论水平和方法，增强对衔接工作重要性和紧迫性的认识，树立正确的教育教学衔接思想，为此，课题组将根据实验进程和内容需要，采取外聘专家到校进行相关专题讲学，传递新的教育教学衔接信息及做法；或在课题组内按照"能者为师"的原则，聘请课题组成员进行校内培训，着力解决和探讨课题研究及衔接实践中的具体问题及措施。

此外，课题组将打破"闭门造车"的做法，对全国教育发达地区在学段衔接工作方面有成效的地方，或全国举办的相关培训活动，学校总课题组将选派课题组成员外出学习先进经验以达到提升衔接理论素养的目的。

2. 注意横向沟通，实现资源共享。

在各子课题组进行研究的基础上，总课题组将注意协调各子课题组的研究工作，并及时沟通各相关子课题的横向联系，实现子课题实验资源共享，提升和加快总课题的研究进程。

3. 开展教学实验，注重实验依据。

对有关知识内容、教法、学法的研究，总课题组希望不局限于子课题实验教师，并且子课题实验教师要积极主动地与相关学段和学科教师联系，进行上述内容的教育教学实践研究,以获得较为真实可行的实验依据。

4. 关注实践成效,做好实验分析。

科学研究是一种建立在科学理论和实践基础上的活动。课题实验作为教育科研的一种形式和途径,因此,课题实验也必须遵从科学研究的规律。结合本课题实验综合性和教育理论应用性较强的特点,总课题组希望各子课题组注重理论学习、关注各种衔接途径和措施的成效,做好实验现象和数据的分析处理,形成具有理论支撑,具有实践成效的衔接策略。

八、实验周期划分及各阶段工作内容

本课题试验周期从 2011 年 6 月 1 日起—2014 年 12 月 31 日止。

其中,2011 年 6—8 月为准备阶段。撰写总课题实验方案,做好实验资料收集准备。

2011 年 8 月—2014 年 7 月为实验阶段。学校总课题组指导和督促各子课题按照总课题组的实施方案要求,拟定子课题实施方案,组织子课题组成员实施课题研究,并形成各种形式的阶段性成果。

2014 年 8—12 月为结题阶段,各子课题组收集整理实验资料,撰写子课题结题报告。学校总课题组在子课题组完成实验工作的基础上,整理总课题组实验资料,撰写总课题组结题报告,形成课题最终成果。

九、预期成果及相关任务录担任

主要阶段性成果				
序号	研究阶段(起止时间)	阶段成果名称	成果形式	承担人
1	准备阶段:2011 年 6 - 8 月	实施方案	报告	周晓秋
2	实验阶段:2011 年 8 月—2014 年 7 月	针对不同学段和不同群体进行的各种衔接策略与方法	论文	论文	
3			教学设计	教案	
4			课例	录像	
5	结题阶段:2014 年 8 - 12 月		结题报告	研究报告	周晓秋
6			各类论文	论文	课题组成员及实验教师

最终研究成果			
序号	完成时间	最终成果名称	成果形式	承担人
1	2014 年 8 月以前	各类论文	论文	课题组成员及实验教师
2	2014 年 12 月 31 日	结题报告	研究报告	周晓秋

十、附录 1：课题组成员

序号	成员			承担工作
	组别	子课题组名称	姓名	
1			李锦鸣	课题组长、实验研究
2	一	思想教育衔接子课题组	陈华	子课题组长、实验研究
3			王献	实验研究
4			袁飞	实验研究
5			樊莉	实验研究
6			谭春云	实验研究
7	二	行为习惯衔接子课题组	胡玉英	子课题组长
8			桂晋梅	实验研究
9			马书琼	实验研究
10			张欢	实验研究
11			陈立红	实验研究
12	三	心理状态衔接子课题组	晁义华	子课题组长
13			封葑	实验研究
14			冯惠娟	实验研究
15			钱媛	实验研究
16			王凤娜	实验研究
17	四	学校与家庭教育的衔接子课题组	刘新乐	子课题组长
18			孙宏梅	实验研究
19			李苏	实验研究
20			刘少云	实验研究
21			夏鸣	实验研究
22	五	认知内容衔接子课题组	周晓秋	子课题组长
23			苏翠兰	实验研究

续表

序号	成 员			承担工作
	组别	子课题组名称	姓名	
24			陈琳娜	实验研究
25			周茜	实验研究
26			魏广秋	实验研究
27	六	教师教法衔接子课题组	魏蓉	子课题组长
28			刘迎春	实验研究
29			吴晓青	实验研究
30			卢燕	实验研究
31			王霞	实验研究
32	七	学生学法衔接子课题组	张波	子课题组长
33			曾爱萍	实验研究
34			王莉丽	实验研究
35			谢蔚	实验研究
36			龙永蔚	实验研究
37	八	学校职能科室和部门衔接工作职责与任务子课题组	卢立	子课题组长
38			杨青	实验研究
39			汪洁	实验研究
40			严婧	实验研究
41			伍莉	实验研究
42	九	家庭教育方法衔接子课题组	唐云	子课题组长
43			罗运喜	实验研究
44			陈小桐	实验研究
45			谢杰	实验研究
46			伍婷	实验研究
47	十	衔接工作的检查与评估制度子课题线	钱远清	子课题组长
48			何建刚	实验研究
49			杨桐琴	实验研究
50			姚蕾	实验研究
51			陆惠	实验研究

十一、附录2:课题参考文献类别及目录

1.《中共中央国务院关于深化教育改革全面推进素质教育的决定》

2.《国务院关于基础教育改革与发展的决定》

3.《国家基础教育课程改革实验区 2004 年初中毕业考试与普通高中招生制度改革的指意见》

4. 素质教育内涵、素质教育核心、素质教育在国外等素质教育有关的书刊及论文

5. 国内外幼小及小初学段和学科教育教学衔接经验等书刊及论文

6.《教育学》

7.《心理学》、行为心理学、青少年心理学等心理学书刊

8. 班主任工作手册、漫谈、之友等班主任工作相关书刊及论文

9. 中小学思想教育方法、途径与研究等相关书刊及论文

10.《幼儿教育大纲》

11. 中小学各学科《课标》、教学法、教材和教参等学科教学相关书刊及论文

12. 现代学校管理、师生评价、学校评价等相关书刊及论文

13. 现代家庭教育相关书刊及论文

2011 年 8 月 19 日

04

成员学员篇

"润泽教育"学习心得

贵州省李锦鸣初中名校长工作室学员

关岭县岗乌中学　贺林林

润泽教育的教育目标是：以人为本办学、浸润学生心灵、启迪学生智慧、陶冶学生情操。它的教育途径：用当地人文地理，厚德载物，使其精神浸润精神、人格引领人格、文化提升文化，实现对特定文化的积淀、传递、保存、选择和创造，提升高远的人格境界。给学生以理想的生活、人性的追求、境界的提升、心灵的陶冶、情感的体验等，让学生不断地走向博大、敞亮和深邃。

一、润泽教育的内涵诠释

润泽教育是一种着眼于心灵改造和品格建塑的教育，是教育者针对儿童素质现状，有目的、有计划地运用感化、体验、浸润、熏陶、唤醒等方式方法，对成长中的每一位学生的心理结构进行改造、重组、升华，促使学生在知、情、意、行诸要素健康、和谐发展的教育活动。

（一）黑格尔说："只有消除人精神的束缚，精神才能生长"，马克思也说："自由是创造的前提"。润泽教育是一种有目的、有计划的活动，它不能停留在无意识的"自在"的水平，而是把学生导向一种更高级的"自由"水平。

（二）润泽教育呼唤把精神发展的主动权还给学生，这是润泽教育的本质特征。润泽教育关注学生人格的生成与发展，它是价值引导和自主建构的和谐统一。从学生的成长过程来说，是精神的唤醒、潜能的开发、内心的敞亮、主体性的弘扬与独特性的彰显。润泽教育关注学生的内在价值，强调学生的主体存在，从而在此基础上建构学生的完美人格。

（三）润泽教育是心灵的沟通和敞亮，正如雅斯贝尔斯所说"教育不是有知者带动无知者，而是人与人的主体间灵肉交流的活动。"在这种交流中，教师将自己与学生的命运相连，处于一种身心敞开、相互完全平等的关系中。因此，润泽教育是人与人精神的契合,是教师和学生的对话与敞亮,师生在以知识为中介的对话中,交流了情感,分享了智慧,敞亮了人生,觉醒与体悟生命意义。

二、润泽教育的理想建构

润泽教育的理想:使学生能够主动地将人类科学的、道德的、审美的、情感的等方面的文化,内化为自身的比较全面的素质,成为一个知识广博、胸襟开阔、志趣高雅、蕴含深刻的人,成为一个对他人、对社会、对自然具有普遍人格力量的人。具体地说,就是将学生的人格植根于大爱、大智、大勇、大能的丰厚土壤之中。

(一)培植"大爱"之心。今天的学生并不缺乏勤奋,缺乏的是崇高的情感和心灵。爱是世界上最美丽的语言,爱是生活中最真诚的沟通,爱是梦想里最有力的支撑。有了爱,才能感受生活的乐趣,创造和谐的人际关系,享受人生的真谛,体悟人类的伟大。

(二)塑造"大智"之略。今天的学生并不缺少知识,他们往往只记住了培根的一句名言:"知识就是力量",却不知道培根还有一句名言:"知识在书本之中,运用知识的能力却在书本之外。"在谈及知识与能力的关系时,有人说过这么一句精彩的话:知识关乎事物,能力关乎人生;知识是理念的外化,能力是人生的生存;拥有知识的人只能看到一块石头就是一块石头,一粒沙子就是一粒沙子,而拥有能力的人却能在一块石头里看到风景,在一粒沙子里发现灵魂。

(三)历练"大勇"之魄。道路曲折坎坷并不是通向目标的最大障碍,一个人的心智才是成败的关键。"不经历风雨,怎么见彩虹",只要心中的灯火不曾熄灭,前途将永远会被照亮。经验丰富的渔夫都知道:一条风平浪静的小河里是不会有大鱼的,而大风大浪恰是鱼儿长大、长肥的唯一条件。润泽教育就是着力引导学生勇敢地直面困难、战胜困难,培养坚韧不拔的意志和自强不息的精神。

(四)成就"大能"之才。生活是自己创造的,每个人都会时常面临来自生活、工作和社会的压力。单有鸿鹄之志而无卧龙之才,终将一事无成。自主精神、自立品质、自学能力、专业素养等是学生立身处世的本钱。

三、润泽教育的价值寻获

因为人生命的独特、丰富、多样,才使得教育实践富有魅力,教育探索永无止境。因此,所有的教育行为都需要反躬自问,进行价值审视。润泽教育的价值意义,就是学生、教师、学校三者的融合度

(一)让学生快乐地成长。润泽教育的终极目标是育人,即为了人的全面、和

谐、可持续的发展,学生的开放和自由、平等和尊严、舒展和惬意,意味着学生的快乐程度。良好的教育使得一个人成为真正的人,成为他自己,成为一个不可替代的、立于天地之间的大写的人。润泽教育就是这样的"良好的教育",它将使学生们秉有渊博的学识、聪明的才智、通达的性情、宽广的胸怀和高尚的教养,它将在学生心灵的深处撒播"精神的种子",激荡"精神的清辉",建构"精神的家园",让每一位学生都享受到个性化的快乐成长,进而终身都拥有幸福、愉悦的精神生活。润泽教育将人类有史以来所创造的一切美好的东西,集中起来并把它们作为最重要的财富,交给一代又一代嗷嗷待哺的柔弱生命,让他们借此克服"内在的黑暗,外在的罪恶"。

(二)让教师萌生发展的自觉。教师无言的人格感化远远超越了刻意的"教育",这就是身教重于言教的道理,其间所蕴涵的道德营养,会悄悄地深入学生的灵魂,激励他们去求真、向善、臻美;所蕴涵的情感因素,也会慢慢地润泽学生的心田,让教师和学生在幸福感中享受人间真爱,从而自我审视,自我反省,自我调节,自我校正,不断地净化灵魂。

(三)让学校充满文化气息。

润泽教育倡导丰富学校文化生活,把学生从单调、乏味、沉闷中解放出来。为学生提供自主文化活动的时间和空间,满足学生对文化和美的强烈追求,促进学生个体感性生命的张扬和主体审美情感的释放,激发学生蓬勃的生命力和创造力,找到自己的文化个性,发挥自我的文化潜质,从而走出大众文化的盲目追求,获得对自我力量的正确认识与肯定,学生才有信心和理由抱以乐观的期待和美好的希冀。

综上所述,润泽教育是一种以传统文化为纽带,以自由平等博爱为翅膀,以润泽对话质疑为平台,打造学生心灵,构建"精神的家园",实现学校的全面、和谐、可持续内涵式发展。

对初中教学管理中渗透人本管理的探讨

贵州省初中名校长李锦鸣工作室学员

贵州省紫云自治县板当中学　汪黎明

摘要：人本管理是当代初中的教育中的一个重要的管理方式，它需要教学的管理人对其进行主导，以产生培养学生的独立思考能力、综合素养的提升等巨大意义，对学生人格的塑造有着极其重要的作用[1]。本文对人本管理在初中教学管理中意义进行了分析和讨论，并提出了使用人本管理方法，提高初中教学管理的一系列方法。

关键词：人本管理；初中教学管理；方法探讨

一、前言

初中的学生正经历思想塑造、情感挣扎的青春期时段，由于理解世界的能力加深，但行为难以得到控制，行为散漫、性格叛逆，在教学管理中，需要投入相当大的部分去让学生得到教育。教学过程的不灵活性，会导致学生比其他年龄的学生更易枯燥、乏味，更激发出学生的叛逆心理，在课堂教学中出现和老师顶撞、对抗的现象，也是对课堂教学的有效性的一个打击，同时对学生正确获取知识增加了难度，甚至对学生的成长教育产生了不好的影响。人本管理可以发挥学生的积极性和能动性，对塑造初中学生的性格，改善教学有一定的作用[2]。

二、人本管理的意义

（一）有利学生身心健康

以人为本是现代管理的核心概念，它强调的是人与人之间的协调关系，给予人们充分的尊重，捍卫每个人的权利，并且使每一个人的才能和作用都能得到充分发挥，增强人的信心，实现团体的凝聚力[3]。在初中教学管理中使用人本管理的理念，可以突出教学中学生的核心地位，突出教导、传授知识的目的，同时教师能在制定教学大纲、安排课程、统筹教学方法时，更多考虑初中学生的特性，从学生的实际情况出发，让教学的整个过程都有利于学生获取知识和身心发展，减少学生对课堂内容的抵触心理。

（二）有利于拉近师生距离

通过渗透人本管理，初中教学可以让师生之间的距离拉近，不再拘泥于刻板、严厉的师生关系，加强了师生之间的交流与互动。这样则使得课堂更轻松，能更高效地获得知识。而渗入人本管理理念，对老师的要求也有很大提升。首先教学设计要从尊重每一个学生开始，理解这个年龄段的学生的想法，利用初中学生的好胜心和好奇心，理解并包容他们，并给予公正的对待，严肃对待不同性格的学生。学生在人本管理的教学下，可以更团结友爱，积极向上，尊敬老师，激发学习的动力。

（三）避免刻板评比

在普通管理中，无论是对课堂评价、学生评价还是教师评价，都遵循一个老套的模式，比如通过考试通过率、作业优秀率等评价，都使得理论脱离了实际。而在实际的教学过程中，学生、教师所展现的创造力、价值观和学科素质，都很难量化，只有引入了人本管理，对教学过程中学生综合素质进行重视，客观地分析学生的性格与学习能力等，才能对学生、教师、课堂教学有综合评价，更进一步地提供完善教学管理的方案。

三、初中教学管理的人本管理方法

（一）开展以学生为主体的教学

我国的传统教学中，教师有着比学生高的地位，教学侧重于传授，使得学生受到了不必要的压迫，从而影响教学，而教学的主要获益人是学生，在渗透人本理念的教学管理中，建议开展以学生为主体的教学，让教师和学生的地位得到平等。例如，教师应改变对学生的态度，尝试与学生进行课外交流，体会初中学生的价值观和人生观，让学生得到朋友般的对待，减少教师对学生的压迫。同时要给予学生一定的权利，在课程安排、教学目标等方面加入主观意愿，让他们自主掌控自己的学习，积极地获取知识，也更大程度地提供课外知识获取的渠道，激发学生的求知欲和创造力。

（二）完善教学管理体制

人本管理理念需要相应的制度支持，才能逐步在教学管理中实践、运用。人本管理让教学管理制度变得宽松，因为初中学生的性格特点和成长发育状态，制度要有余地去针对不同学生的特点进行约束和发展。教学管理的体制本质上是促进教学的有效性,更多的关注初中学生利用天性去汲取知识的能力,并逐渐完善学生的价值观、人生观,培养他们的创造力、洞察力和学习能力。这就相应地需要在制定教学管理时征求学生的意见,从学生的角度审视教学的不完善,在学生的认可下进行改良和修订。

(三)完善评价制度

教学评价是教学管理中贯穿始终的环节,这个环节重要性在于提供了一个评价教学的途径,完善教学的依据,所以要做到全面和公平的记录学生的成长和进步。引入人本管理理念后,教学评价不再是只用考试分数评价学生的学业和教师的教学质量,而是多元考虑学生、教师和教学的全方位进步,结合分数和实际表现进行评价;其次,要注重过程的评价与最终评价相结合,客观地看待过程和结果的关系,从而对学生个人有合理的评判;最后,要重视学生之间的差异,由于每个人学习能力各有不一,同样的标准评价学生会让部分学生未得到公平对待,要制定不同的评价标准,以鼓励学生为主,呵护每一个学生,让他们增加学习动力。

四、总结

初中教学管理的难度在于学生年龄段的特殊性,引入人本管理理念,则获得了一个正确的方式来面对初中学生的性格特点,人生观念和行为处事。作为教师,要利用渗透人本管理的初中教学管理,正确处理和学生的关系,以学生为主体培养学生的学习能力,道德品质,也更大地激发学生的教学参与性,并用可靠的教学评价制度,总结和改善教学。

参考文献:

[1]缪小明.略谈人本管理在初中教学管理中的渗透[J].中学时代:理论版,2013(8):27-27.

[2]刘彩华.试论人本管理在初中教学管理中的渗透[J].软件:电子版,2015(10):50-50.

[3]刘爱雪,索相云.初中班级管理中的人本理念渗透探讨[J].生活教育,2016(11).

《义务教育学校校长专业标准》
学习心得体会

贵州省李锦鸣初中名校长工作室学员

安顺市紫云县板当中学　　汪黎明

《义务教育学校校长专业标准》的制定,是为了促进义务教育学校校长专业发展,建设高素质义务学校校长队伍,深入推进义务教育均衡发展。校长是履行学校领导与管理工作职责的专业人员,因此,校长专业素质的高低,将会直接影响办学水平。通过认真仔细的学习《义务教育学校校长专业标准》,使我这个刚刚从事校长岗位的人,犹如雪中送炭,给我指明了方向。

一、以德为先

"以德为先"是教育的宗旨,作为一校之长,必须坚持社会主义办学方向,贯彻党和国家的教育方针政策,将社会主义核心价值体系融入学校全过程,热爱教育事业和学校管理工作,履行职业道德规范,立德树人,为人师表,公正廉洁。德育是教育的根本,学校教育一定要把德育工作放在首要位置,全面加强学校德育工作。正人要先正己,校长是领头雁,校长的品行修为将直接导致学校德育工作的好坏,因此,校长要严格要求自己,事事做表率,要定期总结分析教师整体的"德",哪怕是很小的"德"问题,都要指出,"不因善小而不为,不因恶小而为之",要教育广大教职工从德向善,一支品德高尚的教师队伍,是办好人民满意教育的保证。

二、"育人为本"理念

学校的办学宗旨是育人。作为校长,要把促进每个学生健康成长作为学校一切工作的出发点和落脚点,将教育公平落到实处,做到"一碗水端平",全面提高义务教育质量。要树立正确的人才观和科学的质量观。全面实施素质教育,为每个学生提供适合的教育,促进学生生动活泼地发展。

教育的本质在一定程度上决定着我们学校教育的方向,也就是说,办学治校应该在回归教育本质的基础上,遵循教育的规律,顺应教育的发展,这是做教育应该秉承的最基本原则。为此,我们首先需要认识和理解教育的本质,才能让学校教育更有内涵和价值。教育就是以人为本,以提升生命价值为追求,通过激励、唤醒、点拨、发掘等,尊重、关怀每一个生命,让每个生命的价值都能逐渐发展与完善,从而彰显生命的价值。

三、"引领发展"理念

校长作为学校改革发展的带头人,担负着引领学校和教师发展,促进学生全面发展与个性发展的重任;每个校长都有自己的教育思想和情怀,校长通过对教育追求,能够更加明确其所追求的办学状态和教育理想,也能够以教育追求为信念和力量源泉,指导校长的办学实践,让校长充满激情与热爱地潜心于教育。校长要将发展作为学校工作的第一要务,要秉承先进教育理念和管理理念,建立健全学校各项规章制度,完善学校目标管理和绩效管理机制,实施科学管理、民主管理,推动学校可持续发展。

四、"能力为重"理念

在《专业标准》中对校长提出了六项专业能力职责。一是规划学校发展,二是营造育人文化,三是领导课程教学,四是引领教师成长,五是优化内部管理,六是调适外部环境。这对校长必须具备的能力提出了明确的要求。作为校长,要加强学习,将教育管理理论与学校管理实践相结合,突出学校管理的实践能力和创新能力,才能引领学校科学化、专业化发展

五、"终身学习"理念

牢固树立终身学习的观念,讲学习作为改进工作的不竭动力;优化知识结构,提高自身科学文化素养;与时俱进,及时把握国内外教育改革与发展的趋势;注重学习型组织建设,使学校成为师生学习的家园。作为校长,要以身作则,当好学习的榜样。要让广大师生明白当今时代要求人们必须终身学习,只有不断地学习,才可能适应社会的发展,只有不断地学习,才能立于不败之地。作为学校的管理者,通过不断的学习,做到推陈出新,跟上时代步伐,通过学习别人先进的办学经验,结合本校特点制定学校发展规划。要时刻把握教育发展的基本趋势,学习借鉴优秀校长办学的成功经验,集思广益,使学校科学化、专业化发展。

通过这段时间的学习,我对《义务教育学校校长专业标准》有了深刻的认识,明白了《义务教育学校校长专业标准》的精髓,是校长专业发展的重要指南,是一个合格的校长必须掌握的知识,可以说它就是校长的指路灯,今后我还要继续加强对《义务教育学校校长专业标准》学习,时时按《义务教育学校校长专业标准》来要求自己,努力当好一名合格的乡村校长。

大海航行靠舵手，众人划桨开大船

——浅议校长素质与学校发展

贵州省李锦鸣初中名校长工作室学员

安顺市西秀区鸡场中学　吴大刚

摘要:千秋基业,教育为本;振兴教育,希望在教师,关键在校长。贵州,沐浴在西部大开发优惠政策的春风里,要实现跨越式发展,实现后发赶超,教育首先更要实现跨越和后发赶超。学校教育的发展促使校长必须成为贵州教育实现跨越和后发赶超的排头兵和领头羊。"大海航行靠舵手,众人划桨开大船",本文笔者认为:校长的素质决定学校的发展,校长是一校之魂。一位好校长就是一所好学校。

关键词:校长素质　学校发展

校长是履行学校领导与管理工作职责的专业人员。在学校里,校长就是舵手、就是排头兵、就是领头羊。俗话说:一所好学校,首先得有一个好校长。一个校长的专业素质决定了一所学校的发展方向和速度。辩证的来说,我个人认为:一所好学校可能会成就一名好校长,但一个好校长一定能办好一所好学校。至于好校长的标准,教育部出台了《校长专业标准》对其进行了详细的解读,通过对《校长专业标准》的认真学习,受益匪浅。若所有的校长均能达到《校长专业标准》的要求,应该就能成为一个好的校长了。下面我就校长专业素质与学校发展结合我校的实际谈谈自己的一些粗浅看法:

一、校长的治校方略、办学教育思想、管理思路决定学校的育人途径和发展方向

在国内外大凡知名的名校,都必定有一个名校长。"校长的办学教育思想,是学校发展的核心和灵魂"。一所学校是否有灵魂,得看学校的校长是否有先进的治校方略、办学教育思想和管理思路。如杜郎口中学崔其升校长的"以人为本、关注生命、快乐学习、幸福成长"的教育理念和教学宗旨成就了杜郎口中学的一举成名；昌乐二中赵丰平总校长"为每一个孩子提供适合的教育"的治校方略，让昌乐二中成了全国顶级中学；即墨28中李志刚校长把雷锋精神作为学校的校魂，努力打造"和谐互助"高效课堂和和谐德育，让即墨28中成了全国知名学校。还有我们安顺市实验学校李锦鸣校长的"为学生一生着想，为祖国明天奠基"的办学教育思想，让安顺实验学校成了我们安顺市教育界的领跑者。在学习借鉴先进经验的基础上，我校确定了"以人为本，充分尊重和关注每一位学生，励志团结，师生共同进步，促进学校全面发展"的办学理念，树立了"严谨、创新、乐教、有为"的教风和"乐学、好学、勤学、会学"的学风，学校发展目标明确，育人途径合理，乐教乐学在校园内蔚然成风。

二、校长的人文情怀和优良品质决定学校师生团队的精、气、神

我个人认为，学校就是一个大家庭，就是一个团队。团队的概念首先由管理学家斯蒂芬·P·罗宾斯提出，罗宾斯认为：团队就是由两个或者两个以上的，相互作用，相互依赖的个体，为了特定目标而按照一定规则结合在一起的组织。团队（Team）是由基层和管理层人员组成的一个共同体，它合理利用每一个成员的知识和技能协同工作，解决问题，达到共同的目标。为此，在学校里，我不认为校长作为学校的最高执行者就必须高高在上。相反，我尊重我的每一个班子成员和每一位教师、每一位员工，在学校这个团队里，我们是平等的，只不过是分工不同而已。在学校，无论我、还是学校遇到了困难、挫折，我都不会板着个脸或者是大发雷霆，我总是在全校师生面前展现我的笑容和自信，始终传递给全校师生的正能量。同时，我提出了"鸡中人"和"鸡中精神"的文化理念，树立全体师生作为"鸡中人"的荣誉感，激励师生发扬"拼搏、吃苦、团结、奋进"的"鸡中精神"，师生见面互相问好，面带微笑，自信满满，展现了"鸡中人"良好的精神风貌。

三、校长的业务素质和学识水平决定学校的前进发展方向

学校的发展实则是教师的发展和学生的发展，而学生的发展依托的是教师的发展，所以，学校的发展关键还是在教师的发展。为此，我校非常重视教师的专业发展，校长业务素质和学识水平的示范引领这时显得异常关键。在学校里，教学方面我带头实施课堂教学模式改革，引领学校教师积极探索"参与式"课堂教学模式改革和"多元化"课堂教学模式改革，在校内兴起了积极探索课改的浪潮，我校

因此被区教育局评为乡村中小学校本研修示范校;学术方面,要求教师进行专业理论提升,我总是示范带头:我积极参加各级名师工作室的跟岗学习,担任西秀区初中语文学科骨干教师工作坊主持人;教师写论文评比我也写,2016 省教科院、教育学会组织的学术论文、教学设计评比大赛我校 9 名教师获奖,我获二等奖;教师不会课题研究我就组织校本培训,手把手地教大家积极开展课题研究。目前,我参与的省级课题《中小学骨干教师引领成长模式的实践与探究》已成功结题,申报的市级课题《"公研课"引领教师专业成长的实践与探究》正在积极开展实践、探究。本学期我校两个区级课题已成功结题,语文、数学、英语三个教研组成功申报了全国教育科学规划教育部规划课题《互联网＋背景下西部中小学多元化教学模式的研究与实践》的三个子课题,带领和带动学校 50 多名教师积极参加课题研究;拟定了"136"教师专业成长规划,即通过"公研课"、"赛课"、"一师一优课、一课一名师"等专业引领方式培养中青年教师 1 年优秀、3 年成为校级骨干、6 年达到市区级骨干教师标准的教师专业成长规划,通过"136"规划,我校现有市级骨干教师 6 人、市级乡村骨干教师 5 人、市级教坛新秀 10 人、区级骨干教师 15 人、省级乡村名师工作室 3 个、区初中语文骨干教师工作坊 1 个、省级乡村名师工作室成员 3 人、省级语文台桂莲、英语张波、政治晁义华名师工作室学员共 9 人。科研兴校的既定目标得到了实现,教师的专业发展迅速,带动了学校教育教学质量的逐年提升。2015 年中考 313 名学生参考,示范性高中录取 76 人,2016 年中考 318 名学生参考,示范性高中录取 85 人,分别获区教育局中考质量评比 2015 年度第五名、2016 年度第四名。

四、校长的管理理念和策略能力决定学校的文化内涵和发展前景

前段时间在宁波挂职学习一个月,在学习期间,为宁波中小学文化内涵的顶层设计理念所感悟。学校的内涵发展其实就是一所学校的精神和灵魂的体现,如北大的"自强不息、厚德载物"文化、宁波象山丹城中学的"和"文化,各学校一般都会有自己的学校发展内涵文化。我校是西秀区爱国主义教育示范基地,红军曾由杨武过鸡场到达岩腊小底西留宿,并在崖壁上留下了"红军是工农自己的队伍"字样。为此,在总结前人经验的基础上,我校着力打造校园文化。立足于"关注和尊重",结合红军长征精神,我校进一步提炼出了"和"文化精髓的顶层设计,即文化积淀为师生的"和而不同,和善尽美",学校有了既定的发展目标和前景。全校师生和衷共济、励志团结,全力助推学校发展,得到了上级和同行的肯定和认可,获得了各级表彰。2014 年被评为"2012—2014 年度全省精神文明建设工作先进

单位",2015 年学校被评为"全国家长学校教育省级示范区示范学校",2015 年被评为"五好基层党组织","安顺市初中化学学科示范性实验教学基地",2015 中小学生田径运动会团体总分第二名,2016 被评为"贵州省十二五中小继教工程先进单位",2016 年被评为"西秀区乡村中小学校本研修示范校",2016、2017 区校园足球比赛女子初中组第一名,2015、2016 年度教育教学目标考核均获"创先争优奖"。

学校的发展离不开上级部门的关怀,离不开前任校长们奠定的基础,我常说这是"前人栽树、后人乘凉",当然更离不开全校师生团队的努力拼搏。作为校长,也存在很多的苦恼和困惑:有办学质量的压力、更有校园安全的压力。同时,在学校工作推进中,会受到来自极少数教师的阻力,体现在不支持课改、对学校工作冷眼旁观等。但是,我始终相信,好校长的成功不可能是一蹴而就的,只要坚持不懈,"风雨过后必将是彩虹"。

参考文献:

[1]王福贵.浅议校长专业素质与学校发展的关系[J].考试,2015,(19).

[2]斯蒂芬·P·罗宾斯《组织行为学》

[3]杨建平.校长专业素质与学校发展的关系[J].教书育人,2015,(4).

[4]周新华.中小学校长领导力促进教师共同体发展研究.贵州师范大学.2015.硕士论文

[5]徐晴.中国中小学校长职业素质研究.南开大学.2013.博士论文

[6]彭智文.现代中小学校长素质体系的分析与建构.广西师范大学.2012.硕士论文

对新课改理念下教师角色转变的几点认知

贵州省初中名校长李锦鸣工作室学员

安顺市实验学校　封荨

　　说到新课改,大家都不陌生。新课改的核心就是强调以学生为本,关注学生的全面发展。那什么是"以生为本"呢? 我个人的理解就是在我们教师开展教学的每一个环节都要以促进学生全面发展为前提。近几年,在积极推行新课改的大环境中,我们许多老师已经与学生建立了融洽和谐、师生互动、平等对话的友好关系,为我们在具体的教学工作中推行新课改奠定了良好的基础。但我个人认为,这与真正的新课改理念指导下的新课程教学之间还存在着不小的差距。为什么这样认为? 不是因为对我们老师们辛勤付出的否定,也不是对我们自身能力的不自信,而是缘于我与我的同事们在具体的教学实践中探索怎样真正落实新课改理念时出现的问题、困惑,以及在此基础上向一些专家、先行者学习到的经验和方法。所以,我认为新课改理念是否真的扎根我们教师的内心,是否真的扎根于我们的课堂,关键在于教师角色的转变。我将从困惑——反思,明理——定位这两个层面递进式的说说我对新课改中教师角色转变的一些认识。

第一部分:困惑——反思

一、新课改推行下实际教学中存在的问题

　　我不知道在座的各位老师有没有跟我一样的困惑? 一是我们一再地为学生们创设交流机会,可我们的学生却普遍不懂得倾听;我们充分的给了学生课堂上发言的时间,可学生的语言表达能力却没有得到我们想象中那样的整体提升。例:口语交际课。如今普遍的口语交际课上,老师们想充分的给学生发言展示的

机会,课堂气氛确实活跃、热闹,但从想要达到的教学效果来看,学生的能力培养只是停留在表象、浅层,真正的目的并没有实现或者说离预期的效果甚远;二是我们在新课改理念的指导下加强了对阅读能力的培养,可学生对阅读的兴趣却没有得到很好的增强;我们多次运用小组合作交流的课堂学习模式,可学生还是没有真正明白合作探究的目的。例:四人或多人合作小组。为了在教学中体现学生的小组合作探究,我们往往将小组合作的形式设计进入教学的某一环节,可反思我们的课堂,这一环节某种程度上成了一种所谓体现学生为主教学理念的表象。有些时候,无论这一设计适不适合运用于这节课,老师们都会加进去。而且在具体的教学实施中也没有深入学生中去很好地进行指导,所以导致了小组合作探究只是一个挂名的空壳。这样一来,我们的教学课堂越来越"活跃",可学生对知识掌握的效果却不尽人意。总的一句话,我们老师经常聚在一起感叹,我们的学生是一批比一批聪明,但良好学习习惯的养成和学习能力的培养提升却让我们越来越具挫败感,从而也不得不对自己的教学质疑、反思。

二、对存在问题的反思

基于以上的这些感触,反思我们在教学工作中的做法,从中找到了一些问题的根源所在,那就是:1. 我们有没有真正领悟、把握新课程改革的理念? 2. 我们实际教学中对新课改理念的运用是深挖于根还是浅表于皮? 3. 我们对学生学习能力的培养没有做到统筹规划、有序实施、扎实有效? 归根结底,就是我们教师角色的转变是否真的从根本上实现了由"教师是知识的传授者,是教学活动的主宰、中心"转向"教师是学生学习的促进者,学生学习能力的培养者,学生人生的引路人"? 我们有没有在教学的设计、准备、实施中真正把学生作为主体,切实做到充分准备、有的放矢、循序渐进地培养学生自主、合作、探究的学习能力?

仔细想想,我们的教学还是更多地注重了形式上对新课改理念的体现,却没有实现实际过程中对新课改理念的渗透。所以,我们的课堂确实比过去热闹了,师生确实更像朋友了,作业也多样化了,但每一个教学环节的设计却缺少了同一个目标下的环环相扣、系统安排,这样一来,当然也就不能很好地引导学生明晰自己要学会什么知识,明白什么道理,掌握什么方法。

针对以上的问题和反思,我开始有目的地查阅有关新课改方面的论著,对新课程改革的理念下教师角色转变有了进一步的认识。

第二部分：明理——定位

一、充分领悟新课改理念

就小学语文学科而言,《小学语文新课程标准》中明确指出语文课程一要全面提高学生的语文素养,激发和培育学生热爱祖国语文的思想感情,引导学生丰富语言的积累,培养语感,发展思维,初步掌握学习语文的基本方法,养成良好的学习习惯。提高学生的思想道德修养和审美情趣,促进德、智、体、美诸方面的和谐发展;二要正确把握语文教育的特点。重视语文的熏陶感染作用,注意教学内容的价值取向,尊重学生在学习过程中的独特体验。着重培养学生的语文实践能力,而培养这种能力的主要途径也就是语文实践,在大量的语文实践中体会、掌握运用语文的规律,而不宜刻意追求语文知识的系统和完整(说到这我不得不称赞我们的老师非常敬业,在教学中就像孩子的妈妈喂宝宝吃饭那样,总担心孩子没吃饱饿着,巴不得把这篇课文中自己知道的知识一股脑儿的灌给学生。其实,反思一下,这样的一堂课不就像我们教学生写作文时常批评的一种现象:没有主次轻重之分吗? 这样的教学不仅不能很好地引导学生掌握重点知识,反而如蜻蜓点水般片面、泛泛,最终导致学生什么也没掌握,茫然一片。所以高质量的教学应该是懂得取舍的,因为一篇课文一堂课,不可能面面俱到,而是各有侧重、独到之处,而知识、技能、方法也是在这一篇篇重难点不同的课文中点滴渗透,逐渐掌握);三要积极倡导自主、合作、探究的学习方式。关注学生的个体差异和不同的学习需求,爱护学生的好奇心、求知欲,充分激发学生的主动意识和进取精神;四要努力建设开放而有活力的语文课程。拓宽语文学习和运用的领域,并注重跨学科的学习和现代科技手段的运用,使学生在不同内容和方法的相互交叉、渗透和整合中开阔视野,提高学习效率,初步获得现代社会所需要的语文素养。

由此可见,新课程理念与过去的老课程有着本质的区别:一是课程建构的基础不同。旧课程理念中的课程是文本课程,教师是传授者,是中心,教学任务侧重于怎样完成文本教材知识的传授。而新课程理念认为课程不仅是文本课程,更是体验课程,是教师和学生共同探求新知识的过程,学生获取知识的过程是自我建构的过程;二是课程实施的策略不同。旧课程理念把教材放在第一位,认为按教学大纲完成教学计划是第一要务,而新课程理念则认为课程是由教材、教师与学生、教学情景、教学环境构成的一个系统,教必需服务于学,在教学过程中促进学生学习方式的转变才是首要的任务;三是新课程发展的核心理念是为了每一位学生的发展,具体指向以能力和个性为核心的发展。新课程改革要培养学生的信息收集和整理的能力、发现问题和思考问题的能力、分析问题和解决问题的能力、终生学习和创新的能力以及生存和发展的能力,要培养学生的良好个性品质。

把新课程理念与老课程观点一做比较,我们反思一下自己过去的实际教学,是否感受到了转变教师角色的紧迫性和重要性。

二、彻底转变教师角色

在转变教师角色这里我要特别强调"彻底"。为什么?因为我们绝大多数老师其实早已经开始了角色的转变,只是我们受过去角色根深蒂固的影响,转变得不彻底,以至于什么时候还原了、跑偏了我们也没察觉。例:我们在教学中想鼓励学生大胆提问,可当学生兴致勃勃地提出一个有争议的问题后,我们有的老师却绕开问题按照课前的环节设计推进教学;我们鼓励学生大胆发表自己的看法、观点,可当学生的观点与教学参考书上的答案出入较大时,我们有的老师就不做片刻思考地给这个观点宣判了"死刑"。我猜想,或许我们老师不是有意为之,或许有的老师只是担心课堂的失控,可我们用新课改的理念来想一想,我们刚给孩子打开通往质疑、探究大门的一个缝隙,却又被我们自己无情地关上了,这或许只是我们几十年教学生涯中微不足道的一个小失误,可对于那个孩子,那群学生却有可能导致他们在今后面对诸类事情时长时间的在门外徘徊,而没有勇气再次抬起推门的手。对于害怕课堂失控的心理,我坦白地说:"我有。"可反思一下,老师并不是万能的,俗话说"活到老,学到老。"如果我们抱着一种不怕质疑,与学生共同学习的心态在课堂上与学生争论、交流。我想,那样的课堂不是失控,而是热烈,这堂课不仅能给学生留下深刻、美好的印象,而且会给参与了这节课的学生心里种下一颗敢于质疑、敢于探究、敢于创新的种子。这不正是我们新课改理念所倡导的吗?例:有一次我在上课时不小心把一个字读错了,本应是翘舌音的字读成了平舌,这是时值我上的是一年级的课,班上一位小朋友勇敢地大声说:"封老师,你这个字读错了!"说真的,那一刻我有诧异,有尴尬,但事后我庆幸的是那一刻我还有点机智和小智慧。我当即承认了自己小失误并感谢和表扬了这个孩子,瞬间,教室里无数羡慕的眼神投向这位同学,那一瞬间,我意识到我做对了,我庆幸自己没有无知的掩饰,于是我和孩子们约定,要互相帮助,共同进步,欢迎他们也当我的老师。从那堂课起,我和这个班的孩子们建立很好的学习互助关系,他们学习的劲头越来越足,总希望能帮助老师点什么。后来我把我的这种做法成为示弱的智慧。我想"三人行必有我师",老师不一定就一定要高高在上的教育指导学生,激发他们的学习兴趣,引导他们去探索不更是我们所需要的吗?

所以,怎样培养学生自主、合作、探究的学习能力,关键在于我们教师角色的成功转变。新课改理念的落实到位,需要我们教师真正从由课程的执行者变为课程的设计者,开发者;由知识传授者变为学生学习的指导者和创新思维的培育者(例:阅读教学案例);由"个体劳动者"转变为"教育"的合作者。从某种意义上来讲,就是需要我们教师改变高高在上的权威意识,蹲下身来,与学生同一个高度看世界,同一个水平线上去思考问题,建构课程实施计划。

当然,新课程改革仅仅更新观念,转变角色是不够的。新课改理念的实施应该说对我们教师提出了更高的要求。或许有个别的老师会认为既然只是引导学生学习掌握学习方法,培养学生学习能力,对于教师的知识结构要求可能就不会那么高那么严了。如果我们真这样想就错了。俗话说"站得高看得远",如果我们不努力充实自己的知识储备,提升自己的个人素养和教育教学水平,往大处说,我们不能科学合理的结合学生实际设计建构教学计划,往小了讲,我们连学生课堂上的请教、质疑都应对困难。就拿 2015 年开展的小学语文优质课评选活动来说,参加比赛的有 30 多位教师,参与听课的教师近千人次,最值得大家肯定的是这些参赛教师的现场课为我们还原了课堂的本真,展现了师生课堂交流的真实场景,没有了那些刻意的演练与准备。但与此同时有一个普遍存在的现象引起了大家的思考,那就是,这次的优质课范围限制为非阅读课,参赛教师们基本上选择的都是"口语交际"或"习作"教学,这样的课型,师生的交流互动成分就更重。我们发现,当学生回答完问题时,我们很多老师都只是简单地频繁地给出一个个"好"、"真好"、"真棒"等诸如此类的评价。我们不是说这样的评价不对,但我认为并不是所有的课堂、所有的学生回答都适用于这样的评价。细心的老师就会发现,如果能及时的就学生地回答做出合适的点评并引出我所需要的知识点,那这样的课堂衔接令我们的这节课多么精彩。而这样一个不起眼的细节的实现,需要的不就是我们老师的语文素养和综合素质? 因此,新课改理念下,努力提升教师素养显得尤为重要。

过去常说:教给学生一碗水的知识,教师就必须有一桶水的知识。那新课改理念下,我们能不能理解为我们教师首先必须要有源源不断注入的知识和聪明的智慧才能很好地引导学生掌握获取无尽知识的方法呢？所以，我们教师要正确定位自己的角色，不断地学习、汲取先进的教育观念和方法技巧，完善知识结构，转变工作方式；掌握新技能，学习新技术；积极参与课题研究，通过教研提高自己教育教学水平。

教育教学理念的更新是永无止境的，在教育发展的进程中，我们永远都只能说"在路上"，所以，作为教书育人的教师，我们只有坚定终身学习，勇于创新的信念，才能不断提升自我，才能培育出服务未来的人才。

多维视角下的学校发展学习心得

贵州省李锦鸣初中名校长工作室学员

关岭县岗乌中学 陈 坤

《多维视角下的学校发展》一书从学校组织的教育决策和发展战略,学校组织和管理创新,学校制度安排与治理,学校领导力,校长与教师专业发展,学校教育生产和资源配置,学校文化、品牌与经营七大主题入手,对上述学校组织发展的重要问题进行了分析。

《多维视角下的学校发展》的特色是汇集了学校组织发展各个主题的研究论文和报告,这些研究论文和报告运用了组织学、社会学、制度学、经济学和管理学等多学科的最新研究方法对学校发展问题展开了多学科、多层面的分析;同时,对学校组织决策、教师专业化、组织文化品牌和学校教育生产等主题的研究,也反映了学校发展领域的最新研究进展,具有前瞻性。下面,本人就学校的学校领导力方面谈几点粗浅的认识:

第一,校长领导力的内涵特征。校长领导力就是校长激励教师、学生等发挥能动性进行学校建设、发展的能力,具体地说,校长领导力是在特定的教育体制、学校环境下,校长与教师团体、学生群体等相互作用的一种综合能力。在新的教育形势和管理模式下,理清思路、澄清身份定位是提高中小学校长领导力的首要问题。

第二,长期以来,大多数中小学校长是从教师中产生的,他们也并未真正认识到自己的角色身份,许多校长仍把自己归为老师一员,校长固然要承担教书育人的任务,也是广大教师的特殊组成部分,但随着教育规模的扩大和学校组织结构的分化及细化,校长工作已不再是单纯的教育教学活动,正如"一个好的教师未必能成为一个好的领导,而一个跻身领导岗位的教师就必须转换角色。"校长是领导者,因此,学校里大多策略问题,都需要校长的最终决策。校长需要以教育者的情怀定位学校的价值观念,以领导者的思维制订学校发展规划,以管理者的素养实施全面的学校管理。

第三,校长领导力的提高。首先,加强自我领导训练,提升个体领导素养。校长的领导力不是与生俱来的,更不能一蹴而就,从根本上说是后天培养和自我发展的结果,校长要不断汲取教育学、领导学、管理学等学科知识,日积月累地习最新理论研究成果和经典研究资料,为获得实践的成功奠定基础,认真地执行领导任务,周密地思考任务的执行计划,并在工作中不断地进行自我批评和自我反省,总结成败得失以不断进步。其次,采用分布式领导方式,转变个人领导行为。在分布式的领导模式下,作为校长,应该学会合理让渡领导和管理权力,根据职能权限的差异,把学校管理、教学等不同任务分派给副校长、教研组长、后勤领导等,改变传统的垂直管理模式,重视横向的联系与沟通,减少决策与执行层的间隔层次,充分发挥各级领导的才能。最后,注重学校文化领导,形成合作性领导环境。友好合作、互相支持的学校文化对于激励学生成长、促进学校发展具有事半功倍的作用。校长应该在学校文化建设过程中发挥决定性的作用,为此,校长要以身作则,在研究制订学校发展规划等重大问题时,与领导成员多讨论、勤商量,增强与他们的交流、合作,深入了解他们的想法和意见,允许和鼓励不同观点。针对教师群体出现的不正当竞争现象,校长要更新管理理念,制订强有力的措施促进教师队伍的合作,建立捆绑式的考核机制,以备课组或班级为单位,从整体出发,通过评价的调控功能,促进每位老师在提高个人教学素质的同时,主动与其他老师交流、共享教学信息和先进的教学方法,形成互帮互助的合作风气。

校长个人领导力决定着一所学校的发展,作为一名校长,一定要牢记自己的使命,明确自己的责任,这是做好校长的前提。校长的使命就是办好自己所在的学校,办好让所有教师、所有学生都获得最大发展的学校,进而促进社会的进步。校长的责任就是让学生健康成长,让教师幸福工作,让家长满意认可。在牢记责任和完成使命的进程中,让我们共同努力,一路前行。

读《多维视觉角下的学校发展》心得体会

贵州省李锦鸣初中名校长工作室学员

安顺市实验学校 吴晓青

《多维视角下的学校发展》一书从学校组织的教育决策和发展战略,学校组织和管理创新、学校制度安排与治理、学校领导力、校长与教师专业发展等七大主题入手,对上述学校组织发展的重要问题进行了分析,特别是在教师专业发展这章中,文中提到了教师专业发展的 5 种模式,而我校教研室,很多工作恰好与教师的专业发展密切相关,如在"新教师岗前培训中",此项工作已经连续开展了 2 年,每次培训都在思考新老师应该培训什么内容,他们真正需要什么,总感到培训的内容缺乏专业性、系统性。读完这个章节后,知道了各个阶段教师存在的问题和需要提高什么样的专业知识。

学校的一切工作归根结底是通过教师进行的,教育质量的提高离不开教师。因此,要通过专门的培训和理论学习增长教师的知识,提高理论水平,在不断地研究和教学活动中增长才干。我校对于教师的培训有四个工程"新教师岗前培训"、"中青年教师素质提升工程"、"骨干教师示范引领"、"名师名家工程"。在书中,分别对这 4 个工程从老师的知识结构、心态、存在的问题、需要解决的问题做了详细深层次的介绍,并提供了有效的解决方法。

一、新教师岗前培训——适应期培训

适应期教师培训的重点是"转化",通过"转化"使他们适应教师职业。①角色转化:通过培训促成他们尽快了解教师职业的各种职能和规范,尽快体验到教师与学生在身份、职位、职责上的区别,尽快在各方面从学生转变为教师。②能力转化:新教师们不太熟悉本学科的教学大纲、教学要求,对教材的编排体系了解甚少,此时教师培训应帮助他们初步熟悉和把握所教学科的教材内容、教学特点、教学要求及一些基本的教学方法。将自己所学到的文化专业知识和基本教育教学理论转化为实际的教育教学能力。③知识体系的转化。通过读书让我明白了以前所开展工作的局限性、片面性。只有理论和实践的结合，才能增强工作的实效性。今后新教师的岗前培训重点为：师德修养、教师职业规范和教育教学技能训练等方面的课程，讲授的同时，配合使用真性情景模拟和多向性案例分析等培训方式。

二、中青年教师素质提升工程——建立期的培训

需要注意：①提高认识，走出误区。②更新、拓宽知识。③强化教育教学的胜任度。④提高对学生的认识水平。于是，教师培训要侧重开设关于儿童心理学、青年心理学之类的课程，组织收集资料、阅读书籍。增加以语言和实践相结合为主的培训方式，如课题中心式，专题研讨式、调查，考查与研究相结合式等。

三、骨干教师示范引领——成熟期的培训

此时教师容易出现以下问题：①当教师熟练地掌握了教学业务，取得更好成绩的时候，往往产生骄傲情绪。②当教师积累了足够的经验，形成了足够的思维和教学方式，但容易产生经验思维和思维定式，当看到书上这些现象的描述时，感同身受，自己的教学中，也不知不觉出现了这些问题。今后要牢记"满拓损、谦受益"之古训，要扩充新知识、新理论、新信息、新技术的学习，充分总结并升华自己的经验，养成自觉理论思考的习惯。

四、名师名家工程——平和期的培训

这时的培训要注意介绍现代科学技术的最新成果和新的知识，介绍和评价过内外的各种教改动态和成果，使他们借鉴成功的教改经验，大胆教学改革，教会他们新的教学手段和教学方法。

在书中，找到了我校提出的四个工程培训的详细理论依据，明白了教师专业发展的几个阶段分别会出现哪些情况，应该采取什么样的培训方式内容，知道了今后教研室工作开展的思路、方向等。《多维视角下的学校发展》这本书再次让我感受到读书的价值和意义，当我们在工作遇到困难，遇到困惑时，应该从书中去寻找解决问题的灵感，让阅读真正成为自己的一种生活方式。

2016 年 12 月 5 日

改革的心脏——教学关系

贵州省初中名校长李锦鸣工作室学员

西秀区鸡场中学 肖明军

摘要:课程改革已经实行了十几年了,但在农村学校仍然有部分老师"穿新鞋走老路",总是固守老观念,老思想,从前怎么教,现在还怎么教,照本宣科,整堂课自己滔滔不绝,可是学生却昏昏欲睡。低效的课堂给我们每一位教师敲响了警钟,我们必须要改变此种情形,才能打造农村学校的高效课堂。

关键词:低效课堂 教学观念 教学关系

相信每一位老师都曾经对学生说过这样的话:"这些题目,我讲了多少遍,怎么你们就记不住呢? 都不知道你们在干嘛……"我们无数次地给学生讲授知识点,练习翻来覆去地布置,可学生仍然会错,这其中的症结到底在哪里? 我们大多时候把责任归咎给了学生,却忽略了自己。

一、学校课堂存在的问题

2008 年 9 月 1 日,当我走上三尺讲台的那一天,我就立志要做一个优秀教师,我要将我的所学交给我的学生。我要让我的学生记住我所教的点点滴滴,我要成为本学科领域中的强者。这样的目标促使我不断前进,我认真备课,对待每一个知识点不敢掉以轻心。我认真批改作业,找出问题,重点讲解。可现实的残酷,低效课堂却将我一次次击倒,为什么这样的付出却得不到应有的回报呢? 为什么我讲得多,学生却不一定学得多呢? 学生在课堂上不愿意回答问题,只有极少数的学生在思考问题,问问题的学生少之又少。在我所接触到的老师中,和我存在相同困惑的人不计其数,每天都在抱怨自己的学生。我曾对我自己产生怀疑,是不是我根本不适合当一名教师。但我内心不服输的因子一直在跳动,我不甘心,我不服输。我的课堂必须要被改变,否则这样的教学只能走向绝境。

　　找寻问题的症结在于目前的社会现状中，很多老师都还没有意识到改变教学关系的重要性，尤其是在广大的农村学校中，一部分老师思想观念陈旧，总是老一套，老观念，而新教师则认为自己是大学本科毕业，什么都懂，而忽视了学生才是学习的主体，忽视了学生的主动性和积极性。

　　虽然我们一直在谈素质教育，可现在还是应试教育在作祟。长期以来，我们总是受到应试教育这根指挥棒的影响，一味地按照考试的要求来进行我们的教学，考什么我们就教什么，大量的题目丢给学生，考的就教，不考的就不教，学生成了一个只知学习的"机器"。

　　而对于农村教师唯分数是从，急功近利，死教知识这样的现状，这和对学校和老师的滞后考核和评价制度又分不开，社会和上级部门总是将评优晋级与学生的考试分数挂钩。

　　那我们到底要改什么、该如何改，才能为我们的学生创造一个幸福的课堂生活呢？

二、低效课堂的对策

　　西南大学李大圣博士基于自己的教学经验和对教育的认识发自肺腑地说"十几年的课程改革，改到实处是课程，改到深处是课堂，改到心脏是教学关系"。我清晰地明白了教学关系对高质量的学习有着至关重要的作用，就像社会生活中生产关系的变革对生产力的影响是众所周知的，学生的高质量学习就像生产力，他的提高一定取决于课堂当中的生产关系，只有下定决心变革教学关系才能有高质量的学习。

　　于是，我不再单纯地把学生当成是唯一的受教者，而我也不再是主导者，我把学生们当成是课堂的参与者，而我只是课堂的引导者。

　　要把课堂真正还给学生。在课堂教学中，传统的"一本书、一言堂、一锅煮"的教学模式，老师教教材的"满堂灌"的填鸭式教学已经深深地伤害了我们的课堂，我们的学生。

　　在上陕教版《思想品德》中《我的经济权利——继承权》这一课时，我首先运用视频情景导入，一下子抓住了学生的眼球，投入到情景当中，接着我让学生自己来做一次小法官，用一个案例贯穿课堂，学生提出问题，由学生来思考和解决，而我在其中适时引导，给予评价。整堂课学生们认真思考，积极发言，而不是像以前一样，只是我单纯讲，学生单纯"学"。而课后的反馈更令我欣喜，我深深地明白,只有把课堂真正还给学生,改变我们的教学关系,才能实现我们育人的目的。

"百年大计,教育为本",而教育则要把"立德树人"作为我们的根本任务。教育不同于其他的行业,教育是用生命影响生命的事业,我们面对的是一群有独立意识的人,而不是机器,所以我们应该要改,必须要改。

首先,作为教师,我们要改变教学观念,改变过去忽视学生身心发展的观念,不再把他们当成是单纯的受教者,我们应该充分尊重学生,关注学生的心理变化,确立以学生为主体的正确的学生观。其次,在课堂上,我们要把课堂真正还给学生,尊重他们,相信他们,积极学习新课程标准,充分了解学生的学习情况。采用适合学生的教学方式,从而打造我们的高效课堂。为学生的全面发展提供一个良好的平台,打下坚实的基础。最后,苏联著名教育实践家和教育理论家苏霍姆林斯基曾说过:"教师获得教育素养的主要途径就是读书、读书、再读书。"正所谓"活到老,学到老",想要给学生一碗水,自己就必须是一汪泉水。教师这个行业的特殊性,需要我们每一个教师不断提升自己。"师者,所以传道授业解惑也",但如果没有书籍的滋润,哪里来的睿智光芒,哪里来的涵养学识,哪里来的智慧传播,哪里来的传道授业呢?

提高课堂效率不是一蹴而就的事情,不能急于求成,需要我们每一位教师的日积月累,坚持不懈。只有这样,我们才能打造适合学生的高效课堂,才能促进学生身心全面发展,才能真正达到教育"立德树人"的目的。

感受名家、名校、名师，苦寻弱校自强突围之路

贵州省李锦鸣初中名校长工作室学员

安顺市西秀区青山职中　任福海

在教育局的精心组织安排下，我幸于 2016 年 9 月参加了贵州省初中名校长李锦鸣工作室的学习，通过对《义务教育学校校长专业标准》和《多维视角下的学校发展》的学习，谈几点粗浅的认识，不当之处，敬请批评指正。

一、对比榜样找差距　苦练内功谋发展

我任职的青山职中位于贵州省安顺市西秀区轿子山镇青山村，是一所典型的农村薄弱学校，学校创建于 1984 年，办学历史不长，办学条件简陋，生源少、质量差，留守儿童数量逐年增多，家庭教育残缺不全，学生管理难度较大；教师的工作环境、生活条件、福利待遇相对较差，缺乏吸引和挽留优秀教师安心农村教育工作的实力和条件，部分年轻教师刚刚被培养成熟，眼看着能够为农村教育事业挑重担、做贡献了，可是大多数都被那些条件优越、待遇丰厚的城市学校挖走了，学校只能"干瞪眼"，部分教师观念保守、思想落后、知识僵化，教学水平偏低、教学效率不高，难以满足现代社会对农村基础教育的客观要求，严重影响着教育教学质量和教学水平的提高；行政班子年龄结构过于年轻化，领导力、执行力有待提高……诸多因素的制约，使学校发展受到很大限制。通过这次培训学习，让我深深地体会到：

二、校长是推动学校发展的首要因素。

通过学习，我深刻感受到：一个好校长才能带出一所好学校。校长对学校的领导首先是教育思想的领导，要依据国家的教育政策法规，结合本区教育局的精神要求，以及本校的实际情况，对学校全局起指导、组织、协调和统揽作用，明确办学目标，规范办学行为，运用教育规律选择高效能的方法统筹全校工作，

科学地确定一定时期内学校教育教学工作的重点与发展规划,并组织实施这些工作任务,把学校办成师生共同发展的平台;客观公正,公平的评价教师工作,以合理、合法、合情的层次协调好领导与教师、教师与教师、教师与学生、学生与学生、教师与家长之间的人际关系,坚持"以感情留人,以事业留人"的原则,营造一个和谐的、良好的人际关系,形成凝聚力,发挥团队作用的、团队精神,学校才有会更大的发展。笔者作为一名农村薄弱学校的校长,在今后的工作中一要勤于学习、善于发现、及时总结;二要勇于创新、大胆改革,克服畏难情绪,不断改进管理水平;三要依靠广大教职工,发扬民主,集思广益,使每个教职工都能在各自岗位上发挥聪明才智。

三、打造卓越的教师团队是教育发展的关键。

1. 牢固树立"教师第一"的办学思想。

教学中要以学生为中心,但是在办学中,要始终坚持教师第一的思想,校长办学校是办什么? 实际就是办教师。一个好校长一定要全力以赴把教师队伍打造好。教师职业理想得到实现,就是校长最大的成功。

2. 始终把改革创新作为学校发展的永恒主题,打造科研型教师团队。农村薄弱学校师资水平普遍较弱,自强、发展的根本出路在于切实提高教师的教、科、研能力和课堂教学水平。要引导学习,搞好培训,搭建平台,促进教师成长。

3. 有效激励提升教师工作幸福感、消除教师职业倦怠。

学校管理工作中,特别是农村薄弱学校,办学经费紧缺,灵活地运用各种精神激励手段会起到事半功倍的效果,如对教师的行为认可、全方位的人文关怀、宽松自由的成长空间、积极引导教师广泛的参与学校各项工作、为教师提供学术研讨、进修、培训的机会等都可实现上述目标。

4. 加强教师思想道德建设,进一步完善教师工作评价体系。加强对教师工作的量化考核,考核力主全面、客观、实在、有用。有要求的就应有检查,有检查的就要作考核。积极探索经济欠发达地区教师绩效实施办法,充分调动教职工工作的积极性。

5. 优先发展好班主任团队。要重视班主任队伍的培训和培养,更要重视政教处、共青团等德育机构的作用,通过学生自主管理意识的不断培养来规范、引导学生的行为,养成良好的行为习惯,形成优良的校风。

四、主题鲜明的校园文化是学校发展之魂。

现代校园文化已经从文化熏陶向文化引领、到和谐共进的生态教育扎实迈进。

1. 营造宽松和谐的学校精神文化,促进人自身的和谐,放飞生命教育的绿色向往。学校精神文化建设是学校文化建设的核心和灵魂工程,包括校风、学风、师生的精神面貌以及团结和谐的人际关系等。

2. 学校行为文化指向明确、专注师生关系和谐、互促发展。思想是行动的先导。一个学校一定要抓文化,文化是一种精神追求。一手抓物质,一手抓精神,抓精神就是抓文化。

3. 营造具有人文色彩的学校制度文化,从规范到激励转变,以机制促活力。

对比名校经验,我校虽在做出了一些有益的尝试,取得了些许成绩,但还未形成自己鲜明的特色,今后要大力加强校园文化建设,营造生命成长的空间,探索、提炼形成符合实际的自己的办学理念,规划建设温馨的校园文化,坚持走内涵式的发展道路。

五、育人为先是学校发展的根本保障

近年来,我校秉承让每一个学生成功,让每一位家长满意的教育理念。在管理中力导严谨规范、科学求实的校风,严格遵循教育科学规律,致力于为学生终身发展负责,全力追求教育科学规范有序、全校上下励精图治,内强素质、外树形象,把细微小事做到位,把平凡事情做精彩,重过程,抓细节,扎扎实实抓落实,受到了全校师生和社会各界的高度认可。我们针对青少年学生的特点,结合新课程改革,狠抓学生组织纪律、行为习惯、学习习惯等方面的养成教育,改教法、改学法,大力实施素质教育,努力把学校办成精神文明的家园,培养人才的校园、发展个性的乐园、优美整洁的花园,学生成了课堂的主人,主动学习,愉快成长,教育教学质量得以持续快速提高。"他山之石,可以攻玉"。近几年,我校坚持以"不甘人后"的精神,在极度困难中努力践行发展之路,但脚下的路还是坎坷和崎岖的,作为校长,本人一定要以此次"校长学习"为起点、为平台、为动力源,充分利用内部资源,凝聚人心,以优质学校为榜样,对照榜样找差距,不畏困难、积极进取,努力探寻出一条切实有效的农村薄弱学校突围之路,带领学校走出困境,走上科学发展之路!

更新观念　不断提高自身素质

贵州省初中名校长李锦鸣工作室学员

安顺市实验学校　樊　莉

2017年4月21日下午,我有幸参加贵州省初中名校长李锦鸣工作室研修活动,在研修活动中受益匪浅。对于干行政管理工作时间不长的我来说,是一次难得的学习机会,对自己也有了一个新的认识。现代教育管理理论要深入不断地学习,接受现代教育思想,努力提升自己的管理水平。所以,作为名校长工作室的一名学员,要主动自修,强化自己的学习意识,接受新思维的挑战,努力提高自我素养和管理水平。

我认真聆听了跳蹬场中学宋深坎校长、安顺市实验学校罗梅科长、普定第四中学郑厚贵校长以及其他学校校长有关学校管理、班级管理的见解。学习到了各校办学经验和行之有效的管理操作方法,在交流和思想碰撞中感受着各学校校长的管理、用人、教科研智慧,感受着他们的教育资源和自己的校园文化,他们理论上有高度、认识上有广度、内容上有针对性、实效性和可操作性的关于"坚持科学管理走内涵式发展之路"、"育人重育德治校先治班"、"学校班级管理分享"的经验介绍和互动交流,不仅让我拓宽了思路,开阔了视野,强化了学习与研究意识,更使我对学校管理工作有了更进一步的了解。

在贵州省初中名校长工作室支持人李锦鸣校长的讲话中,我真切地体会到特色学校建设,学校内涵建设的必然要求,是提升学校品位的重要举措。管理工作要不断规范化、科学化,特色化,做深、做细,形成自己的特点,优秀的管理就是最好的调动。抓学校的规范管理,办人民满意的教育,归根结底就是要提高教育教学质量。首先要抓好教育教学常规管理。从教本、备课、上课、作业辅导、学生心理辅导,教育教学活动的开展都要重创新、讲实效,积极推进教育改革的方法和教师创新能力、教育教学艺术的提高,其次要强化教育教学质量目标的调整,学校要求真务实,分别制定出各层面的质量目标,并要根据既定目标,采取切实可行的方法和措施,落实目标,提高质量,在实施过程中不仅仅要重视其结果,更要关注实施的过程,总结和反思,从而激励教师、学生,有效地工作、学习全面和谐的发展。

我将会用本次培训中得到的理论、经验与研究方法,不断探索,勇于实践,提升自己,将所学所思所感延续到工作中去,并将在今后的工作中化作源源不竭的动力,不断学习。我要把自己的本职工作作为终身追求的事业,它是一种修养、一种责任,一种境界。作为踏上管理岗位时间不长的我要增强使命感、紧迫感、危机感,真正地改变已有的旧观念勇于创新,做一名有思想、有智慧、有作为的教师、管理者,为学校做出自己的贡献,让自身的价值在崇高的教育事业中得到充分的实现。

经过名校长工作室的培训学习,让我学到了不少的知识,在今后的工作中,我将把学到的理论与我校实际有机地结合起来,做到学以致用,把以人为本的教育思想贯穿于整个学校教育教学活动的始终,不断提高管理水平,更好地服务学校,让我们学校的教育教学迎来长足发展的春天!

行走在文明校园的春风里

贵州省李锦鸣初中名校长工作室学员

安顺市实验学校　罗　梅

行走在春光明媚的实验校园,和风暖暖,落英缤纷,草地茵茵,歌声萦绕,书声琅琅,充满着活力,充满着希望。

行走在文明校园的春风里,处处感受实验学子的阳光、温润、朝气蓬勃。教育的根本在于品格的塑造,一直以来,学校以高尚人格情操和社会主义核心价值观教育,内涵丰富厚重的中华传统美德,包括天下兴亡、匹夫有责的担当意识;精忠报国、振兴中华的爱国情怀;崇德向善、见贤思齐的社会风尚;孝悌忠信、礼义廉耻的荣辱观等体现中华民族评判是非曲直的价值标准,纳入学生思想道德建设的"五个融入",以期潜移默化地影响孩子们的行为方式,不断让孩子们感知和谐感之美;不忘乡音不忘根;懂得感恩懂得爱;知道合作知道理;拥有美德拥有梦。牢固树立共产主义远大理想和中国特色社会主义共同理想,培育和践行社会主义核心价值观。释放学生的正能量,塑造学生的美丽品格。德育如阳光传递温暖,激活活力,弘扬奉献,坚持"德育"与"生活"、与"学习"共走阳光路——德育即学习,德育即生活,德育即做人。促进实验学子身心健康、品德优良、处世优雅、行为优秀的美丽品格的形成。

行走在文明校园的春风里,真切感受到文明已经成为实验无处不在的校园文化,学校通过丰富课程设置,构建润泽教育新体系,立足在传承中华优秀传统文化中寻根,建立了以青少年体育俱乐部为基地的实践活动大本营,广泛开展科技、艺术、体育、教育、文化五个大类、二十八个项目、四十余个组别的学生综合实践活动及社团活动,让学生不忘乡音不忘根,传承弘扬优秀的民族民间文化和中华民族优秀传统文化。在构建适合学生发展的课程体系过程中,坚持"做更好的自己"育人目标,做到贯彻国家课程"有灵有魂",推进地方课程"有血有肉",研发校本课程"有滋有味",完善园本课程"有动有静",初步构建出一体多选的润泽教育体系,以润物无声的方式根植社会主义核心价值观的核心理念和思想。同时丰富家风家训,引领和谐校园新风尚。实验师生"爱国、爱己、乐家、乐业"。通过"传承优良家风、家教、家训"活动,进一步弘扬了中华民族传统美德,引导师生养成修身律己、崇德向善的道德风尚,在传承优良家风的活动中,充分发挥班级的教育功能,班主任引领学生晒家风、谈家训。同时把传承优良家风和学校评选"习德致美好儿童","求真、向善、尚美好少年"活动结合起来,让优良的家风家训在班级、校园中传播,走进每个学生的心灵。编写的《童蒙养正》家长读本、《润泽·养德》教育读本推动了优良家风的形成。

行走在文明校园的春风里,随处可见一道亮丽的风景线:是师生路上相遇时的微笑问好,是同学有难时的热情帮助,是平时与人相处的亲切,是不小心撞到对方时的一声"对不起",是自觉将垃圾放入垃圾箱的举动,是看到有人随地吐痰的主动制止……文明是实验人的一种品质,文明是一种修养,文明是一种被大家广泛推崇的优良行为。

行走在文明校园的春风里,我们播种下希望的种子,到了金风送爽的秋天,必将能收获令人喜悦的文明硕果。

合作发展　实现共赢

贵州省李锦鸣初中名校长工作室学员

安顺市实验学校　桂晋梅

　　作为贵州省初中名校长李锦鸣工作室第一期学员，我感到非常的荣幸，能够在这个优秀的团队中学习，对自己是一次很好的锻炼。按照工作室2016年度工作计划安排，我认真学习了工作室统一购发的学习资料《义务教育学校校长专业标准》和《多维视角下的学校发展》。读罢掩卷，收获良多。之前，总认为自己只是一名从事教育行业的普通工作者，在日常的教学工作中只要读懂课标、读透教材，就能在三尺讲台上游刃有余；在行政岗位上只要熟练掌握业务，就能履行好岗位职责。其实不然，通过参加工作室组织的学习活动，在思想上渐渐认识到，有计划、有针对性的研读一些教育专著，能够从思想层面提高自己对教育工作的认识，能够提升自己的工作品质。

　　首都师范大学教育学院经济与管理研究所编著的《多维视角下的学校发展》一书，从学校组织的教育决策和发展战略，学校组织和管理创新，学校制度安排与治理，学校领导力，校长与教师专业发展，学校教育生产和资源配置，学校文化、品牌与经营七大主题入手，对学校组织发展的重要问题进行了分析。书中大胆借鉴和吸收国外先进理论与研究方法，并将其应用于我国学校发展研究中，构建本土化的学校发展理论，以指导学校发展的实践，具有前瞻性。

　　该书第二章"学校组织与管理创新"中指出："学校作为一种社会组织，要发展，就必须走向合作，建立学习型组织，采用现代教育管理模式，摒去科层制的弊端，重视校本、珍重现实"。竞争与合作是人类进步的两大动力，也是组织发展的价值导向和运行机制。理想的教育目标应该促进学生个性的发展，使其各种能力得到充分、自由和谐的发展。过度竞争往往会过分强化学校的选拔功能，单纯以考试分数作为评价学生的绝对标准，造成了学校教育背离全面发展的育人目标。我校在课程设置上不仅重视语文、数学、英语等考试学科的教学，同时注重音乐、体育、美术等非考试科目的开设,严格按照国家课程标准,开齐课程,开足课时,专课专用,学校综合实践活动课的开设不局限于学科课程的拓展,涵盖了艺术、体育、科技等领域,学校校本课程异彩纷呈包括了《安顺可爱的家乡》《集美崇德》《牵手好习惯》《安全第一课》《布依山歌》等本土化,有教育功能,思想导向,学生喜闻乐见的课程。通过"三级课程"的管理,提升学生综合素质,着力于学生的全面发展。在现代社会里,学校处于一个开放的社会环境和系统中,不可避免的参与竞争,我校一直坚持引导学生"做好的自己",没有忽视学校的文化传承及对人的发展功能。因此,我想这也是,为什么我校在良性竞争中一直处于优势的原因之一。

竞争必须以合作为基础和前提,只有竞争,没有合作,这个组织就不可避免地走向解体。对组织内部来说,合作的主要形式是建立学习型组织。在同一个部门供职,同行之间存在竞争的现象是不可避免的,我校鼓励同行之间的良性竞争,更倡导的同事之间的合作,我校师徒结对"传、帮、带"将新老师的发展与帮带师傅作为一个教育合作共同体,徒弟成长师傅骄傲;每一学期的青年教师汇报课展示的不仅是一位老师个人的教学技艺,更多的一个备课组、教研组集体的教学智慧;在学校"春晚"、"艺术节"、"体育节"每一次大型活动中每一个实验人,不分部别,不分彼此,劲往一处使,心往一处想,牢记"校荣我荣"的宗旨。我想这也正体现了书中所陈述的"学校作为一种社会组织,要发展,就必须走向合作",无论是一个学校、一个教研组、一个年级组只要做好组织内部的合作,就能实现共赢。

在"贵州省初中名校长李锦鸣工作室"统一组织安排的这次学习中,虽然自己对所学习的书籍研读得还不够全面,理解得还不够深刻,但是在自己的思想深处意识到了,学习的重要性,通过学习能够使自己的大脑更加充实,信念更加坚定,内心更加和谐。

面对核心素养，你准备好了吗？

贵州省初中名校长李锦鸣工作室助理

安顺市实验学校 陈兴焕

当教育指向核心素养，教师的任务也从一味地给学生灌输知识，转变成了怎样为学生未来的发展提供核心能力。在"互联网＋"时代，知识增长的速度越来越快，获取知识的通道变得平等而开放，教师不再是知识的唯一来源，不再是权威的声音，不再拥有知识霸权地位，教师与学生将是相同的学习者。面对这些改变，教师必须行动起来：

一、敏行，在行动中发展

在信息技术学科中，学生信息技术核心素养主要体现在利用信息技术解决现实问题的能力上，教师可以通过探索新的教学模式来实现，教学的导向也要以学生核心素养的发展为主，将核心素养要求融入课堂教学目标，以学生学科素养的培养和学生核心素养的发展为主要目标。

在教学中可以将教学内容与现实生活实际问题的解决相融入，教师通过让学生解决实际问题，就会增强利用信息技术解决问题的意识，提升信息技术的运用能力。比如，在贵州教育版《初中信息技术》七年级下册《word 文档处理》这节内容的教学中，可以先给学生展示一些电子贺卡、电子报刊、电子文章等不同风格版式的 word 文档作品：让学生学习利用 word 文字处理软件，对不同风格的文档进行编辑和排版，在解决问题的过程中，学生了解文档规划、版面设计、版面修饰等要素，能同时学习文档编辑排版的知识和技能，从而实现了让学生在体验解决实际问题的过程中掌握运用信息技术方法有效解决实际问题的方法，能有效地培养学生的信息意识与创新能力。

要充分应用教育信息化解决实际问题，试着让学生把在生活中碰到的实际的信息技术方面的问题引入到课堂教学中，以问题为导向让学生进行解决，从而提高学生信息技术的运用能力。例如,在贵州教育版《初中信息技术》八年级下册《多张幻灯片的制作和播放》教学后,老师和学生可以利用课余时间自学一款电子相册制作软件或手机 APP,以校园景色为素材,以《美丽实验校园》为主题,制作一个电子相册作品发布在班级的 QQ 群或微信群里,在课堂上对师生的作品进行评价和交流,鼓励学生学习一些新的软件,做一些新的尝试,学会举一反三。让信息技术课堂焕发生机和活力,让技术转化为能力,激发学生的潜能和创新意识,实现自主学习、快乐学习。

二、善思,在思考中品悟

核心素养的提出,作为教师不得不思考,思考为什么要学习信息技术课程?信息技术课如何与生活接轨?信息技术课程到底能够给我们带来什么?这一门课对学生现在及未来发展有什么帮助?应该教些什么才能让学生终身受用?教师是课堂的实施者和教学决策者,同时也是课程资源的开发者。教师的教学决策与行为,将决定学生现在的学习和对未来发展的影响。在教学中教材是死板的,而教学活动则是灵活的。在教学中教师只是学习的组织者、引导者与合作者,学生才是学习的主人,因此老师应该根据自己学生的现状,对教材进行加工,可以选择具有现实意义、富有挑战性的学习内容,给学生提供更多的学习机会。教师只有灵活地、创造性地"用教材"而不是"教教材",教师才能真正成为教材的开发者、体验者和实践者,成为教育教学的决策者。比如,就我校现在使用的贵州教育版《初中信息技术》教材而言,教材里面部分内容是在小学阶段已经学习过,如果在初中阶段也只是按部就班地完成教材内容的学习,很多学生会感到学习"无味",就容易出现学习兴趣不浓、缺乏学习动力的现象。我们信息技术教师就要思考,如何在教学中适当对课堂教学内容进行拓展。例如:可以增加一些学生感兴趣、能增强学生动手能力、计算思维能力的内容。如Scratch 和 3DOne 软件。Scratch 软件在培养学生计算思维方面有很大优势,主要是积木式的指令简单易懂,用组合的形式来实现程序,编写的趣味性比较强。可以让学生很容易的去创设完成一个交互式的故事情节、动画或游戏,可以培养学生如何思考以及如何解决问题的方法策略。3DOne 软件能让学生在学习造物的过程中,体验并经历一段奇妙的设计之旅,能让学生意识到设计对生活的重要性,养成一种设计的思维和习惯,能培养学生发现问题并创造性地解决问题的能力。这些学习内容的增加,不但可以大大激发学生的学习兴趣,还能有效地促进学生的协作、沟通和创新能力的提升,从而达到学生信息技术素养的培养。

三、勤学,在学习中前行

核心素养的提高要立足于学科素养的提升。学科素养的提升就需要教师不断地学习。特别是与飞速发展的信息化接触最紧密的信息技术教师,更需迅速地充实自己,丰富自己,才能更好地提升自己的学科素养。

学科素养的提升需要教师多阅读,阅读一些与本学科相关的报刊、书籍,如《中国信息技术教育》《现代教育技术》《中小学信息技术教育》等。通过阅读教师能及时了解教育信息化和信息技术学科的最新发展趋势,知道别人在干什么、想什么、怎么干。学科素养的提升需要教师突破学科教学的界限,这就需要教师增强自身的文化底蕴,需要教师学会开放学习和广泛地阅读,只有博览群书才能支撑起一个教师所必需的通识性知识,才能建构起合理的知识结构以满足教育的需求,也才能帮助教师成为有思想的教师。老师只有通过阅读提高自身的素养,才能给学生更多的阅读指导,也才能更好地培养学生的核心素养。

学科素养的提升需要向名师名家学习。学习名师名家的教学模式和理念,关注研究名师名家的教育教学动态。学习他们是怎样在课堂教学中面向全体学生,调动学生的主观能动性,突出学生的主体地位,让学生进行自主、合作和探究学习;学习他们如何在课堂中进行高效教学和有效提问;学习他们怎样在教学中体现时代特色,让教育贴近生活,贴近学生的内心。学习他们教学的设计,新课的导入、任务的设计等。如浙江瑞安中学信息技术,特级教师边楚女老师推出的"任务串联法",为信息技术课堂教学开创了新的教学模式;她推行的"技术性和文化性融合"的教学理念,使单一的信息技术课也变身成为一门"有深度、有温度、有文化"的课。自己曾经一度以为兢兢业业地备课,认认真真地上课,让学生在课堂中更快更多地学会技术,就算是认真负责地上好课了。通过多次观摩边老师的课堂,让我感悟到信息技术课堂也需要有生命力,老师上课时的一个眼神,一个动作,一句饱含激情的话语,都能让学生感受到老师的活力和热情;一个个环环相扣充满诱惑力的任务,都能激发学生主动探究的欲望。这样的信息技术课堂才能成为有深度、有温度、有文化、有生命力的课堂。

学科素养的提升需要学习新的信息化教学工具。互联网尤其是移动互联网的快速发展,跨学科学习(STEAM 教育)、基于项目的学习(PBL)、创客教育、微课程、翻转课堂、慕课等各种教育信息化的新理念、新鲜词汇、新型教学方式,以及平板电脑、3D 打印、大数据评价等各种信息化装备、多媒体设备、网络教学平台、气势磅礴,如潮水般汹涌而来,不管你是否愿意,教育信息化已经成为必然的选择。教育信息化落地的体现就是信息化教学,与传统教学相比,信息化教学更能体现以学为中心的理念,注重学生学习能力的培养,能为老师和学生提供了大量的资源,提供更多的自由和选择,能为学生核心素养的发展提供新的途径。要实现信息化教学就需要教师会利用信息技术资源、工具、平台进行教学活动。信息化教学工具能为教学带来积极的促进作用,能够为课堂带来革新的变化。如果你不会使用信息化教学工具,就像你出门不会使用交通工具一样,出行就会举步维艰,可能很快就会被淘汰。我们信息技术教师更要充分学习和利用这些门类众多的工具和设备来开启 STEAM 教育、基于项目的学习和创客教育等新的教育模式,更好地培养学生的信息素养、创新意识和创新能力,提升学生的核心素养,促进学生的健康发展。

急功近利和速成是教育工作的大忌

——润泽教育法给我的启示

贵州省初中名校长李锦鸣工作室学员

普定县第四中学　黄　倩

　　"十年树木，百年树人"，孔子三千弟子也只有七十二贤人，他的学说也是经过慢慢地消化，在一百年之后才出现孟子，三百年之后才有"独尊儒术"的。之后孔子的思想影响中国两千多年，至今我们还在遵从。由此可以看到，孔子的教育思想的成熟是一个漫长的过程。在教育实践中，如果追求教育的硬件设施建设和完善，的确可以急功近利，加班加点"速成"，这既可以体现各级部门对教育的重视与支持，短期内领导们又做出了闪光的政绩。但是，如果要让教师在一夜之间把学生教成天才，这根本不可能。所以，教育的实践是一个个体对学习群体的潜移默化，需要长期的努力和实践，需要教师一生的钻研、创新、担当和奉献。因此，我以为，要做好对学习群体（学生）的良好的潜移默化，让这个群体既学习到新的知识，又能塑造良好的人格品质，使之走出学校成为社会有用之人，就需要我们从以下几个方面开展教学工作：

　　第一，要有良好的心态。教育工作是一项单调和清贫的工作，需要耐得住寂寞、守得住清贫，才能苦练内功，用心把所学的知识传授给学生，言传身教，影响学生积极进取，天天向上。

　　第二，要有"以文化人"的教育理念。作为教师，面对的都是学生，无论年龄大小，对他们传授课本知识的同时，要认识到，课本选择的内容都是精神文化的经典，从古至今，"经典"的发展，既特色化又多元化，既科学又创新。这就需要做好"传道、授业、解惑"工作，既要兢兢业业，又要刻苦钻研，用自己广博的知识，结合课本内容和要求，通俗易懂的传授给学生，让学生听得懂、学得会，能掌握，会运用。

　　第三，要以"德艺双馨"为追求的目标严格要求自己。既讲正气、成大器，又热爱学生、做精教艺,敢于奉献,忠于职守。而不是只讲在嘴上,耍老资格,不干事还要说风凉话。或者敷衍塞责、应付了事。而是需要认真践行,乐于奉献,把学生当成自己的孩子对待。通过教学实践,让学生体魄健康,品行端正,素养提高。

第四,要勇于担当。既要敢于创新,实现与学生的平等相处,结成对等的朋友关系,与学生分享知识,与学生交流学习所得,取长补短。又要敢于探索,推进教与学的有机融合,促进教与学的互动,达到相互监督、互相促进的目的,把教与学当成快乐的事情来落实。

第五,从细节做起。要自己成为学生的偶像,得到学生的尊敬,就必须从细微处着手,让自己的言行成为学生的标杆和示范,实施科学化、规范化、人性化的教学方式,认真落实好"知行合一",讲到做到,让自己养成的良好价值观潜移默化地影响学生,让学生拥有健康的心灵,让自己得到进一步的净化和提升。

加强中小学生网络安全教育
培养互联网健康新力量

贵州省初中名校长李锦鸣工作室助理

安顺市实验学校　陈兴焕

随着科学技术的日益发展,网络已成为人们不可或缺的一种生活方式,当前的青少年一代是伴随着互联网一起成长的一代,是网络的一代。网络功能众多,无限聊天、网络游戏、音乐畅听、高清影视等娱乐功能被广大中小学生所热爱。上网,可以扩大视野,增长见识,学到许多书本上没有的知识;可以快速进行信息的加工、存贮和传输等等。但令人担心的是,有相当一部分中小学生上网是热衷于聊天、玩电脑游戏和垃圾信息的浏览。这些行为对他们的心理造成了一定的负面影,有的中小学生出现认知能力的迷失;有的中小学生对互联网存在强烈的依赖心理,而现实生活中的人际关系变得淡漠;有的中小学生因长期沉迷于网络,产生网络心理障碍而被迫辍学,甚至因此走上违法犯罪的道路。下面就怎样加强中小学生网络安全教育谈几点看法。

一、加强网络道德教育,争做网络安全卫士

目前还没有成熟和有效的法律来约束人们的上网行为。大多数人都只是按照自己的需要上网,这就对现实社会中主导的道德规范形成巨大的冲击,并使其约束力明显下降。这就要求我们教师在平时的教学活动中,要提倡绿色上网,广泛宣传《全国青少年网络文明公约》,积极引导青少年遵守网络道德,提倡"五要五不",即要善于网上学习,不浏览不良信息;要诚实友好交流,不辱骂欺诈他人;要增强自护意识,不随意约会网友;要维护网络安全,不破坏网络秩序;要有益身心健康,不沉溺虚拟时空。我们要让学生认识网络文明的内涵,懂得崇尚科学、追求真知的道理,保障网络安全;遵守《全国青少年网络文明公约》,

从自我做起,学习网络道德规范,分清网上善恶美丑的界限,形成良好的网络道德行为规范,争做网络安全的卫士。

二、加强网络安全教育,提升网络安全防范本领

信息技术课与网络环境密不可分。信息技术教师不仅自身要拥有较强的网络安全防范意识,还有责任和义务培养学生网络安全防范的本领。培养学生学习正版杀毒软件、个人防火墙和上网安全助手的安装,并及时进行升级;学习带有漏洞修复功能软件的使用,学习定时打好补丁,弥补系统漏洞;学习安全级别的设置和杀毒软件的网页监控功能的使用;学习在 IE 上安装畅游巡警;学习把重要软件加入带有账号保护功能的软件;学习怎样定期浏览各大杀毒软件官网,看最新的病毒情况,并做好预防等。充分利用信息技术课堂提升学生的网络安全防范本领。

三、加强网络安全监控,引导学生健康上网

加强网络安全监控,引导学生健康上网成为教师在新媒体时代的一项重要任务。学校可以安装一些网络监控软件和上网行为管理设备,对学生的上网进行监控。让学生谨记不要完全相信在网上看到的每件事,不要进行随意传播;不要随意把自己及家人的信息上传或告知陌生人;不要随意打开不认识人的电子邮件、文件或网页;不要随意进入那些看起来有挑衅性的聊天室或讨论区。网络有着丰富的信息资源,但适合中小学生的网站并不很多。教师可以对网站进行整理和分类,如整理为学习类、娱乐类、新闻类、心理咨询类等,在把这些经过整理分类的适合中小学生的优秀网站和论坛推荐给学生。让学生通过浏览各个网站的优秀资源,参与网上论坛的讨论,从而养成上网查询学习资料、自主上网学习的健康上网习惯。

四、加强网络文明宣传,营造安全文明的网络环境

学校可以通过开展主题升旗、专题调查、主题班会、知识竞赛等多种形式,加强中小学网络安全宣传工作,营造安全健康文明的网络环境。如利用班团队会开展"'黑客'是'侠'还是'盗'"的主题辩论会。让学生通过资料搜集、整理以及辩论,让学生了解到相关的法律知识,认识到黑客行为对网络社会的危害,从而自觉维护和保持这个"社会"的正常秩序,自觉遵纪守法。还可以组织学生观看"网络安全"、"护苗·网络安全课"等公益短片,引导学生做到"适度用网、

健康用网、安全用网",注意保护好个人信息,不传谣,不造谣,自觉遵守网络相关法律法规,做个文明的网络达人。

　　网络空间已成为亿万民众共同的家园,更是青少年成长的沃土,如何将一方沃土培育好,真正地培养青少年成长成才,这不仅仅是学校的责任,更是每一位信息技术教师应尽的义务和责任。

教无定法，润化渡人

贵州省李锦鸣初中名校长工作室学员

安顺市开发区宋旗学校　姚启华

2017年3月10日在普定县四中有幸参加了李锦鸣明校长工作室活动，目睹了四中学生宿舍、教师办公室的规范和学校常规严谨的管理。让我受益匪浅的是李锦鸣校长在交流现场阐述的润泽教育思想。

在各种法律法规都倾向保护学生的今天，"教育难，难教育"成了大多数基层教育者的心声。究其根源，有来自家庭、学校、和社会多方面的原因。从家庭方面来看，很大一部分学生在家庭中是独生子女，从小生活在长辈们百依百顺的溺爱环境中，形成了有求必应，唯我独尊的畸形性格；还有一部分出生不到3月家长便丢给爷爷奶奶抚养，父母则长期在外打工，从小听之任之，任其自生自灭，在成长过程中缺乏母爱父爱，在成长过程中沾染上了各种歪风邪气，铸就了根深蒂固的放任性格。从学校方面来看，很多基层启蒙教育者只注重学生的应试教育，从不注重学生的德育教育，甚至对成绩较差或德行较差的学生另眼相看，所以让这部分学生从小就对老师产生逆反心理。另外，教学单调枯燥，基本上都是在灌输应试知识，学生的活动轨迹"两点一线"搞圈地运动。从社会方面来看，现代网络中的不良视频、游戏、QQ群、微信群等，为很大一部分学生提供了坏行为、坏习惯的土壤，让他们很多人"学以致用"。这些导致了"教育难，难教育"的结果。但听了李锦鸣校长的润泽教育思想，让我对这些问题学生的教育有了新的感悟，李校长说"人生于天地间，各自有禀赋。"针对不同的学生按照"三性"（即尊重天性、培育德性、发展个性）原则，因材施教。特别是对问题学生，更要了解问题产生的根源。我们不妨先了解他（她）的家庭背景（包括住址、家庭人口结构、家庭经济来源、现在和谁在一起生活等）；了解家长及监护人对他们的关注情况；了解他们的人际关系，经常和谁来往，最憎恨和最尊敬的人是谁。这样了解清楚了他们的是非善恶观，我们就可以结合家庭情况、社会影响因素等诸多方面作一个"汇诊",进而关注他们的家庭,关注他们的生活,关注他们成长的环境。他发现你了解他、在关心他,即所谓:"润之"。他也才会"信其师,亲其道",向你诉苦,向你承认违规违纪的原因,你才能"化之"(对他进行教化)。我记得,我校八年级一名学生,班主任反映说多次参与打架斗殴,家长参与解决也收效甚微,在我参与的一次解决教育中,我把该学生叫到办公室后,了解到他参与打架,并且支付了 500 元的医药费我通知家长来后了解到家里还有爷爷奶奶。于是,我问学生他家的经济来源依靠什么,他说靠父亲做泥水工,妈妈干农活,我再问几次打架共付了多少医药费,他说 3000 多元,我让他的父亲把身上带的现金全部拿出来,一共 600 多元,我把自己的 1500 元凑在一起,让这名学生拿在手里面,握紧感受一下,在数数,我问他有多少?他说有 2100多元。我再问他每天上学家长给多少钱(10 元),父亲每天得多少工钱(100多)。我让父亲把双手伸到他的面前,我让他握住父亲的手掌,看看摸摸,这时我看到他眼里有泪水在打转。然后我大声训斥他说:"看看就因为你调皮任性,打了别人,家里拿了 3000 多元去给受伤害者疗伤,你父亲要做多少天工,你妈妈要做多少农活才能挣到这些钱。家人每天给你 10 元费用,这些是它的多少倍。你对得起爸爸妈妈吗?你的爸爸妈妈不光养你还要赡养爷爷奶奶,他们生活多么的不容易。你不去替他们分忧,还要给他们制造麻烦,还不听老师管、不听家长管。你说说你对得起谁?"这时他大哭了出来,他说:"老师以后我不敢了。"我说:"敢不敢现在说了还不算,除了写检查,每三天到我办公室来汇报一次表现情况,我再听听班主任、科任老师对你的反映。"从那以后,这个学生没有再发生打架斗殴事件。所以,遇到问题学生,不要不问青红皂白就横加指责,这样不但达不到教育转化的目的,还会增加敌对情绪、逆反心理。我们要让他们分清是非善恶,懂得父母的艰辛,懂得感恩,达到"三性"原则,所以"教无定法,润而化之"。

教育为了生命幸福成长:陪你三年,护你一生

贵州省初中名校长李锦鸣工作室助理

安顺市实验学校　翟素琴

　　题记:很荣幸能成为贵州省初中名校长李锦鸣工作室的助理,在工作室的一次教学研讨活动中,我有幸与工作室的各位校长们共同分享了《教育,为了生命的幸福成长》的学习心得。这是一部扎根在中国大地的"草根"教育学,作者都是一批奋战在一线的现任中学校长。为不断完善中国的教育,他们一直在苦苦思索着"教育是什么","教育为什么"以及"怎样才能办人民满意的教育"。

　　翻开书的扉页,从洋洋洒洒的数千字的前言中,我能感受到作为编者看到一线教育工作者对教育的真知灼见时的那份欣喜与感动,看到未来教育的希望时那份兴奋和激动。

　　再滑动正文内容,忽然有一种似曾相识又相距甚远的感觉。似曾相识是因为书中所讲的各学校的办学思想和做法都是发生在教育行业内最真实的事情,仿佛就在自己的学校,就在自己身边,又感觉相聚甚远。因为他们的很多理念和做法远远超越现在的我们,深知我们与发达地区的教育相比还是有一定距离的。我如饥似渴地吸收着书中传递的诸多管理经验和教学法宝,感触颇多,写下此文,些许言语聊表我心!

　　"陪你三年,护你一生。当你走过我的全世界,我的生命从此和你息息相关。在用心守护的这份温暖事业里,我阅读着每一个孩子的故事,分享着1000多个日子感动的点滴,也就多了一种生活的诗意和成就。蓦然回首:幸福已融入我和孩子们的生命里。"

初心不变,缘来如此

　　时光流转,事事在变。"将生命的潜能发挥到极致"的信念没有变。从

1995年大学毕业到2012年调任安顺市实验学校,我先后经历了4次岗位调动,当过工人、宣传干事和行政人员。每一次岗位的变换于我而言都是内心最真实的抉择,更是工作能力的一次次历练和升华。而这所有的努力和锻炼似乎都在为我最终的选择——做一个合格、优秀的教师在打基础。2012年,我再次面临事业上新的选择:留任区教育局或是调任安顺市实验学校继续教书。最终,我还是毅然选择了回归主业,做一个教书匠,真真实实地教书、踏踏实实地育人。我知道,也许教书才是我心底稳稳的幸福。

2012年9月,我和来自不同学校的各路精英聚集在安顺市实验学校,组成一个编号为"2班"的新兵团。在教育教学实践中我不断思考和总结,摸索出一套轻松有效的"学生三力"管理原则,即培养团队的自理力、凝聚力和战斗力,取得了教学成绩和班级管理双赢的效果,从此开启了我三年又三年幸福、快乐、智慧的育人模式。

成长之路,用爱记录

随着时代的发展、学生个性特长的彰显,教育方式也悄然发生着变化。当日复一日的说教最终成为唐僧的紧箍咒时,教师们就不得不变通法子,用更多有效的方式告诉学生们故事里蕴含的道理。在我的教育观念里,只有让学生们在活动中亲身参与、实践、悟道,如此得到的感受才最真切。在陪伴学生幸福成才的三年又三年时间里,丰富多彩的主题班会就是翟老师幸福教育的有效抓手。《读书与梦想》活动为近200位同学(三个班级联合班会)送上了一份精彩的精神盛宴;《老师,我想对您说》用别样的方式搭建一座沟通的桥梁,彼此信任的桥梁;棋艺大比拼、二班美食汇、二班好声音以及"喝着饮料,听着音乐,畅游书海的读书沙龙"等主题班会就像一首歌,记录下了青春最快乐的音符。

米开朗基罗在完成他的旷世之作《大卫》之后曾说过这样一段话:"大卫像已存在于大理石内,我只是做了把多余的部分清除而使之呈现原貌的工作。"现在看来,教育工作者与雕塑家的使命多么相似——都是要完成对那个隐匿着的"大卫"的彻底救赎。在我的心里,每一个学生都是我心里的"大卫",都是我的孩子,我的朋友。

三年时间,我写下了数万字的教育日志。翻开这些教育日志,一幕幕画面跳跃出来,呈现眼前,仿佛置身其中,依稀能听到同学的笑声,呐喊声,加油声。

手上翻阅的是一幅幅温暖画面,眼里流转的却是不舍和感动的情愫。

在一场失利的篮球赛结束之后,我在自己的空间这样记录到:2013年篮球赛初赛结束了! 就像2班一个同学感言:我们没有改变历史,我们却创造了奇迹! ……说句心里话,当比赛钟声敲响的那一刻,我知道所有场下和场上孩子们的遗憾! 多想再延长几分钟,让我们再拼一拼,哪怕用尽我们所有的力气,都不愿让失败定格;多想拿下这一局,让篮球的尊严重新挺立! 但比赛是残酷的,我们终究拼尽了力气,也没有赢哪怕是一场球,但当我看着在球场上驰骋的七尺男儿掩饰不住遗憾的泪水时,当我看着柴博宇一瘸一拐地在场上奔跑的时候,当我看着哪怕是每场都输,但从不输人气的拉拉队的时候,我知道,篮球比赛的真谛莫过于此了。他把大家的目标凝聚在一起,学会了宽容和合作,学会了拼搏和执着! 孩子们,那一刻,我多想把大家揽在怀里,像妈妈保护受伤的孩子一样,给你们安慰,我多想和大家一起狂奔怒吼,宣泄心中的诸多压力! 而此刻,我却只能一个字一个字地在手机上敲击着我的心情,我希望在今天这样一个特殊的日子——感恩节里,我们一起送上勇敢的队员们感谢的掌声! 在我的心里,你们永远是最棒的!

一路走来,这份亲情在积淀,在释放。我用这种"无声胜有声"的方式把温暖和爱传递给我的学生,浸润着一颗颗赤子之心,让他们在初中三年的成长之路感受到满满的正能量。

因为爱,所以爱

除了班主任、数学教学这些常规工作之外,我还承担了学校的许多行政工作,每天"跨界"的工作让我停不下来。朋友们多有不解,问道:看你每天都这么忙,你想升官吗? 我毫不迟疑,斩钉截铁地回答:当然不是。朋友接着问,你每天加班有加班费吗? 我用同样的语气回答:当然没有。朋友一头雾水,觉得不可思议,追问:那你图什么啊? 每每此时,我总是笑着答道:因为爱所以爱! 做自己喜欢的事情就不觉得累!

是啊,什么是教师的幸福? 什么是教师的成就? 此刻,我和我的小二班给出了最真实的答案:陪你三年护你一生,不为名利皆因喜爱。

立足集体论课，实施有效教学

——浅谈教师团队建设

贵州省李锦鸣初中名校长工作室学员

安顺经济技术开发区实验中学 黄兰兰

摘要：新课程背景下，集体备课的教研活动模式已成为大势所趋，形式不拘一格。而我们倡导的教师集体论课活动是在个人认真备课的基础上进行集体研讨的一种有效的教研活动形式。它可以形成一种交流、合作、研究的氛围，推广优秀教师的教学经验，更好的实施有效教学，促进教学质量的提高。集体论课的教研活动形式也是教师团队建设的重要抓手之一。

关键词：集体论课 有效教学

新课程提倡自主、合作、探究的学习方式，不仅适用于学生，也适用于教师。集体论课活动可以形成一种交流、合作、研究的氛围，推广优秀教师的教学经验，更好地发挥优秀教师的"传、帮、带"作用，促进教学质量的提高。

一、集体论课的意义

（一）集体论课是新课程改革的需要

新一轮课程改革给教师的专业化发展和学校的特色发展带来了机遇，同时也带来了诸多挑战。这种挑战首先是教学理念上的挑战。就拿备课来说吧，虽然它依然是有效教学的关键，但那种以"一己之力，一人之识，一孔之见"，独自"闭门造车"，单兵"运筹帷幄"的传统备课模式，已不能适应新课改的需要，也不能适应新形势下的教学要求，改变教师的独立备课为集体备课，已成为大势所趋。因此集体备课的教研活动模式也就应运而生并且蓬勃发展起来。它是在新课程背景下，在个人认真备课的基础上进行集体研讨的一种有效的教研活动。

在开展教研活动时，我们没有采用"集体备课"的形式，而是采用了"集体论课"的形式，我们是基于以下两点思考的：

1. 一个完整的备课流程至少包含对课堂教学的设计和撰写教案两个过程。因此"集体备课"的结果往往是形成统一的教案或教学设计。这样一来，不仅备课的流程是一样的，而且课堂设问的角度和深度，乃至作业题的设计等等都可能是"雷同"的。它显然不符合分层教学的需要，同时也抑制了教师自身教学风格的形成和发扬。

2. 集体备课是一种"行动研究"，它所解决的是教学中最直接、最实际的问题，主要任务是完善课堂教学。但在新课改背景下，学生的全面发展不仅体现在课堂理解，还需要在科学素养，技能特长，科技创新，兴趣爱好等方面都能有所收获。因此在新形势下，教师的教学理念要更新，教学视野要更开阔，教师能给学生的不仅仅是书本上的知识，学生还有更多的期待。那么，怎样适应这一新形势，碰到不明白，不清楚，不会做的事情怎么办呢？鉴于多数学校实际条件的限制，我们也只能把它拿到组内进行讨论、协商，此时事情就不再是简单的备课和上课了。

实践中，教研活动研讨的内容往往不一定是整节课怎样设计，有时候只需要讨论其中的几个关键点就可以了。因此，我认为采用"集体论课"的方式更贴近新课改的精神和理念，这就使得研讨的范围更加宽泛了，而不再是局限在某一堂课。在集体论课中，大家可以就一些共同感兴趣的话题畅所欲言，由于智慧的交流而得到理性的升华，其理性认识能更好地指导实践，在理论和实践之间架起桥梁，教科研的氛围在集体参与与反思中逐步浓厚。

（二）集体论课是青年教师专业化发展的需要

不论在哪所学校总会不断有青年教师加盟。例如：随着我校办学规模的不断扩大，加盟我校的新教师占35%左右，虽然刚毕业的大学生不多，其他老师都有过或长或短的教学经历，但从学校的课堂教学质量要求和学校发展规划的要求来看，肯定还存在着诸多不足，这种由于"短板"而产生"木桶效应"极有可能随时随地凸显在日常教学和教学研究中。教学质量是学校发展的生命线，有效教学的关键在教师的专业化水平，教师专业化发展的重中之重在于青年教师的培养和成长。集体论课中新老教师互相学习，老教师起到了传、帮、带的作用。在集体论课活动中，老教师能向年轻教师学习新的教学手段，以及快速获取信息的能力，年轻教师能较快地学会怎样分析、处理教材，怎样围绕重点进行讲、练、用等活动，怎样运用恰当的方法引起学生的兴趣，怎样控制课堂，等等。他们在集体的帮助下,能较快地走上教学正轨,摸索出一些有益的实践经验,较早地熟练教学。

(三)集体论课是发挥学校骨干教师学科带头作用的需要

作为学校的骨干教师,必须树立主人翁意识、强化责任意识,在尽职尽责之外,要把先进教学理念和新的教学方法传授给更多的一线教师。立足于集体论课,既研讨老师如何有效地"教",又研讨如何促进学生有效地"学",尤其是农村孩子家庭教育欠缺,学习方法也基本依赖学校教育。通过论课、听课、评课、交流、合作,达到提升本地区及本校全体教师的专业化发展水平。要想给学生一杯水,我们必须首先盛满自己的一桶水。有了这桶水,我相信,在各位骨干教师带领下,我们所在学校甚至所在地区的教学,教研水平将有很大的提高。总之,集体论课就是要凝众人之心、聚众人之力、集众人之智,努力实现"1+1>2"的教研效应和教学效应。

二、对集体论课发展的设想

(一)常态的听课和评课

随着学校录播室的建成,学校对于每周一次的常态听课和评课活动,将继续深入开展,并推陈出新。具体流程如下:执教教师备课→在学科组内汇报教学设计→其他教师倾听后发表看法和建议→执教教师二次备课→执教教师上公开课并录像,其他教师听课→面向学生进行问卷调查→评课并记录→执教教师第三次备课并形成完整教学设计→其他教师共享教学资源。在常态的听课和评课中,老教师上示范课,中年教师上展示课,青年教师上的是汇报课。如果需要向学校推荐优质课参赛人选,我们就根据平时的听课评课情况选优上报。活动的两个关键分别是听前论课和听后评课,两者同等重要,我们不会厚此薄彼。因为新教材对于所有的教师都是一次全新的认识、体验和学习的过程,集体论课研究出来的重难点,教法和学法,在未经教学实践检验之前,都是不够成熟和完善的。通过课堂教学实践,就会发现会有许多不可预知的可变因素,比如学生的一个提问、一个奇思妙想、一个突发事件,都会对原有的教学设计提出挑战。这就要求每位教师在课后应立即记录下来,对自己的教学观念和教学行为、学生的表现、课堂教学的得失进行分析和总结,通过反思、体会、感悟、沉淀,最终形成一个普遍适用的教学设计,作为教学资源并推广使用。

(二)打磨示范课和优质课

针对学校各级骨干教师的队伍匮乏的现状,学校将进一步加大推优力度,着力通过打磨示范课和优质课的形式,让每一位教师都能通过教研活动自觉地出谋划策、集思广益,精心打磨每一句话、每一个实验、每一个动作甚至每一个眼神,千方百计地形成一份最优化的教学设计。然后,执教者上演示课,听课时老师们对于课堂教学的得与失都能明察秋毫,评课时要做到知无不言,言无不尽。这样一来,既能防止某些知识点可能被遗漏,又能防止某些问题因缺乏预设而可能会陷入僵局。力求这种精雕细琢、求全责备式的论课、磨课模式,促使我们的优质课经得起推敲和借鉴。正所谓:好课是磨出来的,磨过的才可能是好课!

(三)研讨中考复习或专题复习

根据中考命题动向,有针对性的选取课题进行集体研讨。例如:尝试在中学语文教研组中选取了中考作文的专题进行集体论课,授课的摸索。第一步要求各位老师仔细分析历届中考作文试题并进行归纳汇总,发现某些命题技巧和命题规律;第二步是组内交流,每个人把自己的分析和发现详细说出来,大家共同审议;第三步是求同存异、取长补短,交由专人分版块进行整理合并,然后编写出专题复习设计。最后开展中考语文专题复习的讲座,针对不同时段,不同学生群体集中讲评,收到了良好的复习效果。试想,没有组内合作,如此大量的整理、分析和编写工作,仅由某一个教师来完成,的确是一件很困难的事。最宝贵的是,由于是集思广益,对问题的分析既全面又深刻,确保了教学设计的应用价值。将来,我们还将陆续开发更多学科中考复习或专题复习有效教学设计,集教研组集体智慧,大大丰富学校教学资源库,并适时编写成校本教材,推广使用。

"一枝独秀不是春,百花齐放春满园。"集体论课集众人睿智,弥补单个教师独立思维的不足,是实现教师交互式、人人参与的教学研究模式。论课时,我们一起交换意见和看法,一起交流心得和感受,一起解决苦恼和困惑,一起分享成功和收获。学校的整个教师团队素质也必将在集体论课这一有效教研活动形式的推动下不断的得以提升。

浅谈薄弱学校的发展之路

——学习《润泽教育做更好的自己》心得体会

贵州省李锦鸣初中名校长工作室学员

安顺市西秀区青山职中　　谢世红

我很荣幸成为贵州省初中名校长李锦鸣工作室的一名学员,并于2016年3月10日下午到普定县第四中学进行参观学习。在此次研修活动中,我认真聆听了李锦鸣校长的专题讲座——《润泽教育做更好的自己》教育思想,收获颇丰。现就薄弱学校的发展之路,本人有如下浅显的认识。

一、学校概况

我校位于安顺城北五公里处的轿子山镇青山村,服务半径5公里,服务人口4万余人。学校始建于1984年,是一所农村初级中学,校园占地面积近30亩。校舍建筑面积6349.7平方米,现有12个教学班,在编教职工37人,本学期学生507人,住校生215人。近年来,在各级部门的关心和社会各界的帮助下,学校办学条件得到大幅度的改善,在全校师生的共同努力下,从纵向看,学校在稳定中发展,从横向看,学校还属于薄弱学校。

二、存在的问题

1. 师资结构不合理,教师素质有待提升

物理科目教师有断层,数学学科教师紧缺,政治教师偏多,缺专业美术、信息技术教师。语文、英语、化学科目教师饱和。整体结构不合理;个别教师责任心不强,教学、管理能力弱,教学效果差;部分教师工作积极性和主动性不够,这些都严重制约着学校的发展。

2. 生源较差,管理困难

我校近年来,虽然学生数呈现上升趋势,但生源较差,从近三年招生情况来看,每一届新生语文、数学两科及格以上人数不超过 5 人,学校招收到的就是"学习成绩差、行为习惯差、思想观念差"的学生,这就导致近几年的中考成绩较落后,在教育教学管理上困难重重,往往是事倍功半。

三、采取的对策

1. 加大教师培训力度

学校的发展,起决定性作用的是教师。在师资不配套的情况下,我们应该怎么办? 唯一的办法就是培训,通过培训来发挥现有教师的潜力。

(1)通过政治学习、业务培训、名师带动、谈话等手段培养青年教师的教学态度、教学意识。

(2)加强教材培训,通过集中和自学相结合的办法,安排教师定期不定期学习所任课程教材,由学校组织考试,检查教师对教材的熟悉程度,督促教师吃透弄懂教材,奖勤罚懒。

(3)继续坚持走出去请进来的办法,组织教师到名校观摩学习,把外校专家组请进来进行诊断指导,借鉴先进经验,弥补不足。

2. 立足现实,抓好常规管理

坚持"以人为本"的观念,结合校情,摸索出一套有自己特色的管理办法,能够促进教育教学工作,又能服务于师生。要做好三个方面的工作:一是学校管理人员要从学校整体工作出发,勤动脑筋,多出点子,真抓实干,起好模范带头作用,放下架子,变管理为服务,公平公正地执行制度;二是全体教职工要树立"校兴我荣,校衰我耻"的理念,自觉遵守学校制度,维护学校形象和利益;三是能够以课堂为主阵地,以活动为载体,积极探索学校德育工作新途径,加强学生管理,使学生学有所获。

3. 内强素质,外塑形象,打造学校文化特色

没有内涵的人是浅薄的,一个没有自己文化特色的学校是没有发展后劲的。学校文化特色体现在许多方面,校园的绿化、美化、师生的修养、各种活动、制度、办学理念思想等等,文化特色的形成也不是一蹴而就的,但我们从一开始就应该打好基础,应该着力打造。所以学校应该认真考虑,给自己正确定位,确立办学思想、目标,室内外布置要体现,在各种活动中要体现,教学评价也应有体现,总之,通过大家的努力,以人为本,创造适合每个学生发展的教育,形成我校独特的精神文化的特色。

"雄关漫道真如铁,而今迈步从头越",只要我们立足校情、学情,真抓实干,我们将走出薄弱学校的困境。

浅谈学校教育从班级管理细微处着手

贵州省初中名校长李锦鸣工作室学员

安顺市实验学校　封　莳

前　言

学校管理,从结构组成和具体实施而言,最基层、最具体的是班级管理。在学生的教育培养过程中,班主任工作开展的好与否,直接关系到能否组织并充分利用好学生身边的教育资源,直接关系到能否培养和挖掘出每一个学生的个性潜能,直接关系到能否形成良好的班风、学风乃至校风,直接关系到学校教育教学质量的稳步提升。因此,在学校管理的具体实施过程中,我们要充分认识到班主任工作的重要性。

谈及班级管理工作,我想和在座的各位领导分享几个问题:

1. 在您的学校中,您和班主任老师们的认识里班级管理工作跟学科教学工作比起来,哪项排第一位?

2. 您有没有要求学校的班主任老师们像学科教学备课那样精心准备他们的每一次主题班团队会?

3. 您有没有像担心学科教学成绩那样,担心过学校的班主任工作完成情况或效果,并进行分析?

我不知道各位领导是不是和我有同感,我们许多班主任天天把班主任工作的重要,班主任工作的繁、重、累挂在嘴边,可实际做起来,却缺少了许多像完成学科教学那样的自觉性。这样的意识导致的结果用一个不够贴切的比喻就是:我们很多的班主任由一个班级发展的规划者、引领者变成了到处扑火补救、完成琐碎事务的 VIP 管家、高级保姆。当然,我并不是否认管家、保姆的重要性,但是我个人认为一名优秀的班主任不能、更不应只是甘愿做一名高级保姆。

以上这些问题是我在从事德育管理工作过程中,发现了一些问题之后对自己提出来的,自问之后、反思之余,我有了一些粗浅的想法,在此我想和大家分享交流,希望得到各位领导的指正。

班级管理篇

一、班主任工作的重要性

教育部颁布的《中小学班主任工作规定》中明确指出:班主任是中小学日常思想道德教育和学生管理工作的主要实施者,是中小学生健康成长的引领者,班主任要努力成为中小学生的人生导师。班主任是中小学的重要岗位,从事班主任工作是中小学教师的重要职责。教师担任班主任期间应将班主任工作作为主业。选聘班主任应当在教师任职条件的基础上突出考查以下条件:(一)作风正派,心理健康,为人师表;(二)热爱学生,善于与学生、学生家长及其他任课教师沟通;(三)爱岗敬业,具有较强的教育引导和组织管理能力。由此可见,在具备了从教资格的广大教师中,并不是每一个人都具备担任班主任的条件,所以我们在配备每个班级的班主任时,在培养教师班级管理能力时,既要充分考虑该教师的综合素质和培养潜力是否适合担任班主任,同时更应该让其正确认识学校对他的认可及自己肩负的班主任工作的重要性。

一所学校是由若干的班级聚合而成,学校的校风校纪也由若干班级的班风班纪凝聚而来,因此,我们不能忽视每一个班级的管理,更不能忽视班主任工作。在学校对学生实施教育管理的过程中,班主任是接触学生时间最多、最直接、最主要的岗位,学校的管理理念、教育思想更多的是由班主任传递、渗透到学生和家长中去。如果我们的班主任本身对学校的一些管理理念、教育思想甚至一些工作没有充分理解,就不可能在实施过程中达到实效,甚至会严重制约学校工作的整体推进;其次,素质教育,德育为首,作为班级德育工作的主要实施者,我们的班主任在具备高尚的道德情操和人文素养的基础上,还须具备较为科学的、系统的德育理念,专业的德育知识,从而科学、有效地开展班级管理工作,真正担当好中小学生健康成长的引领者,中小学生的人生导师。反之,则无法带出一个健康向上,团结互助,独具特色的班集体,那样的班级氛围也严重影响了学生个体的健康成长。再次,班主任是班级工作的核心,是学校、学生、学科教师、家长之间的中心枢纽。在学生的教育培养过程中,班主任工作开展的好与否,是影响学生能否健康、快乐成长的关键因素。

二、班级管理常规细节不能轻视

(一)做到班级情况心中有本账

班级常规管理体现在班主任工作的一些细小方面,显得非常琐碎,一个班级几十个学生,不同的个性,不同的家庭背景和生活经历,不同的发展前景,孩子们有着太多的不可预知在等待着我们。然而,正是这些不可预知,包含了许多不容轻视的教育细节,许多值得挖掘的教育切入点。所以,面对那些习以为常的班级常规事务,我们班主任不能只是兵来将挡,水来土掩,为完成任务而做事。而是应该想熟悉所任教学科的教学目标、教学重难点、学情那样提前做好许多细致的准备工作。例如:对每一个学生的成长环境、性格特点、特长爱好如数家珍;对每一个学生的父母或监管人工作单位、脾气、交流情况和家庭教育观点都心中有本账;对每一个学生每个阶段的思想、行为表现异常能及时察觉……或许有人会认为这些要求有些夸张,但当挖掘学生潜能、解决学生矛盾、帮助学生改掉不良行为习惯、引导家长积极配合学校教育时,有没有这些积累将会很大程度地决定班主任能否科学、高效地解决问题,从而提高班级管理水平和实效。所以,班级管理资料台账是优秀班主任轻松管理好班级的至尊法宝。

(二)班主任工作讲究方法策略

作为长期从事教育工作且有一定经验的校长或老师来说,通过某件事、某个活动,接触一个班的学生,透过一些细小的现象,就不难了解该班班主任的带班风格和方法。由此所见,一个班的班级风貌就是该班班主任工作的一面镜子!镜子里的班级形象如何,取决于班主任带班是否讲究方法策略,是否真正用心投入。

那么怎样做好班主任工作呢? 我想和大家分享我们李校长在全校班主任工作中对班主任老师们提出的八个字要求:用情、用心、用智、用功。细细品味这八个字,立足岗位,我有了如下见解:

1. 用情,就是对班主任工作满怀激情,对学生教育倾注爱心。只有用情浇灌,我们才能快乐地投入到繁重的班级管理工作中而不知疲倦,永不懈怠。无论干什么工作,没有哪一行是轻松自在的,抱怨的人往往反映出的是一种"围城效应",总觉得别人碗里的比自己的香。其实调整一下心态,换个角度思考,我们对待自己的工作以及工作对象真的做到投入真情和爱心,那么我们不仅会拥有一份好心情去面对工作和生活,随之还能积极主动地完成工作,且收获颇丰。这样的效果与整天的怨天尤人,在无休止的倦怠状态下不情愿的敷衍完成工作比起来,你认为什么才是健康的工作、生活状态呢? 这样的认知需要我们管理者去引导和帮助我们的班主任们构建。举个例子,我们的班主任每天面对得最多就是我们的学生,我们都有这样的体会,你某一天心情舒畅的面对孩子们的点点滴滴,哪怕是他们犯的小错误,那一天你会觉得什么事情做起来都非常顺畅,孩子们也特别高兴,跟你也特别亲,下班时是一种轻松、收获的心情踏进家门;反之,你一大早就开启"垮脸模式",做什么你都会觉得无精打采,心烦,尤其是学生犯错,你更是一点就燃。那样,孩子们那天会离你远远的,你也做什么都不顺手,下班更是没有一份好心情。关键还有一点,仔细想想,我们的班主任抱怨半天,有没有"如愿"的减轻工作,减少压力呢?

2. 用心

用心,就是任何一件事情,只有真正用心去对待,脚踏实地去完成,才能收获丰硕的果实,班主任工作更不例外。记得上大学时,我们系书记曾对着我们几个团支部书记说:"支部书记的工作没有班长的工作好做。因为班长的工作虽然辛苦,但更多是对事。而支部书记的工作主要是对人,尤其是人的思想。人的思想不是一成不变,所以需要用心去思考、去分析、去对待。"现如今仔细想起来,这话确实有一定的道理。对照班主任工作,我觉得那就是"班长 + 书记"一肩挑,更是不易。那么怎样在班级管理工作中做到用心呢?

班主任作为一个班级灵魂的执掌者,管理班级不能随心所欲、随遇而安、顺其自然。应该首先做到了解这个班集体的形成基础,用心深入学生当中,把班级学生情况从个体到整体做到了然于心,掌握班级学生的共性和个性,把德育放在首位,科学合理地制定出这个班级的培养计划和发展方向(可以是一个学期也可以是一个学年,甚至可以是一个学段)。对临时性或突发性的工作有条不紊的落实、解决,在达成其短期目标的同时,更注重兼顾长期效果,科学性、长效性地发挥出班级管理中的育人功能。(例:班级卫生——习惯的养成;早读及候课纪律的形成。)其次,了解每一个学生成长过程中的缺失,无论是学习优异的学生还是违纪捣乱学生,都用我们老师无私的关爱去弥补那个空缺,让学生感受师爱的公平,让班上每一个孩子都能快乐的团结在这个集体之中,积极地参与到班级管理当中,投入到每一项活动当中。我想,如果我们每一位班主任都能充分挖掘每一个学生的潜能,用适合于不同学生的不同方法帮助他们真正实现学有所长,长有所用,使之找到实现人生价值的位置所在,那我们身边会少了许多调皮捣乱的违纪学生,多了不少特长发展的聪明孩子(例:学习不好的孩子有很多热爱劳动,擅长体育运动等。我们用心去分析、去对待,少一些严厉的批评说教,多一些和蔼的交流引导,不仅能帮助一个孩子树立健康向上的自信心,找到适合于他的发展方向,其实也减少了我们班级管理工作中的一些烦心琐碎的问题矛盾处理)。作为学校管理者,我们要帮助我们的班主任深刻、清醒地认识到:学生不是用同一个模具刻画出来的,同时,每一个孩子都是渴望关注和爱护的,我们不能机械化地批量生产,更不要因为一次无意的敷衍而把他们想要亲近你的心拒之千里。当我们用真心换来每一个孩子对班主任的信任时,我们的班主任一定能和孩子们共同打造出一个独具特色、团结友爱、健康向上的班集体。而无数个这样的班集体就能汇聚形成一个团结向上的校园精神风貌。

3. 用智

用智,社会高速发展赋予时代智慧型的特征,作为这个时期的教育者,未来人才的培育者,时代要求我们要做一名智慧型的教师。那么,学校在班主任队伍建设方面就要加强对班主任的思想认识、专业知识、班级管理能力和综合素养的培养,为完成班级管理和学生思想教育任务夯实基础,打造一支智慧型的班主任师资队伍。

智慧型的班主任在班级管理工作中要做到有计划、早安排,有统筹早预见。这样在具体工作开展过程中,就可以尽量避免无目的地敷衍应对一些临时性或突发性的事务,接到短期性活动安排或突发性的事件,除特殊情况特别处理外,应充分发挥活动育人的功能,将短期活动有计划地合理融入到学期工作中,使班级工作既不因临时任务而变得散乱,而又真正达到了活动开展的目的。

4. 用功

我们常对学生说,学习要用功。其实,班级管理工作同样也是如此。用心的基础上,需要我们的班主任扎实地开展工作,做到重细节、重过程、重实效。

重细节,班主任工作确实又忙又累,而且往往忙不出头绪累不出效果。这就是我们在工作过程中忽略了一些细微之处所致。班主任工作主要对象就是学生,主抓的工作就是学生的思想品德和行为习惯养成教育。这类工作不像学科教学有具体的操作流程,它是因时、因地、因人、因事在不断的变化当中的。有一些问题的处理就需要我们细心地留意一些微小环节,不失时机地耐心去引导、教育、帮助,才不至于像无头苍蝇那般找不到出口,才能达到忙,但有成效,累,但有收获的效果。

重过程，俗话说"十年树木，百年树人"，德育工作难，难就难在它无法用简单的一次考评去检测成效，它需要我们持之以恒地去耕耘。我们要引导和帮助我们绝大多数班主任从提高认识出发，再到实际工作中，将诸多的德育思想和理念贯穿到丰富多彩的活动中，渗透到形式多样的实际体验中。德育活动的精心策划准备，投入大量的人力物力，主要目的并不是那一次活动是否轰轰烈烈，最主要的目的是从活动的准备到结束的这个过程中，学生们学到了什么，懂得了什么，有多少学生在这次活动中受益。因此，无论是我们还是班主任，在每一项活动的开展过程中，我们要尽量地让每一个学生都有锻炼的机会，我们更要关注学生们在活动过程中的表现，及时给予鼓励、帮助、指导，让我们的学生在过程体验中收获更多，这些目的的实现都是建立在班主任工作是否用心、用功的基础之上的。

重实效，班主任工作的开展要注重其德育实效，要使每一项活动开展都有目的有意义而不流于形式。这就要求我们班主任，要深刻领悟并掌握每一项工作的德育契合点，把德育目标与班级工作有机结合起来，从而促进班主任工作的实效性。这同样需要我们做好功课。

简言之，班级管理工作中的用功，就像我们学科教学那样，同样需要我们班主任做好"备（备学情、班情、工作任务、目标、计划、过程设计等）、上（实施引导、活动开展等）、批（对学生行为习惯及思想品德方面成绩、表现的指导）、辅（对个别学生存在问题的单独教育帮扶）、考（对班级管理工作开展情况、学生行为习惯及思想品德方面的）考察、研（结合自身班级实际对新形势下班级管理及德育工作的探索研究）"。一个环节不用功、不到位，势必影响班级管理工作的质量、效果。

班级文化建设篇

我不知道在座各位领导对班级文化建设是如何理解和界定的。曾经有一段时间，有不少老师把班级文化建设简单地理解为了班级教室文化环境的布置这一外在的单一的方面。其实班级文化建设和校园文化建设一样，有着广义和狭义，内在和外在两个方面。从广义和内在的角度来讲，班级文化建设是指班级中的一切文化要素，包括班风班纪的建设、班级公约或制度的建设、班级教室文化的建设、班级家长委员会的建设、班干部队伍的建设等等若干方面；从狭义和外在的角度来看，就是班级文化外在体现形式的打造。那么，怎样使两个方面和谐统一，发挥文化建设的育人功能，促进班级管理工作的有效实施呢？我想从班级制度的建设、主题班会的开展和优美教室的建设三个角度说说自己的心得。

一、班级制度的建设

有人说:班主任带班就像父母与孩子的遗传基因表现一样,班主任所带的班级及学生都会或多或少留下这位班主任的"影子"。由此可见,一个班级的班风班纪的打造关键还是在班主任。

基于前一个关于班级管理的话题,不同的班主任老师,不同的班级,它所需要建设的班风班纪各具特色的。这就需要班主任在接到一个新的班级时要用心、用功做足、做好功课,把学情、班情掌握清楚,结合中央、省市、学校各级教育行政部门的要求,制定适合于自身班级的班风班纪、班级管理制度。有时候,班级班规、管理制度、公约还需根据学段和实际进行修改、完善。

班风建设、班级管理制度的制定不仅仅是一段文字、一句口号,它更是班上老师和同学共同遵守的约定和努力的方向。在班级文化建设中,我们不能只有制定,没有具体的实施和监督,那样不仅达不到班级文化建设的目的,反而导致学生们无视纪律约束,不信守约定的负面情况产生。所以,制度建设重在针对性、实效性、公平性、坚持性。

二、重视主题班会的开展,落实活动育人的功能实效

(一)转变观念——端正开展活动的目的

1. 不要为了开展活动而活动,图个热闹,走个形式;

2. 不要为了完成上级任务应付了事的开展活动。

开展主题班会活动一定是为了达到某个德育目的,这个任务无论是我们的班主任自己确定的,还是上级安排的,班主任都一定要结合本班的学生实际情况确定这次活动的目的,思路清晰,力求实效地开展活动。

(二)精心策划——重视活动的前期准备

1. 不要轻视活动开展前的策划与准备;

2. 不要草率地、简单地开展活动。

在明确了主题班会活动的目的之后,班主任不要急于开展活动,而是应该先好好地思考这次活动怎样开展效果才好,并且像我们学科教学那样对每一个环节进行精心的设计。一个活动开展得好不好,不可小视细节的处理,我们班主任甚至需考虑到每一个学生,考虑到每一个环节时间上的衔接,等等。我们只有充分地做好准备,才能胸有成竹,如愿以偿地使这次活动达到我们预期的目的。

（三）突出过程——情景体验中实现活动的教育目的

1. 不要形式单一地开展活动；

2. 不要忽视活动过程中随机出现的教育契机。

我们有的班主任说，他每次的活动都是有计划有准备的，可当我们实际走进这个班级，就会发现他的许多主题班会几乎都是一套相似的流程。这样的活动和没有经过精心策划的活动没多大区别。

主题班会活动的开展从一开始的目的确定时，班主任就要清楚活动预期想要达到的目的只是一个总的大目标，而这个大目标又是由无数个不同学生在活动中实现的小目标组成的，而这些小目标往往都是在活动开展的过程中实现，在某一个转瞬即逝的教育契机中实现，在学生参与或偶得的那个的过程体验中实现。所以班主任开展活动切忌不能对照计划一成不变，而是应该充分尊重学生在活动中的主体地位。

基于以上认识，我认为学校要重视班主任岗位培训中主题班团队活动组织开展方面的学习，不要使这一最常态最应具有实操性的德育教育环节在班主任们偏离轨道的认知中付诸流水、浪费光阴。

三、班级文化建设既注重外在美观，更应与内在思想教育导向紧密结合

优美教室的建设是根据《贵州省教育厅关于加强中小学校园文化建设的通知》要求，为了进一步丰富校园文化内涵，充分发挥环境育人的优势而开展的教室文化环境布置。近几年来，随着活动的深入开展，许许多多的班级都为我们呈现了丰富多彩、健康向上的班级文化环境风貌。但仔细去发现，这项工作的开展过程中，还是不乏只追求外在美观而缺少实际教育意义的教师文化环境布置存在，更有部分老师只是为了应付上级检查敷衍了事。

其实，我们忽视了外在文化表现形式是对内在要求的一种氛围的宣传和营造，忽视了外在文化表现形式是内在要求的具体变现形式之一、是载体，更是师生展现自我、交流互动的一个平台。这个平台可以打破学生间的许多包括成绩在内的差距，是拉近师生、生生情感距离的纽带，是团结共进集体主义思想的孕育和发挥的最佳体验场所。长期以来，我们学校始终坚持要求老师须带领全班学生参与其中，共同设计、动手动脑、集体完成，用集体的智慧构建符合学生年龄段特点、认知特点、文明礼仪和行为习惯养成教育规律的德育环境，推动我校班级文化建设及德育工作的进一步的提高和发展。

　　班级管理是学校教育一角的缩影。所以,学校教育从班级管理细微处着手,加强班主任队伍建设,强化班主任工作管理,夯实班集体建设,在实现学校教育教学理念和目标的进程中尤为重要。最后,借李校长的"用情·用心·用智·用功"八字要求赠予大家,这是我在教育教学工作中的努力方向,四个词语的背后有着许多亟待我们去探索的领域、丰富的内涵,让我们共同努力。

润物无声,回归教育之本

贵州省初中名校长李锦鸣工作室成员

平坝区红湖学校　　王大建

这段时间认真拜读了"润泽教育,做更好的自己"的教育思想,感受颇深,有很多新的心得和收获,先把心得体会汇报如下:

一、"润泽教育"是李锦鸣大半生教育理念的结晶,也是安顺实验学校团队教育精神的总结,是实验学校全体师生教育相融的升华。是"为学生一生奠基的教育",是素质教育下的学校内涵式发展延伸,是着眼于心灵改造和品格建塑的教育,有目的、有计划地运用感化、体验、浸润、熏陶、唤醒等方式方法,对成长中的每一位学生的心理结构进行改造、重组、升华,促使学生在知、情、意、行诸要素健康、和谐发展的教育活动,循序渐进、润物无声的教育理念融入教学行为,最终凝练成"润泽教育"的理念。我为李校长的教育情怀而感动,当校长要有办教育的诚心,有办好教育的思想和方法,能树立前瞻性的办学理念,谋划长远发展;能创造性地开展工作,破解瓶颈难题;能把团队凝聚成一股所向披靡的力量,敢于向高峰攀登,敢于向困难宣战,敢于亮剑图强,志在不断超越。

二、"润泽教育"让我们现在的基础教育逐步远离功利色彩,走向素养教育。现在的基础教育只关注教学质量,实质就是分数高低,而缺乏教育质量,实质是缺乏学生素质的质量,正如李校长说的我们的教育不仅仅是缺人、缺钱、缺政策支撑,还缺校长自己的教育思想,先进的办学理念,科学的管理方式。润泽教育有深刻的内涵:以生为本,唤醒心灵,教育无痕,润物无声,不求功利,只求给学生以理想的生活、人性的追求、境界的提升、心灵的陶冶、情感的体验等,最终把学生培养成"全面发展的人"。

三、"做最好的自己"能够让所有的孩子找到自己努力的目标,都能享受的公平的教育,都能够通过自己的努力享受成功的喜悦。

四、"润泽教育"给我们安顺和贵州基础教育指明了方向,这种思想能够化为

行动,能够让学生终身受益。在安顺市实验学校全体老师的努力下,"润泽教育"有理论框架,更有实施的行动:

1. 有人本论和教育多元智力理论,也融入了建构主义理论。教育人本论的内涵可以概括为"一基"与"三发"。"一基"就是基本思想,强调尊重、关心、理解与信任每一个人。尊重就是要尊重每一个人的人格,针对学校教育来说,不仅要尊重优秀生,同时也要保护所谓"差生"的自尊心,一视同仁地爱护他们。在学校中,我们必须实施"爱"的教育,让每一个学生都浸润在"师爱"的阳光中。"三发"是指发现人的价值,要通过教育,引导学生充分认识自己的价值,从而尽可能把各自的主动性,积极性和创造性激发起来;二是发现人的潜能,具有可能性的潜能必须通过教育的发挥,才能实现其向现实性的转化;三是发现人的个性,个性是人们的世界观,现实态度,心理特征,行为方式等的集合体现,它具有共同性的一面,也具有差别性的一面。每个人在共同心理的背景上,显示出五彩缤纷的目的和内容,以便有计划有步骤地加以培养。提倡在教师指导下的以学习者为中心的学习,也就是说,既强调学习者的认知主体作用,又不忽视教师指导作用,教师是意义构建的帮助者、促进者,而不是知识的传授者与灌输者。

2. "润泽教育"能够转化为行动。"润泽"是一种文化的润泽,心灵的润泽,实验学校着力从人文环境、课程教学、管理服务等诸多方面营造知识、情感与智慧的教育体系。

(1)文化润泽——以文化人,润而无声。"经典与人文"共融的物质文化,"特色与多元"并举的精神文化,"科学与创新"引领的导向文化。注重文化渗透的原则,将"理"(礼)融入其中。重视校园人文景观建设,形成"十园一苑一花圃、一亭二廊一池石、四树两花一竹林、一馆六室二站台、二屏二报三橱窗、奇石浮雕动感地、名人雕塑读书角"的校园特色。校园的每一块墙面和每一个角落的充分利用,赋予了校园一花一草,一砖一瓦丰富的文化内涵,使之成为传播教育思想的得力助手,成为润物无声的有效载体。确立"为学生一生着想,为祖国明天奠基"的办学理念和"不止领先,追求卓越"的学校精神,完善"一训三风",形成"明德、笃学、崇实"的校训,提出"管理强校、质量立校、人才兴校、文化铸校、安全稳校、和谐荣校"的工作思路和"办学理念高层次、学校管理高水平、学校队伍高素质、学校文化高品位、学校成绩高质量"的具体要求,达到"全市示范引领,贵州一流,全国知名"的办学目标。我深刻的体会到"文化育人,文化润泽"的内涵。

(2)课程润泽——启迪智慧,润而自主。"激趣适宜"的课程设置,"分层有序"的课程管理,"多位一体"的课程评价。润泽教育的课程体系强调的是知识和技能的有机整合与综合应用,形成以学为中心的教学思路,在此基础上构建宽松和谐、丰富多彩的润泽课程体系,从而调动学生内在的积极性。学校将牢牢把握好课程标准这一主导,组织教师研读课程标准和学科知识双向细目表,通过开展幼儿衔接、小初衔接、初高衔接的方式,整合优化课程资源,让目标落地;采取整合为主,增删、调适、构建为辅的方式对教学内容进行拓展;在各学科内进行整合的同时,积极进行学科间整合的探索。课程润泽是难点,实验学校突破了难关,也让我们在实际中能够贯彻实行。

(3)德艺润泽——求真向善,润而广博。干部队伍"讲正气、有才气、成大器",广大教师"爱学生,师德馨,教艺精";教职员工"爱岗位、讲团结、做奉献";全体学生"重品行、健身心、强素养"。在教师队伍建设上,必须紧紧抓住师德和师能两条主线,通过全员参与、梯级培养、重点突破、定期考核和动态管理,整体助推师资队伍的优化。

(4)活动润泽——和合通济,润而通达。"感悟"教育,润泽心灵;"韵动"教育,激活生命,"无痕教育"根植习性。

五、润泽教育让我坚信教育能够大有作为。"润泽教育"让我们的教育实践富有魅力,教育探索永无止境。润泽教育的价值意义,就是学生、教师、学校三者的深度融合,强调教育的无痕与感悟,注重学生的启迪与激励,是快乐教育、幸福教育、公平教育的拓展和延伸,他的终极目标是育人,即为了人的全面、和谐、可持续的发展。我坚信在润泽教育的影响下,我会有更大的勇气和信心去从事现在的基础教育,也相信我们的基础教育会大有可为。

《润泽教育　做更好的自己》读后感

贵州省李锦鸣初中名校长工作室学员

安顺市实验学校　罗　梅

在社会功利主义横行、不少学校存在应试教育的今天,有这样一位校长,他并没有因为世俗顽固的力量放弃思想,放弃呐喊,放弃自己的教育情怀,这是难能可贵的。李校长提出的润泽教育相对于宏大的教育理想来说可以说是一种微思想,当看到文章中如何把教育思想变成教育实践的时候,我意识到这种思想背后的教育理想,是一种教育工作者、教育管理者、办学者的宏大的教育理想。李校长的创新不是刻意的,是一种自然产物,是必然行为。

润泽教育在我理解就是要求我们广大教师要用善心、爱心、童心、慧心、耐心于潜移默化的过程中引导教育学生,摒弃填鸭式的教学模式,不硬把孩子塞进我们设计的模式之中,在充满爱、美和诗意的环境中无拘无束地成长,强调以情感启迪情感,我认为润泽教育是感染的,是熏陶的,是浸润的、是在润物细无声中的大爱。

作为学校的一名英语教师,同时也是政教德育工作人员,我从两个方面谈谈如何在教育教学实践中理解和落实好润泽教育要求。

一、在英语教学中实践润泽教育

英语学科作为一门非母语语言教学,必须强调氛围营造和基础积累,在实践中,我发现以下规律,即学生父母拥有一定英语基础的,往往学生就能因家长的影响,或至少是意识上的重视,在英语学习中取得一定先机。这同时也证明了润泽教育的客观正确性。由于非母语,学生缺乏环境,我认为可以从以下方面着手实践润泽教育,营造较好的学习环境:

1. 兴趣爱好的培养

人们常说:"兴趣是学习的最大动力。"所谓"兴趣"实际是每个人的情感因素,表现在学习上是喜欢爱好还是厌恶放弃的感觉、态度与行为。因此,作为英语教师首先应该培养学生的英语情感品质,对英语产生兴趣,树立学好英语的信心。很多老师常常叹息,把能教的都教授清楚了,可以说是倾囊相授,可是学生成绩提高不明显。是的,很多老师知识渊博,课堂上侃侃而谈、挥洒自如,至于学生是否听懂了,对知识掌握程度如何,学生有无"学"英语的兴趣全然不知,这种教学说明老师只顾备教材,而没有备学生,管了自己的教,尚未管学生怎样学,有句话说得好"先生的责任不仅在教,更在教学生学","教的路子必须根据于学的路子",教与学才能相得益彰。自己在平时的教学中除了严格要求学生外,也曾自觉不自觉地运用情感激励法,有意识的创造有趣的学习氛围和语境,让学生在小组活动中发现自己的优势,不断大胆锻炼和开口,在教师情感的鼓励中激发学生的求知欲,从而在愉快和谐的环境中接受知识。

二、在政教德育工作中落实润泽教育

作为从事政教工作的我来说,德育工作更多的是在开展的课堂教育、综合实践活动中、对学生的人文关怀教育中,更多的是在学生中培育践行价值体系,弘扬中华传统美德,切实把社会主义核心价值体系融入学校教育全过程。使学生逐步形成自主发展的人格,确立自我发展的目标,并对较大的目标进行合理的分解,积小成为大成,逐渐达到理想的境界。组织丰富多彩的有益于学生身心健康的课余活动,使他们在尽情玩耍的同时养成良好的言行习惯。布置能够体现学校价值取向的物质环境,提倡教师用文明的言行为学生作出正面的示范。倡导对教师与学生"提同样的要求,守同样的规范,玩同样的活动"。引发让教学走向学教,让教室成为学室,让学校成为学习者的乐园,让师生在自主发展中体悟幸福。

1. 抓好阵地建设

在工作中,我深知德育阵地建设的重要性,一直以来,学校定期开展如道德讲堂,少年模拟法庭、辩论赛、国旗下讲话,团队活动等活动,创设一种"体验型德育"以丰富的活动、有效的激励和师长的表率为抓手,引导学生养成良好的道德行为,让学生在自然经历中感悟。让学生置身于德育的特定环境,接触客观德育因素,激发其主体意识,能动地参与德育实践。关注学生心理健康成长,构建精准帮扶教育体系。并引起学生积极的情感共鸣,潜移默化地受到高尚人格的熏陶和积极言行的影响。

2. 教师德育培养

俗话说"要给人一碗水,自己要先有一桶水",李校长的"润泽教育"理念里也着重强调了教师队伍建设的重要性,因此,作为学校德育工作的主要承办科室,我们在教师中应加强教师思想引领意识,把润泽理念植入教师内心。

(1)上好"开学第一课",传播学校文化理念,传递教育者的感受。坚持开好每学期开学初例会,上好教师返校第一课,强化学校核心理念,提升教师的责任意识,准确地传递了学校新学期的要求,激发了教师的工作热情。

(2)精心设计,让传统活动焕发生机,在管理中体现"润物无声"。定期开展主题活动,给教师以交流与展示的平台,促教师在不断的思想碰撞中提升认识水平是促进教师职业道德提升的有效方式,也是构筑学校文化的一部分。在我校的实践中,聘请专家讲座、组织演讲比赛、开办教师论坛等活动,让每位教师获益匪浅。

3. 关注学生心理健康成长,构建科学完整体系

(1)完善问题学生台账,关注学生身心健康。在原有的学生台账基础上,做到定期删减完善,确保第一时间掌握问题学生的生活、学习、行为习惯现状。同时学校职能科室、班主任根据台账掌握情况,结合学生实际及时与家长联系,进行教育引导,切实解决学生成长过程中出现的问题、困难,促进学生身心健康,全面发展。

(2)构建精准帮扶体系,坐实帮扶巩固培优。按照学校"学困帮扶、巩固提高、培优拔尖"的学生帮扶教育要求,从职能科室到各年级各班,从班主任到学科教师,共同参与,分工协作,着眼关注,构建学生帮扶教育的精准体系,从"学困帮扶、巩固提高、培优拔尖"的角度出发,以心理健康教育和行为习惯养成教育为切入点,实现学生帮扶教育点线面的有机结合,探索行之有效的教育引导方法,有针对性地帮助不同学生科学的进步、成长。

(3)分段实施品德养成教育,形成德育长效机制。以《中小学生守则》(2015年修订)为指导,根据中小学不同年龄段的特点制定不同年级、不同学段的德育具体要求和活动常规,按梯次递进结构形成规范化和序列化的德育内容及实施要求。小学阶段重点抓习惯、重养成,进行诵经典、遵法纪、讲文明、爱学习、爱劳动、爱锻炼、爱集体、爱家乡、爱祖国的教育,培养良好的学习和生活习惯。初中阶段重点抓体验、重实践,让学生在具体实践活动中认识自我、体验美德、健全人格、遵守公德,培养爱国情感,掌握基本的道德规范和法律常识。深入开展"争做'习德致美'好儿童"和"守则记心中做'求真向善尚美'好少年"活动。坚持贴近实际、贴近生活、贴近学生,坚持知行统一,坚持自律与他律相结合。

根据学生的年龄段特征,结合学生的生活实际,循序渐进,寓教于乐,注重体验,注重细节,形成常态,真正做到有要求、有措施、有检查;见行动、见过程、见实效,增强养成教育的针对性和实效性,帮助学生良好行为习惯的养成由强化期逐渐进入稳定期,形成自觉性。

以上是我认真学习《润泽教育 做更好的自己》的一些感想,知易行难,其路漫漫,润泽教育是一个宏大的课题,今后的教育教学中,我将继续学习、探索、实践。

润泽教育,让生命更加精彩

——李锦鸣工作室培训有感

贵州省李锦鸣初中名校长工作室学员

安顺市西秀区鸡场中学 肖明军

从我 2008 年 9 月 1 日走上讲台那天开始,我的周围总是充满了不理解,他们认为教师是一个清贫而乏味的职业,所做的工作只是在教室、办公室、寝室三点一线而又忙忙碌碌的职业。相反我很庆幸我成为一名光荣的人民教师,我有一份稳定的职业,坐在办公室里风吹不着,雨淋不着,一周还有两天的休息日,同时还享受每年两个长长的假期。比起室外劳动的建筑工人、比起没有固定工作的临时工人,我真的感到幸福!当老师,我可以接触许多的学生,有的内向刻苦,也有的聪明开朗,我成为了这中间的孩子王,这样一圈一圈的年轮下来,自己也变成了一位成熟稳重的教师,成为一名颇具幸福感的老师。

教书的时间久了,我愈发喜欢待在孩子们的世界里,因为孩子们的世界很简单,在他们的世界里,我感觉到单纯和透明,这样的世界是最真的。当我们用我们的爱心去对待这些孩子的时候,同样也会有爱环绕在我的周围。就像李锦鸣校长的所说的、所做的一样,用心关爱学生,润泽心灵,才能做更好的自己。

作为一名教师,我越来越体会到教师不仅仅是教给学生知识,更重要的是要理解、尊重、包容、鼓励、赏识、平等对待每一位学生、要严格要求学生以赢得学生的信赖,从而成为学生成长路上的奠基石。

一、用心关爱、尊重、包容学生

作为农村学生,由于环境的不同,教育背景的不同,学生的综合素质相对较差,这时候更需要我们充分理解学生,尊重学生的人格,甚至去包容学生的一些缺点。而不是一味严厉批评、大声训斥,这样只会增强学生的逆反心理,甚至会让一部分学生觉得自己一无是处,甚至破罐破摔。记得我刚接手一个九年级(3)班时,就听其他老师说班里有个"混世魔王",大错不断,小错频繁,是政教处的"常客",听到这些,我的心情一下子落到了低点。不过我很快恢复过来,到学生中间去了解,原来这名学生的父母很小的时候就外出务工,爷爷奶奶对他从来爱理不理,了解到这种情况后,我主动找他谈心,从各方面去关心他。有一天,在我的办公桌上有一张他写的纸条,上面只有三个字"谢谢您!"那时,我觉得每一个学生都需要我们老师的关爱,如果我们真诚理解他们、关心他们,深入到学生的内心,学生就会把老师"当作他们最亲的人"。其实我们每个老师用我们的爱心为他们编织一双翅膀,每个孩子都能在蓝天下飞翔,而看着他们飞翔,就会带给我一种至纯至真的幸福,在这种情况下,我没有办法不幸福。

二、善于发现学生的闪光点,鼓励、赏识学生

学生个性有差异,思想有差异,但不等于学生一无是处,每一个人都有自己的优点,学生也不例外,在他们的身上也有属于他们的闪光点,关键就在于我们教师要有一双善于发现、甚至挖掘的眼睛。学生需要我们的肯定,这样他们就能在班集体中找到自己的一席之地,从班集体中获得喜悦,从而感受自身存在的价值,从而获得前进的动力。

三、承认差异、平等对待每一个学生

我们必须承认,我们所面对的是有意识的学生,学生之间存在差异,我们不能按照整齐划一的标准来评价要求每一个学生,更不能厚待优等学生,歧视后进学生,善于去发现他们身上的优点,平等地对待每一个学生。

我记得有一位教育家说过:"没有教育不好的孩子,只有不对的教育方法。我们在教育学生的时候,如果学生知道他是在接受教育,这种教育刚开始就已经失败了。"所以我们在面对学生时,如果用一种无声的润泽教育,用心关爱,才能使学生树立坚定的信心和坚强的毅力,才能充分挖掘学生的潜能,才能实现育人的愿望。我们教师才能做更好的自己。

我执著地热爱着我的职业,对每一项工作都赋予了极大的热情和认真的态度,无论什么事,我都会微笑着面对,认真的对待,在这小小的三尺讲台上,我付出了很多,但我也得到了很多,生命只有短短几十年,为什么要让痛苦的时间围绕我们呢?我相信,魔鬼也会害怕天使的微笑,只要我们微笑,只要我们快乐,我们就

能轻松地赢得幸福,让我们大家一起快乐微笑,一起追求属于我们的幸福。爱心无痕,幸福永远!

在教育这块热土上,我会在自己的三尺讲台上耕耘每一天,收获每一天,反思每一天,成长每一天,快乐每一天,幸福每一天! 我是一个追求幸福的人,在今后的执教生涯中,我希望和更多的同行们分享我的幸福! 和我一起向幸福走去吧!

润泽教育引领学校发展

贵州省李锦鸣初中名校长工作室学员

安顺市西秀区青山职中　　任福海

自参加李锦鸣校长工作室学习以来,通过对《润泽教育　做更好的自己》李锦鸣办学思想的学习,并于 2016 年 3 月 10 日到普定四中参观学习,聆听了李校长对润泽教育思想的解读,受益匪浅,结合学校实际,有如下感悟,与各位共享。

青山职中位于安顺市西秀区轿子山镇青山村,占地面积 20000 余平方米。学校始建于 1984 年,是一所农村初级中学,现有 12 个教学班、500 多名学生和 40 余位教职员工。近年来在各级领导的关心指导下,在社会各界的支持帮助下,在全校师生的共同努力下,学校办学条件逐步改善,学校文化逐渐形成自己的特色,学校有了一定的发展。

一、确定办学理念,打造学校文化

1. 重视学校发展状况的自我诊断

我们广泛征求退休老同志、学校教师、学生及其家长以及周边社会资源对学校发展的意见与建议,对学校现有状况进行全面的分析,找准问题,确定突破口,初步确定学校办学理念。

我校抓住学校规范化建设这个机遇,从做学校发展状况诊断入手,通过教师访谈、社区走访、家长座谈、学生问卷等多种形式,对学校进行深入分析。基于学校目前的基础和面临的问题,制定了学校发展规划(初稿),以团队合作为抓手,重树青山职中辉煌为目的。

2. 开展学校文化建设,形成办学特色

在学校义务教育均衡发展的背景下,区政府加大对各级各类学校的投入,学校硬件建设逐步完善,我们将踏上学校文化建设快车道,逐渐完善学校发展规划,逐步渗透润泽教育理念。我对润泽教育的核心价值观认识,具体表述为:

①润泽教育的本质需求是回归生命的自然成长；

②润泽教育的基本条件是对所有人的全方位润泽；

③润泽教育的教育形态是润物细无声的综合感召；

④润泽教育的教育目标是启迪智慧、润泽生命；

⑤润泽教育体现了对教师职业的理解与追求。

3. 全方位建设，营造浓郁的学校文化氛围

随着学校文化体系的不断完善，我校将从"全方位润泽"的角度出发，进行学校文化标志性建设，合理规划：在校园中显眼位置布置教育方针，"三风一训"；在楼道内，以社会主义核心价值观为主题；教室内外，学生自主设计展示、创意尽显。有形的空间时刻熏染着经过的每一个人，色彩清丽、含义鲜明的校徽、不断更新的校园网站、校园广播等也在无形中传递着学校的文化理念。

二、立足校本教研，引领教师发展

当学校核心教育理念的框架形成之后，如何引领教师实践与探究就成为学校很长一段时期工作的重点。

学校是教师生命的舞台，在教师专业发展中，教师的"自主发展"是一个生命体自主学习、自我完善、自我超越的过程。为了引领教师自主发展，我们根据我校教师队伍的特点探索出了"反思——融合——引领——共享"的教师队伍建设专业发展之路。

1. 加强教师反思机制的研究，让反思成为每个人的常态行为

为了促进教师对个人教育行为的反思，我们在学校管理中刻意强化了自我反思的作用，引导教师在日常工作和生活中常问"为什么"，常想"怎么办"，以及"还能怎么办"，使大家逐渐形成深入思考的习惯。我们通过专题讲座、校刊宣传反思的必要性，指导教师把握反思的内容与方法。同时，我们鼓励每一位教师每周坚持撰写反思日记。经过一段时间的引领，目前，教师们具备了一定的反思能力，反思日记的内容不断丰富，从最初统一格式、提示内容，被动完成，到现在的主动撰写，个性纷呈，单独成册，教师们逐步养成了对个人的工作过程、工作效果进行及时剖析的习惯。而每月一次的反思交流制度，也在很大程度上固化了教师的反思行为。教学反思与教育教学实践的紧密结合，给教师带来了快乐和成功。

2. 促进教师的融合，通过多种形式的活动强化"群体"意识，以集体智慧汇聚出不竭的源泉

为了促进群体中教师个体的相互融合，我校在教育教学研究过程中经历了

"打破壁垒,沟通先行;组内研讨,集体展示;个人反思,群体诊断"的校本教研三部曲,并提出"同组听评研讨、同段听评研讨、结伴听评研讨"的要求,督促教师扩大听评课研讨的范围,增加"研修伙伴",使"分享"成为有源之水。变化的管理思路使教研活动焕发了活力,建立起教师间合作性的关系。

3. 加强思想意识引领,把润泽理念植入教师内心

(1)上好"开学第一课",传播学校文化理念,传递教育者的感受。

近年来,我校坚持上好每学期"教师返校第一课",提升教师的责任意识。"做最好的自己"、"做最好的教师"、"做人、做事、做教师,同心、同德、同发展""本色做人、出色做事、特色发展"等新学期第一课主题会议,准确地传递了学校新学期的要求,激发了教师的工作热情。

(2)用心设计,让传统活动焕发生机,在管理中体现"润物无声"。

随着学校文化氛围的不断形成,我校的教师引领传统活动也在变化中传递着"润物无声"的原则。

随着学校的发展,我们坚持根据学校和教师发展的需求,重新诠释"师德"的具体内涵,提出与学校文化氛围相一致、与教师个人思想认识相一致、与教育教学需要相一致、与学生生命发展相一致的新的自我要求。

定期开展主题活动,给教师以交流与展示的平台,促教师在不断的思想碰撞中提升认识水平是促进教师职业道德提升的有效方式,也是构筑学校文化的一部分。在我校的实践中,聘请专家讲座、组织演讲比赛、开办教师论坛等活动,让每位教师获益匪浅。

学校努力唤起教师的工作热情,不少教师在工作中自主结合,开展更有针对性的研究,积极开发和整合社会资源,为学校发展服务,为学生的成长服务。

让生命在教育中诗意地栖居,是我们的追求。在今后的工作中我校师生将在"启智明慧润泽身心"的过程中,不断展示生命的意义,不断创造生命成长的奇迹。

研修学习心得

贵州省李锦鸣初中名校长工作室学员

紫云县板当中学　彭进焱

　　3月10日下午，我有幸参加贵州省初中名校长李锦鸣工作室专题研修培训学习。虽然时间很短暂，但是这次培训学习中，能够得以和诸同行交流，向他们学习，使我开阔了眼界、拓宽了思维，更加明白了作为一个学校管理者，尤其是为人师者的责任和使命，受益匪浅。

　　此次研修培训学习是以普定县第四中学为基地，首先参观了普定县第四中学校园文化建设情况，郑厚贵校长就学校的校园文化、教学常规和管理文化进行介绍和经验分享交流。该校的校园文化建设工作中，我很赞同其中的优化学生食宿环节、打造特色学生食宿文化、住宿生要求统一铺盖、新生入校的队列队形、铺盖折叠等准军事化管理，这种做法使学生在住得开心、吃得舒心和家长放心的同时，无疑会使学生更好更快的养成良好的行为习惯。另外，与会者就如何打造一个学校的校园文化也作了一些交流，我认为，一个学校的校园文化，必须要定位准确、特色突出。

　　在聆听学习贵州省初中名校长李锦鸣工作室（坊）主持人、坊主、省人民政府督学、安顺市中小学名校长、实验学校党支部书记、校长李锦鸣作的"润泽教育，做更好的自己"讲座中，关于"润泽教育是一种为学生一生奠定基础的教育，是素质教育下的学校内涵式发展延伸，是着眼于心灵润化和品格建塑的教育，是教育者针对儿童素质现状，有目的、有计划的运用感化、体验、浸润、熏陶、唤醒等方式方法，对成长中的每一位学生的心理结构进行润化、重组、升华，促使学生在知、情、意、行诸要素健康、和谐发展的教育活动"的论述，实际上已经不仅仅是对校长的要求，更是针对我们所有的为人师者了，李校长还谈到他的教育情怀，这一点，引起了我强烈的共鸣，深深感染了我，让我更加感到了为人师者，传道、授业、解惑的责任重大和至高无上的荣誉感。为人师者，最初我的选择也许是被动的，我曾经也无数次徘徊过、犹豫过,今天,聆听李校长的教育情怀,我庆幸,我坚守,无怨无悔,润泽学生,传道、授业、解惑。

李校长在"润泽教育的内涵"中,首先论述了润泽教育的精神内涵,指出了润泽教育就是要以学生为主体,课堂为阵地,开展师生之间充满活力的思想、文化、情感的交流活动,老师给予学生的不仅仅是书本的知识,更多的是精神的传承、智慧的启迪。因此我认为,在此过程中,老师必须要具备更高的综合素质,有句话讲得好,"什么样的将军,带出什么样的兵"。李校长还强调,润泽教育是唤醒心灵的教育,是教育无痕的体现,核心内容就是"激励、唤醒、鼓舞"和润物细无声,是一种教育的美学哲学的境界,我认为,这是高超的教育艺术,是教育艺术的最高境界。

在"润泽教育的理论支撑"部分,李校长从"教育人本论"、"教育中的多元智力理论"、"建构主义理论"三个方面来夯实"润泽教育关注学生人格的生成与发展,它是价值引导和自主建构的和谐统一。从学生的成长过程来说,是精神的唤醒、潜能的开发、内心的敞亮、主体性的弘扬与独特性的彰显"这一理论。"教育人本论"要求老师育人要发展学生的个性,按照学生智力与性格的个别差异,循循善诱,因材施教;"教育中的多元智力理论"则给为人师者提供了一种多维地看待人的智力的视野和方法,其广阔性和开放性对于我们正确地、全面地认识学生具有很好的借鉴;"建构主义理论"则是提倡在老师指导下的、以学习者为中心的学习,即既强调学习者的认知主题作用,又不忽视老师指导作用,老师是意义构建的帮助者、促进者,而不是知识的传授者、灌输者。

"润泽教育的实施"里,李校长再次指出,"润泽"是一种文化的润泽,心灵的润泽,强调通过教学、课程、教师、学生等诸多方面产生整体的影响与感召,要求学校要着力从人文环境、课程教学、管理服务等诸多方面营造知识、情感与智慧的教育体系。具体提出了"文化润泽"、"课程润泽"、"德艺润泽"和"活动润泽"等及实施的具体办法。

李校长在"润泽教育实施的原则里",论述了协作性原则、体验性原则、启发性原则、差异性原则、建构主义原则后,反思润泽教育要在质量教育上下功夫、要在快乐教育上下功夫、要在幸福教育上下功夫、要在公平教育上下功夫。总之,润泽教育是一种以文化为基石、以情感为纽带、以润泽对话为平台,打造学生的健康心灵,构建"精神家园",实现学校的全面、和谐、可持续内涵式发展。在具体实施过程中,为人师者,我们将继续学习,不断提升自己,做更好的自己,不断深化、拓展和丰富润泽教育的内涵和外延。

学习《义务教育学校校长专业标准》的心得体会

贵州省初中名校长李锦鸣名工作室学员

西秀区跳蹬场中学　宋深坎

2016 年 9 月,在安顺市教育局的组织下,我有幸成为贵州省初中名校长李锦鸣名工作室的学员,按照工作室的安排,我在 2016 年 10—11 月学习了工作室跟岗学习资料《义务教育学校校长专业标准》,它将校长核心工作划分得更加专业化,具体化,使我们的工作可以有章可循。通过学习,作为担任初中校长只有三年的我,更加明确了自身专业发展的基本准则,增强了发展的自觉性,认知了自己身上的责任感和使命感。对照过去,展望未来,感触颇多,受益匪浅。

一、强化专业发展是前提

有人说,一个好校长就是一所好学校。作为一名教育工作者,学校的管理者和领导者,校长自身的专业化水平直接决定了学校团队的专业化。校长就只有在自身的专业知识、专业品质、专业能力等方面有大的发展与作为,才能谈得上成为专家型、精英型校长。因此为了造就更多的实施素质教育的带头人,打造更多的专家型校长,校长的专业化发展是必须的更是必要的。

初中校长是一门专业性很强的职业,主要有以下几个特征:一是应该具有独特的专业知识和技能体系,必须接受相应的专业教育和训练。二是应该享有专业上的自主权,学校应该如何办学,怎么管理,应该依据教育政策法规由校长自主决定。三是有规范的职业道德与专业伦理。四是有正规的专业组织团体。

《义务教育学校校长专业标准》以校长的核心目标为统领,具体可以划分为六大领域:规划学校发展、营造育人文化、领导课程教学、引领教师成长、优化内部管理、调适外部环境。其中,"规划学校发展、营造育人文化"体现了校长对学校的价值领导,既坚持了社会主义办学方向,也为学校特色发展留下了空间,是校长专业职责的灵魂;"领导课程教学、引领教师成长"体现了校长对学校的教学领导,这也是提高教育质量的关键所在;"优化内部管理、调适外部环境"体现了校长对学校的组织领导,是提升学校办学水平的管理保障。校长的 6 项专业职责细化为 60 条专业要求。每项专业职责有 10 条专业要求,由专业理解与认识(3 条)、专业知识与方法(3 条)和专业能力与行为(4 条)等三个方面组成,具有比较强的指导性和科学性。

二、提升执政能力是关键

也有人说,校长要有两个境界,一是有一个好校长就有一所好学校,二是一个好校长走了还是一所好学校。可见,一名优秀的校长不仅能够带动一批又一批专业教学能力卓越的教师成长,带动一批又一批孩子健康成长,更能为学校的长远发展带来深远影响。因此校长的领导力如何,执行力强弱至关重要。

在《义务教育学校校长专业标准》的第三部分领导课程教学与第四部分引领教师成长均有涉及校长的执政能力。从专业标准的角度衡量,一个称职的校长,不要求成为全校做事最多的人,但应该成为全校做事最精明的人。下者用己之力,中者用人之力,上者用人之智。因此校长要想提升自己的执政能力就必须炼就硬功夫:健康稳步地规划好学校的发展,科学严谨地搞好管理制度建设,胸有成竹地抓好教育教学质量,沉着冷静地处理好各种突发事件,神奇般地调动师生员工的参与积极性。

作为一名管理者需要做的是,把事做正确;而作为一名领导者所要做的是,做正确的事。那么作为既是管理者又是领导者的校长而言需要做的就是,把正确的事做正确。什么是正确的事?只要是有助于学校发展,有助于孩子健康成长,有助于教师专业发展的事就是正确的事。怎样做正确?完美的策略加强有力的执政能力。

管理者的执政能力能弥补策略的不足,因此校长不仅仅制定策略,还应该具备相当的执政能力。结合我校"十三五"发展总目标,为了使学校回归阅读的书香型学校,学生成为合作学习的共同进步团队,师生成为情感沟通的互动成长集体,我将会精心组建管理团队,制定战略,合理配置各种资源,切实加强科学管理,不断提升学校的组织效能,并在此过程中落实各项计划。与此同时,我也会在培养学校中层干部的执行力上下功夫,因为执行力的提升应该是整个学校范围内的事情,管理者如何培养学校管理人员的执行力,是学校总体执政能力提升的关键。校长作为"学为人师,行为世范"的管理者,我们的一言一行都会影响到教师和学生,我们应该谨言慎行,从身边的点滴小事中来感染教师和学生。"终身学习"不仅是对校长持续提升专业素养的要求,也是教师提升专业素养的要求,只有校长崇尚学习,教师热衷学习,才能带动孩子喜欢学习,这样逐步为形成全民学习、终身学习的学习型社会奠定基础。

　　《义务教育学校校长专业标准》是校长自身专业发展的基本准则,在今后的工作中,我会加强学习,大胆实践,勇于创新,积极参加校长培训和自主研修,努力成为一名专家型校长。

《义务教育学校校长专业标准》学习体会

贵州省李锦鸣初中名校长工作室学员

安顺市西秀区蔡官中学　董　燚

通过对《义务教育学校校长专业标准》的学习,使我认识到这一标准的颁布实施,为校长专业化成长起到了"建章立制"的作用。下面我就五大基本理念谈点个人体会:

一、"以德为先"理念

一所好的学校,要有一个好的校长,一个好的校长必然要有好的德育素养。校长是师生的楷模、是标杆,一所学校的风气、师德、学生的行为习惯如何,校长的行为示范作用是巨大的。因此,校长应该努力做到:要有正确的办学方向,要有较高的政治素质,要有正确的价值取向,要有奉献精神,要率先垂范,要严谨治学,要作风优良。

二、"育人为本"理念

今天的教育就是十年后的今天,百年大计、教育为本。作为校长应该要有国家、社会发展的前瞻性,学校培养的是未来国家的建设者和接班人,培养的是有用之才,因此,学校必须坚持育人为本的办学宗旨,树立正确的人才观,了解什么是"人才",人才必须具备两个条件,那就是"德才兼备",一个人有没有"才",决定对社会贡献大小,但一个人如果没有"德",一定给社会带来危害,所以育人必须把学生思想道德放在首位,把提高教育质量放在重要位置,培养全面发展的人。

三、"引领发展"理念

改革开放的总设计师邓小平说过:"关起门来搞建设是不可能成功的,封闭只能导致落后,落后就要挨打"。因此,校长要将发展作为学校工作的第一要务,校长要有先进的办学理念,要有探索、创新意识,既要善于学习借鉴先进学校的管理、教育经验,但又不能机械的照抄照搬,坚持"以我为主、为我所用"的原则,创造性地把别人好的东西与自己学校实际结合起来,引领学校、老师走适合自己特点的发展门道路。

四、"能力为重"理念

校长是一所学校的核心,他的领导能力直接关系到学校的发展,因此,作为校长要精通业务,要有感召力,要有协调能力,要有决策力,要有突发事件的处理能力等。

五、"终身学习"理念

随着社会的发展,科技的进步,教育的不断深化改革,仅仅只靠经验,可能不够适应学校的发展,校长必须根据具体情况不断学习,终身学习,能使我们克服工作中的困难,解决工作中的一些新问题,因此,终身学习既是个人可持续发展的要求,也是学校发展的要求。

以上是个人学习《义务教育学校校长专业标准》五大基本理念的一点体会,不当之处,还望各位校长批评指正。

《义务教育学校校长专业标准》学习心得

贵州省李锦鸣初中名校长工作室学员

关岭县岗乌中学　陈　坤

2016年12月9日,我有幸参加了贵州省初中名校长李锦鸣工作室开展的专题研讨活动,通过本次跟岗学习活动,我更加深刻地理解了《义务教育学校校长专业标准》的核心内容,它将校长的核心工作划分得更加专业化、具体化。在细细研读了《专业标准》的内容之后,我明确了自身专业发展的基本准则,增强了发展的自觉性,认知了所任职的责任感和使命感。对照过去,展望未来,让我受益匪浅。

一、校长专业化发展是必要的

一个好的校长就是一所好学校。作为一名教育者,学校的管理者和领导者,校长自身的专业化水平直接决定了学校团队的专业化。校长就只有在自身的专业知识、专业品质、专业能力等方面有大的发展与作为,才能谈得上成为专家型、精英型校长。因此为了造就更多的实施素质教育的带头人,打造更多的专家型校长,校长的专业化发展是必须的更是必要的。校长的6项专业职责细化为60条专业要求。每项专业职责有10条专业要求,例如专业理解与认识(3条)、专业知识与方法(3条)和专业能力与行为(4条)等三个方面组成,具有比较强的指导性和规范性。

二、校长领导力与执行力的提升是必要的

教育部副部长陈小娅说:校长要有两个境界,一是有一个好校长就有一所好学校,二是一个好校长走了还是一所好学校。可见,一名称职优秀的校长不仅能够带动一批又一批专业教学能力卓越的教师成长,带动一届又一届孩子健康成长,更能为学校的长远发展带来深远影响。因此校长的领导力如何,执行力强弱至关重要。在《专业标准》的第三部分领导课程教学与第四部分引领教师成长均

有涉及校长的领导力。从专业标准的角度衡量,一个称职的校长,不要求成为全校做事最多的人,但应该成为全校做事最精明的人。下者用己之力,中者用人之力,上者用人之智。因此校长要想提升自己的领导力就必须炼就硬功夫:健康稳步地规划好学校的发展,科学严谨地搞好管理制度建设,胸有成竹地抓好教育教学质量,沉着冷静地处理好各种突发事件,魔术般地调动师生员工的参与积极性。

作为一名管理者需要做的是,把事做正确;而作为一名领导者所要做的是,做正确的事。那么作为既是管理者又是领导者的校长而言需要做的就是,把正确的事做正确。什么是正确的事? 只要是有助于学校发展,有助于孩子健康成长,有助于教师专业发展的事就是正确的事。怎样做正确? 完美的策略加强有力的执行。管理者的执行力能弥补策略的不足,而一个再完美的策略也会死在没有执行力的管理者手中。执行力是学校成败的关键,校长不仅仅制定策略,还应该具备相当的执行力。

《义务教育学校校长专业标准》是校长自身专业发展的基本准则,在今后的工作中,我会增强专业自觉性,大胆实践,主动创新,积极参加校长培训和自主研修,努力成为教育教学和学校管理专家。

三、注重校本教研,引领专业发展

孔子曰:"学而不思则罔,思而不学则殆。"只有学思结合、学研结合,才能将自己所学的东西变成自己的营养,有所发现,有所创新,取得成效。走专业化发展之路是现代教师成长的必经之路,注重以校本培训为抓手,要求教师根据自己的实际情况,绘制自己的专业化成长规划,要求教师认真学习国家及各级各类最新教育文件,以崭新的教育理念投入到教育教学工作,既更新教师教育理念,又使教师在专业化发展之路上走得更扎实。教研活动要常抓不懈,加强集体备课,发挥群体优势,提高备课质量,落实教学常规,引导教师进行教学反思,让它形成习惯,扬长避短,精益求精,把自己的教学水平提高到一个新的境界和高度。

四、提升素质,能力为重

校长是一所学校的核心,他的领导能力直接决定了学校的未来发展方向。同时,校长是一所学校文化符号,他的领导能力直接决定着学校的办学品位。因而作为校长,必须要增强自身能力,从而提升自身素质,那么提升校长能力,应该做到以下几点。

1. 注重加强自身修养,把握正确的政治方向,贯彻执行党的路线、方针和政策。树立科学的世界观、价值观和人生观，不断加强政治修养。深入实际，参与实践，积累经验，逐步掌握教育教学规律，及时处理教改中亟待解决的问题。

2. 顾全大局，正确使用职权，认真对待教职工的影响力。

3. 校长应认真学习，一方面学习教育教学理论，另一方面认真学习教育教学知识和教学艺术，坚持实践、反思、再实践、再反思，强化专业能力提升。练就一身过硬的本领。

五、终身学习，完善自我

终身学习是时代赋予我们的要求。当今是学习化社会和终身教育的时代，教育要面向未来已经成了人们的共识。如果你不生活在未来，明天你将生活在过去。仅靠在学校期间和教科书上所有的那点知识已远远不能适应形势的发展。不仅要有足够新知识和大量的现代信息，而且要有新观念、新思路、新艺术、新技巧。牢记"痴学"是成就人生之本，注重学习，加强学习，善于学习，勤于学习，处于学的状态、学的前沿。系统地学习一些教育专著，多看权威性的教育教学管理期刊，了解更多著名教育专家、行家的观点，了解当前的教育新动态，了解名校长超前的管理理念、管理方法，不断开拓知识和思维视野，提升自己的理论水平和管理方法；同时将向名校长学习、向名校学习、学习他们的管理经验，从中吸取精华，不断完善自己，在理性的认识中丰富自我。

从今以后，我一定把此次学习所获、所悟、所感，应用并指导自己的实践，在实践的过程中不断摸索、改革与创新，为学校的发展贡献自己的力量！

《义务教育学校校长专业标准》学习心得

贵州省李锦鸣初中名校长工作室学员

安顺市实验学校　樊　莉

加入贵州省初中名校长李锦鸣名师工作室这个优秀团队,通过学习,我充分理解了学校要有独特的办学理念,才会有生机和活力。在教育理论和教学理念上有了较大的提升,深受启发,收获很大,对义务教育理念有了全新的认识。

一、对基础教育的再认识

通过学习我认识到基础教育的定位应该是为将来学生的发展奠定基础,追求可持续去"异化"的教育,着重培养学生的思维能力、动手能力、分析问题解决问题的能力,让学生"会学"而不仅是"学会",为学生的未来发展奠定基础。每一个理念都是为了学生的发展为目标,学生的发展意味着教育的发展,教育的发展是以学校的发展为基础。

二、教师的专业发展

1.《中国教育未来二十年发展纲要》的核心内容是:促进教育公平、提高教师质量、实施素质教育。教师专业发展是实现以上目标的关键和前提

2. 教师专业发展的内涵包括专业知识、专业技能、专业精神,专业精神是教师专业发展的核心内涵;教师不仅要有扎实的专业知识和技能,更要有良好的职业态度和高尚的职业精神。

3. 教师专业发展要通过对自己的现状进行分析,然后制定发展目标和规划以及具体的保障措施。

4. 教师的专业发展有利于教师自我完善和人生价值的实现,有利于提高教师的专业地位和社会地位,也是实现教育公平和实施素质教育的保证。因此,作为教师应该自觉的进行专业发展,为基础教育的改革和发展贡献自己的力量。

三、树立前瞻性的管理理念

教育教学领导的内容主要包括：确定目标、配置教学资源、管理课程、监督教师的教案、传递专业发展观、研究教与学的核心技术以及进行科学的教学决策等。教学领导并非是校长一人之事，校长是一所学校教师团队中"平等中的首席"，是学校的"神经中枢"，是师生幸福生活的开拓者和奠基人，是处在教育教学改革风口浪尖之船上的舵手，是学校的核心人物。在学习中我深深地体会到一所学校要想持续发展，并在众多学校中脱颖而出，首先作为学校管理层干部要结合本校实际树立前瞻性的管理理念，为学校创造可持续发展献计献策。一所学校确定了科学的管理理念，教师就有了追求的目标和方向，才能形成合力，才能对学校的各项要求理解透彻到位，执行起来才能富有创造性。

四、五个基本理念，促进学校发展

《义务教育学校校长专业标准》的5个基本理念明确指出，"以德为先"是道德使命，"育人为本"是办学宗旨，"引领发展"是角色定位，"能力为重"是实践导向，"终身学习"是个人素养。每一个理念都是为了学生的发展为目标。学生的发展意味着教育的发展，教育的发展是以学校的发展为基础。因此，不论是学校的教育教学管理者还是执行者都要进行科学的管理，由此带动学校的发展。

五、提炼三修，塑造人格

良好的人格魅力，不仅能吸引人、感召人，更凝聚人。有人说：学校是参天大树，而学校领导好比树根，教师是树干，学生是树叶，要想成就参天大树，必须根深叶茂，也就是说，学校要发展，三者是密切相连的。而身为中层干部，应是校长的得力助手，因而在工作中应注意提炼"三修"。一是修"德"，修职业道德，学做真人；二是修"品"，修炼可贵的品质、良好的品行；敬业勤政、坚韧不拔、把教育事业放在第一位，在教师中树立榜样；三是修"心"谦虚谨慎、修炼自身人格的魅力。

六、终身学习，完善自我

本次通过初浅地读了《义务教育学校校长专业标准》和《多维视角下的学校发展》不仅拓宽了理论知识领域，了解了更多元的办学理念和育人方式，更让我看到自己在理论和业务水平、思维理念等方面的不足，为了让自己有更丰富的理论知识指导实际工作，我要系统地学习一些教育专著，多看教育教学管理书籍，从书籍中汲取养料,充实头脑,不断提升个人素养,开拓知识和思维视野,提升自己的理论水平和管理方法。要精通业务、多加学习,将教育管理理论与学校管理实践相结合,突出学校管理的实践能力和创新能力,随时把握学校的教学动态,熟悉老师们的教学情况,同时向名校长学习,学习他们的管理经验,不断在学习中完善自我、丰富自我。

《义务教育学校校长专业标准》学习心得

贵州省李锦鸣初中名校长工作室学员

安顺市实验学校　　何建刚

今年,我校李锦鸣校长被贵州省教育厅授予名校长工作室,这是我校在学校管理方面取得的殊荣,李校长的教育理念新,管理有方法,使得我校的影响力不断地提升,我有幸能成为其中的一名学员,深感此次机会的难得,我要在这一环境中努力学习,不断提高。

作为一名合格的义务教育学校校长,必须把《义务教育学校校长专业标准》学透学深,这样才能在日常的学校管理中有明确的目标和方向。

《义务教育学校校长专业标准》有五大理念:以德为先,育人为本,引领发展,能力为重,终身学习。

首先,以德为先是作为校长的道德使命,习总书记说过:"国无德无兴,人无德无立"。当前我们的教育正在遭遇多元文化,多元价值的挑战,社会上各种信息通过各种信息媒体,特别是互联网,向同学们扑面而来,不健康的思潮对学生的世界观形成起了不少的反作用,作为学校,就必须是德育教育的主阵地,在教育教学中,渗透德育教育,把社会主义核心价值观植入学生的脑海中,让他们形成正确的世界观和人生观,让他们成为对社会有用的人,我们学校在对学生的教育中,德育教育是重中之重,我们的校训首先就是"明德",明德就是让孩子们明白怎样做人,怎样提升自己的道德修养。

其次是育人为本,育人为本与德育为先是相辅相成的,学校的目标就是育人,怎样育人是摆在每位教育工作者面前的一个课题,当今世界,物联网、云计算、大数据,新兴科技层出不穷,在互联网＋的背景下,如何育人也是每位教育工作者要认真思考的问题,传统教育思想与现代教育思想的碰撞,如何找到一个好的结合点,才能在育人的过程中不迷茫,不走弯路。我校是全国信息技术实验学校,在新的形势下,我们就要更新观念,找到切实可行的育人方法,坚持为"学生一生着想,为祖国明天奠基"。

再次是引领发展,我校作为一所从幼儿园、小学到初中一条龙示范学校,历来对全市都有引领的作用,为此,学校李校长提出了:全市领先,全省一流,全国知名的办学目标,为学校的发展指明了方向。在这一目标的指引下,学校一方面内练发展,自修内功,另一方面在全国各地找了一些优秀的兄弟学校,大家相互学习,不断提高,不断学习新的教育理念和管理方式。

第四是能力为重,常言道:有一个好的校长就有一个好的学校。近年来,我校在李校长的带领下,各方面都大踏步前进,校园环境就像花园一样,校园文化的营造深入到学校的每个角落,综合大楼与运动场即将落成,这一切都彰显了做为一个校长,如果没有能力一切梦想都是只是空想。

第五是终身学习,这是校长的个人素养要求,只有不断学习,与时俱进,及时把握国内外教育改革与发展的趋势。特别是当今时代是互联网+的时代,世界就像一个地球村,信息的交往传达已经打破时空的界限,只有不断学习,才能让学校紧跟时代的脚步,才能以宽广的胸襟拥抱世界。

总之,我要不断学习,不断提高自己的管理水平,为学校的发展,贡献自己的一份力量。

用润泽教育引领学校发展

——学习《润泽教育做更好的自己》的体会

贵州省李锦鸣初中名校长工作室成员

安顺市实验学校　卢　立

　　近期我认真研读了李锦鸣校长的《润泽教育　做更好的自己》的文章,心中很受震动。在研读文章的过程中,突然想到了在前不久的新闻热点上看到的一则报道,内容是林志颖2012年带着儿子Kimi在法国参加当地读书节,读书节规定两周内读的书最多就有奖品,Kimi为此暂停一切活动,成功超越其他小孩背了3本书,工作人员却在活动结束前1周主动送上优胜礼物,并要求Kimi退赛,原因是主办方认为"Kimi是为了读书而读书,却没了解内容",担心会带来不好影响。林志颖得知后虽然生气,但也充分理解工作人员所言,让他有很深感触,直言应该要教育孩子读书是享受,而不是为了完成任务。先不论这则新闻的真实与否,就新闻中出现的现象在我们国家也确实有不少。从事件本身反观当今教育的现状,现在我们的教育更多关注的是知识、技能和分数,甚少关注学生本身,对学生的兴趣、特点与需要,学生的身心发展和人格健全,缺乏正确的引导和培养。真正的教育是关注每一个生命个体的发展如何使学生自主、自由、快乐、幸福地成长,几年前李校长就提出了"尊重学生天性,发展学生个性、培养学生德性"就包含了润泽教育的办学思想,这也成为我教育自己孩子的重要指导思想,所以润泽教育办学思想的提出是符合现今教育发展的大趋势。这与前段时间教育部发布了中国学生发展核心素养研究成果,把中国学生发展核心素养分为文化基础、自主发展、社会参与3个方面,综合表现为人文底蕴、科学精神、学会学习、健康生活、责任担当、实践创新等六大素养,其中也体现了这一思想。《润泽教育　做更好的自己》全文理论框架的五个部分,文化润泽、课程润泽、德艺润泽、活动润泽以及润泽教育达成的目标均有理论支撑和学校办学多年在校园文化建设、课程设置、德艺育人、活动开展等方面的实践论证,列举了许多已经取得成功的实际案例,体现了润泽教育这一办学思想在学校常规教育教学中具备了可行性和可操作性,这在文本中达成的目标部分有体现。

通过对李校长提出的润泽教育办学思想的学习,结合自己的工作实际,我在今后的学校教育教学管理中应当把润泽教育理念贯彻到自己的工作实际中,用以指导工作:一是因校制宜,在广大师生中强化自然而润泽的理念,加强信息化大数据智慧校园建设的推进,使润泽教育理念入脑入心。二是加强队伍建设,我认为一所学校发展,应该有先进的办学思想作为方向指导,有团结奋进的领导团队做出引领,有一支优秀高素质的教师团队作为基础。作为我目前的工作岗位,更多的要注重培养教师起码应该具备两种能力一种态度,那就是课堂教学实践能力,教育科研自我提升的能力和对待本身职业的态度。三是以德润身,加强情境化德育,开发德育校本课程,让学生拥有快乐、善良、自信、感恩之心,让德育工作更加以人为本。四是不断加强对课堂教学有效性的探究,备课想学生所想,上课重学生所需,课后思学生所得,鼓励更多的学生参与到课堂教学活动中来,形成以生生互动、师生互动为主体的自然而润泽的课堂教学局面。五是加快内涵发展,提升学校办学内涵,优化学校教育质量,对学校内部的人力资源和物力资源进行优化配置,把提高教育教学质量作为工作的核心。

李校长的《润泽教育　做更好的自己》把多年来学校开展的各项工作用润泽教育理念一项项进行梳理,把学校各块工作系统化,提炼到一个有理论支撑有实践论证的高度,这为学校今后打造特色教育奠定了坚实基础。

润泽教育的最终目标是育人,点化和润泽生命是润泽教育的核心。我们坚信,学校只要努力追求润泽的教育,努力践行自然而润泽的教育,就会使孩子身心放松,心灵舒展,形成良好的个性品质,润泽一生。

抓好现代信息技术工作
搞好农村学校教师队伍建设

贵州省李锦鸣初中名校长工作室学员

安顺经济技术开发区实验中学　黄兰兰

摘要： 面对新时期教育事业的发展，加强教师队伍建设是学校可持续发展的第一要素。随着信息技术的发展，继之而来的是教学设备的更新、教学手段的更新、教学方法的更新和教学思想的更新。农村学校如何科学而有效地使用现代信息技术与基础课程的教学相结合，提升教师的专业素质，促进教师队伍发展，对实施科教兴国、人才强国战略具有重要的意义。

关键词： 农村学校　信息技术　促进　教师队伍建设

《国家中长期教育改革和发展规划纲要（2010—2020）》中明确指出：百年大计，教育为本。教育是民族振兴，社会进步的基石，是提高国民素质，促进人的全面发展的根本途径。它寄托着亿万家庭对美好生活的期盼。现任中共中央总书记习近平早在 2007 年就曾指出：教育是一项崇高的事业，具有全局性、战略性、基础性和先导性；教师是教育的第一资源，是发展教育事业的关键所在。可见，加强教师队伍建设是学校可持续发展的第一要素。随着科学技术的飞速发展，目前，如何科学而有效地使用现代信息技术与基础课程的教学相结合，相融合，从而促进教师队伍发展的现象在全国范围内普遍存在，而在西部农村地区这种现象更为突出。

国务院在〔2012〕48 号文中指出：深入推进义务教育均衡发展，着力提升农村学校和薄弱学校的办学水平，全面提高义务教育质量，努力实现所有适龄儿童少年"上好学"，对于坚持以人为本，促进人的全面发展，解决义务教育深层次矛盾，推动教育事业科学发展，促进教育公平，构建社会主义和谐社会，进一步提升国民素质，建设人力资源强国，具有重大的现实意义和深远的历史意义。

现代信息技术教学改变了传统的教学模式,使课堂变得丰富多彩。不少农村学校都已经建成或正在建设"班班通"多媒体教室,信息技术教学给农村学校教学带来很多的变化。随着现代信息技术的发展而不断更新、继之而来的是教学方法的更新,教学设备的更新,教学手段的更新和教学思想的更新。所以,无论对施教者,还是对受教者,都存在一个对新知识、新技术的重新认识与提高的问题。

西部农村学校在教育信息化的发展中普遍存在以下几点问题:

一、学校硬件软件环境建设差

信息化硬件设施建设是进行信息化教学的基础,也是实现教育信息化的必要条件。尽管近几年信息化硬件设施得到了一些改善,但学校总体上还处于建设起步的阶段。另外,信息化软件教学资源也明显不足。

二、认知方面支持也不够

大多数教师都提出他们需要有教育技术专业教师来为任课教师提供信息技术支持。任课教师在教学过程中遇到与信息技术知识和技能有关的难题时,由于学校缺乏专业技术的老师,尤其是缺乏能有效开展信息技术与课程整合的专家型人才的支持和帮助,因此用信息技术进行教学的活动受到极大限制,而他们遇到的难题仅靠本校教师相互之间的协作和努力是无法解决的,这就大大妨碍了教学中积极性的发挥和能力的提高。

三、农村教师自身创新能力和实践技能较差

在新课改中,单纯的说教和灌输已远远不能满足素质教育的要求,即中学教学更需要理论与实践相结合。对于比较落后的农村教育来说更是如此。尽管学校的教师接受了一些教育信息技术的培训,但是大多仍停留在理论和简单的操作上,普遍缺乏创新和实际应用能力,因此教学效果也十分有限。在加上受经济条件及交通条件的限制,农村学校与外界交流的机会少,信息沟通差,不便于思想的转换与进步。于是在繁重的教学任务的压力下,教师们大多抱有消极的情绪。

学校"资深"教师处于工作高原期,部分中青年教师理论更新慢,新来的年轻教师虽有活力,但缺少实践经验。面对这些问题,加强教师队伍建设,全面提高教师队伍的综合素质和能力是非常有必要的。随着现代信息技术的运用正在校园内如火如荼的推进,为我们抓教师队伍的建设提供了一个千载难逢的好机会。

一、利用好现代信息技术,抓教师群体,促团队共进

一所学校不是校长一个人的力量就能搞好,团队精神才是一所学校的灵魂,才是一所学校健康发展,长盛不衰的力量源泉。

（一）共同愿景是构建团队精神的基础

学校要制定中长期发展规划，并在新学期制定学校近期工作计划与目标。只有当教师明确了学校的目标后，自觉地把学校的发展与教师个人的奋斗结合起来，才能形成团队的力量。明确地指导教师的教学行为，现代信息技术的应用必然会成为发展的催化剂，更能有力地促进教师团队合力的形成。

（二）显性文化是构建团队精神的内涵体现

学校发展应抓住各种机会促进团队精神的形成。如学校的办学理念、校训、校风、教风、学风等的构建和形成，将直接影响着全体师生的意志，这些显性文化的构建，还能使全体师生形成对主流价值观的认同。随着时代的发展，网络红页，校园局域网，贴吧论坛等这些在互联时代应运而生的显性文化都能营造和体现团队积极向上的精神风貌。

（三）校长模范引领是打造团队精神的关键

人们常说："一个好校长，就是一所好学校。"虽然这句话有些绝对，过高的估计了校长的价值，但它表明了校长在学校中的重要地位和作用。校长是打造团队精神的核心，校长的言行无时无刻不在影响着教师。因此，团队精神的打造校长必须模范先行。这其中就包括了现代信息技术的应用及推广。

二、利用好现代信息技术，抓专业引领，促品质提升

（一）关注教师专业技能和研究能力的发展

新课程改革带来了学生学习方式的改变，学习方式的改变又导致了教师教学方式的改变。因此，在教师队伍建设中，学校要组织教师能力提升培训活动，特别是充分发挥信息技术的优势，如集体备课、教师展示课、学科教研等活动，推行有效课堂评估制度，鼓励教师在探索新课改中申报相关的研究课题，让教师参与到教学实践和课题研究之中，在实践和研究中提升自己的专业技能和研究能力。

（二）关注专业培训，促进教师主动发展

专业培训是让教师吸取优秀教学的做法，避免在专业成长上走弯路。作为学校管理者应该多给老师们创造学习机会，如可以通过网上培训、集中培训、外出学习、听课、骨干教师的示范引领等方式，还可以邀请科研人员指导学校课题的开题论证，中期指导，结题评价等，把握课程改革中出现的新问题。通过这些方式有针对性地为教师教育教学工作提供帮助，拓宽教学思路、提升管理水平，从而获得主动发展。

（三）关注校本研修培训，搭建沟通学习平台

校本研修需要理论的支撑、个人的独立思考、同伴之间的切磋，让教师在校本研修中主动地参与学习。在特色学校的创建中，学校组织教师有针对性的编写校本教材，利用信息技术的优势，文字、图片、音频、视频等多管齐下，并以此为出发点，为教师创设一个相互学习共同提高的学习氛围，也使教育教学中的问题成为教师成长的着力点。

三、 利用好现代信息技术，抓制度建设，促和谐发展

教师是学校的主人，但教师主人翁意识的确立不只是靠宣传和教育，更重要的是要靠相应的机制支撑，才能保证教师队伍的和谐与稳定。

（一）注重绩效评价机制

绩效工资实施目的是改善教职工的工作表现，要实现"拉大距离，多劳多得，优质优酬"的分配目的。如何根据学校的具体情况，合理、有效、科学对教职工评价并产生积极的作用，是每个管理者不可回避的问题。因此，在教师队伍建设中，特别制定科学、规范、到位的信息技术操作方案，鼓励教师们先行先试，敢于探索。将传统教学常规管理的备、教、批、复、考与现代信息技术的融合相结合，充分发挥绩效工资分配的激励导向作用。

（二）加强特殊人才聘用机制

在学校管理工作中，建立特殊人才聘用机制，依托高校专业、科研院所的强大科技力量，校际间互联互通，创新办学模式。从学校有限资金中划拨专款，将其用在刀刃上，聘请专家到校讲学，让教师们有机会聆听专家学者讲座，及时了解和掌握前沿专业知识，激发他们学习创新的兴趣。这不但对教师个人专业发展和工作积极性具有很好促进作用，而且对现代学校管理也具有很好的导向作用。

总之，能否建设一支师德优良、业务精湛的教师队伍，是一所学校可持续发展的第一要素。而教育的规律决定了教师的成长历程，教师的成长是需要一个循序渐进过程的。因此，我们要不失时机地抓住现代信息技术运用这一良好契机，推进教师队伍整体素质的提高。

参考文献：

[1]河南省教育厅基础教育一处编．义务教育均衡发展资料汇编．河南省教育厅基础教育一处，2012.11.

[2]《国家"十二五"中长期教育改革和发展规划纲要（2010—2020）》

［3］《国务院关于深入推进义务教育均衡发展的意见》国发〔2012〕48 号文件

［4］初娜娜主编．现代教育信息技术应用信息技术与学科教学整合的方法与实践．北京：北京出版社，2004.

［5］杨连明著．新农村教师教育的研究与实践．上海：上海科学技术文献出版社，2011.03.

做一个智慧的班主任

贵州省李锦鸣初中名校长工作室学员

安顺市实验学校 李天虎

逝者如斯夫,不舍昼夜,踏上教育工作岗位,不经意间也有十几个年头。十几年的教育经历,和学生相处的点点滴滴,对我而言,是一笔宝贵的精神财富,更是一个个精彩的人生故事。一直以来,受到学校信任,被委以重任,一直担任班主任工作。在班主任工作岗位上,从开始的陌生、忐忑,到现在的游刃有余,这对于我而言,是成长中的一种宝贵经历和过程。

个人认为,当好班主任的第一步就是当好科任教师,教师要给学生一杯水,自己就要有一条有源头的溪水。教师的知识宽厚,对教材的理解就深入,就能从中提取精华传授给学生,并能应用自如,进行生动活泼,深入浅出的教育。在教师不再是唯一的信息来源的今天,一个好的教师,绝不应该仅仅满足于把自己满腹的学识传授给学生,而更应该着眼于教会学生学习的方法,所谓授之以"鱼",不如授之以"渔"。教师的作用,不仅是让学生学会学习,更重要的是让学生学会做人,当孩子们以好奇的眼光探索人生道路,学习怎么做人时,他们模仿和学习的榜样,主要是教师。

自古有"择天下英才而育之",有一部分老师内心这样认为,好学生成就好老师、而我则不敢苟同。固然,作为师者,应有"择天下英才而育之"的壮志,但,重要的是要考量,自身有无这样的能力和担当,而不是归为"好学生成就好老师"。诚然,有一些人也因为这样的偶然成就了自己,问一问自己,我们一定拥有这样的运气吗? 实质上,在现行的时代背景下,为什么学区房炒得如此热火? 究其原因,是学生在择校。但是,我想要说的是,学生在择校的背后,择的其实是老师,班主任。

每一个班主任在接到新班级任命的同时,都会有对新班级的憧憬。而每一个从小学毕业的学生,要到新的学校,绝对对新学校、新环境有一种莫名的期待,小学学生对于自己要就读哪个学校,没有过多的自主权,所以,一个假期中,内心全部都是对新老师、班主任的期待。作为一个有故事的班主任，我仔细整理了自己的一些管理理念和处事心得，和大家聊一聊怎样做一个"智慧"的班主任的话题。

一、打好第一张印象牌，让师生第一次见面水乳交融

第一次见面，经过精心准备，把自己认为最得体的正装整理好，穿上，带着微笑，早早来到教室，然后坐下，静静观察每一个到来的学生。就要在今天挑选出班级的第一个临时的班委，正式的见面介绍，面带微笑的面容，鼓励和肯定的眼神，能迅速地让学生安定下来，第一时间找到归属感，对新班级充满向往和热爱。

二、定好班级管理理念，让家长成为班级管理的助手

每一个学校的环境和管理方法都是不太相同的，无论是学生或是家长，总是习惯的延续以往形成的习惯。这也是我们很多家长常常担忧和抱怨的地方，学生在融入新环境的过程中，往往需要一段时间。如果家长不知道新的班级有哪些需要和方向，那么就会按照自己的理解或者习惯来要求自己的孩子。时间一长，两种不同的要求，会造成学生的不适应，更坏的形成恶性循环。家长就会抱怨自己孩子原来在小学如何如何优秀，怎么来带初中就成了现在的样子，就会有一部分家长把责任责怪到班主任头上，甚至抵触你的管理，严重的还会让你下课。因此，班主任应该第一时间把班级管理的要求，管理理念，发展方向等向家长告知，让家长知道、理解，才能配合你做好班级管理工作。引导和逐渐形成家长委员会，通过家长委员会解决一些学校不宜解决的事情，形成教育合力，让你的管理没有家长阻挠的障碍。

学生的成长与学校、家庭和社会都有直接关系，只有学校、家庭和社会的大力合作才能达到最佳效果。首先，协调班级各任课教师之间的关系，互通情况，共同研究本班的情况，制定切实有效的方法，提高教育教学效果。其次，极力协调家庭及社会各方面的关系，经常和学生家长保持联系，了解学生在家的表现，倾听学生家长对自己工作的意见和要求，经常对学生进行家访，定期召开家长座谈会，组织学生进行义务劳动，参观工厂，听法制宣传等，是非常有必要的方法和手段。

三、关爱学生一生成长，让学生愿意和老师坦诚相待

新的班级，为了教育有的放矢，提高教育效果，学生的学习、生活情况，家庭背景等，都需要我们尽快去掌握。通过各种渠道深入了解班内每个学生的思想状况、个性特点以及生活学习状况，建立学生成长记录袋，特别是经常深入到班级，

深入到学生中去,与学生谈心,帮助学生解决困难。同他们打成一片,做学生的良师益友,在与他们的交往中真正了解他们,真诚相待,一定会赢得他们的信任和尊重,利用自己的切实行动影响他们。由于积累了丰富的真实材料,能针对学生的具体情况,有的放矢地进行教育教学管理工作,一定能够取得理想的效果。作为班主任最应该思考的是如何用自己的方式让学生乐意接受自己,如何与学生产生心灵共鸣。多与其换位,少高高在上,多鼓励、少责备,蹲下来看孩子,要与孩子保持一样的高度,以孩子的眼光看问题,看世界,这样才能真正尊重孩子,理解孩子。因此,与学生进行畅通的交流是班主任工作的基本前提,所以交流沟通要讲究方法,主要注意以下几点:

1. 要站在对方的立场上理解,尊重对方;

2. 全面了解导致问题发生的情形、因素;

3. 对他设身处地了解和理解,并要对方知晓你的意图;

4. 切记不能把同理心当作同情和怜悯;

5. 在问题中找到孩子正确和坚持的事物,加以表扬和引导;

6. 树立正确舆论导向,让学生自动成为班级管理者。

要搞好班级管理工作,就必须搞好班风建设,首先,引导学生制定班级共同的奋斗目标,让每个学生都明白,作为班集体中的一员应该热爱班级,为班级争光,为实现班级共同的奋斗目标而努力。其次,平时注意选拔和培养一批积极分子,由他们带领全班学生参与班级各项制度的制定,如学习制度、值日制度等,由于同学们共同关心,共同监督,提高了同学们的自觉性。再次,经常听取各方面的意见,让学生在民主、平等、和谐的班级活动中正确地认识自己,发展自己。孔子说过:"其身正,不令而行,其身不正,虽令而不从",言传是身教的基本方式,班主任一定要言而有信,言而有度,言必行,行必果,然后果才会甜。

建立健全班委体系,班级是社会的雏形,让学生在班级群体生活中进行着社会角色的学习和锻炼是十分必要的,也是管理好班级的有效方法,班主任要有意识地为学生提供这种自我锻炼和表现的机会;诸如实行班干部轮换制,值周班长,值日班长,见习班主任,助理班主任制度等。

班主任不替学生说学生自己能说的话,不替学生做学生自己能做的事。做好班主任工作,应该开动脑筋,万事讲讲究一个"法"字,管理上要有法,处理问题要得法,遇到问题要积极想办法。

五、人有事做，事有人做，让学生拥有存在感和责任感

把班内的学习、卫生、纪律等事项按班级人数设立岗位。人人都有事做，事事都有人做，通过学生自荐上岗、选岗、竞岗，放手让学生集体讨论制定班级管理条例，并不断对照自己所定的条例来衡量检测自己，通过量化打分，来鞭策自己，从而不断进步。通过这一行为，增强了学生的主人翁意识和责任感，也锻炼了学生的管理能力，学生自己实施、自己监督、自己完善的班级管理体制，还尽可能的提升每一个学生的存在感，增强每一个学生的责任感，找不到无聊的空间。

六、实施三个伟大工程，"学困帮扶、巩固提高、培优拔尖"

种种事实说明，只有坚持"面向全体"，特别是面向中差生才是切切实实的素质教育，做好"学困帮扶、巩固提高、培优拔尖"三个工程，才能促进班风学风的转变，全面进行素质教育。每个学生都有自己的优缺点，充分发挥他们的积极因素，克服消极因素，才能使先进更先进，后进赶先进，如对个别成绩差的学生，坚持用发展的观点看学生，因势利导，化消极因素为积极因素，帮助他们补习功课，指导学习方法，帮助扫除在学习中的障碍；对成绩较好的学生，对他们提出更高的要求，鼓励他们继续努力，好上加好；对于个别"双差生"，寻找他们的"闪光点"，动之以情，晓之以理，在生活上体贴他们，在学习上关心他们，培养他们的学习兴趣，提高他们分辨是非的能力。这样经过坚持不懈的努力，班级会很快形成良好的班风和学风，为全面推行素质教育奠定基础。

七、熟悉和掌握相应的法律法规，依法对班级实行科学管理

《中小学班主任工作规定》第 2 条指出：班主任是学生管理的主要实施者……加强班主任日常管理，维护班级良好的教育和生活秩序，严肃班纪班规、培养学生的规则意识、责任意识是班主任的职责之一。实现以上的管理目标，必须坚持依法管理，否则就会事与愿违。班级规章制度的制定必须有一定的法律法规依据，不能凭借自己的经验和个人的主观意愿。在实施管理的过程中，对学生严格要求是对的，但是应该严而有度，严而有格，不能触犯法律法规的准则。所以班主任要加强法律法规的学习和应用，有效的融入到班级的具体管理事务中来，根据个人理解梳理处理棘手问题。一般来说，班主任在实施教育和管理的过程中，难免和学生特别是教育难度大的学生发生一些冲突。在这个时候，是最容易出错的时候，依法和违法也往往是一念之差。作为教育者，一是要冷静；二是先解决心

情再解决事情;三是要降低一些要求;四是要换位思考;五是要讲究方式方法;六是合理使用批评教育的权利。

班主任要有一颗宽容的心,要允许学生有"偶然的错误"发生和存在,在处理过程中善于从不良事件中找出学生的闪光点,维护学生的自尊心。我们要牢记,没有医治百病的灵丹妙药,更没有医治教育百病的灵丹妙药,永远不可能从某一位成功教师班主任那里克隆出的经验和方法,要有一个善于学习和总结的习惯,不断成长。

班主任工作是一个复杂的心灵工程,不在其位的人,是无法领会其中的冷暖,而班主任工作者们也一定要有一颗充满爱的心,没有爱就没有真正的教育,爱有付出、有收获、有甜蜜、也有辛酸。教师最大的享受和乐趣,就在于觉得自己是学生所需要的,是学生感到亲切的,是能给学生带来希望和欢乐的。师生关系的最高境界是相互欣赏,希望我们都能做一个智慧的班主任。

强化学校文化建设　增强校园育人功能

贵州省初中名校长李锦鸣工作室成员

安顺经济技术开发区宋旗镇宋旗学校　陈孝勇

主题词：　文化　建设　育人

2017年,有幸成为贵州省名校长李锦鸣校长工作坊的成员之一,在李校长的组织下多次参加学习活动,并分别到兄弟学校学习交流,收获颇丰。

我作为一名新的学校管理者,加之易校组织工作,不但没有成熟的管理经验,而且对新环境不了解,在2017年的学习中,侧重吸取他校好的经验为己用,更多的是关注教学管理、人文管理、寄宿制管理和校园文化建设。现就学校文化建设谈谈自己的感受。

一所学校要想真正地办出特色,凸显优势,提高竞争力,就不单单是孤立地开展一些学生主题活动,而是要在凝练学校精神、明晰学校价值取向上下功夫,要在变革学校制度、最大限度地解放教师、促进教师专业成长上下功夫,要在广大师生员工的行为价值规范上下工夫。加强学校文化建设,培育良好的、积极的和有效的"校园文化",是充分实现"教书育人"、"管理育人"、"服务育人"以及"环境育人"的概括。

一、学校文化的重要作用

学校文化价值取向至关重要,它主要是以"美"实现文化的重要作用——教育功能。倡导积极向上的精神,通过文化的育人功能,与社会一些不良现象进行拔活赛,教育学生崇尚积极向上的情操。通过文化宣传进一步证实学校是一块净土,为教师踏实工作找回自尊心,为学生努力学习,立志成才建立信心,为家长对孩子的良好愿望构建放心。

通过学校文化的宣传,扭转社会特殊现象对学校的曲意理解。学校就是学校,是育人的地方,是所有家庭良好愿望唯一的寄托。

学校文化必然要与社会错误流传的"物价通胀化、教育吸血化、食品剧毒化；官员世袭化、警察流氓化、城管土匪化；组织家族化、领导皇帝化、下属太监化；媒体愚民化、法律欺诈化、经济泡沫化；历史篡改化、宣传洗脑化、信仰空白化"相抵触，引导学生健康的成长。树立正确的人生观、价值观和世界观。

二、学校管理者是学校文化的名片

学校管理者是一个普通的社会人。做人德字为先，诚信为本。管理者的言行、所想、态度、为人处世等所彰显的人格魅力和道德力量，对凝聚人心、形成良好校风能起到事半功倍的作用，对学校文化建设起着至关重要的作用。

当今作为学校教育的管理者，具备较强的业务能力和社会交往能力必不可少，但不排除重娱乐文化，轻管理文化、教学文化、教育文化。可以说什么样的领导就会培养什么样的教师。好的学校必然会有好的校长，处于中下层学校的校长也就只能是平平的校长而为之。印证了"一流学校靠文化，二流学校靠管理，三流学校靠权力"之说。

三、弘扬本土文化，实现其教育功能

地方文化的教育功能非常重要，可以通过挖掘地方文化，为学生树立荣辱观，增强对地方文化的了解，激发学生热爱家乡，找到家乡的优越之处，从本土文化入手，学生的爱家乡思想才会升华到热爱祖国，才会真实体验实实在在的爱。

一年一度的春晚、多彩贵州、青歌会、大型体育运动会开幕式文艺表演，都一再挖掘全国各地的本土文化。所以作为学校文化，如果能依托本土文化为基础，学生就会感觉到文化的亲近，感知文化的精神、真正领略文化、传承文化，受到文化的熏陶。

例如在安顺第一高级中学的校史上，"勿忘国耻"碑是学校爱国传统教育的见证，一直立于大槐树旁。追根溯源，其起点就很接地气、与历史息息相关：

1915年，袁世凯与日本签订卖国的《二十一》条消息传到安顺，安顺一中师生的情形激奋，教师周灿云奋笔疾书"勿忘国耻"四个大字，学校将其镌刻为石碑，以志不忘国耻，激发师生爱国热情。

"九·一八"事变后，每当学校集会临结束，校长冉茂森都向师生发问"1931年谁侵占了我们的东三省"？

"你们忘记我们的国耻吗"？

师生齐答"勿忘国耻"。

冉校长领呼"打倒日本帝国主义"！三遍而后散会。

又如雷锋精神，当发现国外在激励外国学生学习中国的雷锋精神时，恍然大悟，"哦，雷锋是我们的，还是学习学习吧"，简直是一种悲哀！

又如所谓的2月14日的情人节、12月24日的平安夜、12月25日的圣诞节这些"洋节"，无数中国人赶时髦、跟潮流聚集欢度，简直爆棚，又有多少人知道其中意义呢？中国的春节、七夕、端午节、中秋节等传统节日，积淀了丰富的历史文化、爱国文化、人文文化，可是却没有"洋节"爆棚。我们的学生又从何谈起文化熏陶。

特定的地方就应该具备相应的文化并发扬传承。看到那些高楼林立，车水马龙，体现的是城市繁荣的文化；炊烟袅袅，鸡鸣狗吠展示的是乡村的风光文化。

安顺几经建设，西秀区政府搬迁"露白塔"，让东西两塔遥相呼应，安顺文庙的维护，王若飞故居的爱国基地等等，在追随历史的过程中彰显了安顺城市文化。而学校又有何理由不挖掘该挖掘的文化，让其成为教育学生璀璨明珠呢？

城市建设依然讲究地方文化，那么学校倡导本土文化更是责无旁贷。

为此，以历史为据，发展本土文化，激发学生爱父母、爱老师、爱家乡，爱学校，他们才会爱脚下的土地，爱头顶上的蓝天，成为具有健全人格的建设者和接班人。

四、找准学校文化建设的定位

在应试教育向素质教育转轨的现行教育中，每所学校一定要结合校情扎实开展文化教育。把升学作为对学校主要的评价标准，一味地追求升学会错失培养方向。教学工作是学校的核心工作，成绩是衡量学生好坏的重要参数，但不是唯一参数。学校应该是一个通过文化育人让学生安全、健康、快乐成长；让每一个孩子的理想、品格、习惯朝着正常人的方向发展；让每一个孩子知识、能力、情感都能快速增长摇篮。

不同的学校有自己特定的情况，生源入口的差别、环境的限制、信息渠道的悬殊、扶持力度的不同、师资力量的差距、严重的缺编现象等将决定最终的升学结果。但育人观是不可改变的，我们该教育什么样的学生应该是清楚的，引导学生如何去发展应该是清晰地，必须高度重视怎样才能让学生记住学校，记住老师、体会老师是他们的恩人，而不是仇人，走出升学"困惑"的盲区。长大后他们才会热爱社会，不负先辈期望，报效祖国。要实现这一要务，学校文化的育人功能必不可少。

蒲松龄曾经说过"宁可食无肉，不可居无竹"表现的就是一种高风亮节的思想，是一种积极追求向上文化的体现。

　　加强学校文化建设,净化社会文化,树立正确的价值观,发挥文化作用,我想诸如 2007 年贵阳六中师生乱伦恋酿造的悲剧;2010 年 9 月 16 日贵定落北河中学轮奸案等等悲剧就会得到有效的遏制和杜绝。

　　现今的教育,德育教育、担当教育、责任教育相对薄弱,教育需要爱,但不需要溺爱,一个人的成长并非一帆风顺,总是饱含坎坷与挫折。立德树人是教育的根本要务。为此,学校文化必须是一种精神,只有实现其育人功能,才是一种完美的文化。

研修学习总结

贵州省李锦鸣初中名校长工作室成员

普定县第四中学　郑厚贵

　　一年来,在李锦鸣校长的引领下,根据工作室年度计划和相关文件精神,认真参与各项学习、培训、考察、研讨等活动,顺利地完成了学习目标任务,现将我个人的学习情况总结如下:

一、名师引领,垂范身先

　　一个团队要发展,离不开上下一心,主持人的示范引领,为学员们树立了榜样。2017年3月在普定县四中做了《润泽教育做更好的自己》的专题讲座,深入浅出地阐述了教育是一个润物细无声的过程,是一个潜移默化需要长期努力和实践的过程,是一个需要老师创新、钻研担当和奉献的过程,绝对没有一夜速成的窍门可循。教育如此,管理亦然。他"孜孜以求",他用行动向我们诠释了"精益求精"内涵,他以自己的管理为榜样启发我们的工作思路和工作方法,指导我们积极实践,用实际行动教会了我们"管理者要有大爱,要能高瞻远瞩,要有担当,要有领导力,更要有执行力"。我珍视每月一次的学习交流机会,其间快乐融洽的学习氛围自不必说,我们在研讨和交流中相互促进,共同进步。

二、取长补短,共谋发展

　　我积极参加工作室组织的每月一次的参观、学习、交流活动,这一活动的开展,既增进了各成员间相互了解,又开阔了视野。工作室在今年3月组织了关于学校文化的专题讲座和交流研讨,让学员对校园文化有了新的认识。从3月开始,李校长带领工作室成员,逐一走进学员所在各校,每到一所学校,都进行实地观摩,全方位了解各校的文化特色,现场召开研讨会,听取该校领导对校园文化、管理文化建设和育人方面等工作的汇报,李校长点评各校学校文化,并提出意见和建议。理论与实践相结合,达到取长补短,共谋发展目的,学员受益匪浅,同时也促进了学校发展。特别是在学校规划、文化建设、课程教学、教师专业发展和学校管理及师生德育、信息化教育等方面,开阔了教育视野,更新了办学理念,提升了解决实际问题的能力。

三、加强学习,提升水平

实施素质教育给中学校长提出了更高的要求,它要求中学校长应具备较好的能力素质,这些能力主要表现在以下八个方面:一是驾驭全局的控制能力,二是周密细致的谋划能力,三是准确果断的决策能力,四是开拓进取的创新能力,五是圆通自如的协调能力,六是沉着冷静的应变能力,七是敏锐准确的观察能力,八是言简意赅的表达能力。我想,要拥有这些能力不外乎就是不断读书学习充电。因此我除了潜心学习作为提升校长素质的教育思想、教育理论、教育方法和管理经验等外,如教育部长袁贵仁的《中小学校管理评价》这一书给予了我们在学校管理、学校教育、学校发展等方面的指导,让我们在学校管理评价方面有了清晰的认识,在我们今后的工作中如何更好地管理、评价等工作指明了方向。还研读了《论语》,从书中找到了快乐的秘密:在工作岗位上努力奉献,努力提升自身道德修养,保持一颗好奇的童心。

四、搭建研修平台,提升个人素养

工作室以活动为载体,通过阅读自修、专题研讨、教育考察等形式促进学员提高理论水平和管理能力。

工作室积极为学员搭建研修平台,提供研修学习机会:"国培计划(2016)——贵州省跨年度递进式名校长工作坊"研修学习,做到了线上线下的学习,充实了课余生活,开阔了眼界,提升了个人素质。

总之,一年的学习交流,我受益匪浅,特别是去浙江大学培训学习期间,通过与参培校长们的交流,了解他们的办学思路,管理方法后,明白自己在这一方面的不足,找到今后努力的方向,尤其是在听了导师们的报告后,更深刻地体会到:自己知识的有限、管理能力尚缺,离做一名智慧的校长的差距。但我相信,在今后的工作中,我将会更加珍惜每一次的学习机会,并将所学所获所得运用到教育实践中,查不足,找差距,来提高自身的灵性、理性、悟性,更新办学思想,不断提升自己的理论水平和管理水平。

争做一个专业的校长

——《义务教育学校校长专业标准》学习心得

贵州省李锦鸣初中名校长工作室成员

安顺市平坝区红湖学校　王大建

有怎样的校长，就有怎样的学校，一个好校长，就是一所好学校，学习了《义务教育学校校长专业标准》（以下简称《标准》）后，对这句话有更深的理解，一个好校长必须是一个专业的校长，必须树立终身学习的理念，永远思考和创新，把所学的和自己学校结合起来。

一、《标准》主要内容：《标准》于 2013 年由教育部公布，有五个基本理念、六项专业职责和实施要求等三部分内容

1. 提出了五个基本理念：以德为先、育人为本、引领发展、能力为重、终身学习。

2. 明确了专业职责：规划学校发展、营造育人文化、领导课程教学、引领教师成长、优化内部管理、调适外部环境

3. 实施要求

二、主要收获和心得

1. 充分意识到校长作用大，影响大，陶行知"校长是一个学校的灵魂，要评价一所学校，先评价他的校长，一个好校长意味着一所好学校，做一个好校长谈何容易，说得小些，他关系千百人的学业前途，说得大些他管理国家与学术的兴衰"。校长之于学校，犹如躯体之灵魂，校长每走一步都要肩负学校这个家。

2. 充分意识到做校长有很高的标准，校长要严格要求自己，要按照《标准》的基本理念去实践。

校长要有道德使命，立德树人，做事先做人，做人先树德，要坚持正确的办学

方向,要为人师表,公正廉洁,关爱师生,尊重师生人格。

校长要有办学宗旨,"育人为本",促进每个学生健康成长,扶持困难群体,推动平等地接受教育,全面实施素质教育,始终把提高义务教育质量放在重要位置。

校长要引领学校和教师发展,学校发展是第一要务,校长是学校改革发展的领头人,承担学生全面发展和个性发展的重任,秉承先进教育理念和管理理念,建立健全学校管理制度,完善目标管理和绩效管理机制,实施科学管理,民主管理,推动学校持续发展。

校长要以提高能力为重,要有实践导向,校长要将管理理论和学校管理实践结合起来,突出学校实践能力和创新能力,坚持实践、反思、再实践、在反思,不断提高校长专业能力。

校长要做一个终身学习的"素养人",要牢固树立终身学习的观念,学习永远在路上,要优化知识结构,不断提高自己的科学文化素养,要与时俱进,及时把握国内外教育改革发展的趋势,注重学习型组织建设,是学校成为师生共同学习的家园。

3. 校长的责任重大,要明确《标准》专业职责

要规划学校发展,明确学校办学定位,注重学校发展的战略规划,凝聚师生智慧,形成学校发展合力,尊重学校传统和实际,提炼学校办学理念,办出学校特色。要诊断学校发展现状,及时发现和研究学校发展中面临的问题,组织社区、家长、师生参与学校发展规划制定,制定学校中长期发展规划,要学会监测学校发展规划,根据实施情况修正规划和调整计划等。

要营造育人文化,了解校园文化建设的基本理念,掌握促进优秀文化融入学校教育的方法和途径,了解学生思想和品行养成过程及教育方法,要用发展的眼光来看待学生。要绿化和美化校园环境,精心营造人文氛围,建立优良的校风、教风和学风,设计体现学校教育理念和学校特点的校训校歌校徽等。

要领导课程教学,尊重教师的教学经验和智慧,积极推动教育改革和创新,尊重教育规律,培养学生的责任意识、创新精神和实践能力。要掌握不同学段的发展目标和课程标准,了解课程编制、课程开发与实施,课程评价及国内外课程改革的经验。有效统筹国家、地方、校本课程,确保国家、地方课程的落实,有效推进校本课程的开放和实施,积极组织开展教研活动和教学改革,建立完善学生全面发展的评价制度,不片面追求学生考试成绩和升学率。

要引领教师的专业发展,教师是学校改革发展最宝贵的人力资源,尊重、团结、信任赏识每一位教师,掌握学习型队伍建设方法和激励教师内在发展的策略。

保障教师合法权益和待遇,关爱教师身心健康,建立优教优酬的激励制度

要优化内部管理,依法治校,崇尚立校以德,处事公正、严于律己,廉洁奉献,其身正,不令而行,其身不正,虽令不从;要倡导民主管理、科学管理,教书育人、管理育人、服务育人;要熟悉学校人事财务、资产后勤、校园网络、安全保卫及卫生健康等管理。

要学会调适外部环境,用于承担社会责任,服务社会是学校的重要职责,坚持把合作共赢作为学校对外的基本准则,坚信学校与家长、社会的良性互动是办学水平的体现,努力争取社会资源对学校的支持。要自觉引导社会力量参与学校的管理和监督,要指导和帮助家长了解学生的身心发展情况和掌握合理有效的教育方法。

通过学习《义务教育学校校长专业标准》,收获很大,感触很深,"士不可以不弘毅,任重而道远",但坚信只要不断学习,勇于思考和实践,我们一定会专业成长,会越来越接近义务教育校长"标准"的。

2016 年 12 月

初中创客教育建设：基于教育立场的实践

——以安顺开发区实验中学创客教育建设为例

贵州省李锦鸣初中名校长工作室成员

安顺经济技术开发区实验中学 梁冬洪

创客教育是创客文化与教育的结合，基于学生兴趣，以项目学习的方式，使用数字化工具，倡导造物，鼓励分享，培养跨学科解决问题能力、团队协作能力和创新能力的一种素质教育。安顺开发区实验中学2016年开始探索初中创客教育，建成"好奇创客工作室"，2017年被安顺市授予"安顺市中小学首批青少年创客教育示范基地"，2018年又被命名为"安顺市初中创客教育梁冬洪名师工作室"。

工作室总面积近150平方米，共分教学、展示、操作、材料、讨论5个区，开设了创意编程、开元电子、机器人、航模、结构设计(3D打印、激光切割雕刻、微型机床)5门课程，分别由5个工作项目组承担教学任务，工作室成员共25人，主体授课以本校教师为主。

经过两年多的探索，学校在初中创客教育方面积累了一些经验，针对创客教育学生行为、教师行为、校本课程、教学设备等方面存在的现实困难，开发区实验中学在实践中遵循六个方面的因素不断完善基于教育的创客教育。

一、现阶段创客教育面临的现实难题

1. 创客教育学生行为：在创客教育里面学生需要学习哪些知识，学生在什么时间来进行创客教育，学生在进入创客教育后能获得什么。

2. 创客教育教师行为：教师在创客教里面到底扮演什么角色，由什么老师来进行创客教育授课，学科教师在创客教育里能获得什么。

3. 创客教育校本课程：创客教育校本课程核心内容是什么，如何体系化的建立中小学创客教育校本课程。

4. 创客教育教学设备：如何合理选择校园创客空间建设所需设备。

二、针对现实难题的六大解决因素

1. 用好政策是条件。除了一系列国家政策的支撑外,地方政策的运用尤为重要。例如军民融合是国家大战略,安顺开发区是军民融合示范县,学校以创客教育申报军民融合相关项目,得到了开发区科技局的大力支持,以军民融合教育示范基地的名义争取到了资金支持;再比如,在以我个人创新劳模工作室以及名师工作室的名义向区工会、区教育局争取资金,也得到了大力支持;用好政策就能够争取到项目资金,这对于义务教育阶段的学校显得尤为重要。

2. 搭建平台是基础。好奇创客工作室建成就有了活动的平台,有了平台就凝聚了人才,有了平台就有了合作单位。工作室分别被授予"安顺市中小学首批青少年创客教育示范基地"、"开发区科普教育示范基地"、"青少年航空科普知识进校园教育基地",分别得到安顺市教育局、开发区科技局、中国航空学会贵阳会员工作站、贵州省航空学会、中航贵州飞机有限责任公司的大力支持,定期在开发区实验中学开展科普知识讲座、无人机航模飞行表演等,充分利用开发区航空产业的优势,普及航模教学。一方面激发了广大青少年的爱国主义热情,提高了青少年科学素养,一方面坚定走军民融合之路显得生机勃勃。

3. 组建队伍是关键。有平台没人一起玩,取不了实效。我认为组建队伍是现实难题中最难的事情。为了解决这个问题,工作室广邀英豪,聘请省内创客专家为顾问,25 名成员有来自市电教馆的工作人员(政策支撑)、贵飞公司和风雷公司技术人员(项目合作)、创客爱好者(专业引领)、我校部分教师(骨干力量),还有区内其他学校的教师(辐射带动);有了队伍一切就有了依托,工作开展就显得如鱼得水、游刃有余。

4. 培训学习是前提。学校创客教育骨干教师大多刚接触创客教育,心里一点底都没有,甚至有些彷徨,培训必须走在前面。2016 年组建阶段,学校进行单项校级培训,安排人员参加省级创客培训,请专家到校指导培训。全方面立体的培训,使创客工作室的成员进步神速,由门外汉很快成为了全省的创客专家和评委,为创客教育在我校顺利推进打下了坚实的基础。

5. 课程开发是保障。课程开发是教育实施的重中之重,有开发才有认识和理解,开发课程就是一次深刻的培训和研究。工作室开设了 5 个项目就开发了五个校本教材,整整花了一个假期的时间,5 名骨干教师边学习边编写教材,尽管教材还有些不成熟的地方,但它却为创客教学铺设了成功之路。试问教材都是自己实践编写的,岂能教不会学生?

6. 活动载体是动力。活动平台是创客教育的动力所在,认真对待活动才能有所作为。学校经常开展创客教育展示活动,带领学生参加贵州省的机器人大赛、创客嘉年华、3D 打印设计大赛、美术创意大赛,教师还积极参加贵州省实验创新大赛,一系列的活动给了创客教育源源不断的动力,良好的比赛成绩给了这项工作巨大的鼓舞。一年内在参加的各个项目中,我们都斩获了全省的多个一等奖和二等奖,教师和学生的努力得到了回报,工作的热情更高,进一步说明开发区实验中学的实践探索是成功的。

当然,我们的创客教育不是为了比赛,而是为了基于教育立场的实践,是为了培育学生的综合素质以及科学素养,处处要体现它的教育目的。

三、在学校有效开展创客教育的几个小经验

1. 选拔学生组建各个活动项目团队。爱好为先,特长为辅,家长支持为前提;通过学生社团定期开展展示活动,吸引有爱好的学生参与,学生即是参与者又是传播者,有利于创客教育健康发展。

2. 建立分工协作、共建共享、趣味实操的原则。24 位成员,组成各异,骨干关键,特长不一,兴趣一致,分享协同,团结拼搏。

3. 规定地点、时间、课程进行分段实施。这是开展工作的保障。学校细化了项目,项目组骨干教师根据项目特点,制定教学计划,合理规划学习地点,合理安排授课时间,并按照校本教材认真执教,做好教学登记。

4. 基础课程学习与各级活动竞技相互促进。基础课程的开发和教学是常态,竞技展示活动的有效开展是动力。为了让创客教育在学校能够深入开展下去,把创客教育的编程软件 3Done 建模软件、开源电子编程软件与信息技术课程融合,普及编程软件的学习,为创客教育注入课堂教学生命力!

5. 创客教育与学科教学相融合。创客的包容性决定了它与其他学科的融合,也只有融合才有生命力。实验教师运用创客的思想不断改进实验,创新实验方法取得了很多成功,学校先后有 4 位教师在全省创新实验大赛中获得一等奖;美术教师运用 3D 打印技术和激光雕刻技术引领学生创新美术作品取得初步成功;这些成功都是把创客思想和教学实际有机结合起来,才焕发了新的生命,激发了学生的学习兴趣。

基于教育立场的创客教育才是学校真正的选择方向,在这一思想下让师生在创新的领域里追寻学习的快乐,实现个人的梦想,才能让创客与教育在校园碰撞出完美的时代火花!

成就每一个人

——上海闸北八中跟岗研修感悟

贵州省李锦鸣初中名校长工作室成员

安顺经济技术开发区实验中学　梁冬洪

2017 年 11 月 13 日至 18 日期间,我作为初中名校长李锦鸣工作室成员,有幸参加了贵州省初中名校长李锦鸣工作室上海闸北八中跟岗研修学习。虽然培训时间很短暂,但培训的计划安排得既紧凑而又高层次,五天时间,听了 2 节示范课,参加 2 个论坛,听取 4 个讲座,进行 2 场讨论,所有活动都与"成功"元素密切相关,也预示了学习的成功。

走进上海闸北八中,映入眼帘的是成功教育的核心思想:"相信每个孩子都有成功的愿望;相信每个孩子都有成功的潜能;相信每个孩子都可以取得多方面的成功。"信任是取得成功的一把钥匙,刘京海校长用这把钥匙开启了闸北八中的教育智慧,燃起了全体教职员工的教育梦想,学生们也在闸北八中走向了成功。

学习的节奏明快又"高亢",简单认识刘京海校长及他的教育理念后,谢元副校长作了学校微报告《成功教育课堂模式和课改背景下的教师专业化发展》,周秀茹副校长的《学校管理报告》、叶丽娜老师的《信息技术与教育教学改革》、薛春风老师的《学校德育管理》、施建忠老师的《学校教学管理》等五个讲座全面系统的介绍了闸北八中管理的方方面面。参观上海廊下中学和进才中学并参与两场不同级别的校长论坛,可谓大开眼界、受益匪浅。两场讨论会,一是针对疑问与闸北八中的教研组长进行研讨;二是针对学习的全过程与闸北八中的领导交换意见,进一步解决心中的疑惑。

纵观学习全过程,给我印象最深的概括下来有以下三个方面:

一、学校的教育教学活动应该走进孩子的灵魂,有获得感

长期以来,教育的课堂一直在教改的呼吁下艰难的前行,大多教师都知道"学

生是课堂的主体"，可课堂往往被教师全面主导，教师生怕某一个知识点没有讲到没有讲透，把一节课的时间霸占，留给学生思考和练习的时间很少，总是觉得自己全部涉及到了就放心了，无疑这样的教师在实际工作中不少，确实也是负责任的教师，教改对于他们而言仍然是"表面工作"。

闸北八中和参观的两所优质学校，有一个共同的特点，就是他们更关注在教育活动中孩子的获得感，教师是一个引导者、解惑者和讨论的主持人，让孩子多思考、多实践、多感悟是每一堂课的常态，也是每项教育教学活动的设计本源。让教师从知识权威的神坛上走下来，教会孩子如何学习、掌握方法、拓宽学习时空远比传授"知识点"更重要。上海的教育仍然是强调"两基"的教育，更加重视教育教学活动的全过程，孩子参与多少、实践多少以及获得多少，让教育走进孩子的心灵是我们每一个教育工作者应该思考解决的大问题。

二、教师的专业发展在信息化背景下携手前行，有归宿感

一个不重视教师专业发展的学校不可能取得长远的成功，一个不重视教师专业发展的校长也不可能是一名好校长，甚至连称职都谈不上。在信息化背景下给教师专业成长提供了更多的可能性，同伴互助、携手共进是教师专业成长的关键词，也是教师均衡发展的关键。闸北建立了一套教师专业发展的制度体系，建设有电子教学平台，学校使用统一的教学设计、教学课件，多媒体视频、课堂导学案、课后练习册等教学资源，集体备课解决资源的统一性，教师在这个资源的基础上进行调整，好比跳水运动员比赛有规定动作也有个体动作，这样既有效解决了教师教学能力的均衡化，也减轻了教师教学的负担。

教师根据教学年限和经验大致分为"入职初期（1—5 年）、成长期（5—15年）、成熟期（15—25 年）、专家期（25—30 年）、退职期（30—35 年）"。不同时期教师的要求不一样，比如入职初期必须有详细的职业规划、参与"青蓝工程"，拜师学技必不可少。正是因为教师的职业特点，不同时期的情况不一样，信息化下的同伴互助、携手同行能够缩短入职初期和退职期的时间，搭建分享共享的平台能够培养出更多的优秀教师，让教师有更多的归宿感。

三、成功教育办好"家门口的好学校"是理念也是行动，有使命感

办好"家门口的好学校"是治理学校的出发点，也是支撑成功教育的行动目标。即便是在上海，城乡差距偏大的问题也不同程度存在。如何把优质资源用好用足，突破城乡教育资源流动的壁垒和限制，上海给出的解决方案是委托管理。

政府通过购买专业服务,委托优质学校或教育中介组织机构对相对薄弱的农村中小学进行管理。托管双方以情感融合为基础,民主参与,共同形成先进的教育理念,共建学校新文化,使原本薄弱的学校在办学水平、教育质量方面得到全面提升。这种方式激活了薄弱学校的发展愿望,使其生发出自主发展的能力。上海给出了一个坚定不移的答案——就是实现教育的均衡、优质发展,最大限度地满足最广大人民群众日益增长的教育需求,让每一所家门口的学校都成为好学校。这也已经成为上海基础教育内涵发展、转型发展的基本价值取向。要求学校更多关注学校和教师为主导的教育过程,通过课程改革的推进、教学过程的优化、师生关系的和谐,让家长和社会从学生的健康成长中,看到实实在在的教育进步,得到实实在在的教育利益。作为家长,每天看着孩子快快乐乐地走进校门,轻轻松松地走出校门,懂得了做人的道理,养成了行为的好习惯,找到了学习的兴趣和方法,培养了爱好和特长,这就是他们心目中的好学校。

正如《让每一所家门口的学校都优质》一文中指出的:"人的发展理应成为一所学校关注的起点和终点。学校应关注到每一个学生的内心世界,进而通过课程的浸润使其内心世界丰富而有追求。"这也是新优质学校的核心。

成就每一个人、成就每一个家庭、成就每一所学校,每一个教育工作者应该为此而努力!